U0142785

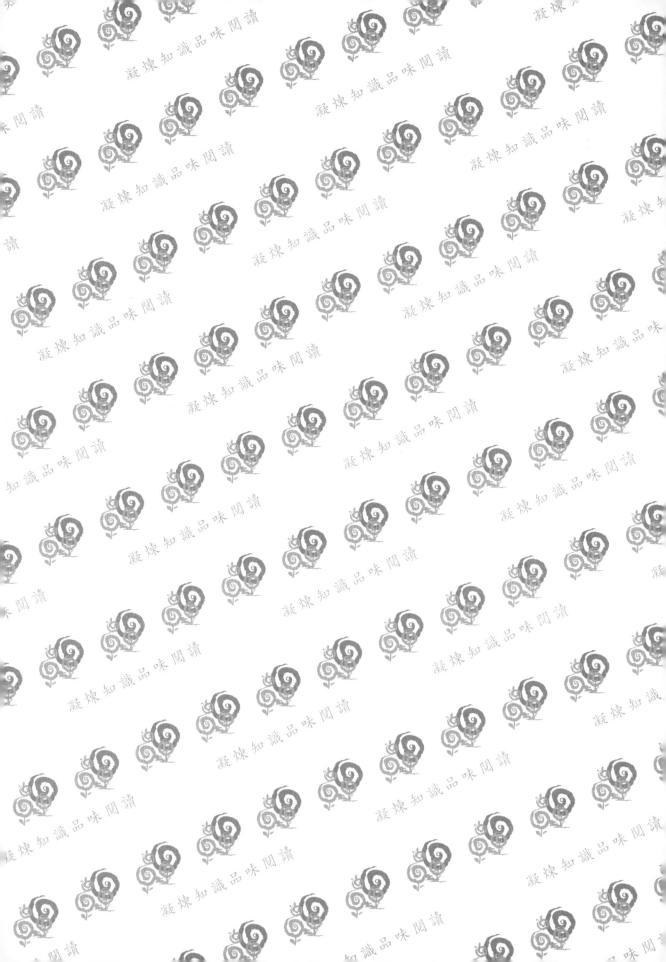

Positive Psychotherapy:
Clinician Manual

正向心理治療
臨床手冊

塔亞布‧拉西德（Tayyab Rashid）

馬丁‧塞利格曼（Martin P. Seligman）————著

李政賢————譯

五南圖書出版公司 印行

獻　詞

謹以本書獻給
贊恩（Zain）、薩伊德（Zaid）、艾芙羅茲（Afroze），
他們是我眼睛的光。

——塔亞布・拉西德

謹以本書獻給
三位才學出眾卻不幸英年早逝的優秀學生，
約翰・阿貝拉（John Abela）
蘇珊・諾倫─霍克塞瑪（Susan Nolen-Hoeksema）
克里斯多福・彼德森（Christopher Peterson）。

——馬丁・塞利格曼

正向心理學的臨床應用

　　長久以來，照章行事的心理治療始終沒明說、也從未檢驗證實的前提預設就是：只要鼓勵案主投入長時間談論自己的問題，就有可能恢復心理健康。相對於此，**正向心理治療**（positive psychotherapy，縮寫PPT），則另闢相反的取徑，鼓勵案主充分辨識個人生活正當、強盛、美好的面向，調度應用自身最好的心理正能量，以茲抗衡或緩解心理障礙。請考量以下例子：

- 小艾，年輕女子，長年飽受創傷陰影糾纏折磨，鼓起勇氣發現，寬恕固然讓人痛楚難耐，但同時也有助於克服揮別陳年舊傷。
- 卓先生，中年男子，患有憂鬱症，還有自殺念頭困擾，坐在精神科急診室裡，他注意到，診間裡幾乎每個人都比他更糟糕。他也意識到，自己擁有足夠的內在資源，得以應付麻煩。
- 麥小姐，年近三十歲的研究生，視、聽方面有幻覺，始終無法確診到底是屬於何種類別的疾患，輾轉求診許多不同專科治療師，仍然未能就確切病名達到共識。

　　過去十五年期間，數以百計如前所述的人們，轉往求助正向心理治療，因為這種取徑不再只是將他們視為受傷的靈魂、疲憊的軀體，或是萎靡的心靈。相反地，PPT評估、賞識和放大案主的美好面向，將該等心理正能量用來作為療癒的槓桿；在此同時，也絲毫沒有輕忽他們承受的痛苦。

- 當小艾做好準備，面對過往的創傷，PPT治療成為開啟理解寬恕之幽微細節的過程，幫助她釐清，哪些地方，寬恕可能有所助益；而哪些地方，寬恕也可能帶來傷害。她發現，寬恕的正能量乃是定義她的性格正能量，確認自己是善良、有同理心的好人。
- 在PPT期間，卓先生發現，轉換觀點是自己的一項標誌性格正能量。運用此等觀

點，他能夠觀察確定，其他人的狀況比他更糟糕，而此等理解給予他正能量，讓他能夠去檢視和運用生命中的各種正向的優勢。

- 當問到麥小姐，是出於什麼理由，讓她會想要回來尋求治療（即便我們的診所沒有明確適合她的專科），麥小姐表示，這世界上，就只有PPT沒有把她看作除了傷痕累累的症狀之外，一無是處，而且還會真心賞識她的創造力和毅力，相信她有能力完成學業，取得學位。

　　心理治療，在很大程度上，已發展成為一種補救學科（remedial discipline），主要關切目標在於修復缺陷。在接下來的文章當中，你將會學習到，心理治療的中心任務，可以用來探索和培養真實的**正向情緒**（positive emotions）、**性格正能量**（character strengths）、**意義和目的**。本手冊呈現的【專欄小故事】（vignettes，案例）可以讓讀者見識到，儘管有悲傷、壓力、焦慮、矛盾或憤怒，但案主還是有能力，去發掘和調度應用自身的善意（kindness）、**感恩**（gratitude）、**熱情**（zest）、**自我調節**（self-regulation），還有最重要的，**希望和樂觀**（hope and optimism）。

　　本手冊講述這些故事，並構建系統化的結構框架，可供案主運用正向技能來緩解各種心理疾患。我們相信，本手冊描述了一種轉化過程，從中培養正向情緒，擴大品格心理正能量，追求意義，培養正向關係，努力邁向內在動機追尋的目標，這些都是案主與臨床治療師治癒和成長的關鍵。

　　心理衛生專業人員在運用本手冊時，可參酌許多臨床情況所需的**靈活變通**（flexibility）和**文化考量因素**（cultural considerations），適時做出調整。全書分為兩部分：第一部分，奠定理論基礎；第二部分，引導臨床治療師逐步實施PPT各療程的實務做法。在每個療程末尾，以及本手冊最後的附錄，都有收錄相關的臨床資源。此外，還有線上附錄（網址：www.oup.com/ppt），其中收錄大量額外的PPT相關資源。

　　PPT目前仍是處於發展中的新興取徑，缺乏大規模確切定論的成效研究（outcome studies）。我們最高的希望是，經由本書拋磚引玉，能夠有助於促成未來對PPT所承諾之成效，展開全面而透徹的評鑑研究。

致謝詞

本手冊的策劃與成書，得感謝眾多人士暖心支持、鼓勵和鼎力相助。我們感謝牛津大學出版社的莎拉・哈靈頓（Sarah Harrington），在她領軍之下，為這個案子注入了縝密周延的心思，以及無微不至的細節關照。編輯凱特・莎恩曼（Kate Scheinman）的敏銳琢磨，大大提升了手稿的完善度。以下人士以各自獨特的方式提供協助，在此謹獻上我們由衷的謝意：勞勃和黛安・奧斯特曼夫婦（Robert & Diane Ostermann）、珍・吉爾罕（Jane Gillham）、約翰・阿貝拉（John Abela）、凱倫・賴維奇（Karen Reivich）、茱蒂・薩爾茨伯格（Judy Saltzberg）、彼得・舒爾曼（Peter Schulman）、詹姆斯・帕維爾斯基（James Pawelski）、安潔拉・達克沃思（Angela Duckworth）、阿卡莎・帕克斯（Acacia Parks）、艾屈辛・海華德（H'Sien Hayward）、琳達・紐斯特德（Linda Newstead）、芭芭拉・芙蕾卓克森（Barbara Fredrickson）、丹尼斯・昆蘭（Denise Quinlan）、尼爾・梅爾森（Neal Mayerson）、萊恩・尼梅（Ryan Niemeic）、勞勃・麥格拉思（Robert McGrath）、丹尼爾・托馬蘇洛（Dan Tomasulo）、璜安・赫伯托・楊（Juan Humberto Young）、哈米德・佩塞斯基安（Hamid Peseschkian）、茹絲・洛登（Ruth Louden）、亞麗珊卓・洛弗（Alexandra Love）、柯蒂斯・科爾（Curtis Cole）、梅芮安・舒赫曼（Miriam Shuchman）、戴斯蒙・普伊亞（Desmond Pouyat）、喬治・瓦蘭特（George Vaillant）、瑞克・薩默斯（Rick Summers）、卡蘿・高夫曼（Carol Kaufmann）、卡洛琳・倫諾克斯（Carolyn Lennox）、茹絲・鮑馬爾（Ruth Baumal）、茱蒂絲・考夫曼（Judith Kaufmann）、亞曼達・烏利亞澤克（Amanda Uliaszek）、萊恩・豪斯（Ryan Howes）、丹妮爾・黃（Danielle Uy）、艾莉兒・馬哈拉（Aryel Maharaj）、凱倫・楊（Karen Young）、沙菲克・卡曼尼（Shafik Kamani）、吉雅蓮娜・涅克斯希庇（Gjylena Nexhipi）、諾曼・希德克（Noman Siddque）、蔡文斌（Wenbin Cai，音譯）、史蒂夫・霍爾特（Steve Holtje）、露易莎・傑威爾（Louisa Jewell）、譚雅・德・梅洛（Tanya De Mello）、約翰・亨德利（John Hendry）、（Mike Slade）、碧昂特・施蘭克（Beate Schrank）、西蒙・里奇斯（Simon Riches）、卡蘿・尤（Carol Yew）、山謬・何（Samuel Ho）、邁

可・亞歷山大（Michael Alexander）、莎拉・史平克斯（Sarah Spinks）、尼爾・杜契蒂（Neil Docherty）、阿卜杜勒・勞夫（Abdul Rauf）、費薩爾・尼薩爾（Faisal Nisar）、阿西夫・賽義德（Asif Saeed）、埃曼・班特・賽義德（Eman Bente Syed）、梅麗恩・拉查（Mehreen Raza）、提摩西・吉亞諾蒂（Timothy Gianotti）、勞勃・法齊奧（Robert Fazio），以及我們的諸多案主，他們教導我們如何在疼痛中療癒。

　　　　　　　　　　　　塔亞布・拉西德與馬丁・塞利格曼

目次表

第二部分　正向心理治療的十五療程實務

英文書幾乎都附有厚厚的參考資料，這些參考資料少則 10 頁以上，多則數十頁；中文翻譯本過去忠實的將這些參考資料附在中文譯本上。以每本中文書 20 頁的基礎計算，印製 1 千本書，就會產生 2 萬頁的參考資料。

在地球日益暖化的現今與未來，為了少砍些樹，我們應該可以有些改變──亦即將英文原文書的參考資料只放在網頁上提供需要者自行下載。

我們不是認為這些參考資料不重要，所以不需要放在書上，而是認為在網路時代我們可以有更環保的作法，滿足需要查索參考資料的讀者。

我們將本書【參考文獻】放在五南文化事業機構（www.wunan.com.tw）網頁，該書的「資料下載或補充資料」部分。

對於此種嘗試有任何不便利或是指教，請洽本書主編。

第一部分

緒論與理論基礎

第一章
正向心理治療是什麼？爲什麼我們需要它？

一個多世紀以來，心理治療一向聚焦於案主討論心理困擾問題。每年，成千上萬的人們，求助各式各樣的勵志講座、工作坊、療癒營、課程，還有更多人購買勵志自助書籍、數位應用程式或工具。傳統上，諸如此類的心理治療，焦點乃是立基於如後假設：心理治療的功能，就是要去挖掘童年創傷，解開糾纏惱人的錯誤思維，或是恢復功能失調的情感關係等等。這種聚焦負向的心理治療取徑，直覺來看，似乎言之成理；然而，身爲本手冊的作者，我們相信，臨床治療師卻也因此忽略了**正向層面**（**positives**）的重要性。傳統負向聚焦的心理治療，發揮良好功能時，固然可以紓解案主的憂鬱和焦慮，但是案主的福樂安適或美好生活（well-being），並不是此等取向之治療的外顯目標。與此相反，**正向心理治療**（Positive psychotherapy，簡稱PPT），則是立足於正向心理學（Positive psychology，簡稱PP）的一種治療取徑，目標是要通過增強福樂安適或美好生活，從而紓解心理症狀的壓力。

在章節體例組織上，本臨床治療師手冊，分爲兩大部分：

- 第一部分，提供PPT的理論架構（theoretical framework），探索性格正能量。最後，總結提出正向心理治療的作業（practices）、過程（processes）和改變機轉（mechanisms of change）。

- 第二部分，逐一介紹十五個PPT療程（sessions），每個療程都包含核心概念（core concepts）、實施指南（guidelines）、技巧（skills）和練習此等技能的作業單（worksheets）。再者，還包括一節的適應與彈性變通（fit and flexibility），讓治療師根據案主的具體情況，提供PPT實務得以順利進行的各種方式（而不損其核心元素）。最後，還有至少一篇專欄小故事（vignette），以及跨文化的蘊義啓示（cross-cultural implications）。

第一節　什麼是正向心理治療？

正向心理治療（positive psychotherapy，簡稱**PPT**），是新興的治療取徑，廣泛立基於正向心理學原理。正向心理學（positive psychology，簡稱PP）研究個人、

社群和機構福樂興盛（flourish）的條件和過程。正向心理學探索，什麼是可能發生效用的、什麼是適切的，以及什麼是可能培養的（Rashid, Summers, & Seligman, 2015）。正向心理學對於心理學各領域的影響，可以從一項廣泛的系統化回顧評論得到肯定（Donaldson, Dollwet, & Rao, 2015），此項回顧涵蓋1999至2013年發表的1,336篇論文。其中，超過750篇的論文實證檢驗正向心理的理論、原則和介入或處遇（interventions）。

　　PPT是PP在臨床或治療領域的分支。PPT將心理症狀與正能量、資源與風險、價值觀與弱點，以及希望／樂觀與遺憾，諸如此類的心理正向、負向兩方面加以統整綜觀，從而採取正向、負向平衡的方式，來理解人類經驗的內在複雜性。在不排除或最小化案主憂慮問題的情況下，PPT臨床治療師透過同理心的態度，陪伴案主理解創傷關聯的傷痛；在此同時，探索、辨識與培養心理成長的潛在能量。我們不認為PPT是全新的心理治療類型；與之相反，我們是將其看作心理治療方向的重新定位（therapeutic reorientation），以「建立心理正能量」模式（"build-what's-strong" model），用來補充傳統的「修復錯誤」取徑（"fix-what's-wrong" approach）（Duckworth, Steen, & Seligman, 2005）。

　　PPT並不是只限於正向層面。身為PPT臨床治療師，我們沒有暗示說，其他心理治療法都是負向的；事實上，PPT也並不是要取代既存的各種心理治療法。反之，PPT是一種漸進的變化，用以平衡傳統心理治療聚焦缺陷的失衡取向。對於心理困擾的案主而言，如果能教導他們使用最高的資源（包括個人資源（personal resources）和人際資源（interpersonal resources）），那就可以更妥善來理解和服務他們，協助更有效面對人生的諸多挑戰。認識我們的個人心理正能量、學習培養正向情緒所需的技巧、強化正向情感關係、注入生活意義與目標，諸如此類的正向取徑可以大幅增益激勵、賦權培力和療癒的效能。PPT的終極目標，是要協助案主，學習符合個人需求的具體、適用技能，將他們的心理正能量發揮最佳利用，從而追求積極投入、充實滿足和有意義的人生。要達成如此的目標，PPT將心理治療師的角色予以擴展，從傳統診斷缺陷的規範權威人士，進而增添了積極協助案主促進心理成長（growth）、復原（resilience）、福樂安適或美好存有（well-being）等正向層面。

第二節　為什麼我們需要正向心理治療？

　　心理治療是心理健康從業人員（包括：心理師、精神科醫生、社工、諮商師或輔導人員等等）的核心活動，汲取廣泛類型的理論方法（Watkins, 2010）。研究顯示，眾多模式的心理治療法都可有效紓解心理困擾（例如：Castonguay, 2013; Seligman, 1995）。心理治療的成效顯著優於安慰劑，而且從長期來看，對於許多病例，

其療效也比單獨醫藥治療來得更好（例如，Leykin & DeRubeis, 2009; Siddique et al., 2012）。事實上，長久以來，許多研究已經顯明，心理治療的效果和許多實證驗證有效的醫藥治療方式同樣有效，包括：心臟病的各種醫療處置措施，例如：乙型阻斷劑（beta-blocker）、血管擴張術（angioplasty）、降血脂的史他汀類藥物（statins），以及老人醫學和氣喘的各種醫療處置措施（Wampold, 2007）。目前，已有許多實證驗證有效的心理治療法，可供選用來處置數十種的心理疾病，包括：憂鬱症（depression）、思覺失調（schizophrenia）、創傷後壓力症候群（posttraumatic stress disorder）、強迫症（obsessive-compulsive disorder）、多種類型的恐懼症（phobias）、恐慌症（panic disorder）、飲食障礙（eating disorders）等等（Barlow, 2008; Seligman, 1995）。美國的「藥物濫用與心理衛生服務管理署」（Substance Abuse and Mental Health Services Administration，縮寫SAMHSA），官方網站彙整出145種程序化的治療法（manualized treatments），可供有效處置多達365種心理疾病當中的84種（SAMHSA, 2015）。心理治療當中，若干更精細的組成元素，都已有廣泛研究，譬如：治療同盟（therapeutic alliance）、治療溝通的幽微細節（nuances of therapeutic communication）、非語文的表達（nonverbal language）、治療師效應（therapist effects）、治療處遇過程（treatment process）、案主和治療師之間的雙向回饋過程等等（Wampold, 2001; Watkins, 2010）。

　　傳統上，心理治療的焦點多半是集中在出現問題的部分，其結果就是導致治療傾向紓解各種心理疾病的症狀。然而，我們相信，心理治療師強烈的負向聚焦，已陷入難以突破的僵局，極需改弦更張、另謀出路：20%到30%的案主，在治療期間，只有些微的改變；另外有5%到10%的案主，明確感到情況非但沒有好轉，反而更形惡化（Hansen, Lambert, & Forman, 2002; Lambert, 2013）。因此，我們認爲，心理治療面臨重大的障礙，我們稱之爲「65%瓶頸」（65% barrier），這意思是指，大約只有65%的案主可能從所接受的傳統心理治療獲益。我們相信，補充採用PPT這種心理正能量本位取徑（strengths-based approach），可以改善心理治療效能（effectiveness）的瓶頸困境，請參考以下四大努力方向：

　　1. 擴展心理治療的範圍；
　　2. 跨越醫療模式的界限；
　　3. 擴充心理治療的成效指標；
　　4. 減輕對臨床治療師的衝擊。

1. 擴展心理治療的範圍（Expanding the Scope of Psychotherapy）

　　臨床治療師的偏頗傾向，將注意力集中在心理治療的負向因素，乃是可以理解的。出於演化使然，人類大腦對於負向經驗、定向和反應程度都比較強烈；對於正

向經驗，就相對比較沒有那麼強烈（例如：Baumeister, Bratslavsky, Finkenauer, & Vohs, 2001; Rozin & Royzman, 2001）。人類演化歷史進程中，這種天生的負向心性幫助人們取得安全庇護所、食物、配偶。人類的心思，花費不成比例的多數時間，來思考生活出了什麼問題，卻幾乎沒有花足夠的時間，去考量生命當中有哪些美好或正向的地方。從本質來看，負向因素在相當程度上定義了心理治療的功能。負向因素固然在心理治療發揮重要的作用，但是在此同時，也限縮了應該能夠發揮作用的更寬廣範圍。

生而為人，我們無不希望生活充實，活得有目的、有意義（Duckworth, Steen, & Seligman, 2005）。隨著心理健康意識日益提升，心理疾病患者越來越能現身暢談親身經歷的生活，暢言訴說什麼可能幫助他們超越精神障礙患者的角色框限（Secker, Membrey, Grove, & Seebohm, 2002）。這類的案主企求的是全面的康復（full recovery），包括：恢復希望（hope）、正向關係（positive relationships），以及追求有意義的人生（meaningful pursuits）（Secker, Membrey, Grove, & Seebohm, 2002; Slade, 2010）。心理治療提供無可匹比的機會，通過培養諸多心理正能量搭起心理鷹架，從而支持案主的個人發展；而且不應該只顧著把注意力全部集中在改善症狀（symptoms）或缺陷（deficits），否則就會浪費了這當中難得的寶貴機會。康復（recovery）並不只是改善或消除問題，另外也還包括衡鑑和提升心理正能量（strengths）、技巧（skills）、能力（abilities）、才華（talents）和性向（aptitudes）（Crits-Christoph et al., 2008; Le Boutillier et al., 2011; Rapp & Goscha, 2006）。

2. 跨越醫療模式的界限（Broadening Beyond the Medical Model）

長久以來，心理治療的運作始終遵循醫療模式（medical model），精神障礙被視為起源於神經傳遞物質失調（neurotransmitter dysregulation）、遺傳異常（genetic anomalies），以及腦部結構和功能的病變而引發的腦部疾病（Deacon, 2013; Maddux, 2008）。David Elkin（2009）和其他許多人都指出，把醫療模式套用在心理治療，其實頗有問題。在醫療模式中，醫生根據症狀做出疾病的分類診斷，然後施行專門設計來治療該類疾病的處置措施。相對地，在心理治療中，疾病和治療往往取決於人際脈絡特徵，這些跟醫療關係不大，然而醫療模式仍被當成主流的描述架構，因為這讓心理治療取得相當程度的文化尊重和經濟優勢，這些都是其他描述體系難以企及的（Elkins, 2009）。然而，與醫學疾病不同，精神疾病不能追溯到單純的致病因子（etiological agent）。

James Maddux（2008）指出，醫療模式對心理治療的影響，在心理治療相關領域的常用術語可以看得極為清楚，包括：症狀（symptoms）、功能異常（dysfunction）、診斷（diagnoses）、障礙（disorder）和處置（treatment）。這種影響宰制了臨床治療師的關注對象，不成比例的集中在障礙和功能異常方面，而沒能把相當比例的心力放在追求健康方面。我們並不是要求全面放棄心理治療的醫療模式，因為在心理治療的專業養成訓練、研究和專業組織中，此等模式早已根深蒂固；我們的建議是，在既存的醫療模式傳統之中，融入採用心理正能量本位取徑（strengths-based approach），以期使心理治療更趨正向、負向平衡。證據顯示，心理正能量可以成為治療諸多嚴重心理疾病的有效成分，例如：精神病（psychosis）（Schrank et al., 2016）、自殺意念（suicidal ideation）（Johnson et al., 2010）、邊緣型人格障礙（borderline personality disorder）（Uliaszek et al., 2016）。心理治療領域通過融入和整合心理正能量，可以豐富案主和臨床治療師雙方的經驗。Slade（2010）論稱，這樣的擴展也可提供機會給臨床治療師，讓他們得以挑戰心理疾病和治療遭受的汙名、歧視，以及促進社會福祉。然而，將心理治療模式從缺陷擴展到心理正能量本位模式，勢必也需要在心理衡鑑和處置方面做出改變。臨床治療師如此的角色轉變，在21世紀，大有可能變成常態，而非例外。Alex Wood 和 Nicholas Tarrier（2010）建議，臨床對於心理困擾程度的理解和處置，應該設法取得正向、負向的適度平衡，亦即投入等量齊觀的心力去關注正向的層面，他們舉出支持此等正向、負向平衡做法的理由，摘錄說明如後：

- 心理正能量可以發揮緩衝作用，緩解負向生活事件對於心理不安適的衝擊效應，並且有可能預防心理障礙的發展（Huta & Hawley, 2008; Marques, Pais-Ribeiro, & Lopez, 2011）。
- 長久以來，心理正能量與若干幸福指標（indicators of well-being）息息相關，例如：生活品質（quality of life）（Proctor et al., 2011）、心理福樂安適（psychological well-being）、主觀幸福感（subjective well-being）（Govindji & Linley, 2007）；再者，幾乎所有的性格正能量，都關聯到學業滿意度（academic satisfaction）、學業平均分數（grade point average）（Lounsbury et al., 2009），以及心理健康（mental health）（Littman-Ovadia & Steger, 2010；文獻回顧評論，請參閱Quinlan et al., 2012）。
- 心理正能量本位介入（strengths-based interventions），可產生數量可觀的好處。在預測心理障礙方面，心理正能量因素的預測效力（predictive power），要比負向特徵或症狀等因素來得更高些（Wood et al., 2009）。研究顯示，心理正能量本位介入確實可帶來許多好處（文獻回顧評論，請參閱Quinlan et al., 2012）。
- 對於多元文化背景的案主，提升心理正能量的做法可能更有效率，而且也比較容易接受（Harris, Thoresen, & Lopez, 2007; Pedrotti, 2011）。
- 擁有社會智能（social intelligence）和善意（kindness）的性格正能量，對於患有

精神健康問題的人，比較不會陷入汙名的困擾。心胸開放、思想開明（Open-minded）的人，比較不會責備被診斷患有精神疾病者，認為這些人應該為發生該等心理障礙負責（Vertilo & Gibson, 2014）。

3. 擴充心理治療的成效指標（Expanding the Outcome of Psychotherapy）

心理治療成效的研究人員強調，應該把生活品質指標（indicators of quality of life），以及心理福樂安適指標（indicators of psychological well-being），納入康復的定義（Fava & Ruini, 2003）。Larry Davidson與同僚，採用術語「康復取向照護」（recovery-oriented care），來描述培養人生正向因素的處遇做法，對於培養諸如心理資產、心願、希望、興趣等正向因素，所付出的心力至少不下於投入改善和減少症狀所做的努力（Davidson, Shahar, Lawless, Sells, & Tondora, 2006）。

Le Boutillier與同僚，針對提供康復取向實施指南的30份國際文件，進行主題分析，研究結果建議，康復的概念應該擴充，跨越症狀緩解的範圍，補充納入福樂安適。建議事項還指出，康復應該包含心理正能量以及各種支持的衡鑑和運用，以茲提供相關資訊來輔助康復的評估、審查、照護計畫、目標擬定等等，還有照護和處遇應該積極運用該等心理正能量（Le Boutillier et al., 2011）。定義和擴充康復概念之餘，也擴展了心理衛生專業人員的角色，更加強調與案主的夥伴關係（Slade, 2010）。Schrank & Slade（2007）通過概念化，將康復定義為獨特個人化的深刻變化過程，在這過程中，個人的態度、價值、感受、目標、技巧和角色都歷經變化。完全康復意味著，儘管受到心理困擾的限制，人們仍能活出充實而滿足的生活。完全康復還涉及超越心理疾病的災難影響，進而發展個人生命的嶄新意義和目的。

4. 減輕對臨床治療師的衝擊（Attenuating the Impact on the Clinician）

在本質上，心理治療需要臨床治療師，專注傾聽案主忍痛重述可能椎心泣血的駭人經歷，見證殘酷暴行在當事人心理（乃至身體）烙下的沉痛傷痕。如果，心理治療大量仰賴臨床治療師陪伴案主，去面對負向記憶（negative memories）和逆境經驗（adverse experiences），此等幽暗沉痛經驗的同理心投入（empathic engagement），長年日積月累，很有可能對臨床治療師造成負向影響作用。證據顯示，影響效應可能外顯呈現為情緒耗竭（emotional exhaustion）、人格解體（depersonalization，或譯自我感喪失）、缺乏個人成就，從而導致身心耗竭（burnout）與憐憫疲乏（compassion fatigue）（Berzoff & Kita, 2010; Deighton, Gurris, & Traue, 2007; Hart, 2014）。

Harrison 和 Westwood（2009）探索維繫臨床治療師福祉和卓越的因素，發現他們都擁有一種共通的取向，並且具體表現為三方面的信心：(1)臨床治療師對自己的

專業素養深具信心，相信自己是足夠優秀的專家；(2)對治療改變過程（therapeutic change process）有信心；(3)相信世界是美好、有可能改善的（儘管現實確實有痛苦和折磨）。這三項特質是PPT的理論取向不可或缺的要素，也會在PPT治療實踐全部過程中徹底推廣。

第三節　65%瓶頸

如本章稍早所述，若干案主並沒有從心理治療獲益，有些人（5%到10%之間）甚至在治療期間，明確感到症狀惡化（Lambert, 2007）。在這兒，讓我們舉最普遍的心理疾病類型——憂鬱症，藉此來討論此等障礙。憂鬱症有時也稱爲「心理疾病的感冒」（the common cold of mental illness）。讓我們考量兩種有效的治療方式爲例：認知行爲療法（cognitive behavioral therapy），以及選擇性血清回收抑制劑（selective serotonin reuptake inhibitors, SSRI），譬如：百憂解（Prozac）、樂復得（Zoloft）、立普能（Lexapro）。這些治療法各自產生約65%的反應率，而且我們知道，反應率當中還包含安慰劑效應，範圍落在45%到55%之間（例如：Rief et al., 2011），安慰劑感覺越合乎現實，所產生的安慰劑效應就越大。類似的數據一再出現。最近，一項涵蓋30年抗憂鬱藥劑療效研究（隨機設計，校正安慰劑變項效應）的後設分析，報告指出，有相當高百分比的治療效果可歸因於安慰劑效應（Kirsch et al., 2002; Undurraga & Baldessarini, 2017）。

爲什麼會有65%瓶頸？爲什麼治療的效果如此之小？我們相信，這是因爲行爲改變對於一般人而言就相當困難。對於尋求心理治療的案主，可能缺乏動機，或是患有合併症，生活在不利於改變的不健康環境，諸如此類的多重不利因素雪上加霜，導致改變更是難上加難。因此，許多案主抱持根深蒂固和適應不良的行爲，至於改變則被視爲威脅，也不可能實現。

事實上，許多臨床治療師已經放棄了治癒的想法。管理式照護（managed care）和有限的預算，有時迫使心理健康從業人員不得不把時間、精力集中在救火，而不是用來防患未然。他們的焦點幾乎全部投入危機管理，以及提供表面化的照護。事實上，很多時候，心理照護只流於表面化，這或許可以解釋爲什麼會有65%瓶頸的出現（Seligman, 2006）。

傳統上，缺陷取向的心理治療（deficit-oriented psychotherapy），許多臨床治療師相信，要讓負向情緒（尤其是壓抑的憤怒）極小化的一種方式，就是將該等負向情緒表達出來，否則就會通過其他症狀顯現出來。心理治療的文獻，常可發現如後說法，譬如：「打枕頭」（hit a pillow）、「發洩怒氣」（blow off steam）、「釋放」（let it out），這背後隱含的就是情緒的液壓模式概念化（Seligman, 2002a）。然

而，此也使得當前的心理治療，幾乎等同於受害者心理學（**victimology**），傾向把案主描繪為環境的被動回應者。驅力（drive）、本能（instinct）、需求（need），創造了無可避免的衝突，只能通過發洩管道來取得部分的紓解。在我們看來，發洩充其量只是表面化的補救（cosmetic remedy），更慘的是，還可能引爆怒火、怨恨，甚至心臟疾病（Chida & Steptoe, 2009）。

第四節　傳統心理治療的另類出路

有別於傳統心理治療的缺陷取向，PPT擁抱另類的出路，學習在面對心理困境時，如何能夠發揮良好的生活機能。憂鬱、焦慮、憤怒，往往是源自於遺傳的人格特質，可能改善但無法徹底根除。所有負向的情緒和人格特質，都有很強的生物界限，期望心理治療克服此等限制乃是不切實際的妄想。傳統心理治療，以其緩和療護取徑，最理想的狀況，就是幫助案主在憂鬱、焦慮、憤怒之類的精神苦海，免於洪流滅頂。舉例來說，歷史偉人，林肯和邱吉爾，都承受嚴重的心理疾病折磨（Pediaditakis, 2014）。儘管如此，但他們都表現出優異的生活機能。之所以能有如此驚人的表現，或許就是因為他們充分應用了各自的諸多心理正能量。心理治療需要發展有效的介入，教導案主活用心理正能量，面對各種心理症狀，發揮良好生活機能。我們深信，PPT能夠幫助案主發揮良好生活機能，並且有可能突破65%瓶頸。

另外，還有一個關鍵理由，也促使我們有必要去挑戰和改變傳統的心理治療取徑。心理治療的終極目標是要追求美好的人生，然而僅只遵循傳統缺陷取向的架構，是不可能充分達成此等終極目標。比方說，在控制校正負向特徵變項效應的情況下，研究者發現，那些擁有較少正向特徵者（例如：希望和樂觀、自我效能、感恩），罹患憂鬱的風險可能高達兩倍（Wood & Joseph, 2010）。類似的道理，有無性格正能量（例如：希望、欣賞美和卓越，以及靈性），對於能否從憂鬱康復，也有顯著的貢獻（Huta & Hawley, 2008）。若干研究也顯示，希望和樂觀（Carver, Scheier, & Segerstrom, 2010），以及感恩（Flinchbaugh, Moore, Chang, & May, 2012），都有助於降低壓力和憂鬱的程度。

第二章　正向介入和理論預設

在諸多心理介入當中，關注正向的例子實在不是很普遍。本章一開始，我們先簡要回顧早期的若干心理介入和處遇措施，這些可視爲當代正向心理介入（positive psychology interventions，縮寫PPI）和正向心理治療（positive psychotherapy，縮寫PPT）的先驅。

第一節　正向心理介入的歷史觀點

歷史上，諸多科學家、哲學家、先聖先賢，從好些視角觀點來描述快樂、幸福、生活機能福樂興盛（flourishing）。比方說，孔子相信，生活的意義存在於普遍人類的生存處境，並且與紀律、教育、和諧社會關係取得適切連結。蘇格拉底（Socrates）、柏拉圖（Plato）、亞里斯多德（Aristotle）認爲，幸福的實現必須以追求品德生活作爲前提。二次世界大戰之前，心理學有三項明確的宗旨：治癒精神疾患、使人類生活更充實美滿、辨識和培養高等人才（Seligman & Csikszentmihalyi, 2000）。威廉・詹姆斯（William James），在《宗教經驗》（*Varieties of Religious Experiences*）指出，勇氣、希望、信賴可以戰勝懷疑、恐懼、擔憂。約翰・杜威（John Dewey）強調指出，人與環境之間，藝術—審美交流的必要性。亨利・墨瑞（Henry Murray, 1938）主張，研究正向、歡樂、充實的經驗，對於理解人類至關重要。

二次世界大戰結束之後，政經局勢百廢待興，百姓生活苦悶不安，精神病理學的衡鑑和治療成爲心理學迫切而狹隘的主要焦點。然而，人本主義心理學家（humanistic psychologists），譬如：卡爾・羅傑斯（Carl Rogers）、亞伯拉罕・馬斯洛（Abraham Maslow）、亨利・墨瑞、高爾頓・奧爾波特（Gordon Allport）、羅洛・梅（Rollo May），仍然持續倡導正向取徑的心理治療。他們致力於描述美好人生，試圖發掘人類內在的成長心性，找出可能促進美好人生的途徑。馬斯洛（Maslow, 1970）指出：

心理學在負向方面的成功遠超過正向方面。心理學揭露了較多關於人類缺失、疾病、罪惡的陰暗層面，但鮮少告訴我們關於人類的潛能、品德、可

能實現的理想，或是人性的最高境界。這就好像心理學畫地自限，自甘侷限在合法統轄的半邊江山，而且是晦暗、猥瑣的半邊江山（頁354）。

1950年代，瑪莉・雅荷妲（Marie Jahoda）討論正向心理衛生的概念（Jahoda, 1958）。邁可・弗岱斯（Michael Fordyce）將該等概念轉化為若干正向介入措施，並以大學生為對象進行測試（Fordyce, 1983）。1980年代，史蒂夫・德・沙澤爾（Steve De Shazer）和金仁洙・柏格（Insoo Kim Berg，김인수，韓語譯音）夫婦，創立聚焦解決療法（solution-focused therapy），這種治療法聚焦在，從可改變的眾多選項當中，產生解決方案和目標（de Shazer et al., 1986; Hawkes, 2011）。福祉療法（well-being therapy），將福祉相關元素融入認知行為療法，並已證實可有效治療情感障礙和焦慮症（Ruini & Fava, 2009）。同樣地，弗里施的生活品質療法（quality-of-life therapy）也整合了認知療法與正向心理學概念，並已證實對憂鬱症案主有效（Frisch, 2013）。然而，由於壓倒性的多數心理治療都是缺陷取向，而聚焦正向的介入療法只占極少數，因此心理治療師的知識多半是關於傷害、缺陷、功能失調；至於美好生活的構成元素，以及如何培養該等元素，此方面的知識則是相對乏善可陳。

第二節　正向心理介入和正向心理治療

正向心理治療（PPT），是廣泛基於正向心理學原理的治療方法。換言之，PPT是以正向心理學為基礎的臨床和治療工作。PPT由14個特定正向心理介入（PPI）組成，每一種PPI都有獲得實證驗證，可以單獨使用，也可以兩、三種合併使用（Seligman et al., 2005）。這些PPI在實證驗證之後，組合成內在融貫的一套標準程序（protocol），統稱為正向心理治療（PPT）。在本節，我們先評鑑各別PPI的實證效用，然後再詳細描述PPT。

PPI通常透過網路提供線上服務，是提高福祉的相對簡單策略。2005年，塞利格曼與同僚，實證研究驗證了三種PPI的成效（「**好事連三**」（**Three Good Things**），也稱為「恩典日誌」（Blessings Journal）、「**標誌性格正能量新用**」（Using Signature Strengths in a New Way）、「**感恩之旅**」（Gratitude Visit）；Seligman et al., 2005）。此後，來自各界的獨立研究，也陸續複製證實了這些發現（Gander et al., 2013; Mitchell et al., 2009; Mongrain, Anselmo-Mathews, 2012; Odou & Vella-Brodrick, 2013; Schueller & Parks, 2012; Duan et al., 2014; Schotanus-Dijkstra et al., 2015; Vella-Brodrick, Park, & Peterson, 2009）。

自從初期驗證以來，PPI已受到廣泛應用（例如，Parks et al., 2012; Proyer et

al., 2013; Quinlan et al., 2015; Winslow et al., 2016）。PPI提供新的推動力，推動若干平行的理論和臨床嘗試，以促進福祉和培養正向元素，譬如：**感恩**（gratitude；Emmons & McCullough, 2003）、**寬恕**（forgiveness；Worthington, & Drinkard, 2000）、**欣賞品味**（savoring；Bryant, 1989）、**心理正能量**（strengths；Buckingham & Clifton, 2001; Saleebey, 1997）、**心理福樂安適**（psychological well-being；Ryff & Singer, 1996; Ryff, Singer, & Davidson, 2004），以及**同理心**（empathy；Long et al., 1999）。

　　PPI的理論架構，以及在應用方面的啟示蘊義，吸引學術界相繼編輯出版了若干參考書籍。《正向心理學介入手冊》（*The Handbook of Positive Psychology Interventions*；Parks & Schueller, 2014），綜覽檢視多種已建立實效口碑的PPI，以及新興崛起的PPI。艾力克斯·伍德（Alex Wood）和茱蒂絲·強生（Judith Johnson）最近出版了一本合編的綜合手冊，《正向臨床心理學手冊》（*The Handbook of Positive Clinical Psychology*；Wood & Johnson, 2016）。整合人格心理學、精神病理學和心理治療等領域的綜合福祉觀點；檢視憂鬱症、情緒失調、焦慮、創傷後壓力、自殺和精神病等臨床症狀；介紹討論正向心理學本位的諸多臨床處遇方式（positive psychology-based clinical treatments），譬如：PPT（Rashid & Howes, 2016）、福祉療法（well-being therapy；Fava, 2016）、生活品質療法（quality-of-life therapy；Frisch, 2016）；重新詮釋傳統療法，譬如：接納與承諾療法（acceptance commitment therapy）、案主中心療法（client-centered therapy），以及正向心理學觀點的心理基模療法（schema therapy）。

　　關於PPI如何促進PPT標準程序（PPT protocol）的開發和完善，請參閱【表2.1】**臨床機構的正向心理介入摘錄清單**。其中，彙整列出20種PPI，可適用於成人案主的各種臨床和衛生照護機構。此等PPI聚焦在核心的臨床問題，例如：憂鬱、焦慮、飲食失調、自殺和行為障礙。來自各方的獨立研究清楚證實，諸多種類的PPI都可有效減輕症狀。值得注意的是，PPI藉由使用聚焦構念（focused constructs，例如：感恩、希望、善意、寬恕和性格正能量），可適用於廣泛健康問題的主要治療或輔助治療，例如：心臟疾病和心臟復健、中風復健、腦部損傷、第二型糖尿病和乳癌。PPI也適用於跨文化脈絡，包括：香港、印尼、伊朗、韓國、澳大利亞、德國和西班牙。

　　各項研究使用的PPT療程作業（practices，包括療程中作業與回家作業或協力作業），也摘列於【表2.1】。對於臨床治療師，這些資訊尤其具有參考價值，因為儘管PPT仍屬發展中的新興治療模式，但已有實證研究顯示此等療程作業確實有充分展現實效性。此外，查看此表將有助於臨床治療師調整PPT模式，以滿足個別案主的特定臨床需求。比方說，根據越來越多的證據顯示，臨床治療師可以決定，哪些PPT療程作業對於飲食困擾案主比較有效；在跨文化的情境，如何執行「感恩信」或「感恩

【表2.1】臨床機構的正向心理介入摘錄清單 *

	引述來源	臨床焦點 和PPT作業	描 述 （樣本和方法論）	結果成效
1	Huffman et al., 2011	心臟疾病。 感恩表達； 感恩信； 可能的最佳自我； 三項善意行動。	心臟病患者接受為期八星期的PP遠距醫療介入，有預先執行先導試驗。	對於同世代的急性心臟病患者，PPI介入似乎可行，接受情況良好。
2	Fung et al., 2011	照顧者壓力。 性格正能量； 計數福份恩典； 感恩之旅； 使用心理正能量化解問題。	香港某醫院骨科與創傷外科，腦麻兒童家長和照護者。完成四次療程。	完成四次療程，和補強療程期間，家長壓力程度顯著降低，希望程度顯著上升。支持團體持續期間，感覺社會支持有增高，但結束之後則否。
3	Cheavens et al., 2006	憂鬱。 性格正能量。	34名達到MDD判準的成年人，隨機分派接受16週的CBT治療，一組聚焦心理正能量，另一組聚焦缺陷或補救。	聚焦心理正能量一組，症狀改變速度較快；另一組，聚焦缺陷或補救，改變相對較慢。
4	Flückiger et al., 2008	焦慮。 案主的資源，譬如：個人心理正能量、能力與預備程度，整合融入治療之中。	研究執行於德國，探索聚焦病人資源（勝任能力），尤其在治療初期階段，是否對治療結果有所影響。	聚焦勝任能力，與正向治療結果有相關；而且不受案主治療前的困擾、福祉快速反應、症狀減輕、治療師的專業經驗和治療持續時間等因素而有所差別。
5	Ho, Yeung, & Kwok, 2014	憂鬱。 快樂故事； 注意日常生活感恩； 辨識樂觀思考方式； 欣賞品味； 好奇心。	74名病人，年齡63至105歲，來自香港若干社區和療養院，完成9星期的團體PPI。	憂鬱症狀減輕，生活滿意度、感恩、快樂程度提升。
6	Andrewes, Walker, & O'Neill, 2014	腦部損傷。 好事連三； 標誌性格正能量。	10名腦部損傷患者，隨機分派到介入組或控制組。	12星期之後，介入組顯現快樂增加，自我概念改善。
7	Huffman et al., 2014	自殺念頭或行為。 感恩之旅； 性格正能量； 可能的最佳自我； 計數福份恩典； 有意義的活動。	評估因自殺念頭或行為而入院的病人對於九項PP作業的可行性和接納度，探索比較此等習作的相對影響。	考量年齡、習作次序、跳略等因素後，結果顯示整體PPI有呈現效應；個別PPI方面，感恩和個人心理正能量有呈現效能。

	引述來源	臨床焦點 和PPT作業	描　述 （樣本和方法論）	結果成效
8	Kerr, O'Donovan, & Pepping, 2015	精神疾病困擾，包括：憂鬱、焦慮、藥物濫用等等。 感恩和善意。	48名成年病人，來自澳洲昆士蘭7間心理門診院所，尋求個人心理治療的等候名單。分派到為期兩週的自我實施介入。	短期PPI有可靠培養感恩的情緒經驗，但在善意方面，則否。相對於安慰劑對照組，感恩、善意的介入習作，都有建立連結感，增進日常生活滿意度和樂觀，以及降低焦慮。
9	Huffman et al., 2015	第二型糖尿病。 感恩正向事件； 個人心理正能量； 感恩信； 善意行動。	概念驗證研究，15名患者，患有第二型糖尿病和心血管風險，平均60.1 ± 8.8歲，完成PP作業。	慢性病患者，譬如第二型糖尿病，擁有較高的正向情感、樂觀、福祉者，與健康行為依順性（和整體療效）有正相關。
10	Huynh et al., 2015	行為問題入監服刑。 融入美好生活模式PERMA幸福五元素為基礎的活動和作業。	監獄矯治方案的正向回歸社區PPI，包含若干週的課程、討論和作業，聚焦輔導受刑人回歸社區的技巧。	介入之前與之後，在感恩、希望和生活滿意度的測驗分數，呈現顯著差異。
11	Ko & Hyun, 2015	憂鬱。 書寫美好事物，正向回饋，感恩信。	韓國某醫院，53名MDD成年人患者，接受8週PPI，或控制組（沒接受處遇）。	PPI組，憂鬱測驗分數顯著降低；希望、滿意度測驗分數顯著增加。
12	Lambert D'raven, Moliver, & Thompson, 2015	憂鬱。 寫感恩信； 參與投入做好事。	6週的試行方案，初級衛生保健機構，76名憂鬱症狀病人，接受介入，包括參與投入做好事和寫感恩信。	6個月後追蹤，參與者在身體健康、活力、心理健康等測驗，相較於介入前的基準線，分數都有所增加。身心健康對日常活動也呈現正面的影響效果。
13	Retnowati et al., 2015	天災過後的憂鬱。 希望介入； 目標辨識、規劃； 動機維繫。	印尼日惹，墨拉皮火山爆發直接影響的31名成年人，分派到介入組，接受4次希望介入療程（每次兩小時）。另外，31名成年人，未接受治療的控制組。	介入組相對於控制組，治療之後，憂鬱情況呈現顯著減輕。
14	Chaves et al., 2017	憂鬱。 感恩； 欣賞品味； 性格正能量； 善意。	隨機對照試驗，結構化診斷，MDD案主分派到CBT組（$n = 49$），或PPI組（$n = 47$）。	介入之前和之後的所有主要結果，兩組都呈現顯著改變；不過，兩組之間，沒有顯著的療效差異。

	引述來源	臨床焦點 和PPT作業	描　述 （樣本和方法論）	結果成效
15	Nikrahan et al., 2016	冠狀動脈繞道手術。 感恩和寬恕； 標誌性格正能量； 可能的最佳自我； 正向社交互動； 重新解讀過去。	69名病人，近期接受冠狀動脈繞道手術或經皮冠狀動脈介入治療，隨機分派到PPI組，或等候名單控制組。針對風險生物標記，進行三階段評估，包括：基準線、介入後（7週）、追蹤（14週）。	7週之後，PPI組相對於控制組，在高敏感度和皮質醇覺醒反應方面，都顯著較低。
16	Sanjuan et al., 2016	心臟復健。 注意美好事物； 標誌性格正能量； 可能的最佳自我； 表達感恩； 善意行動。	西班牙，108位心臟病患者，隨機分派到控制組（復建方案），或復建方案＋福祉療法組。	在控制校正機能因素之下，復建方案＋福祉療法組，相較於控制組，案主自陳報告顯著較少的負向情感。
17	Wong et al., 2018	精神科疾病。 感恩信。	尋求心理治療的293位成年人，隨機分派到：(1)控制組（只接受心理治療）；(2)心理治療＋書寫心底創傷；(3)心理治療＋感恩書寫。	感恩組，寫信表達對他人的感激之情，自陳報告，心理健康顯著優於其他兩組。
18	Harrison, Khairulla, & Kikoler, 2016	飲食障礙。 培養正向情緒； 性格正能量。	8名女性住院患者，11至18歲，組成正向組，進行三次衡鑑：介入之前、之後和追蹤（6個月後）。	患者自陳報告，主觀快樂感呈現有意義的改善，有75%；在生活滿意度方面，則有87.5%。
19	Terrill et al., 2016	中風復健。 表達感恩； 練習善意。	若干對參與者：每對兩人成對的參與者，其中一人6個月前發生中風，另一人是同居伴侶或照顧者。至少有一人自述有憂鬱症狀。8週的自我實施行為PPI，每週獨自完成兩項活動，和共同完成兩項活動。	5對參與者完成方案（留存率83%）。參與者至少完成6週的活動。對於介入的效應，自陳報告「非常滿意」（滿意度最高＝4，M＝3.5）。
20	Muller et al., 2016	慢性疼痛和身障。 表達感恩； 善意行動； 寬恕； 心理暢流； 養身。	參與者患有脊髓損傷、多發性硬化症、神經肌肉疾病，或小兒麻痺後遺症與慢性疼痛，隨機分派到PP組，或控制組。 隨機組，完成個人PPI；控制組，書寫生活記事。為期8週。	PP組自陳報告，比較介入之前和之後，在疼痛強度、疼痛控制、疼痛災難化、疼痛干擾、生活滿意度、正向情感、憂鬱等方面，都有顯著改善。 2.5個月後追蹤，生活滿意度、憂鬱、疼痛強度、疼痛干擾、疼痛控制等方面，改善情況仍有維持。

【註釋】PP＝正向心理學；PPI＝正向心理介入；CBT＝認知行為治療；MDD＝重度憂鬱症。

＊依照出版年份排序。

之旅」等療程作業；或是，有創傷病史的案主可能不適合採用哪些療程作業。

　　關於各種PPI的理論基礎、潛在的改變機轉，以及在解釋各種臨床狀況所扮演的角色，諸如此類的議題，也都有研究者投入探討。例如：**感恩**如何抗衡憂鬱症的有害影響（Wood, Maltby, Gillett, Linley, & Joseph, 2008）；在創傷後壓力症候群，**希望**如何促成改變機轉有效發揮（Gilman, Schumm, & Chard, 2012）；在心理治療當中，**靈性**和**意義**扮演的療癒角色（Steger & Shin, 2010; Worthington, Hook, Davis, & McDaniel, 2011）；**寬恕**作為個人行使報復的權利或放棄憤怒的漸進釋懷過程（Harris et al., 2006; Worthington, 2005）。其他研究也發現，**創造力和躁鬱症**之間的相關性（Murray & Johnson, 2010）；**正向情緒**和社交焦慮之間的相關性（Kashdan et al., 2006）；**社會關係**和憂鬱之間的相關性（Oksanen et al., 2010）。菲茨派翠克和史達利卡斯（Fitzpatrick & Stalikas, 2008）指出，**正向情緒**可有效預測心理治療效應。還有其他不同來源的諸多科學證據顯示，正向情緒不只是單純反**映**成功和健康，也通過態度和心態的適應轉變，從而**產生**成功和健康（Fredrickson, 2009）。

　　若干文獻回顧評論研究，也探討了PPI的總體效能和相關性。這些研究綜合了理論基礎，並為PPI的應用提供重要的臨床啟示蘊義。**【表2.2】**列出其中的12篇，包括兩篇綜合評估各種PPI整體有效性的後設分析（meta-analysis，或譯薈萃分析）。第一篇後設分析的作者，洗連斯和露柏茉絲姬（Sin & Lyubomirsky, 2009），她們後設分析的研究涵蓋51項正向介入措施（包括臨床樣本和非臨床樣本）。分析結果顯示，正向介入措施是有效的，顯著降低憂鬱症狀，效應量中等（平均$r = 0.31$），以及提高美好存有的福祉，效應量中等（平均$r = 0.29$）。第二篇後設分析的作者，波利爾及同僚（Bolier et al., 2013），總共包含有6,139名參與者（包括擷取自Sin & Lyubomirsky後設分析的19項研究）。研究報告指出，PPI降低憂鬱症狀，效果量比較小（平均$r = 0.23$）；但是，在增進福祉方面，則有中等的效果量（平均$r = 0.34$）。霍恩、賈登和斯科菲爾德（Hone, Jarden, & Schofield, 2015），探索40項PPI的有效性，他們使用標準化框架RE-AIM，來評估介入措施在五個面向的效能，分別是：**R**覆蓋面（**R**each）、**E**功效（**E**fficacy）、**A**採用度（**A**doption）、**I**實施（**I**mplementation）、**M**維持（**M**aintenance）（Glasgow, Vogt, & Boles, 1999; National Collaborating Centre for Methods and Tools, 2008）。RE-AIM評估研究樣本的代表性、場域、成本，以及個體層級和機構層級的效果持續性（endurance of effects）。根據RE-AIM模式的分析結果，PPI在這五個面向的效能得分，差異相當大：**R**覆蓋面 = 64%；**E**功效 = 73%；**A**採用度 = 84%；**I**實施 = 58%；**M**維持 = 16%。另外，還有兩篇關於正向情緒的後設分析，一篇是採用行為激活的PPI（Mazzucchelli, Kane, & Rees, 2009），另一篇是採用正念本位的方法（Casellas-Grau & Vives, 2014），分析結果顯示，這些心理正能量本位的PPI都有提升福祉的效果。

【表2.2】回顧評論正向介入在臨床的啓示蘊義 *

	引述來源	回顧評論描述	突顯的發現
1.	Sin & Lyubomirsky, 2009	**後設分析**：統合檢視51項PPI，4,266人，探索PPI效能，為臨床治療師提供實務指南。	PPI顯著提升福祉（平均 r = 0.50），減輕憂鬱症狀（平均 r = 0.31）。
2.	Mazzucchelli, Kane, & Rees, 2010	**後設分析**：檢視BA對福祉的影響。統合檢視20項研究，總共1,353名參與者。	整合效果量（Hedges'g 效益值）顯示，BA和對照組在福祉的後測分數差異為0.52。BA似乎提供一種可行且有吸引力的介入，可促進臨床和非臨床廣泛族群的福祉。
3.	Quinlan, Swain, & Vella-Brodrick, 2012	**回顧評論**：回顧評論8項研究，這些研究明確尋求教導或使用心理正能量分類來提升福祉，並使用介入之前和之後的測量，以及對照組的研究設計。	介入要求參與者規劃和視覺描繪不同未來，或隱或顯設定目標，療癒效果比較好。連結個人動機、情感關係和自主的目標，比較有可能實現。長期介入的效能優於短期介入。
4.	Bolier et al., 2013	**後設分析**：回顧評論39項已發表的隨機設計研究，涵蓋7項臨床研究，總共6,139名參與者。	主觀幸福感的標準化平均數差異（SMD）= 0.34；心理福樂安適，0.20；憂鬱，0.23。顯示各項PPI只有小幅成效。
5.	Casellas-Grau & Vives, 2014	**系統化回顧評論**：聚焦16項研究，涵蓋正念本位取徑、正向情緒表達、靈修介入、希望療法和意義創造介入。	PPI應用於乳癌患者和倖存者，能夠有效促進諸多層面的正向元素。
6.	D'raven & Pasha-Zaidi, 2014	**回顧評論**：探索多種類的PPI，譬如：賞味、感恩和自我同情，描述此等PPI有效的原因、改變機轉和條件，以及對於何種人可能發揮最佳效能。提供輔導諮商人員參考。	結論肯定各種PPI可以促進更高福祉。但是，需要配合考量適配性，使用時機和文化脈絡等因素。還有，更多並不總是比較好。
7.	Drvaric et al., 2015	**批判回顧評論**：涵蓋11項研究，探索心理正能量本位療法對於處遇可能罹患精神病風險者的臨床關聯性和效能。	正向因應技巧和復原力可發揮保護作用，紓解高心理壓力。增強復原力，或可幫助精神病高風險者，有效提升福祉、適應和心理健康。
8.	Hone, Jarden, & Schofield, 2015	**效能回顧評論**：聚焦檢視40項PPI的效能，總共10,664名參與者。探索此等介入在五個面向的效能：覆蓋面 R、功效 E、採用度 A、實施 I、維持 M（合稱RE-AIM模式）。	RE-AIM模式五面向的分數，高低差異頗大：覆蓋面 R = 64%；功效 E = 73%；採用度 A = 84%；實施 I = 58%；維持 M = 16%。
9.	Quoidbach, Mikolajczak, & Gross, 2015	**回顧評論**：運用情緒調節的過程模式，回顧評論超過125項研究。包括多種類的PPI，例如：善意行動、最佳可能自我、計數福分恩典、感恩之旅、目標設定、希望、欣賞品味。	結論建議，正向情緒的培養，可透過五種短期和長期策略達成，包括：情境選擇、情境調整、注意力調度、認知改變、反應調節。提供綜合架構和詳細路線圖，幫助臨床治療師增進案主的福祉。

引述來源	回顧評論描述	突顯的發現
10. Roepke, 2015	**後設分析**：探索多種治療法能否讓人遭遇逆境之後有所成長。涵蓋12項隨機對照設計研究，具有效度、信度的PTG（或密切相關構念）測量。	雖然，這些介入措施原本主要目的，並不在促進PTG，但分析結果發現，有呈現中等到大幅效果量的PTG成長。
11. Stoner, Orrell, & Spector, 2015	**系統化回顧評論**：運用標準化判準，評估PP成效測量，納入之研究參與者都有共通族群特徵。研究旨在辨識可適用或修訂運用於癡呆症族群的穩健測量。	從復原力、自我效能、宗教／靈性、生活評價、連貫感、自主性、機智通達等構念，辨識16項PP成效測量。突顯針對PPI提供適切心理測量分析報告的重要性。
12. Macaskill, 2016	**回顧評論**：檢視多種PPI對身體健康困擾之臨床族群的應用成效。	PPI日益採用於身體健康問題的臨床族群。研究調查癌症、冠狀動脈心病、糖尿病等患者的PPI應用，初步結果顯示，成效頗令人鼓舞。

【註釋】PP ＝ 正向心理學；BA ＝ 行為激發活化；PPI ＝ 正向心理介入；PTG ＝ 創傷後成長。
＊依照出版年份排序。

　　其他研究文獻回顧評論，探討了特定正向元素的效能（effectiveness），例如：正向情緒在情緒調節扮演的角色（Quoidbach, Mikolajczak, & Gross, 2015）；特定的心理正能量（感恩和善意），在減輕症狀和增進福祉方面的效能（D'raven & Pasha-Zaidi, 2014; Drvaric et al., 2015）。其他研究文獻回顧評論，分別檢視如後事項，包括：正向元素如何影響身體健康問題的管理（Macaskill, 2016）；乳癌和感恩的關聯性（Ruini, & Vescovelli, 2013）；辨識有效度的治療成果測量（Stoner, Orrell, & Spector, 2015）。此外，還有研究探討，PPI對於處遇創傷和戰爭等複雜情況的關聯性（relevance, Al-Krenawi et al., 2011）；PPI對於神經科學的關聯性（Kapur et al., 2013）。

　　路易斯・蘭伯特・達瑞文和帕夏—扎伊迪（Louise Lambert D'raven & Pasha-Zaidi, 2016），回顧評論諮商輔導研究，評述PPI正向介入措施運用性格正能量（例如：感恩、賞味、自我同情和正向關係）的關聯性。他們結論指出，PPI可以有效產生正向的情感和經驗，並有助於緩解憂鬱症。更重要的是，臨床使用PPI，可以發動案主的內在能量，幫助激勵案主做出期待的改變。此外，對於廣泛的臨床場域，PPI可以提供策略，幫助案主維持和改善正向情緒和福祉。

　　總之，PPI可應用於廣泛範圍的臨床場域，解決複雜的臨床問題，擴展心理治療和健康成效評量的知識基礎。強而有力的實徵證據和新興研究，對於奠定基礎、促進PPT發展和優化至關重要。

第三節　正向心理治療與幸福理論

正向心理治療主要立基於兩項主要理論：(1)塞利格曼的PERMA幸福五元素模式（Seligman, 2002a, 2012）；(2)性格正能量（character strengths，Peterson & Seligman, 2004）。首先，我們解釋PERMA幸福五元素模式，這是將幸福分為五項科學可測量和可管理元素的模型，如表2.3所示，這五元素分別是：(1)正向情緒P（Positive emotions）；(2)積極投入E（Engagement）；(3)關係R（Relationships）；(4)意義M（Meaning）；(5)成就A（Accomplishment）（Seligman, 2012），取這五元素的字首合稱*PERMA*。研究顯示，PERMA當中三項元素（正向情緒、積極投入和意義）的充分實現，與較低的憂鬱率和較高的生活滿意度有相關性（Asebedo & Seay, 2014; Bertisch et al., 2014; Headey, Schupp, Tucci, & Wagner, 2010; Kern et al., 2015; Lambert D'raven & Pasha-Zaidi, 2016; Lamont, 2011; Schueller, & Seligman, 2010; Sirgy & Wu, 2009）。

【表2.3】PERMA幸福五元素 ＊

元　素	簡　述
正向情緒P	經驗到諸多正向情緒，譬如：快樂、滿足、自豪、寧靜、希望、樂觀、信賴、信心、感恩。
積極投入E	深刻投入沉浸在活動中，充分運用個人心理正能量，進入心理暢流，聚精會神，強烈聚焦，內在動機精益求精，渾然忘我的最高境界。
關　係R	擁有正向、安穩、信賴的關係。
意　義M	超越個人小我，從屬於某種大我目標，奉獻自我去完成崇高境界。
成　就A	純粹追求成功、實力、成就，精益求精，而不求取外在的報酬。

＊ *Seligman, 2012*。

1. 正向情緒

正向情緒（Positive Emotions），代表美好存有福祉的享樂維度（hedonic dimension）。這個維度包含：體驗關於過去、現在和未來的正向情緒，以及學習技巧來放大正向情緒的強度和持續時間。

• 關於過去的正向情緒，包括：對過去的滿意、知足、充實感，以及自豪和寧靜等感覺。

• 關於未來的正向情緒，包括：對未來感覺充滿希望和樂觀，對未來抱持正面的看法、信任和信心。

• 關於當下的正向情緒，當下豐富而複雜的經驗，例如：賞味和正念（Seligman,

2002a）。

　　與負向情緒相比，正向情緒往往比較短暫而易逝，但在促使思維靈活、富有創造力和效率方面，卻扮演著關鍵的角色（Fredrickson, 2009）。研究也顯示，正向情緒通過「抵銷」（undoing）負向情緒的影響，從而建立復原力（recilience，Fredrickson, Tugade, Waugh, & Larkin, 2003; Johnson et al., 2009）；而且，正向情緒與長壽、婚姻滿意度、友誼、收入和復原力，也都存有著穩健的相關性（相關文獻回顧評論，請參閱Fredrickson & Branigan, 2005; Lyubomirsky, King, & Diener, 2005）。貝瑞‧史瓦茲及同僚（Schwartz et al., 2002）發現，尋求心理治療的憂鬱症患者，正向情緒與負向情緒的比率往往低於0.5。因此，缺乏正向情緒似乎是精神病理的核心所在。

　　正向情緒也會影響身體健康。比方說，美國政府的公共衛生官方記錄，將心臟病列為美國人死亡的主因，他們還收集全國各郡的風險因子數據，例如：抽菸、肥胖、高血壓和缺乏運動而罹患心臟病的比率。賓州大學的一個研究小組，探討心臟病流行病學數據與推特發文（Twitter）之間的相關性。研究人員蒐集2009年至2010年間，張貼的公開推文，再配合使用情緒詞典，來分析隨機抽樣的個人推文（包含推文者的網路定位資訊）。推文和健康數據含括美國1,300個郡左右，占全國人口的88%。分析結果發現，在控制校正收入和教育程度變數影響效應之後，個別郡內出現諸如憤怒、壓力和倦怠等負向情緒的推文字眼，與該郡的心臟病風險，兩者呈現顯著正相關。另一方面，興奮和樂觀等正向情緒的推文字眼，則與心臟病風險呈現負相關（Eichstaedt et al., 2015）。

2. 積極投入

　　積極投入（**Engagement**），美好存有福祉的第二個維度，涉及追求參與、投入和陶醉沉浸在工作、親密關係和休閒活動等經驗。積極投入的概念，源於齊克森米哈里（Csikszentmihalyi, 1990），關於「心理暢流」（flow）的研究論述。心理暢流是一種強烈專注所帶來的心理狀態，整個人完全融入活動之中，失去時間感，就好像感覺「與[演奏、演唱的]音樂融為一體」（one with the music）。當技巧程度足以因應任務的挑戰，個人很可能深深融入經驗或與經驗「融為一體」（at one with），渾然忘卻時間的流動。塞利格曼（Seligman, 2002a）提出，強化積極投入的一種方法就是辨識案主的「標誌」性格正能量（本手冊後面將討論，請參閱第八章，療程二），然後幫助案主找到機會，更頻繁來運用。許多研究證實，各種形式的PPI正向心理介入措施，鼓勵人們以新穎的方式，有意識地使用標誌性格正能量，療癒成效尤其顯著（Azañedo et al., 2014; Berthold & Ruch, 2014; Buschor et al., 2013; Forest et al., 2012; Güsewell & Ruch, 2012; Khumalo et al., 2008; Littman-Ovadia & Lavy, 2012;

Martinez-Marti & Ruch, 2014; Peterson et al., 2007; Proyer et al., 2013; Ruch et al., 2007）。

在PPT正向心理治療，案主學習開展特定的活動，運用標誌性格正能量來創造積極投入的經驗。這類活動相對需要投入較多的時間和精力，舉例而言，包括：攀岩；下棋；打籃球；跳舞；創作或體驗藝術、音樂或文學；靈修活動；社交互動。此外，還有其他創造性的活動，例如：與孩子一起烘焙、園藝和遊戲。相對而言，感官刺激的尋歡作樂，快感很快就會消退；積極投入的體驗型活動，持續時間比較久，涉及更多的主動思考和詮釋，並且不容易適應習慣而感覺疲乏。總之，積極投入可以成為抗衡厭倦、焦慮和憂鬱的重要解毒劑。

許多心理疾病的標誌，例如：興趣缺乏（anhedonia，或失樂症）、冷漠、無聊、多任務分心、心煩意亂等等，在相當大程度上，共通的具體表徵就是注意力屢遭打亂（Donaldson, Csikszentmihalyi, & Nakamura, 2011; McCormick et al., 2005）。密集的積極投入體驗，通常可消除無聊厭倦和反芻思維（rumination）。這是因為，當人們努力要去完成具有挑戰性的任務，就需要激活注意力資源，導向手邊的任務，如此一來，也就沒有多餘心思，去反芻自憐自艾的想法，或處理可能威脅自我的訊息。此外，積極投入活動之後的成就感，常常讓我們回味（reminiscing）和陶醉（basking），這是兩種正向形式的反芻思維（Feldman, Joormann & Johnson, 2008）。這些積極投入的要素，已成功應用於治療介入（Grafanaki et al., 2007; Nakamura & Csikszentmihalyi, 2002）。

3. 關係

關係（**relationships**），美好存有福祉的第三個維度。有人認為，人類有一種基本的「歸屬需求」（need to belong），這是由演化過程的天擇（natural selection，或譯自然選擇）塑造而形成（Baumeister & Leary, 1995）。正向和安全的關係與美好存有的幸福感有著密切的相關性（Wallace, 2013）。根據「美國時間使用調查」（American Time Use Survey），美國民眾大部分清醒時間，投入於某種形式的主動或被動互動，其中包括：與他人討論、協力合作、交換物品等等（Bureau of Labor Statistics, 2015）。相較於關係的量化特徵（例如：朋友的數量或共度時間的長短），關係的品質更為重要，比方說，校正控制變數「學業成就」的影響之後，兒童擁有廣泛的社會支持（包括父母、同儕和教師的支持），相較於沒有這些社會支持的同儕，較少出現心理疾病的徵候（例如：憂鬱和焦慮），並且有較高的幸福感（生活滿意度）（Demir, 2010; Stewart & Suldo, 2011）。此外，正向關係不僅可以發揮緩衝效應，使吾人免於遭受心理疾病的影響，還能夠增長壽命。綜合檢視148項研究，參與者總數308,849名，結果發現，擁有較強社會關係者，存活率（likelihood of survival）增加了50%。在年齡、性別、初始健康狀況、死亡原因和後續追蹤等範疇，前述結果大致相似，亦即擁有較強社會關係者，存活率顯著有所增加（Holt-Lunstad & Timothy, 2010）。幾乎所有PPT療程作業，都包含案主投入涉及他人的個人反思或回憶反思。在一項隨機試驗，研究人員發現，完成關係聚焦正向活動的個人，自陳報告關係滿意度有提高（O'Connell, O'Shea, & Gallagher, 2016）。

4. 意義

意義（**Meaning**），美好存有福祉的第四個維度。意義的維度，包括運用標誌性格正能量，奉獻自我去完成崇高境界，從屬並服務於某種大我目標。維克多・弗蘭克（Victor Frankl, 1963），意義研究的先驅，強調僅只是渴望幸福，並無法實現幸福。幸福並非刻意追求就能有所得；相反地，幸福往往是在無所求之下，努力實現超越小我的崇高目標之後，不期而遇的意外收穫。成功追求如此的活動，將個人與崇高目標聯繫起來，就可望達成「有意義的人生」。有很多方法可以實現這一目標，例如：親密的人際關係；追求藝術、知識或科學創新；哲學或宗教沉思；社會公益運動或環境保護運動；追隨天職召喚的志業；靈性修練或諸如冥想之類的其他孤獨追求（例如，Stillman & Baumeister, 2009; Wrzesniewski, McCauley, Rozin, & Schwartz, 1997）。無論是通過什麼途徑來建立有意義的生活，只要盡心盡力去追求，都會產生滿足感，相信自己不枉此生（Ackerman, Zuroff, & Moskowitz, 2000; Hicks & King, 2009）。

在腦部損傷的成年人當中，擁有較高人生目的感者，恢復速度比較快（Ryff et al., 2016）。治療可以是有用的冒險，幫助案主界定和設立具體目標，釐清環繞該等目標的深遠意義，從而提高實現該等目標的可能性（McKnight & Kashdan, 2009）。有充分的證據顯示，擁有意義和目的感，有助於我們從逆境迅速恢復或反彈復甦，並緩解絕望和無力控制的負向感覺（Graham, Lobel, Glass, & Lokshina, 2008; Lightsey, 2006）。在坎坷困境之下，生活充滿意義的案主更有可能堅忍奮發，而不會懷憂喪志、自暴自棄（McKnight & Kasdhan, 2009）。對於人生道路上的各種心理問題，PPT可以幫助案主建立意義、目的之連結，從而找出因應之道。

5. 成就

成就（**accomplishment**），美好存有福祉的第五個維度。成就可以指涉客觀、具體的成就、升遷、獎牌或獎勵。然而，就本質而言，成就在於對進步、向上提升和終極個人成長、人際成長的主觀追求。在PERMA幸福五元素模型中，成就定義為利用我們的心理正能量、能力、才華和技能，來實現深刻滿足和充實的事物。

成就需要積極和策略運用心理正能量（亦即知道何時該使用哪些心理正能量），

以及密切監測情境波動，及時做出因應改變。隨機應變的同時，還需要維持特定行為或習慣的連貫一致。最後，成就固然可能有外在的回報，但當我們追求並實現內在動機驅策有意義的目標時，幸福感就會隨之提振。

第四節　正向心理治療：理論假設

正向心理治療PPT的發展，是立基在正向心理介入PPI研究的實徵基礎，以及幸福五元素PERMA模式和性格心理正能量的理論基礎。然而，PPT的實施運作，也立基於關於特定行為之本質、原因、進程和治療的三項假設：(1)內在的成長能力；(2)心理正能量與心理症狀同等真實；(3)正向導向的治療關係。分別說明如後。

1. 內在的成長能力

承襲人文主義心理學的精神，PPT也主張，心理社會困擾長期阻礙案主成長、自我實現和追求福祉的內在能力，心理疾病就會隨之而起。心理治療提供獨特機會，經由人性連結的轉化力量，啟動或恢復人類的潛能。在心理治療當中，臨床治療師秉持同理心和不帶判斷的態度，提供無與倫比的人際互動，深切理解案主最深層的情緒、慾望、志向、思想、信念、行為和習慣。如果，這些難能可貴的能量，主要用於應付處理負向心理，修復最壞的情況（這通常是很自然的傾向），那麼培育自我成長的機會就可能蒙上厚重陰影，甚至完全喪失。

聚焦於心理正能量，促使案主學習特定技能，變得更有自發性、風趣開朗，更懂得感恩，以及發揮創造力；而不僅只是學習如何擺脫僵化、乏味、故步自封、怨天尤人。證據顯示，即使處於險惡艱困的生活逆境，心理正能量也可能發揮關鍵作用，促進自我成長。不論個人背景（居住地、性別、年齡、教育程度、婚姻狀況等等），性格正能量都可以有效預測復原力[反彈復甦]、社會支持、自尊、生活滿意度、正向情感、自我效能和樂觀（Martínez-Martí & Ruch, 2016）。越來越多的證據支持，這種關於心理正能量重要性的假設。比方說，林利與同僚（Linley et al., 2010）指出，運用個人心理正能量者，更有可能實現目標。此外，運用心理正能量可以發揮緩衝效應，緩解負向經驗的衝擊（Johnson, Gooding, Wood, & Tarrier, 2010）。老年人聚焦於自己的心理正能量（例如：樂觀、感恩、賞味、好奇心、勇氣、利他和生活目的），有助於減輕憂鬱症狀（Ho, Yeung, & Kwok, 2014）。總之，PPT假設案主擁有內在能力，能夠自我成長，並且強調此等成長過程，進而有助於減輕症狀。

2. 心理正能量與心理症狀同等真實

PPT重視心理正能量本身的內在價值。PPT認為，正向情緒和心理正能量是真實

的，並且與負向的心理症狀和障礙同等眞實。心理正能量不是閒坐在臨床外圍的防禦、幻想或症狀緩解的副產品。如果，怨恨、欺騙、競爭、嫉妒、貪婪、憂慮和壓力都是眞實的，那麼誠實、合作、滿足、感恩、慈悲和平靜等屬性，也同樣都是眞實的。研究顯示，僅僅沒有症狀並不代表就會有心理安適福樂（Bartels et al., 2013; Keyes & Eduardo, 2012; Suldo & Shaffer, 2008）。將心理正能量與心理症狀整合，可以擴展案主的自我認知，爲臨床治療師提供額外的介入途徑。齊雯斯與同僚（Cheavens et al., 2012）研究指出，在心理治療中，聚焦案主的相對心理正能量，而不是他們的心理缺失或障礙，可以導向更理想的療癒結果。同樣地，弗魯契格和格羅斯・霍特佛斯（Flückiger & Grosse Holtforth, 2008）研究發現，在每次療程之前，聚焦案主的心理正能量，可以改善治療成果。當臨床治療師積極致力於恢復和培養勇氣、善良、謙虛、毅力和社會智能，案主可能邁向比較充實、正向的生活。相對地，如果臨床治療師是把焦點放在紓解症狀，案主的生活可能變得比較不那麼悲慘、負向。

3. 正向導向的治療關係

　　PPT的第三個也是最後一個假設是，正向導向的治療關係（**positivity-oriented therapeutic relationship**），強調有效的治療關係應該導向探索、分析正向的個人特質和經驗（例如：正向情緒、心理正能量和品德），而不僅是聚焦關於心理障礙或困擾的晤談、衡鑑。建立治療聯盟（therapeutic alliance）是促成治療改變的核心共通因素（Horvath et al., 2011; Kazdin, 2009）。謝爾、戴維斯、韓德森（Scheel, Davis, and Henderson, 2012）研究發現，聚焦心理正能量，有助於臨床治療師與案主建立信任關係，並通過灌輸希望來提振他們追求改善的動機。另一項研究，訪談26位巴西心理治療師，結果發現，當臨床治療師從案主的言談反應，推導出正向情緒，可以更妥善理解案主自身擁有的豐富資源。此外，正向情緒也強化了治療關係，因爲案主的資源與缺陷一樣，得到臨床治療師同等的重視對待（Vandenberghe & Silvestre, 2013）。就此而言，經由培養整合心理正能量的治療關係，可以促進強化治療聯盟。

　　這和傳統取徑的心理治療形成明顯對比，在傳統取徑的心理治療，臨床治療師診斷、分析並向案主解釋症狀和困擾。大眾媒體對於心理治療的形象再現，進一步強化了臨床治療師的這種角色，這種治療關係的顯著特點就是，臨床治療師引導案主談論心理困擾，揭露內心積壓的負向情緒，以及恢復失落或破滅的自尊。

第三章

心理病理學：心理症狀vs.心理正能量

　　正向心理治療的病理學核心概念，立足於正向元素（positives，例如：性格正能量、正向情緒、意義、正向關係、成就），對於心理疾病的評估和治療而言，這些正向元素與負向症狀同樣重要。這與傳統的心理病理學觀點有顯著的背離，在那兒，心理症狀占有獨尊一格的核心地位。完全著眼於心理症狀的分類系統，不足以理解案主複雜而豐富的生活。在提出我們的論點之前，請容許我們先澄清一下，我們可以理解傳統心理治療何以片面聚焦於心理症狀。實際上，相較於正向元素，令人困擾的症狀確實比較突出而醒目，在臨床方面，也比較容易處理和評估。負向經歷往往引發更複雜而深入的臨床論述，對於案主和臨床治療師都是如此。因此，毫不令人驚訝，尋求臨床服務的案主很容易就會開始回憶負向事件、挫折和失敗；至於臨床治療師，也往往直接展開評估、闡述和詮釋衝突、矛盾、欺騙、個人缺陷或人際缺陷的故事。由於負向元素提供明顯更大的訊息價值，因此臨床治療師自然在這方面注入更多心力，以及投入複雜的認知處理（例如：Peeters & Czapinski, 1990）。因此之故，典型的臨床評估，通常就是致力於探索心理症狀和障礙。然而，把心理治療完全集中在臨床症狀的評估和處理，將會在許多重要的方面造成偏限，相關討論摘述如後。

第一節　心理症狀

1. 核心要素

　　在臨床心理治療，心理症狀（symptoms）是論述的核心要素，並且預設心理治療需要評估心理症狀。就此而言，心理症狀獲得保證需要認真去探索，至於正向元素則被認為是症狀緩解的副產品，而不必然需要評估。此等預設如此根深蒂固，以至於傳統上，正向屬性通常被認為是防禦。比方說，理論家主張，新教改革（Protestant Reformation）特徵的職業道德（work ethic），其背後驅動力就是焦慮心理（Weber, 2002）。長久以來，一直有理論主張，憂鬱症是人們發展來抵禦罪惡感的防禦機制，而同情心則是對於此等罪惡感的補償而衍生的產物（McWilliams, 1994）。相對地，在PPT，人類的心理正能量與弱點，則是同等真實，此乃千古不變的真理，在每種文化都受到重視（Peterson & Seligman, 2004）。在評估和治療心理疾病時，心理正能

量和症狀同等重要。心理正能量不被視爲防禦、副產品或補償。心理正能量本身就具有內在價值，因此心理正能量應該有獨立的評估程序，而不是依附於負能量[症狀]的評估程序。比方說，謙虛不必然是透過自我退讓來引出他人的合作；提供幫助不必然是爲了要去分散或消除壓力情況；創造力不僅僅是利用焦慮而激發創新。

2. 偏斜的剖面圖和架構

傳統上，缺陷取向的評估和治療方法，依照《精神疾病診斷和統計手冊》（*Diagnostic and Statistical Manual of Mental Disorders*，簡稱DSM；American Psychiatric Association, 2013）的人爲類別，將案主貼上疾病分類標籤。基本上，標籤本身並沒有絕對不可接受之處，也方便人們對世界萬物進行分類和組織（Maddux, 2008）。但是，如果將案主化約或客體化爲精神病理學的標籤，可能會剝奪案主的豐富複雜性（Boisvert & Faust, 2002; Szasz, 1961）。DSM本位的診斷過度聚焦病理學標籤化，結果就是產生關於案主的某種人格剖面圖（personality profile），以大綱模式勾勒案主的缺陷、功能不良和障礙。臨床評估應該是兼顧探索心理正能量和劣勢的過程（Suldo & Shaffer, 2008）。一旦臨床評估只專注在案主呈現的問題，減少該等問題就被視爲介入成功的衡量標準。然而，心理問題是複雜而多向度的，並且通常具有個人化的特殊展現（Harris & Thoresen, 2006）。此外，紓解心理症狀並不能確保案主獲得美好生活。臨床的不動產（clinical real estate），就可支配調度的時間和資源而言，乃是有限的。如果，大部分的臨床不動產都花用在症狀改善方面，那麼時間、精力就所剩無幾，難以有效擴大心理正能量、意義或目的。

3. 汙名

大致而言，目前主流的臨床實務大多致力於挖掘童年創傷，評估扭曲的思維，以及衡鑑人際關係困難、情緒混亂。人們逃避尋求臨床服務，因爲若是診斷爲精神病，他們擔心會受到汙名化（Corrigan, 2004）。大眾媒體對精神疾病患者的普遍描繪，維持了這方面的汙名（stigma；Bearse, McMinn, Seegobin, & Free, 2013）。此外，越來越多樣化和國際化的當代社會，許多人並不總是符合以歐洲人爲中心的診斷標籤。

第二節　心理病理：心理正能量的失調

茱蒂絲·強生（Judith Johnson）和艾力克斯·伍德（Alex Wood）（Johnson & Wood, 2017）論稱，正向心理學和臨床心理學研究的大多數構念，都存在從正向到負向的諸多變項（例如：從感恩到忘恩負義，從冷靜到焦慮），所以特別說某領域研究

「正向」構念或「負向」構念，根本毫無意義。傳統上，以缺陷爲本位的心理學，將可通過整合正向心理學而從中受益，理由如後：

• 正向心理學的構念，譬如：性格正能量和正向情緒，在考量傳統臨床因素之外，可以在橫斷面研究和前瞻性研究當中獨立預測福祉。

• 正向心理學家的關鍵焦點，例如：心理正能量和正向情緒，與風險因素交互作用，可以預測結果成效，從而賦予復原力[反彈復甦或韌性]。

• 典型上，用來增強福祉的正向心理介入（譬如：PPT），也可用於緩解症狀。

• 主要以歐洲人爲中心的臨床心理學研究，可以通過納入正向心理學構念，來調適跨文化的應用。

　　有鑑於這些論點，我們邀請臨床治療師重新概念化DSM本位的心理疾病或障礙。二十多年前，埃文斯（Evans, 1993）提出假說如後：負向行爲或症狀具有可取而代之的正向形式。在某種程度上，這種互換可說是語義上的轉換而已。在日常用語的定義之下，心理症狀總是可以轉譯爲簡單的對立面，儘管並非所有心理症狀或障礙都能自然而然適應如此的互換。比方說，勇氣可以概念化爲焦慮的對立面，但並非所有焦慮的人都缺乏勇氣。埃文斯主張，心理病理學的大多數構念都可以區分爲相互平行的兩大構面：(1)病態或不良屬性的構面，從一端的嚴重偏差病態，經過中間的若干中性點，到沒有病態的一端；(2)對立的正向屬性構面，從沒有病態或不良屬性的一端，經過中間的若干中性點，到與該特定病態或不良屬性對立的正向屬性一端。

　　同樣地，彼德森（Peterson, 2006）也提出，心理障礙可以認爲是「心理正能量的**缺乏、對立，或過量**」（**Absence** of strength, the **Opposite** of strength, or the **Excess**，簡稱心理正能量的**AOE**）。彼德森認爲，性格正能量的缺乏是眞正的心理病理學的標誌。然而，像埃文斯（Evans, 1993）一樣，彼德森承認，缺乏性格正能量可能不一定適用於具有明確生物學標記的疾病，譬如：思覺失調症和雙極型情感障礙。許多心理方面的疾病（例如：憂鬱、焦慮、注意力和行爲問題，以及人格障礙），要取得更全面的理解，應該整合考量兩方面的因素：(1)症狀的顯現；(2)性格正能量的缺乏、對立，或過量。使用彼德森的AOE模式，從眾（conformity）是由於缺乏原創性，特別是當整個群體遵從一致時。沒有好奇心會讓人不感興趣或漠不關心（disinterest）。不感興趣或漠不關心，會對於個人可能習得的事物施加限制，那是不可取的。與好奇心對立的是無聊（boredom）。誇張的好奇心可能同樣有害，特別是如果有人好奇的是暴力、性行爲或非法毒品。考量到臨床的敏感性和微妙之處，在臨床環境中應用AOE模式可能深具挑戰性。比方說，完全沒有某種心理正能量（例如：勇氣、樂觀或善意），擁有某種心理正能量的對立面（例如：創造力vs.迂腐，誠實vs.欺騙，公正vs.偏見），或某種心理正能量的誇大（情緒氾濫vs.情緒智商，沙文主義vs.公民意識，滑稽vs.幽默），要建立這方面的概念化內涵，對於臨床治療師和案

主，都很可能讓人感到沮喪無力，甚至在理論上也不太可能合理達成。很難想像，有人會沒有一絲一毫的善意，或是完全沒有一丁點的勇敢。因此，我們建議採用略微修改版本的AOE模式。

我們建議，根據心理正能量的缺乏或超量，來重新檢視DSM診斷分類的心理疾病或障礙。例如：聚焦於心理正能量的缺乏方面，憂鬱可能部分是由於缺乏希望、樂觀或熱情，以及其他變項而導致的結果；同樣地，缺乏恆毅力和耐心，可能解釋某些層面的焦慮；缺乏公正、平等或正義，可能突顯某些行為障礙。另外，在心理正能量的過剩方面，許多心理障礙可能概念化為特定心理正能量的過剩。比方說，憂鬱可能有部分原因包括：過度的謙卑（遲疑而未能主張個人的需要）；過度的善意（善待他人，卻犧牲對自我的照護）；過度堅持的觀點（對於現實抱持太過狹隘的觀點）；過多的意義（導致死心眼、鑽牛角尖）。【表3.1】主要心理障礙的心理正能量失調觀點，列出以心理正能量缺乏或過剩觀點的主要心理障礙症狀。

單獨只有心理正能量的缺乏，並不足以保證心理疾病或障礙的診斷。儘管如此，英國斯特林大學（University of Sterling）亞力克斯‧伍德（Alex Wood）的新興研究顯示，缺乏正向元素可能帶來臨床風險。在一項針對5,500名參與者的縱貫研究，伍德和約瑟夫（Wood & Joseph, 2010）發現，自我接納、自主、生活目的、正向關係、環境掌控和個人成長，諸如此類的正向特徵較低的個人，可能更容易出現臨床的憂鬱症狀，風險最高可達7倍之多。正向特徵的缺乏，單獨就足以構成心理障礙的風險因素，超過了許多負向特徵的出現，包括當前和之前出現的憂鬱、神經質和身體不健康等等。此外，正向特徵高的個人，可以有緩衝保護，免於遭受負向生活事件的衝擊，包括臨床痛苦、困擾（Johnson et al., 2010; Johnson, Gooding, Wood, & Tarrier, 2010）。

從PPT的角度來看，心理正能量缺乏或過剩，究竟如何發揮作用呢？舉個臨床實例來看看。《流行病學研究中心憂鬱量表》（the Center for Epidemiologic Studies-Depression Scale，簡稱CES-D；Radloff, 1977），是五種最常用的憂鬱症狀測量工具之一。此一量表有16道負向題目，和4道正向題目。一般普遍認為，其中檢視兩項獨立的因素，亦即二維結構：憂鬱和快樂（Shafer, 2006）。分析來自6,125名成年人的資料，亞力克斯‧伍德和同僚證明，CES-D的二維結構很可能是統計上的人為產物。在很大程度上，憂鬱和快樂可能是同義詞，而現有的測量工具很可能是觸及一維連續體的兩端（Wood, Taylor, & Joseph, 2010）。換言之，憂鬱和快樂乃是同一連續體的兩個部分，分開研究它們，其實是不必要的重複研究工作。同樣地，《情境與特質焦慮量表》（State-Trait Anxiety Inventory；Spielberger et al., 1983），也可以在焦慮—放鬆的一維連續體上進行概念化。

【表3.1】主要心理障礙的心理正能量失調觀點

呈現的心理症狀	心理正能量失調 缺乏或過剩
重鬱症 Major Depressive Disorder	
心情鬱悶、悲傷、無望（旁人觀察可發現，例如：淚流滿面）、無助、遲緩、煩躁、了無生趣。	**缺乏**：快樂、喜悅、希望和樂觀、幽默玩笑、自發性、目標取向。 **過剩**：審慎、謙虛禮讓。
抑鬱寡歡。	**缺乏**：欣賞品味[賞味]、熱情、好奇心。 **過剩**：自我調節、知足。
疲乏、遲緩。	**缺乏**：熱情、警覺性。 **過剩**：放鬆、懶散。
思考能力或專注力疲弱，猶豫不決、胡思亂想。	**缺乏**：決斷力、篩選解決方案、擴散思考。 **過剩**：過度分析。
自殺想法／計畫。	**缺乏**：意義、希望、社交情感連結、篩選解決方案、擴散思考、靈活機敏。 **過剩**：漫不經心、無所謂（防衛型悲觀）。
侵擾性情緒失調障礙 Disruptive Mood Dysregulation Disorder	
嚴重的脾氣爆發（口語和肢體）	**缺乏**：自我調節、審慎。
持續的煩躁、易怒。	**過剩**：熱心。
未特定的伴有焦慮困擾的憂鬱症Unspecified Depressive Disorder With Anxious Distress	
情緒激動、緊張，異常心浮氣躁。	**缺乏**：知足（痛苦忍受力）、感恩、放鬆、審慎。 **缺乏**：對新穎和奇異想法的開放性（好奇心）。 **過剩**：熱情、興致、渴望。
雙極型情感障礙[躁鬱症] Bipolar Disorder	
情緒高亢、高低起伏劇烈、煩躁易怒。	**缺乏**：平心靜氣，頭腦清醒。 **過剩**：沉著[不動聲色]、激情。
膨脹的自尊或浮誇。	**缺乏**：謙虛禮讓、自我和社會智能。 **過剩**：意志力、內省。
異乎尋常的多話或滔滔不絕。	**缺乏**：反思與深思熟慮。 **過剩**：熱情、激情。
過度陷溺於歡樂的活動（例如：不知節制的購物狂熱、輕率縱慾妄為、有欠考慮的商業／職業抉擇）。	**缺乏**：節制、審慎、簡單。 **過剩**：激情（執迷）、自我放縱。
過度陷溺於很可能帶來痛苦後果的活動（例如：不知節制的購物狂熱、輕率縱慾妄為、愚昧的商業投資）。	**缺乏**：自我調節、觀點、平衡、謙虛禮讓、情緒調節。 **過剩**：自我關注（自我放縱）、熱情、享樂。
廣泛型焦慮症[泛慮症] Generalized Anxiety Disorder	
過度擔憂真實或感知的危險。	**缺乏**：觀點、智慧、批判思維。 **過剩**：謹慎、關注。

呈現的心理症狀	心理正能量失調 缺乏或過剩
心浮氣躁、疲乏、煩躁、忐忑不安、心煩意亂、難以專心和入睡。	**缺乏**：心平氣和、正念、自發。 **過剩**：先見遠識[杞人憂天]、沉著[不動聲色]。

分離焦慮障礙 Separation Anxiety Disorder

對於失去主要依附人物，持續和過度的擔憂。	**缺乏**：愛、愛和被愛的能力、社交信賴、樂觀、情感連結。 **過剩**：情感、自我調節。

選擇性緘默症 Selective Mutism

在應該要發言的特定社交場合，沒辦法發聲說話。	**缺乏**：主動性、個人智能和社交智能、社交技巧。 **過剩**：審慎、自我審視。

特定對象恐懼症 Specific Phobia

對於特定對象或情境表現出明顯的焦慮。	**缺乏**：勇氣、創造力。 **過剩**：敏感度、警戒反應性。
極力迴避或忍受強烈的恐懼或焦慮；不合比例的恐懼。	**缺乏**：放鬆、正念、承受社會判斷的勇氣、理性的自我對話（反思和內省）。 **過度**：拘謹、敏感意識、警戒心。
心浮氣躁、煩躁、忐忑不安、心煩意亂。	**缺乏**：平心靜氣、自我智能、自我評價、監控、放鬆、正念、頭腦清醒、沉著。 **過剩**：警戒心、敏感度、反應性、批判評價。

社交恐懼症 Social Phobia

害怕社交或需要表現的情境。	**缺乏**：勇氣、即興、對他人的信賴。 **過剩**：社交智能（從觀眾眼光來看待自我的表現，而不是看成社交場合的一員）、批判評價品頭論足。

廣場恐懼症[懼曠症] Agoraphobia

使用公共交通工具、停車場、橋梁、商店、劇院、站立或置身人群，呈現明顯的恐懼、焦慮。擔憂獨自出家門，惶恐不安。	**缺乏**：勇氣、即興、心胸開放、靈活。 **過剩**：敏感度、對某情境警戒、警戒心。

恐慌症 Panic Disorder

強烈害怕「快要瘋掉了」，明顯的心臟砰砰狂跳、頭暈目眩、站不穩、或天旋地轉。 去真實化與去人格化。 持續擔憂未來會再發作。	**缺乏**：沉著、社交智能和個人智能、創造力和深入探索環境／情境的好奇心、樂觀（迎向未來可能會出現意料之外的不良後果，處之泰然）。 **過剩**：敏感性、對環境線索的反應性、敏感意識。

強迫症 Obsessive-Compulsive Disorder

循環不止、持續侵入、揮之不去的想法、衝動或心理意象。	**缺乏**：正念和釋懷、好奇心、觀點。 **過剩**：反思和內省、道德或公正。

呈現的心理症狀	心理正能量失調 缺乏或過剩
感覺受到強迫，不得不重複訴諸行為或心理行動，以避免焦慮。	**缺乏**：對於事物或表現稍微不完美也能知足、創造力、靈活性、自制能力。 **過剩**：反思和內省、規劃。

身體臆形症 Body Dysmorphic Disorder

老是感覺自己身體外觀有缺陷，耿耿於懷，但在他人來看，根本微不足道，或無可察覺。	**缺乏**：對於稍微不完美的自我形象也能知足、承認個人性格正能量、謙虛禮讓。 **過剩**：個人智能、自我關注、自我價值。

囤積症 Hoarding Disorders

不管有無實際價值，很難丟棄或離開個人擁有的物品。	**缺乏**：觀點，不能分辨什麼東西是重要、有意義的；獨特的自我形象（個人身分認同與物品融合為一）；與物件連結關係而不是與人和經歷連結關係；無法超越個人感知的需求（缺乏：同情心）。 **過剩**：樂觀、警戒心。

創傷後壓力症候群 Posttraumatic Stress Disorder

關於創傷事件的痛苦記憶，不斷縈繞心頭，循環不止，不由自主的侵入腦海。	**缺乏**：復原力[反彈復甦、韌性]；處理情緒或尋求支持處理情緒的個人智能；有創造力，能承擔風險，探索各種因應機轉；毅力、樂觀、希望、社會支持；梳理創傷事件意義的能力；用不同觀點重新檢視創傷的意義。 **過剩**：反思（胡思亂想）；僅從負向偏頗觀點或視角觀察或感知事件；執著（放不下創傷經歷）。
強烈或拖延過久的心理困擾，害怕想到創傷事件的線索。	**缺乏**：自我慰藉、放鬆或重拾沉著的能力；創造力和勇氣，以不同或有適應性的方式，去體驗令人痛苦的反對或情境；自我決定。 **過剩**：沉著、警戒心、維持現狀。
迴避令人痛苦的記憶（人物、地方、對話活動、事物、情境）。	**缺乏**：決心正面處理令人痛苦的記憶（情緒勇氣）。 **過剩**：自我保護，付出的代價是不順服於自發經驗或不承擔必要的風險。

注意力缺陷過動症 Attention Deficit Hyperactivity Disorder

難以密切關注細節，當面說話似乎沒有在聽。	**缺乏**：警戒心和社會智能。 **過剩**：東張西望。
很難將任務和活動予以組織化、條理化。	**缺乏**：紀律和管理。 **過剩**：精力、渴望。
逃避或不喜歡需要持續集中注意力的任務。	**缺乏**：恆毅力和耐心。 **過剩**：享樂。
過度心浮氣躁、身體活動、跑動、跳上跳下。	**缺乏**：冷靜和沉著。 **過剩**：活潑、熱情。

呈現的心理症狀	心理正能量失調 缺乏或過剩
多話、滔滔不絕，打斷別人說話，難以等候別人把話說完。	**缺乏**：社交智能、自我意識。 **過度**：熱情、主動性、好奇心。

對立叛逆障礙 Oppositional Defiant Disorder

處心積慮惹惱他人。	**缺乏**：善意、同理心、公正。 **過剩**：寬以待己。
經常生氣、怨恨、懷恨在心，或鬥氣報復。	**缺乏**：寬恕、感恩、頭腦清醒。 **過剩**：公正、平等。

侵擾、衝動控制、行為規範障礙 Disruptive, Impulse-Control, Conduct Disorder

霸凌、威脅、恐嚇他人。	**缺乏**：善意、公民意識。 **過剩**：領導力、控制、治理。
偷竊、毀損他人的財物。	**缺乏**：誠實、公正和正義 **過剩**：勇氣、公正。

人格障礙 Personality Disorders

偏執型[妄想型]人格障礙 Paranoid Personality Disorder

沒充分證據，就猜疑他人剝削、傷害或欺騙。	**缺乏**：社會智能、對他人信賴、心胸開放、好奇心。 **過剩**：警戒心、勤勞。
懷疑他人的誠信；不願對人交心傾訴；用卑劣心思去猜疑他人的良善言行。	**缺乏**：個人智能、給予或接受愛、缺乏深刻和安全的依附連結。 **過剩**：社會智能、心胸開放。

邊緣型人格障礙Borderline Personality Disorder

瀰漫性的關係不穩定；想像或真實的遭受遺棄。	**缺乏**：在深刻持久的關係中，愛和被愛的能力；維持一對一，安全的依附；情感親密和關係中的互惠；關係中的睿智、善意和同理心。 **過剩**：好奇心和熱情很快消退、依附、情緒智商。
理想化和貶抑價值。	**缺乏**：親密關係中的本真性和信賴、節制、睿智、心胸開放（被單一事件左右）、現實取向、觀點。 **過剩**：判斷、自發性（不假思索）。
自我傷害的衝動（例如：衝動消費、魯莽駕駛、暴飲暴食）、暴怒。	**缺乏**：自我調節（容忍）、節制、睿智。 **過度**：愚勇（不明智的莽撞）、無謂的冒險。

自戀型人格障礙 Narcissistic Personality Disorder

浮誇、狂傲、渴望受人仰慕、自我感覺重要。	**缺乏**：本真性、謙虛禮讓。 **過剩**：自我貶抑、批評。
缺乏同理心。	**缺乏**：社會智能、善意（真心對他人感興趣）。 **過剩**：個人情智能（以個人需求或欲望為優先）

呈現的心理症狀	心理正能量失調 缺乏或過剩
幻想無限的成功、權力、才華、美貌或理想化的愛情。	**缺乏**：謙虛禮讓、觀點、個人智能。 **過剩**：創造力（幻想）、合理化、理智化。
特權意識，期待獲得不合情理的優惠待遇，需要得到過度的仰慕。	**缺乏**：謙虛禮讓、公民意識、公平。 **過剩**：領導力、渴求受人欣賞。
人際間的剝削。	**缺乏**：公正、平等、正義。 **過剩**：自以為是、專制、霸道。
嫉妒他人。	**缺乏**：慷慨和欣賞他人。 **過剩**：自我保護。

戲劇化人格障礙 Histrionic Personality Disorder

過度情緒化、追求他人關注。	**缺乏**：平心靜氣、謙虛理讓。 **過剩**：個人智能和情緒智商。
易於受到暗示（亦即易受他人或環境影響）。	**缺乏**：堅持、決心、目標取向。 **過剩**：效率、專注力。
不恰當的性誘惑，過分強調外貌吸引力。	**缺乏**：謹言慎行、自我調節。 **過剩**：解放情緒抑制。
膚淺、迫不急待的情緒表達。	**缺乏**：正念和社會智能。 **過剩**：自發性（不假思索）。
自我戲劇化、戲劇性、誇張而膚淺的情感表達。	**缺乏**：本真性；表裡如一，如實表達個人的需求、情感和興趣；節制、正念。 **過剩**：情緒智商，熱情。
過度重視關係。	**缺乏**：社會智能。 **過剩**：關心、友好。

強迫型人格障礙 Obsessive-Compulsive Personality Disorder

過度關注細節、秩序和完美主義。	**缺乏**：觀點（不懂分辨輕重緩急）、自發性。 **過剩**：堅持、秩序。
人際關係控制，犧牲靈活彈性、開放和效率。	**缺乏**：善意，同理心和順隨對方的能力。 **過剩**：屈服、縱容。
捨本逐末，過度關注活動的細節、規則、清單、組織或時程表，而看不清主要目標，或阻礙主要目標的達成。	**缺乏**：靈活變通、創造思考新穎而有成效的待人處事方法。 **過剩**：完美、組織。
賣命工作，而犧牲了休閒和友誼。	**缺乏**：平衡；對情感關係的品味、欣賞。 **過度**：自我放縱。
僵化和頑固。	**缺乏**：適應調整、靈活變通、創意解決問題。 **過剩**：紀律、審慎。
對於道德、倫理或價值觀，一絲不苟、拘謹、不知彈性變通。	**缺乏**：觀點、考慮決策的啟示蘊義、適應調整、靈活變通、創意解決問題。 **過剩**：自以為是。

呈現的心理症狀	心理正能量失調 缺乏或過剩

畏避型人格障礙 Avoidant Personality Disorder

害怕遭受批評、反對或拒絕，因而避免接觸人際活動。	**缺乏**：勇氣，不敢承擔人際關係的風險；觀點、批判思維回應他人的批評或反對；勇氣。 **過剩**：自我意識、警戒心。
社會孤立、避免接觸人；壓抑斷絕投入新人際關係的場合，以免引發不適感。	**缺乏**：人際關係的心理正能量；難以與他人／群體融為一體。 **過剩**：審慎、批判思維。
自認社交技巧笨拙，沒有吸引力，不如別人。	**缺乏**：自我肯定、自我效能、希望和樂觀。 **過剩**：謙虛禮讓、本真性。
遲疑不敢冒險從事任何新活動。	**缺乏**：勇敢和好奇心。 **過剩**：自我調節、順從。

依賴型人格障礙 Dependent Personality Disorder

過度需要被照顧，害怕孤獨落單。	**缺乏**：獨立、主動和領導力。 **過剩**：隱居離群。
難以做出日常決策，缺乏觀點。	**缺乏**：決斷力、觀點。 **過剩**：批判分析、聚焦細節。
難以表達與他人的分歧見解。	**缺乏**：勇敢；無法挺身說出自認正確的看法；判斷力。 **過剩**：不妥協。
難以主動開始。	**缺乏**：自我效能、樂觀、好奇心。 **過剩**：組織、自主。

反社會人格障礙 Antisocial Personality Disorder

不遵守社會規範或法律。	**缺乏**：公民意識、社群目的、尊重權威、善意、慈悲、寬恕。 **過剩**：勇氣（冒險）、精力。
欺詐成性，反覆說謊，為個人利益而誆騙他人。	**缺乏**：誠實、正直誠信、公正、道德指南針、同理心。 **過剩**：自我中心的個人智能。
心浮氣躁、衝動、攻擊，具體表現包括經常打架或攻擊。	**缺乏**：平心靜氣、正念、容忍、善意和體貼、關於他人的知識、自我控制、觀點（無法預測後果）。 **過剩**：心理和身體的活力、激情、野心、勇氣，隨便就走出舒適圈。

缺乏 = 運用性格正能量的能力低弱。過剩 = 心理正能量過多，不視為症狀過多。

＊依據《精神疾病診斷與統計手冊》第五版（*Diagnostic and Statistical Manual of Mental Disorders (5th ed)*）。

1. 個別差異

　　在PPT正向心理治療，我們選來描述心理正能量缺乏或過剩的語彙，乃是兼融了有明確定義和充分研究的術語（例如：感恩、好奇心、寬恕），以及日常生活經驗常用的用語（例如：無憂無慮、沉著冷靜、反思和靈活彈性）。將心理症狀重新概念化的一種可行方法就是，考量症狀的對立面，亦即心理正能量；進而言之，就是在日常生活經驗中，心理正能量的缺乏或過剩。雖然，我們用來描述心理正能量缺乏或過剩的日常用語，可能具有可辨別和可測量的**個別差異**（individual differences），但其中仍有相當數量的用語，有待未來更多實證研究加強檢驗。

2. 心理正能量的缺乏或過剩

　　我們了解，用於描述心理正能量缺乏或過剩的頗多用語，可能隱含缺乏或過剩是不可取的，而讓心理正能量取得規範性（prescriptive）的地位。例如：缺乏觀點、調適和勇氣，通常認為是不可取的；然而，超量的激情、自我保護和冒險，通常卻是認為可取的。我們的方法是儘可能提供有科學基礎而不那麼主觀的理解。證據顯示，更多的感恩、善意、好奇心、愛和希望，與生活滿意度，呈現密切的關聯性（Park, Peterson, & Seligman, 2004）；相對地，缺乏社會智能、自我調節和毅力，則與心理問題有所關聯（Aldao, Nolen-Hoeksema, & Schweizer, 2010; Bron et al., 2012）。

3. 情境動力

　　通過認清案主置身的複雜處境和文化環境，可以更妥善瞭解心理障礙和相關症狀，以及案主通常很少能夠控制和改變的箇中動力。這就是**情境動力**（**situational dynamics**）的重要所繫。請參考以下兩個案例的說明：

案例一

　　米歇爾，我們處遇的一位男性案主，有社交焦慮的症狀。他避免涉足社交場合，因為英語不是母語，他總是戰戰兢兢，唯恐講錯話或說話不得體。有一次，米歇爾無意間失言，冒犯了朋友，對方責怪他那樣說是歧視，他的社交焦慮當下就發作了。從心理正能量缺乏或過剩的角度來看待心理症狀，也需要了解情境的特徵。米歇爾跟朋友說母語時，就沒有表現出社交焦慮的跡象；在那種情況下，他感覺自信、可以開玩笑，也有同理心。症狀本位的心理治療取徑，可能會將這種情況描述為，「**使用母語互動時，案主不會表現出社交焦慮的症狀。**」相對地，心理正能量本位的取徑，對於同樣的情況，可能會描述為「**使用母語互動時，案主幽默玩笑，感覺社交互動自在，也能夠發揮同理心。**」

案例二

　　莎朗，女性案主，有兩份兼職工作：一是在精品店當銷售員，另一是在精神療養院，照顧發展遲緩兒童。在精品店，莎朗在處理任何交易時，必須展現高度專業知能，時時刻刻保持警覺，不得放鬆任何末微細節。她表示，自己在精品店工作總是提心吊膽，後來發現自己腦子轉不停，想的都是自己一再出錯，忘東忘西。在另一項工作，儘管照顧孩子所需要投入的治療活動任務極具挑戰性，但是莎朗發現自己很放鬆、幽默玩笑，工作很開心，毫不費力就能和大家打成一片。症狀本位的心理治療取徑，可能會將這種情況描述爲「在精品店的工作，案主遇到中等程度的預期焦慮。在精神療養院的工作，她沒有出現類似的焦慮情緒。」相對地，心理正能量本位的取徑，對於同樣的情況，可能會描述爲「在精品店，案主總是小心翼翼、神經緊繃，有時甚至超過當下需要的程度。因此，她無法利用自己的心理正能量，例如：創造力和幽默玩笑。另一方面，在精神療養院的工作，她則是能夠更好地發揮自己的心理正能量。她比較放得開、輕鬆活潑，也比較能以眞實面貌和他人眞情互動。」

　　從上述案例，我們指出其中的重點，就是要配合考量情境動力，以及如何納入心理正能量，去理解案主複雜而豐富的生活中發揮的微妙作用。

4. 心理正能量的擁有vs.發展

　　臨床診斷的確認，通常是立基於案主呈現特定的症狀集群，引起顯著的苦惱和功能障礙。我們的一位案主雅思敏，就是這種情況，她在經過若干精神衛生專業人員診斷患有邊緣型人格障礙後，前來接受治療。

　　首次晤談，最初10分鐘，雅思敏幾乎逐字逐句敘述了她的症狀，就如同DSM手冊[邊緣型人格障礙]的描述。她在自己身上看到的盡是情緒失調、關係障礙、自我傷害衝動。完成一項綜合心理正能量衡鑑（請參閱本手冊的第八章）之後，在沒有否認她的症狀之下，我們給她的描述是「基本上缺乏適當表達愛的技能，以及可以經由理解與建立同理心、善意和審慎等技能，因而難以從中受益。」雖然，雅思敏能夠辨識她在許多方面往往做出拙劣判斷；不過，她也能分享她做出良好判斷的例子。她談到有一次，幸虧自己及時反應，救了朋友性命。心理正能量測驗讓她意識到，她擁有某些心理正能量，雖然確實是心理正能量，但過度使用往往使她陷入困境。另一方面，她也缺乏某些心理正能量，例如：審慎、自我調節，以及可用來解決問題的適度熱情。

　　我們認為，僅只了解心理症狀或心理正能量，尚不足以促成改變。要促成療癒變化的發生，還需要配合以下條件，包括：臨床治療師幫助案主發展心理正能量，以及學習如何適應和細緻運用；通過突顯案主過去運用心理正能量的成功經驗，協助案主面對解決當前問題；案主有熟練的辨識力，能看出心理正能量的使用或顯現實例，哪怕只是微小或簡短的例子；通過溝通，讓案主見識到具體的心理正能量實例，肯定自我價值；臨床治療師鍥而不捨尋找案主的心理正能量，在諸如此類的情況配合下，療癒變化就有可能發生。

5. 程度或範圍

　　臨床治療師應該確認，案主是否擁有充足的特定心理正能量，得以有效發揮應用（Ajzen & Sheikh, 2013）。比方說，中年案主茱麗亞，出現廣泛型焦慮症[泛慮症]的症狀，顯著特徵是過度擔憂、煩躁不安、注意力不集中等問題。如果，可以通過發展心理正能量來治療這些症狀，那她需要擁有多大程度的批判思考、觀點、欣賞品味？是否存在某些心理正能量的特定組合或群集，才足以發揮療癒效果？已有若干研究顯示，努力追求運用個人標誌性格正能量或次要心理正能量，對於增進生活滿意度，效果可能不相上下（Gelso, Nutt Williams, Fretz, 2014; Rashid, 2004; Rust, Diessner, & Reade, 2009）。

第四章
性格正能量的核心地位，如何運用於正向心理治療

第一節　性格正能量和心理症狀居於同樣核心地位

彼德森和塞利格曼（Peterson & Seligman, 2004），合著的《性格正能量與品德》（*Character Strengths and Virtues*，縮寫CVS），在心理學界首開先河，針對人類核心的心理正能量，建立全面、融貫、系統化的的分類體系（請參閱【表4.1】VIA實踐價值方案的品德心理正能量分類表）。性格正能量（Character Strengths），定義是普世的性格特質，本身就具有內在價值，並不必然會導致工具性的效益。在大多數情況下，性格正能量不會減弱；相反地，對於擁有性格正能量的個人，見識者會心生仰慕而非嫉妒，並且產生見賢思齊的增長效果。人們擁有的心理正能量，其模式存在巨大的差異。社會體制通過儀式來培養此等性格正能量。然而，CVS分類體系是描述性的，而不是規範性的；再者，如同其他行為變項（behavioral variables）一樣，性格正能量也可以進行量化研究。

1. 性格正能量、價值、才華

心理正能量（strengths，正向行為的描述），與價值（values，正向行為的規範）之間，兩者的區別是什麼？這兩者在道德上都是可取的（morally desirable），但在以下幾點有所區別：

(1)相較於更廣泛的核心價值，性格正能量比較精細（fine-grained），是個人自我的精微特質（subtle traits）。比方說，與人和睦相處的價值，是從比較具體普遍的特質（例如：愛和被愛的能力、善意、社會智能、團隊精神和感恩之類的性格正能量），外推出來的較精細特質。

(2)相較於性格正能量，價值通常是由體制機構培育形成，譬如：親職教養、教育，以及錯綜複雜的獎勵和肯認體系。如果，我們秉持或展現此等價值，我們就是體制認為的好公民。換言之，價值作為評估我們個人的標準。

價值和心理正能量，就像是近親，彼此有諸多相似之處。一種或多種核心價值可

【表4.1】VIA實踐價值方案的品德心理正能量分類表

第一類品德：智慧與知識 Wisdom & Knowledge 　　　　── 涉及知識獲取和運用的心理正能量。
1. 創造力 Creativity：思考新穎而有成效的做事方式。
2. 好奇心 Curiosity：以開明心態面對經驗，對當下經驗持續感興趣。
3. 心胸開放 Open-mindedness：從所有方面來思考和檢視事情。
4. 熱愛學習 Love of learning：掌握新技能、主題和知識體系。
5. 觀點 Perspective：能夠提供明智的建議給他人參考。
第二類品德：勇氣 Courage 　　　　── 情意正能量，面臨外部或內部反對，能夠發揮意志力，實現目標。
1. 勇敢 Bravery：面臨威脅、挑戰或痛苦，不會畏縮退卻。
2. 毅力 Persistence：有始有終，儘管有障礙，仍堅持到底。
3. 正直誠信 Integrity：講真話，真誠表達自己。
4. 活力和熱情 Vitality & Zest：面對人生充滿興致和精力；不會半途而廢，或是三心二意；把人生當成探險；感覺生機盎然，充滿動力。
第三類品德：人道 Humanity 　　　　── 涉及關心和友善待人的人際心理正能量。
1. 愛 Love：重視與他人的密切關係，特別是互惠分享和相互關照的人；親近人。
2. 善意 Kindness：以嘉言善行施惠他人；幫助、關照他人。
3. 社會智能 Social intelligence：了解自己和他人的動機和感受；知道如何適應不同的社交場合；知道什麼可能會讓人感到不舒服。
第四類品德：正義 Justice 　　　　── 健康社群生活基礎所繫的性格正能量。
1. 公民意識和團隊精神 Citizenship & Teamwork：團體或團隊合作良好；對團體忠誠；克盡本分。
2. 公正 Fairness：秉持公平正義原則，一視同仁；不因個人情感因素而有所偏頗；給予所有人公平機會。
3. 領導力 Leadership：鼓勵個人所屬團隊成員合力完成工作，同時保持團隊內部良好關係；組織團隊活動，督導順利進展。
第五類品德：節制 Temperance 　　　　── 抵禦浮濫或防止過度的品格正能量。
1. 寬恕和慈悲 Forgiveness & Mercy：寬恕他人的過錯；接受他人的缺點；給人第二次機會；不要滿懷復仇心。
2. 謙虛禮讓 Humility & Modesty：讓自己的成就說明一切；不尋求鎂光燈；不要自命不凡。
3. 審慎睿智 Prudence：慎重思索個人的抉擇；不盲目冒險；不說或做後來可能後悔的事情。
4. 自我調節[自我控制] Self-regulation [Self-control]：調節自己的感受和行為；紀律化；控制個人的慾望和情緒。

第六類品德：超越 Transcendence
　　——可以讓人超乎自我而建立與更大宇宙聯繫並提供意義的正能量。

---

1. 欣賞美和卓越 Appreciation of beauty and excellence：注意和欣賞美、卓越，以及生活所有領域的藝術，從自然、人文、藝術、數學，到科學的美、卓越與／或技巧熟練的表現。

---

2. 感恩 Gratitude：能夠覺察美好的事物，並由衷感謝；花時間表達謝意。

---

3. 希望和樂觀 Hope & Optimism：期待未來會有最好的結果，並努力實現；相信美好的未來是可實現的。

---

4. 幽默和玩笑 Humor & Playfulness：喜愛歡樂和開玩笑；帶給他人歡樂；看見光明面；製造笑話（不必然是說笑話）。

---

5. 靈性 Spirituality：知道個人從屬於更偉大的計畫；相信人生有更崇高之目的和意義，塑造吾人行為並提供慰藉。

Peterson & Seligman, 2004，©VIA Institute版權所有，經許可轉載。

以在不同的性格正能量之下運作；再者，許多性格正能量也可以與一種或多種核心價值相互交集。價值和性格正能量都會對行為發揮引導作用。價值和性格正能量提供機會，讓人們得以反思自己是什麼樣的人，以及提供引導行動和決策的原則。價值和性格正能量，都密切關聯到更高的生活滿意度和幸福感。

　　一般而言，價值比性格正能量更具應然的規範性。比方說，成功作為一種價值，不僅僅是成功本身具有可取之處，還蘊含著希望取得更多的成功。學校、企業、工作、政治、藝術、運動，諸如此類的體制機構，都有制定了具體的規則和要求，來衡量和規範我們的成功。其中一些規則包括：與人和睦相處、維持良好衛生、井然有序、一絲不苟等等。大致而言，此等價值乃是達成個人成就和專業成就的必要特質。相對而言，性格正能量則被視為，比較偏向個人化的特質。舉個例子來看：相較而言，A、B兩人各自擁有不同的性格正能量組合，A擁有創造力、勇氣、本真性、審慎睿智、幽默玩笑；B擁有好奇心、公正、社會智能、自我調節、靈性；這兩人取得成功和成就（價值）的可能性，卻是旗鼓相當。

　　性格正能量也與才華（**talent**）有所區別。音樂能力、運動敏捷性或手工靈巧等才華，比較偏向天生稟賦，固定而不會有太多變動；相對地，心理正能量則是個人學習、建立而來，並且通過社會體制機構的培養鍛鍊。才華比較偏向自動化的發揮，而心理正能量則可能出於意識的運作（例如：了解何時適合使用善意與公正）。如上所述，才華比較偏向天生稟賦（例如：音樂、運動、手腳靈巧），而且有時會浪費。明顯擁有善意、好奇心、感恩或樂觀等性格正能量的個人，經常會努力設法去使用他們的才華，而不會浪費。才華傾向於道德中立，而心理正能量和價值則隱含有道德的蘊意。證據顯示，擁有感恩、好奇心、愛心、樂觀和熱情等性格正能量的個人，更有可能對自己的生活感到滿意。換言之，性格正能量可能改善美好存有的幸福感（Peterson, Park, & Seligman, 2005）。

相較於心理正能量或價值，各項才華之間往往更為獨立（亦即彼此之間相關程度較低）。個人的運動敏捷才情對於智識能力的發揮影響作用較小，而藝術才華與日常實踐智慧的相關性也比較小。相較於才華，心理正能量相互之間的關聯性就比較高，並且若干心理正能量往往集群發揮作用。比方說，好奇心高的人，創造力也可能比較高；自我調節和審慎睿智兩者相輔相成，領導力和公民意識也是如此。

(3)性格正能量通常以群集（而不是單獨）表現，而且需要在脈絡中來檢視其運用是否適切得宜。例如：善意和寬恕等性格正能量，可以鞏固社會關係連結；但如果使用過度，可能被認為善意和寬恕是理所當然的。在性格正能量和品德的分類體系中，性格正能量（例如：善意、團隊精神、熱情）與才華和能力有所區別。運動能力、照相式記憶、完美音準、手巧靈敏、身手矯健，這些都是才華和能力的例子，通常受到重視，乃是因為能夠成就其他正向結果。心理正能量具有道德特徵，而才華和能力則沒有。

第二節　性格正能量融入正向心理治療

在正向心理治療全程當中，臨床治療師積極尋找案主生活中的心理正能量表達、事件和經驗。這些可以通過可培養的能力、技巧、才華、才幹和性向來具體呈現，從而用以因應和緩解心理障礙。正向心理學家飽受批評之處，就在於低估了心理缺陷或弱點，僅只專注於心理正能量和正向因素。正如本手冊不斷強調，我們在此還要再度重申，正向心理治療致力探索性格正能量的同時，並沒有對症狀置之不理。我們相信，如果能夠整合心理正能量與症狀、資源與風險，以及復原力[反彈復甦]和脆弱，從而提供案主領會自我意識的複雜、真實面向，就更有機會從身心不適轉為身心安適。然而，在傳統心理治療中，通常沒有思慮周延地將案主的心理正能量整合到整體的心理剖面圖。因此，我們建議運用下列三個方向的考量，來突顯和發揮案主的心理正能量：

1. 採用有效度、信度的心理正能量測驗工具；
2. 發展關於心理正能量的細膩、脈絡化理解；
3. 將心理正能量轉化為有意義的目標。

1. 採用有效度、信度的心理正能量測驗工具

在大多數的正向介入，心理正能量通常採用免費的線上測驗，《VIA實踐價值方案心理正能量測驗量表》（Values in Action–Inventory of Strengths，簡稱VIA-IS，網址https://www.viacharacter.org/；Peterson & Seligman, 2004），來進行評估。除

此之外，還有若干替代的性格正能量測驗工具，已有通過實證驗證，包括：《個人心理正能量分析測驗》（Strength Finder；Buckingham & Clifton, 2001），《Realize 2 心理正能量測驗量表》（Realize 2 strengths assessment, Linley, 2008），《成人需求和心理正能量量表》（Adult Needs and Strengths Assessment；Nelson & Johnston, 2008），以及《生活品質量表》（Quality of Life Inventory；Frisch, 2013）。

　　典型情況下，臨床治療師採行直截了當的「辨識和運用你的心理正能量」策略，其中前5項（總共24項）被視為標誌性格正能量。然後，再請案主找出新方法，來使用其標誌性格正能量。這種策略儘管在非臨床環境有用、有效，但可能無法滿足臨床需求。僅只聚焦排名在前的心理正能量，有可能讓案主認為，只有前五大正能量具有最大的療癒潛力；然而實際上，並不是所有案主都符合如此情況。比方說，在我們的臨床實務中，有位事業有成的中年男性案主說：「在每一項成就之後，我的本能反應總是覺得其他人做得都比我更好。」像這樣的案主，可能無法從加強發揮他排名靠前的心理正能量獲益，其中包括：堅持、領導力和對學習的熱愛。反而是一些排名較低的心理正能量，譬如：感恩、靈性和幽默玩笑，可能為他帶來更大的療癒效果。請記住，這兒的重點是，並不是所有24項心理正能量，對所有人、所有情況，都具有相同的療癒潛力。

2. 發展關於心理正能量的細膩、脈絡化的理解

　　心理正能量本位治療取徑最關鍵之處，就是必須納入考量使用心理正能量的脈絡，在此等脈絡背景之下，來檢視解決關注前沿焦點的問題和症狀。因此，臨床環境通常需要更加細緻入微和理論驅動的方法，才得以妥善使用心理正能量（Biswas-Diener, Kashdan, & Minhas, 2011）。為克服這一缺點，我們建議採用綜合的心理正能量評估方法（Rashid & Seligman, 20133；參見第八章〈療程二〉的【作業單2.8】）。在這種方法當中，臨床治療師為案主提供每項核心正能量的簡要描述（根據CVS，每一項心理正能量，描述字數約為20至25個英文字（或30至50個中文字）），並要求案主辨識（不需排名）最能闡明其個性的五種心理正能量。此外，案主蒐集來自朋友或家庭成員的資料，與臨床治療師分享。然後，臨床治療師綜合所有這些訊息，再向案主提供所選心理正能量的描述與標題，用以識別每項心理正能量的名稱和特定脈絡。接下來，臨床治療師鼓勵案主分享回憶、經驗、現實故事、軼事、成就和技巧，以說明在特定情況下如何使用這些心理正能量。然後，案主完成心理正能量的自陳報告測量（例如：《VIA實踐價值方案心理正能量測驗量表》，簡稱VIA-IS）。最後，案主與臨床治療師共同針對提出的問題，擬定具體可實現和可衡量的目標，並確定其標誌性格正能量的適應使用。在最近的一項臨床研究中，在診斷患有憂鬱症和焦慮症的患者當中，好奇心、幽默和本真性的心理正能量，最有可能被其他

人辨識；至於謙虛禮讓、公正和觀點，則是最不可能獲得他人的背書（Rashid et al., 2013）。

3. 將心理正能量轉化為有意義的目標

重要的是，目標必須具有個人意義，並且在案主的人際脈絡中具有適應性。例如：如果案主目標是更頻繁使用好奇心，案主和臨床治療師就需要討論，在具體行動之下，好奇心的最佳平衡該是如何，以便不會趨向侵入性（好奇心過量／過度使用），或無聊（好奇心缺乏／使用不足）。案主還需要獲得教導以校準和靈活變通的方式，活用他們的心理正能量，來設定目標以調適因應情境挑戰（Biswas-Diener, Kashdan, & Minhas, 2011; Schwartz & Sharpe, 2010）。請參閱【表4.2】運用性格正能量克服十五種常見挑戰。

【表4.2】運用性格正能量克服十五種常見挑戰

挑戰（症狀）	潛在性格正能量	心理正能量本位目標
1. 案主對於社交意興闌珊（例如：社交活動當中，話不多、很少分享或參與；朋友很少）。	活力、熱情、熱心、自我調節。	鼓勵案主開始並維持每週一次戶外活動，譬如：健行、騎自行車、爬山、山野自行車、快步走、慢跑等等。
2. 案主很容易放棄；難以有始有終、貫徹到底；粗心犯錯。	毅力、勤勉、努力不懈、不屈不撓。	幫助案主辨識，哪些因素可能導致對日常活動興趣缺缺；設定可達成的小目標，可以請案主信賴的某人從旁督促或分享進展。
3. 案主行事衝動，情緒調節很吃力，心情容易起伏波動。	自我調節、個人智能。	感覺遭受威脅時，不直接反應，而是去探索情緒爆發的觸動因子（運用個人智能和社會智能）；讓案主安心，與其直接反應感知的威脅，倒不如轉向設計心理正能量本位的具體替代行為，可以提供同樣的功能或目標。 比方說，案主不用抓狂嘶吼來吸引注意或表達挫折，而是可以運用好奇心和開放心態，來思索惹惱自己的是哪些事物。 如果問題持續未解，案主可以運用轉換觀點，比方說，這是可以完全解決的問題嗎？若不是，有哪些部分是可解決的？ 然後，案主可以與他人合作（團隊合作），尋找創意方法來解決問題，同時對未來保持合乎實際，但充滿希望的願景（樂觀）。
4. 案主心懷恨意，誇大他人輕微過失，不接受誠心的道歉。	寬恕和慈悲。	和案主討論，積怨和負向記憶對於情緒的衝擊。幫助案主，在適合的情況，用善意、同理心來對待侵犯者；幫助案主回想，有哪些時候，自己也有冒犯對方，並獲得寬恕，以此扯平彼此怨氣。

挑戰（症狀）	潛在性格正能量	心理正能量本位目標
5. 案主對於他人友善、輕鬆歡快的舉動沒有回應，情緒壓抑，鮮少言笑。	幽默和玩笑、社會智能和情緒智商。	鼓勵案主以和善態度，表現輕鬆舉止和歡快活動。向案主展示諸如此類的影片、現實生活軼事，或當代人物範例。
6. 案主想要有意義的社交互動，但不知如何主動開始；躲避社交情境，感覺孤立，死氣沉沉。	社會智能、勇氣、毅力。	鼓勵案主開始參加，感覺安全而不需太多一對一互動的社會活動，譬如：創意課程（攝影、繪畫、平面設計、烹飪、編織等等）。鼓勵案主用心仔細注意其他人的社交互動，找方法讓自己可以感覺沒受到評斷，而能從容講述自己觀察，分享個人看法。
7. 案主心思老是惦記自己的失敗和缺點；整個人極其消沉、充滿負向思考。	希望和樂觀。	和案主積極合作，建立目前有效或至少足夠好的個人成就或優點清單；讓案主去反思說明為什麼成功或夠好；引發回想過去的成功，即便只是小小的成功，用以建立勝任信心和樂觀。
8. 案主有相當高的競爭力和成就，花費大量時間、精力在追求卓越；看到別人成就勝過自己，會感覺懊惱或遺憾。	公民意識和團隊精神、觀點、謙虛禮讓。	教導案主認識科學研究發現，物質收穫的效益總會趨向遞減。通過體驗活動，幫助體驗欣賞品味、慢活、感恩，領略箇中益處。教導案主謙虛的心理益處，讓人完成出色工作，而無需追求外在的讚許或獎勵。
9. 案主思考僵化，缺乏靈活彈性，不能順勢應變，例如：新的場所、同事、情境。	好奇心、心胸開放。	鼓勵案主嘗試新的經驗，特別是新的人、事、地，有系統的培養好奇心和開放心胸。鼓勵案主扮演魔鬼代言人的角色，深刻審視各個面向，建立開放心胸；閱讀並討論相反觀點，以便更好了解自己。
10. 案主認為，生活中的美好事物和他人的善意行為，都是理所當然、自己應得的。	感恩、社會智能、善意。	和案主討論，真心感恩但沒有明白表達的若干事物。鼓勵案主反思，生活當中如果不存在他認為理所當然的事物，他會作何感想？幫助案主注意和記錄（使用智慧手機，進行文字或影像記錄），一天當中的他人正向行動。
11. 案主缺乏謙虛，招引沒必要的注意，高估個人特質和成就。	謙虛禮讓、本真自我。	引導案主對自己的能力和成就作出準確、切實的闡述和評價。幫助透過視覺想像、重新喚回經驗，如其本然的真實感覺，而不帶有任何虛矯美化。請案主書寫承認自己雖然不盡完美之處，但如此也讓他更顯真實人性。
12. 案主沒有從錯誤記取教訓，屢屢重蹈覆轍。缺乏深刻理解道德論理議題，沒能應用知識來處理現實問題。	觀點、實踐智慧、審慎。	運用案主最近導致不良後果的決定，引導討論下列問題時，磨練實踐智慧： (1)該項決定對案主自己和他人有何影響？ (2)案主有否妥善運用和考量該問題的相關脈絡因素？ (3)是否有替代的心理正能量，可用來達成更好結果，譬如：社會智慧、善意，而不是固守僵化準則（感知的公平）？ (4)案主行為是否隱含某些心理正能量？ (5)案主是否有向同儕或可靠、且資訊充分的來源，尋求明智的建言？

挑戰（症狀）	潛在性格正能量	心理正能量本位目標
13.案主離群索居，自我疏離，或顯得意興闌珊。	愛與被愛的能力、社會智能。	案主透過日常的手勢和動作，表達真心的愛和情感。幫助案主輕巧地向對自己感興趣的人傳達關懷之情；誠實率真面對朋友。
14.案主在特定情境行為表現不得當，或是對於與自己不同的人缺乏敏感或不關心。	公平、平等、正義。	不涉入羞辱或責備，純粹鼓勵案主體會異己或非我族群的正向特質。慢慢地，鼓勵案主與他們互動交往。當他們遭受不公平待遇、霸凌或嘲笑，案主挺身支持。
15.案主覺得工作束縛，無法找到成長機會，精神委靡不振，感覺人生乏味。	創造力、勇氣、毅力。	鼓勵案主以適應的新穎方式，去面對工作中的例行任務，而不去憂慮可能會失敗。如果嘗試沒有成功，請指導案主開展工作以外的活動，那些他一直想做但未能去做的事情，從中探索和表達創意方法。如果結果不滿意，鼓勵案主嘗試另一項活動，直到找到滿意的活動為止。

案例

　　艾瑪，年輕女性案主，短暫婚姻觸礁之後，尋求心理治療，解決離婚問題。

　　像許多案主一樣，艾瑪進入治療之際，感覺遭到背叛、身心受創。令她尷尬的是，當初她是自己選擇年紀輕輕就結婚，違背保守父母的心願，他們原本希望她能繼續完成學業。她表示，飽受負向想法侵擾。我們最初的治療重點是處理創傷，共同創造雙向空間。一方面，讓艾瑪能夠分享她感受的傷害、憤怒和背叛；另一方面，通過臨床治療師的傾聽，讓她能夠感受到同理心和肯定。在對話中，治療師專注於創傷的細節，溫和指出案主展現的若干健康行為（例如：健康的因應和復原）。再者，臨床治療師也表現欣賞，真心肯定艾瑪，包括：對於接受治療的承諾，勇於分享自身的尷尬、遺憾和恐懼，以及努力和毅力。此等支持幫助案主表達追求改變的願望。心理正能量本位臨床治療師運用正念抓住當下，鼓勵艾瑪溫和分享她在治療中注意到的個人心理正能量，討論改變的可能性。儘管最初怯於承認自己的心理正能量，但是從治療師那裡聽到真心的肯定，僅只如此，就增進了艾瑪的自我效能。

第三節　心理正能量融入正向心理治療：技巧和策略

　　衡鑑案主的心理正能量，提供臨床治療師獨特機會，得以和案主協同合作，共同擬定目標。臨床治療師可以和案主討論治療目標，比方說，「你是想要擺脫所有憂慮、恐懼、壓力源、疑惑？還是，你有興趣，也想要快樂、自信、滿意知足？」從我們的臨床經驗來看，除了前面的目標之外，幾乎每個案主也都肯定表示，有興趣追求

後面的目標。總之，臨床治療師必須意識到，PPT目標是要幫助案主了解，症狀排除不是唯一臨床目標，美好存有幸福感的出現，對於治療和進一步預防心理障礙，同樣重要（Keyes, 2013）。以下策略，可供治療師把心理正能量統整融入正向心理治療。

1. 性格正能量的衡鑑方式

　　一般而言，心理疾病的測驗都相當昂貴，而且需要在臨床場合施測。正向心理學從業者和研究人員開發，有效度、信度的心理正能量測驗，可以在網路線上免費施測。例如：美國賓州大學《眞實快樂》網站（Authentic Happiness，網址：www.au-thentichappiness.org），以及《VIA實踐價值方案》網站（Values in Action，網址：www.viacharacter.org），都有提供類似的線上測驗，案主可以在家上網自行完成測驗，並可以將結果列印，再帶回治療。如前所述，衡鑑心理正能量最廣泛使用的測驗就是《VIA實踐價值方案心理正能量量表》，簡稱VIA-IS（Peterson & Seligman, 2004；www.viacharacter.org）。VIA-IS測驗以CVS《性格正能量與品德》的心理正能量模式爲基礎，有兩種版本，一種，包括240道題目；另一種，包括120道題目。另外，還有一項線上測驗，也是以CVS模式爲基礎，包括72道題目的精簡版本，也有提供測驗結果反饋（Rashid ct al., 2013；www.tayyabrashid.com）。以上三個網站，都有提供心理正能量和其他正向心理特質的免費線上測驗，以及即時測驗結果回饋。

　　除了自陳報告的測驗之外，也可使用研究引導的晤談，來評估心理正能量。如果，臨床治療師偏好不採用正式的測量工具，可以嘗試在初次晤談或後續治療期間，使用問題來推導出案主的心理正能量、正向情緒和意義。比方說：「什麼讓你的生活有意義？讓我們暫停一下，談談你擅長什麼？當你看到某人做出善行或勇氣表現時，你最初的想法和感受是什麼？」弗魯契格及同僚（Flückiger et al., 2009）使用臨床晤談，引導案主在治療過程中辨識心理正能量。以下，是他們使用的幾道「資源激活問題」（resource activation questions），可以很方便整合到例行療程實務的「生活史調查問卷」（life history questionnaire）或「臨床晤談」（clinical interview）：

• 什麼可以讓你有開心的感覺？請描述你最愉快的經驗。
• 你擅長什麼？請描述讓你展現出最好一面的經驗。
• 對於未來，你抱持有什麼樣的心願、志向（aspirations）？
• 對你而言，怎樣算是滿意的一天？
• 什麼樣的經驗，讓你感覺活出眞實本性（authenticity）？
• 請描述你感覺「眞實本性」的時光。

邁可・謝爾（Michael Scheel）與同僚（Scheel et al., 2012），關於心理治療師的研究，確認了五項主題，可用來引導實施PPT或任何心理正能量本位治療，提供臨床治

療師參考如何進行晤談、評估案主的心理正能量。以下，摘述這五項主題，並附上擷取自我們臨床實務的例子。

(1)心理正能量的放大 Amplification of strengths

幫助案主看見，過去自己擁有哪些心理正能量；幫助案主注意到，目前自己呈顯的正向元素；幫助案主發揮心理正能量取得成功，哪怕只是微小的成功也行。

例子

男性案主，社交焦慮症狀，分享克服恐懼的故事，他說自己向來都很害怕在球場上眾目睽睽的情況下打球，結果整個賽季，只上場打了三分鐘，得了三分，但這足以讓所屬球隊進入季後賽。女性案主，患有創傷後壓力症候群（PTSD）和憂鬱症，眼見朋友遭受欺負，她鼓起昔日的勇氣，挺身而出。這些故事提供了機會，讓臨床治療師得以放大案主的心理正能量。

(2)脈絡考量 Contextual considerations

對於比較著重於問題焦點的情況，臨床治療師需要了解心理正能量的侷限。投入脈絡考量是要顧慮到，如果太急著提出心理正能量，反而有可能導致案主未來比較不能接受心理正能量的使用。

例子

男性案主，恐慌症或強迫症的急性發作，需要具體明確、而且行之有效的傳統治療程序。建議社交焦慮症狀嚴重的案主，自發磨練社交技巧；或要求案主考慮創傷後成長，而不首先處理心理創傷。不去考量此等脈絡的問題，而急著要強推心理正能量療法，都可能會阻礙案主在未來接受心理正能量本位的療法。

(3)心理正能量取向的過程 Strengths-oriented processes

著眼於尋找從心理正能量，來定義身分認同；幫助案主克服對問題和缺陷的選擇性關注；利用美好時光或好時機，來討論心理正能量。

例子

在治療的早期階段，一位案主表示：「儘管已經參加了冥想課程，我仍然感到躁焦躁不安……覺得思緒好像總是在快車道上。」臨床治療師引導這位案主，集中正念，回想過去三天，每次回想一天，並要求她尋找每天至少一項正向的經驗，不論多小，只要是正向都可以。她順利完成這項作業，回想並寫下三項正向經驗。臨

床治療師補充指出，案主的心理正能量包括：欣賞品味（追憶往日美好時光），以及對美的欣賞（其中回想到的一項正向經驗就是，太陽露臉，一掃連日陰靈，享受五分鐘的散步）。書寫關於正向事件的經驗，可以作為視覺提示，藉以回返正向的美好時光。案主同意開始寫「感恩日誌」，最終她發現冥想練習對她幫助很大。

(4) 心理正能量取向的治療成果 Strengths-oriented outcomes

幫助案主提高對於治療成果的所有權；使用個人心理正能量來形成目標；學習設定以尋找或利用特定心理正能量，作為心理治療的目標。

例子

女性案主，財務顧問公司老闆，雖然事業有成，但生活感覺缺乏目的和意義而尋求治療。在編纂個人的性格正能量剖面圖時，她領悟到，在競爭如此激烈的市場，如果她沒有堅持不拔的毅力，以及不動搖的樂觀和復原力[反彈復甦韌性]，恐怕不可能白手起家，創設公司，事業有成。這一路走來，歷經許多挫敗打擊，但她始終不屈不撓，挺了下來。命名心理正能量，幫助案主深刻確認自己真實擁有該等正能量，因為她以前總是馬不停蹄，追趕著去完成一個接著一個的目標，從來就沒有花時間，好好去肯定和慶賀自己的成就。另外，案主也得以看到，她的公司支撐了許多員工和家屬，這層認識也強化了她的目的感。案主還決定設置清寒獎助學金，勉勵協助清寒或變故家庭學子，進一步提升她的意義感。

(5) 創造正向意義 Positive meaning-making

臨床治療師可以利用正向意義的創造，把心理正能量融入正向治療，例如：幫助案主通過對問題的進一步理解，看清楚自己心理正能量的發展；幫助案主透過現實觀點，平衡自己的負向特質和正向特質；幫助案主了解，從脈絡來理解挑戰或問題，也可以是一種心理正能量。

例子

男性案主，命途多舛，祖國故鄉多次遭受空襲，內戰頻仍，歷盡千辛萬苦取得難民身分。在新的國家，案主每個星期打工超過60小時，半工半讀，完成高中學業，然後上大學。剛開始接受治療時，他覺得自己除了PTSD、注意力不足過動症、焦慮和憂鬱症狀之外，一無是處。透過辨識確認心理正能量，並置於現實生活挑戰脈絡，幫助他扭轉對自我的認知。心理正能量的新視角，容許案主看見自己從受害者到倖存者的蛻變。現在，他擔任輔導員，幫助其他遭受酷刑和創傷受害者，他也是少數幾位有能力說他們的語言並了解他們文化的輔導員。

2. 在環境中的心理正能量

　　某些案主會比較能夠清楚意識到自己的心理正能量。臨床治療師可以鼓勵案主，向家人、同事和朋友，尋求協力確認案主心理正能量的訊息，以及和案主緊密關係之個人的心理正能量訊息。蒐集這方面的訊息，對於評估和辨識社交緩衝和社群緩衝，特別有助益。比方說，除了詢問家庭成員之外，臨床治療師還可以評估來自主要支持團體、機構（例如：協會、社團、組織、兄弟會、姊妹會）和社交網絡的情感連結、愛和扶持。除了探索案主在工作或社區的問題，治療師也應該探索，案主可能從社會機構獲得的助益和支持（Wright & Lopez, 2009）。

3. 心理正能量的楷模

　　要幫助案主清楚辨識自己的心理正能量，臨床治療師可以引述某些心理正能量的典型（paragon，也稱為楷模（exemplar），或指標人物（icon）），提供案主參考。心理正能量楷模的例子包括：

- 馬拉拉・尤薩夫・扎伊（Malala Yusuf Zai），代表勇敢；
- 聖雄甘地（Mahatma Gandhi），代表領導力、自我調節；
- 德蕾莎修女（Mother Theresa），代表善意、人道；
- 納爾遜・曼德拉（Nelson Mandela），代表領導力、毅力；
- 馬丁・路德・金恩（Martin Luther King Jr.），代表勇氣、自我調節、公正；
- 亞柏特・愛因斯坦（Albert Einstein），代表好奇心；
- 查理・卓別林（Charlie Chaplin），代表幽默、玩笑；
- 比爾・蓋茲（Bill Gates），代表利他；
- 梅麗・史翠普（Meryl Streep），代表創造力。

　　《附錄D》建立你的心理正能量（也收錄在案主的作業簿），其中包含：24項心理正能量的描述、行為、使用方式、顯著研究成果、學術書籍、當代例子，以及相關網站資源。

　　使用楷模和電影角色，來討論心理正能量，可以容許展開具體的討論，如何應用各項心理正能量來因應現實生活衝突，並提供範例說明，從中學習如何在參照脈絡架構下，來發展各項心理正能量。臨床治療師可以探索，案主對於各項心理正能量楷模認同或不認同的情況，並且引述這些楷模，以供案主參考解決生活中的困境。臨床治療師可以使用《電影中的正向心理學：使用電影來建立品德和品格正能量》（*Positive Psychology At The Movies: Using Films to Build Virtues and Character Strengths*）（Niemiec & Wedding, 2013）等資源，提供具體的心理正能量範例說明，其中收錄的電影，劇情主題和角色，分別與24項VIA心理正能量相關聯（譯者按，目

前已發行第一版（2008年），和第二版（2013年））。【附錄D】也摘錄整理了一系列相關電影和楷模，可供參考如何使用24項心理正能量。

4. 在治療啓始時，衡鑑心理正能量

　　在治療過程的初期，就可以開始實施心理正能量的衡鑑。隨著案主披露個人生命故事，臨床治療師通過同理心傾聽，開始留意案主的心理正能量，從而建立投契關係（rapport）。我們建議，儘可能提早在治療初期，就開始討論心理正能量，如此建議是基於下列理由。首先，如果案主遭遇危機，習得心理正能量的知識和確認自己擁有特定心理正能量，可能特別有益。有了這方面的理解，可以給案主提供有價值的額外資源，適時激化活用，特別是需要復原力[反彈復甦韌性]來因應波濤洶湧的生活難題時。加拿大多倫多大學士嘉堡分校（University of Toronto Scarborough）的「健康中心」（Health & Wellness Centre），本書作者塔亞布・拉西德在此中心擔任臨床心理學家和研究員，此中心的網站提供性格正能量衡鑑的線上測驗服務，屬於初次晤談衡鑑（intake assessment）的標準程序。完成線上測驗之後，案主會收到即時測驗結果，提供有關其顯著性格正能量的反饋資訊。以下提供三則例子：

例子一

　　年輕女性案主，車禍後患有嚴重的憂鬱症狀，初次晤談時，症狀包括：認知遲緩、動作遲緩。臨床治療師引導她注意自己的一項心理正能量：感恩，並請她談談生活當中有哪些感恩的想法或事蹟。案主有些語塞，停頓了好一陣子，面露尷尬笑意，勉為其難說道：「能活下來，讓我心存感恩……過去，我總認為，生活當中有許多美好事物都是理所當然的。現在，我不再把任何事情視為理所當然。」

例子二

　　大三男學生案主，因為課業學習頻出狀況，剛收到校方寄來的停學通知信。最近，前往學校健康中心，接受個人心理治療。第一次療程，他顯得沮喪，表示大學不適合他。臨床治療師同理傾聽他的擔憂，然後請他分享一則展現社交智能的事蹟。儘管課業不如人意，社交智能卻是相當出色。他在一家大型零售店擔任銷售代表，工作表現頗為出色。「我和所有人的互動，都很得心應手，總是能夠說服潛在客戶需要採購各項產品。上班第一年的年終，真的出乎我意料，經理告訴我，在產品銷售量和營業額方面，我高居全國第三名。」

例子三

　　中年婦女，診斷患有邊緣型人格障礙，在一家心理治療門診院所，完成辯證行為團體治療後，尋求個人治療。初次晤談，案主和治療師討論她排行在前的性格正

能量，她表示：「我經歷過許多醫藥治療、心理治療、支持團體，還有不計其數的治療法，但這還是頭一遭，一開頭，就說我有能力，可以用正向的方式，來面對許多事情⋯⋯以往，我聽到的總是指出我的種種缺陷。你真的很大方。」

　　其次，除了症狀診斷之外，性格正能量的系統化衡鑑，將可豐富治療師對於案主的臨床了解。如果，在每種症狀背後都有一段坎坷的軌跡，對於每一種心理正能量，也都有復原力、情感連結和充實滿足的故事。臨床治療師和案主一起討論、命名心理正能量，可以提供機會，建立契合關係，讓案主充滿希望、樂觀、勇氣、創造力。

第五章

正向心理治療的作業、過程和轉化機制

第一節　作業和過程

正向心理治療（PPT），包含三個廣泛階段[1]，總共十五個療程，概要介紹請參閱【表5.1】正向心理治療的十五療程摘要介紹。

1. 第一階段：性格正能量

本階段開始時，案主創作個人敘事，回想和書寫個人生活故事，帶出案主最佳的一面，特別是克服挑戰的經驗。此階段的大部分治療工作，側重在衡鑑和編纂案主的性格正能量剖面圖（signature strengths profile），並習得必要的技巧，以整合心理正能量與心理壓力源。

2. 第二階段：正向情緒和正向經驗

幫助案主學習重新評估，個人內在經驗和人際經驗，尤其是將負向經驗翻轉為正向經驗，從而促進平衡觀點。

3. 第三階段：正向關係、意義和目的

幫助案主通過自己的心理正能量，追求意義和目的。

在本章，我們先概述這三個階段，並在每個階段中，描述各個療程使用的過程和作業。雖然，我們以具體、序列的方式描述PPT，但臨床治療師需要使用臨床判斷，將此等過程調整應用，以便適應個別案主的特殊情況。PPT可以作為獨立的治療方法，也可以將合適的實務作業整合納入其他處遇做法之中。

---

1 另一種治療方法，名稱也叫作「正向心理治療」，是由德國的諾斯哈特・佩塞許基安（Nosrat Peseschkian）開發。佩塞許基安及同僚，已經投入20多年時間，開展他們的正向心理治療。儘管這兩種治療方法有著相同名稱，但彼此並不相同。本書討論的PPT，其根源利基於比較晚近的當代正向心理學運動，而佩塞許基安及同僚的正向心理治療，乃是一種系統化的綜合方法，融合了跨文化和跨理論的觀點（Peseschkian, 2000；Peseschkian & Tritt, 1998）。

【表5.1】正向心理治療的十五療程摘要介紹

療程序號與標題	內　容	主要實務作業
第一階段　性格正能量		
〈療程一〉「正向介紹」和「感恩日誌」Positive Introduction & Gratitude Journal	引導案主進入臨床治療，闡明案主和臨床治療師的彼此角色和責任。教導案主撰寫日誌，記錄正向經歷，欣賞感恩對福祉的影響，從而持續培養感恩正能量。	「正向介紹」：案主回想、反思和撰寫一頁的「正向介紹」，分享一篇有開頭、中間和正向結局的故事，以具體文字呈現案主最好的面向。「感恩日誌」：案主開始持續撰寫日誌，每晚記錄三件（或大或小的）美好事件，以及該等事件得以發生的原因。
〈療程二〉性格正能量和標誌性格正能量 Character Strengths & Signature Strengths	聚焦性格正能量和標誌性格正能量。通過療程作業，發展此等正向特質，促進個人成長和福樂安適。	「性格正能量」：案主蒐集多種來源的資訊，包括：自陳報告、線上測驗、家人和朋友，綜合編纂個人「標誌性格正能量剖面圖」（signature strengths profile）。
〈療程三〉實踐智慧 Practical Wisdom	介紹實踐智慧的技巧。這些技巧教我們如何以平衡的方式，適應現實生活脈絡，應用個人標誌性格正能量來解決現實問題。	「心理正能量應用訣竅」Know-How of Strengths：案主應用五種實踐智慧策略：特定性（specificity）、關聯性（relevance）、衝突（conflict）、反思（reflection）、校準（calibration），來解決三種特定情景。
〈療程四〉「更好版本的自我」A Better Version of Me	闡明和實施關於自我的寫作，聚焦正向、務實和持續的自我發展。	「更好版本的自我」：案主編寫「更好版本的自我」，這項自我發展計畫，設定可測量、可實現的具體目標，適應運用個人的心理正能量來實現。
第二階段　正向情緒和正向經驗		
〈療程五〉開放記憶和封閉記憶 Open & Closed Memories	案主回想、撰寫和處理記憶，並學習和發展技巧，來處理開放記憶（亦即負向記憶）。	「正向評價」Positive Appraisal：在做完身心鬆弛操之後，案主撰寫痛苦的回憶，探索四種能夠適應處理該等回憶的方法。
〈療程六〉寬恕 Forgiveness	教導案主理解，寬恕是走向變化的漸進過程，而不是一蹴而成的單一事件。解釋寬恕是與不是什麼。	「REACH寬恕五步驟」：案主學習實踐「REACH寬恕五步驟」。「寬恕信」：案主撰寫「寬恕信」，但不一定要送交給對方。
〈療程七〉極大化vs.知足 Maximizing vs. Satisficing	介紹極大化和知足的概念；極大化目標是要做出最佳的選擇，知足則是做出「足夠好」的選擇。	「邁向知足」Toward Satisficing：案主探索，自己在哪些生活領域，尋求極大化或知足。草擬計畫，提高知足。

療程序號與標題	內　容	主要實務作業
〈療程八〉 感恩 Gratitude	擴大感恩的概念，讓案主回想並寫信給目前在世的人，該人曾對案主做過正向的事情，但案主從未好好致謝。	「感恩信」Gratitude Letter： 案主反思並撰寫感謝信，給曾經援手相助但未好好致謝的恩人。 「感恩之旅」Gratitude Visit： 案主邀請該恩人，一對一見面。沒有事先透露，案主當面念這封信。
第三階段　正向關係、意義和目的		
〈療程九〉 希望和樂觀 Hope and Optimism	案主學習看到符合實際的最佳可能結果。他們了解到，挑戰只是暫時，以及如何培養抱持希望。	「一扇門關閉，也會有另一扇門敞開」One Door Closes, Another Door Opens： 案主反思並寫下三件「一扇門關閉，也會有另一扇門敞開」的事情。
〈療程十〉 創傷後成長 Posttraumatic Growth	邀請案主探索內心深處，揮之不去的創傷經驗之困擾感受和想法。	「把心底創傷寫出來」Expressive Writing： 案主可選擇把創傷經歷寫下來，確保存放安全，只有案主能看到。這需要等到案主發展健康因應技巧，不再感覺難以招架壓力，才開始嘗試。
〈療程十一〉 慢活和欣賞品味 Slowness and Savoring	案主學習，如何慢活，以及培養賞味意識。透過這樣做，他們學會運用正念，關照當下正向之處。	「慢活與賞味」Slow and Savor： 案主選擇適合自己個性和生活環境的一種慢活技術，以及一種欣賞品味技巧。
〈療程十二〉 正向關係 Positive Relationships	案主學習，辨識和肯定所愛之人心理正能量的重要性。	「正向關係樹」Tree of Positive Relationships： 案主和所愛之人，共同評估彼此心理正能量。兩人都把想到的心理正能量填寫進作業單的大「樹」。透過讚賞彼此心理正能量，討論如何可能讓關係更美好。
〈療程十三〉 正向溝通 Positive Communication	案主學習四種回應所愛之人好消息的方式，並且辨識其中哪些方式可以預測關係滿意度。	「積極建設回應」Active Constructive Responding： 案主探索重要他人的心理正能量，並且練習積極建設回應的正向溝通方式。
〈療程十四〉 利他 Altruism	案主學習，利他如何可能幫助自己和他人。	「時間禮物」Gift of Time： 案主計畫送人「時間禮物」，並在其中運用個人的標誌性格正能量。
〈療程十五〉 意義和目的 Meaning and Purpose	聚焦探索和追求有意義的實踐，努力完成更崇高的公益。	「正向遺產」Positive Legacy： 案主寫下希望受人緬懷的方式，特別是自己遺留給後人的正向功蹟。

　　在治療的全程當中，臨床治療師鼓勵案主書寫「感恩日記」，描述每天發生的三件好事（有關「感恩日記」更詳盡的介紹，請參閱第七章〈療程一〉）大多數案主認為，有意識地將注意力導向美好的經驗，對於心理療癒頗有幫助，因為在日常生活的喧囂忙碌當中，對於美好的經驗往往會忽略。在治療末尾時，案主已經學會以書寫格

式（手寫、速寫或數位腳本）、視覺格式（可移動拍照器材）來記錄日常正向經驗，或是透過人際模式（互相討論、彼此欣賞與／或表達）來記錄日常正向經驗。此等過程有助於維持他們在療程中習得而培養的更廣泛正向經驗意識，並持續抗衡人類偏頗關注負面經驗的自然傾向。案主了解到，他們擁有若干獨特的心理正能量組合，並且可以通過不同方式來運用該等正能量。先把這點記在心上，我們接著繼續探索PPT的方法。

第一階段：性格正能量

治療過程

　　PPT的第一階段，包括四個療程。一開始，療程一：「正向介紹」（Positive Introduction）和「感恩日誌」（Gratitude Journal），臨床治療師鼓勵案主反思個人敘事，環繞某一特定經驗或事件，突顯案主最好一面的最佳發揮。臨床治療師鼓勵案主分享個人軼事、敘事，從中展現他們如何在面對困境時發揮心理正能量，換言之，就是描述案主如何成功因應或克服挑戰，不論該等挑戰多大或多小。

　　臨床治療師秉持同理心，傾聽案主訴說困擾，從而建立與維持信賴的治療關係。通過談論日常生活中的美好行為，譬如：案主烹煮了一頓美味的餐點，讓大家吮指回味，欣賞品味美好的天氣，或是成功完成日常例行事務，這樣都可以深化關於心理症狀困擾的討論。這些討論容許案主，把注意力拉到個人生活的正向層面（即便僅只是微乎其微的小事），此等正向層面可能因為過度聚焦心理不安適的診斷，變得模糊不清而使得案主難以看見。

　　然後，通過多種資源（請參閱第八章〈療程二：性格正能量（**Character Strengths**）和標誌性格正能量（**Signature Strengths**）〉），評估案主的心理正能量，並設定與他們的問題及福祉相關的務實目標。PPT第一階段的核心，就是通過案主自我評估和結合重要他人的意見，引導他們正視、肯定自己的心理正能量（包括過去和現在），從而擴大案主的觀點。這當中的主要療程作業，是經由書寫個人復原力[反彈復甦]敘事，以及辨識有哪些心理正能量使其達成該等復原。

　　臨床治療師積極尋找機會，幫助案主深化理解，如何可能運用心理正能量，從而適應處理挑戰情境。證據顯示，在心情調節方面，回想正向經驗扮演攸關重大的角色（Joormann, Dkane, & Gotlib, 2006）。諸如此類的回想，容許案主「欣賞品味」箇中正向情緒（positive emotions, Bryant, Smart, & King, 2005）。菲茨派翠克和史達利卡斯（Fitzpatrick & Stalikas, 2008）指出，正向情緒，尤其在治療過程的早期階段，可以扮演促成改變的角色，促使案主考量新的想法和觀點，並建立長期累積的資源。

　　衡鑑心理正能量的最後步驟就是，讓臨床治療師鼓勵案主發展**實踐智慧**（請參閱第九章〈療程三：**實踐智慧**（**Practical Wisdom**）〉）。就心理正能量的使用而言，實踐智慧被認為是主導角色的心理正能量（master strength，Schwartz & Sharpe, 2010），也是提供「**心理正能量應用訣竅**」（**Know-How of Strengths**）的來源。實踐智慧涉及，通過重新配置，包括心理正能量在內的心理資源，來適應起伏波動的情境需求；轉換觀點；平衡相互抗爭的慾望、需求和生活領域（Kashdan & Rottenberg, 2010; Young, Kashdan, & Macatee, 2015）。

　　PPT通過教導案主辨識正向情緒和負向情緒的細微差別，校準和脈絡化運用，從而幫助案主調節情緒，提升自我評價。比方說，案主可能接受激勵，而去經驗甚或強化負向的情緒，因為在某些情況下，負向情緒對於他們可能比正向情緒更有用：

- 在親密關係當中，憤怒、沮喪或失望等負向情緒，可能隱含傳達對方做了不當的事情。
- 自信十足，自認能夠完成重要任務，但缺乏適當程度的焦慮緊張，有可能就會導致拖延誤事。
- 為了逃避承認失落、悲傷，而訴諸不健康的因應手段（例如：毒品、性、購物），可能會阻礙案主綜觀審視失落、悲傷的深層意義，也不利於思索重新修正個人敘事，而這些都是達到適應因應所必須的過程。

PPT並不一定只是要求案主更頻繁使用特定的心理正能量；相反地，PPT鼓勵案主投入深層反思，檢視何時與如何運用特定的心理正能量可能有利於適應，或是反而導致適應不良，以及諸如此類的運用如何可能對他人造成衝擊（Biswas-Diener, Kashdan, & Minhas, 2011; Freidlin, Littman-Ovadia, & Niemiec, 2017; Kashdan & Rottenberg, 2010）。【**表4.2**】（請參閱第四章）摘述各種心理挑戰和特定心理正能量本位策略運用之間的潛在連結。

療程作業

　　案主通過建立「**正向介紹**」（**Positive Introduction**）來展開PPT，這提供機會通過故事來介紹案主自認為最佳狀態的時刻，尤其是克服挑戰的經驗（請參閱第七章〈療程一〉）。在回家作業方面，案主進一步反思「正向介紹」，並將其具體描寫成為300個英文字左右（500個中文字左右）的書面故事。對於第一階段的剩餘部分，重點是心理正能量的作業實踐，從心理正能量的綜合評估開始（請參閱第八章〈療程二〉）。PPT建議使用兩個有效和可靠的衡量標準，即120道題目的《VIA實踐價值方案心理正能量測驗量表》（Values in Action–Inventory of Strengths，簡稱VIA-IS；Peterson & Seligman, 2004）和《標誌性格正能量問卷》（Signature Strengths Questionnaire；Rashid et al., 2013）。這兩項測驗都源自於《心理正能量和品德分類表》

（Classification of Strengths & Virtues；Peterson & Seligman, 2004）。心理正能量的評估，還整合融入其他自陳報告測驗（根據描述和照片聯想來辨識心理正能量），以及來自重要他人的協同報告，用以辨識（而不排名）案主的標誌性格正能量。（協同報告由案主在療程之間的時間，請重要他人完成。）然後，臨床治療師彙整來自所有來源的資料，來決定案主的標誌性格正能量。這種綜合評估流程，使案主能夠以具體的方式，辨識、理解和脈絡化他們的心理正能量。本手冊末尾的〈附錄D〉建立你的心理正能量（*Building Your Strengths*；也收錄在案主作業簿，以及網路補充資源www.oup.com/ppt），其中提供了一系列清單，摘錄整理用已展現24項性格正能量的行為和配套運作，該資源將抽象的心理正能量概念轉化為可管理的具體行動。

在整個PPT治療過程中，為了保持標誌性格正能量與心理症狀同等顯著，臨床治療師溫和促請案主分享記憶、經驗、現實故事、軼事、成就和技巧，用以說明其標誌性格正能量的使用和發展。但是，在討論心理正能量時，臨床治療師不應該貶低或輕忽負向特徵，在決定何時使用心理正能量時，脈絡非常重要。比方說，如上所述，治療師可能激勵案主，採取行動來因應負向情緒，甚至強化負向情緒，因為在特定情境中，這些做法可能比聚焦正向情緒更有用。PPT不一定要求案主更多使用特定的正能量，而是讓案主斟酌考量，何時以及如何表達特定的心理正能量可能是合乎適應或適應不良。這種方法與Kashdan & Rottenberg（2010）以及Biswas-Diener, Kashdan, & Minhas（2011）提出的策略一致。

PPT的第一階段，結束於案主設定可實現的特定行為目標，適應使用其標誌性格正能量來解決他們提出的問題。這些目標是療程作業：「**更好版本的自我**」（**A Better Version of Me**；請參閱第十章〈療程四〉）的核心產物。這種作業是根據正向心理介入「我們的最佳自我」（*Our Best Selves*；Sheldon & Lyubomirsky, 2006），修定而成的版本，鼓勵案主努力邁向比較可能達成的「更好的自我」。隨著對最深層資產和標誌性格正能量了解越來越多，案主接受引導，透過視覺化，以具體方式寫出與他們提出的問題相關的個人目標。目標是要改善自我調節，重新排列案主的優先考量事項，提高案主的動機和適應情緒。這項作業的寫作部分很重要。研究顯示，擬定自我改進的書面計畫可將成功率提高42%（Fadla, 2014）。

第二階段：正向情緒和正向經驗

治療過程

PPT的第二階段，由「療程五」至「療程八」組成。這一階段的焦點，是要通過討論如何有效度過日常生活的惱人風波，化解或以其他建設性方式因應更多的重大逆境，例如：積怨憤恨、負向記憶或創傷，從而幫助案主有效運用心理正能量，發揮

適應的生活機能。案主進一步獲得引導，學會以校準和靈活變通的方式，運用他們的心理正能量，發揮適應功能，因應情境挑戰（Biswas-Diener, Kashdan, & Minhas, 2011）。在這樣做的同時，臨床治療師突顯案主的特定行為或習慣，可以將心理症狀或困擾詮釋為心理正能量的缺乏或超量（如前所述），而不是採用傳統的缺陷本位觀點來解釋心理症狀或困擾。

　　PPT第二階段的核心，是幫助案主學習特定的意義本位、正向因應策略，以期重新詮釋長期困擾案主的**開放**（未解決）和**負向的記憶**（Folkman & Moskowtiz, 2000）。請參考我們臨床實務的以下案例：

案例

　　紹偉，自我意識頗敏感的年輕男性，在個人心理治療的前三個療程，分享顯然已有良好排練的敘事。敘事裡頭，充滿了近期和過往的回憶，對目前的感情關係感到不安，對自己九歲時離家出走的父親感到生氣，對外貌感到不滿，社交場合感到尷尬。由於需要分享如此深入的細節，並且提出觀點詮釋，箇中需要有相當程度的準備心態，因此臨床治療師沒有急迫介入，而是等到案主對父親有了正向回憶，也就是時機成熟之後，才開始介入。紹偉表示，由於父親有吸毒問題，平時幾乎看不到他的人影，儘管如此，但父親和紹偉每年還是有一項共同參與的親子活動，那感覺就像是宗教儀式一樣。這是切入的好時機，臨床治療師毫不猶豫，把握機會，詢問細節。紹偉解釋說，每年12月，父親都會帶他去當地的聖誕市集，他們排隊等很久，才坐上摩天輪。父子兩人坐在摩天輪上頭，手裡拿著熱巧克力飲料，紹偉描述，那10到12分鐘的摩天輪，是一年當中最美好的時光。在討論這段記憶的細節時，紹偉的情緒發生了變化。儘管他對父親的看法沒有太大改變，但描述特定的正向回憶，在他心中產生了一種微小卻不失柔軟的正向性。紹偉也領悟到，他花了太多時間沉浸在對於父親的負向記憶，而那些過去的事是無法改變的。不過，紹偉現在可以開始選擇改變他對這些記憶的反應。

　　在PPT第二階段的全部療程，案主開始意識到，他們在開放、負向記憶投入太多的注意力和其他資源；再者，他們也學會，如何重新配置調度注意力，投入較多心力去關注生活中的正向事件（請參閱第十一章〈療程五：**開放記憶和封閉記憶（Open & Closed Memories）**〉）。在學習了解寬恕的真正意義之後（請參閱第十二章〈療程六：**寬恕（Forgiveness）**〉），案主獲得機會，可以選擇採取寬恕來遏止怨念情緒惡性循環。他們可以通過反思過往的正向記憶，來體驗持久的感恩之情。書寫和反思深刻的個人經驗，幫助案主認清個人的情緒，從而提供更強的控制感，這乃是個人成長不可或缺的要素（Deci & Ryan, 2008）。

療程作業

PPT的第二階段，在建立治療關係，並幫助案主辨識個人心理正能量之後，臨床治療師鼓勵案主寫下他們的積憤、怨念或苦楚回憶，然後討論作繭自縛於此等負向心理可能帶來的影響。PPT非但不阻止案主表達負向情緒，反而是鼓勵案主觸及包括正向、負向的廣泛情緒。然而，如前所述，負向情緒（通常以怨恨或苦澀記憶的形式出現），往往縈繞心頭揮之難去，而且比正向情緒盤踞更長久的時日。PPT有多種療程作業，可以幫助案主以適應良好的方式，面對處理負向記憶。例如，「**正向評價**」（*Positive Appraisal*，Rashid & Seligman, 2013），可以幫助案主通過四種策略進行重新評價，從而放下心中的積憤和怨念（請參閱第十一章〈療程五〉）。以下，簡述這四種策略：

- **開創心理空間**（**Creating psychological space**）：鼓勵案主從第三者觀點，書寫痛苦的記憶，如此比較不會那麼個人化，也比較能中立超然看待。這樣做可以幫助案主，不再投入那麼多的精力和時間，反覆翻攪負向記憶的情緒細節（Kross, Ayduk, & Mischel, 2005）。如此一來，就能有較多的認知和注意力資源，容許案主去重新建構對於負向記憶的感覺和意義，而不是翻來覆去陳年憾事，擺脫不掉長久積累的負向感覺。

- **重新鞏固**（**Reconsolidation**）：在心情輕鬆的狀態下，案主回憶苦澀記憶的幽微細節。目的是透過重新回想、重新歸檔和重新鞏固，從而辨識苦澀記憶當中的正向或適應部分，由於思想傾向於注意負向，往往忽略正向部分。

- **正念自我聚焦**（**Mindful self-focus**）：鼓勵案主去觀察負向記憶，而不是對它們做出反應。這種做法的關鍵是退後一步，容許開放和負向的記憶在案主眼前展開，就像觀看電影一樣。案主接受引導，成為這些記憶的觀察者，而不是參與者，正念靜心，鬆綁該等記憶糾葛纏縛的情感鎖鏈。

- **轉移注意力**（**Diversion**）：鼓勵案主去辨識可能激起苦澀記憶的線索，幫助他們立即轉向投入替代的身體活動或認知活動（亦即所謂的轉移注意力），以斬斷苦澀記憶的全面反覆攻心。折磨案主心理的苦澀記憶，密集交錯連結，往往引發自外部的線索。鼓勵案主投入適應性的替代活動，有助於遏止跌墜負向記憶的惡性循環。如果有效實行，案主將可學會處理負向記憶，而不是任由負向記憶淹沒吞噬。

在第十二章〈療程六：寬恕〉，臨床治療師與案主一起探討若干情景，幫助他們了解什麼是寬恕，以及什麼不是寬恕。在PPT的概念當中，寬恕的定義是一種改變的過程，自願放棄報復的權利（包括當事人感知的報復權利，或真切的報復權利）（Harris et al., 2007; Wade, Worthington, & Haake, 2009）。案主接受教導認清，寬恕不是諒解或赦免侵犯者破壞社會認定之正義的行為；寬恕不是忘掉錯誤的行為；寬

恕也不是忽視侵犯行為的後果。他們了解到，寬恕也不僅只是用中性或正向的想法、情緒取代負向的想法、情緒（Enright & Fitzgibbons, 2015）。通過這種理解，案主寫下自己的負向經歷，並嘗試通過寬恕來化解。

　　PPT的另一項療程作業，就是「邁向知足」（**Toward Satisficing**：Schwartz et al., 2002），這可幫助案主了解，自己花費的精力和時間是否真能獲得滿足的結果，並作出適當的管理，以達成真正有益福祉之目的（請參閱第十三章〈療程七：**極大化 vs.知足**（**Maximizing vs. Satisficing**）〉）。這項作業的用意是要讓案主深刻體會，經常花費大量時間在購物行為，其實會分散注意力，導致我們一頭栽進負向經驗，對於個人福祉也不會有太多的助益。

　　與「邁向知足」相關且同樣重要的核心概念，就是「感恩」（gratitude），這是感謝個人生命中的正向因素。許多研究發現可靠證據顯示，感恩與美好存有的福祉有很強的相關性（Davis et al., 2016; Kerr, O'Donovan, & Pepping, 2015; Wood, Froh, & Geraghty, 2010）。兩項相關聯的療程作業：「感恩信」和「感恩之旅」（詳細描述介紹，請參閱第十四章〈療程八：**感恩**（**Gratitude**）〉），對於PPT第三階段培養感恩至關重要。首先是「感恩信」（**Gratitude Letter**），案主回憶有恩於己的某人，但至今尚未向其表達謝意。在療程中，案主寫一封感恩信初稿，清楚而真誠表達感激之情，詳細描述該人的善舉，以及正向後果的具體細節。在回家作業方面，案主另外寫兩封信，然後安排「感恩之旅」（**Gratitude Visit**）。在這項作業，鼓勵案主當面或打電話，讀信給所要致謝的恩人聽。親身造訪，並且當面讀感恩信，可以在雙方產生強而有力的正向情緒，而且經常有案主描述，讓他們能夠有機會，感受到最初遲疑不敢投入而可能錯失的深刻感動。

第三階段：正向關係、意義和目的

治療過程

　　PPT第三階段，含括「療程九」至「療程十五」，聚焦在是恢復或培養正向關係（親密關係和正向社群關係）。維克多‧弗蘭克（V E. Frankl）的《活出意義來》（*Man's Search for Meaning*：Frankl, 1963）和《醫生與心靈：從心理治療到意義治療》（*The Doctor and the Soul: From Psychotherapy to Logotherapy*：Frankl, 1986），兩本首開先河的意義治療著作，論述人類生存意義和目的，強調單靠慾望無法實現美好存有。相反地，美好存有並非刻意追求就能有所得，而往往是在無所求的情況下，努力實現超越小我的崇高目標之後，不期而遇的意外收穫。人生在世，能夠開展活動，將自我與崇高目標聯繫起來，就有可能達到更美好的存有（McKnight & Kashdan, 2009; McLean & Pratt, 2006; Schnell, 2009）。

因此，到了PPT第三階段，在經過先前兩個階段的準備基礎之後，案主比較有可能做好準備，去追求意義和目的；心理正能量擴大了案主的自我概念，使其有能力去處理不安的記憶，了解寬恕之道，並開始見識到感恩的好處。研究強烈支持，意義和目的感有助於案主有效因應心理困擾，目的感的存在有助於案主從逆境中恢復或反彈復甦，以及緩解絕望和缺乏控制的感覺（Bonanno & Mancini, 2012; Calhoun & Tedeshi, 2006; Graham, Lobel, Glass & Lokshina, 2008; Skaggs & Barron, 2006）。

PPT第三階段，鼓勵案主投入培養意義的多種過程，例如：加強密切的人際關係和社區關係；追求藝術、知識或科學創新；投入哲學或宗教沉思（Stillman & Baumeister, 2009; Wrzesniewski, McCauley, Rozin, & Schwartz, 1997）。這階段的療程作業，例如：「一扇門關閉，也會有另一扇門敞開」（**One Door Closes, Another Door Opens**）；「把心底創傷寫出來」（**Expressive Writing**）；「時間禮物」（**Gift of Time**），幫助案主搜索和追求意義和目的。在這些療程作業的過程中，案主經常會分享痛苦乃至沉重創傷的經歷。臨床治療師發揮同理心，關心案主的經驗，並在時機適當的時候，協助案主從經驗當中探索創傷後成長的可能性。以下，摘錄兩則臨床案例說明：

案例一

莎菲，我們的一位女學生案主，情感上遭受到伴侶虐待，獨力養育發育障礙的孩子。莎菲覺得沒有人關心她。通過同理心和肯定她的復原力[反彈復甦韌性]，建立穩固的治療關係之後，臨床治療師詢問，儘管面臨所有這些挑戰，她還能繼續上學嗎？莎菲停了下來，然後娓娓道來她從姐姐那裡得到的大力支持。稍早10分鐘之前，她滿心只感到孤獨無助，但在詳細訴說姐姐的支持之後，莎菲發生了變化——討論這些細節幫助這位案主欣賞他人的優點，並在某種程度上，緩解了她心中的憤怒。

案例二

阮氏，我們輔導的女性案主，患有情緒失調症狀和藥物成癮問題，接受個人治療。在一次療程接近尾聲，阮氏表示，在她決定墮胎之前幾個月，心裡有很多不安的想法，在之前的療程，她完全沒有提起這事。她已經完成了「標誌性格正能量剖面圖」（Signature Strengths Profile），她的心理正能量包括善良。事出偶然，就在阮氏提起這件事之前，臨床治療師和阮氏正好討論了她的善良。過了一個星期，在下一次的療程，阮氏說：「我上次談到，想到墮胎的事，就很難過……我想那是因為我們討論了我是善良的人……我突然有些納悶，在當時的情況，怎麼做才算是善良？……我搜查並決定捐卵子給有需要的夫婦，幫他們完成求子的心願。」

她進一步說明，為了捐卵，她必須保持一整年不濫用藥物。她覺得，這項決定不但支持別人，也支持了她自己。

療程作業

　　PPT第三階段的療程作業，繼續運用案主的心理正能量，並且聚焦運用該等心理正能量，讓案主歸屬並服務於更崇高的目標。第三階段的若干療程作業，著重於通過注意、承認和慶祝他人的心理正能量，或配置調度個人的心理正能量，從而與他人建立情感連結關係（Ryan, Huta, & Deci, 2008）。透過「**正向關係樹**」（**Tree of Positive Relationships**）的作業，案主也學習發掘所愛之人的心理正能量，以及圍繞彼此共享或相關心理正能量來安排人際活動。另一項作業，「**積極建設性回應**」（**Active Constructive Responding**），教導案主和伴侶分享好消息的有效溝通方式，活用彼此的共處時光，從而發揮寶貴價值（Gable, Reis, Impett, & Asher, 2004）。這個階段的最後兩個作業（「**時間禮物**」（**Gift of Time**）和「**正向遺產**」（**Positive Legacy**）），幫助案主通過有意義的努力來服務他人，分享他們的心理正能量，並闡明他們想要成為什麼樣的人，或留下什麼樣的事蹟，以供人們緬懷。

　　正念（mindfulness），讓我們意識到當下的美好（如果沒有明確關照當下，就不可能實現如此的體驗），從而促進人生在世的意義感。臨床經驗指出，大多數案主尋求心理治療，來管理生活的匆促步調和複雜環境關聯的壓力源。療程作業「**慢活和欣賞品味**」（**Slow and Savor**；Bryant & Veroff, 2007），要求案主密切關照執行簡單任務（例如：吃葡萄乾、撫摸羽毛、聞香味），當下體驗到的諸多感覺。案主往往發現，僅只是關照當下諸如此類的簡單活動，就能讓心情比較愉快，生活洋溢趣味。臨床治療師應該努力幫助案主，在生活各個方面投入此等有意識的賞味體驗。另一項療程作業，「**時間禮物**」（**Gift of Time**），幫助案主體驗，提供時間給重要他人，可以對情感關係和親密他者，帶來重要意義和深遠影響。

　　PPT的最終療程作業，「**正向遺產**」（**Positive Legacy**），要求案主寫一篇簡短的文章（最多一頁），重點關注期望獲得他人如何的懷念。此一療程作業旨在教導案主，如何選擇和簡化特定心理正能量的運用，以實現長程目標和預測或調整可能面臨的任何障礙（Schmid, Phelp, & Lerner, 2011）。PPT最後終點的作業「正向遺產」，與開頭起點的作業「正向介紹」，構成首尾相互呼應的開始和結束。其中「正向介紹」開頭，先取得對過去的掌握；「正向遺產」結尾，校準心理正能量和動機，迎向未來的願景。以下，舉一則範例說明：

案例

　　瑪麗卡，40多歲，子女長大成人之後，重返校園完成研究所學位。她因為憤恨不平的怨念愁緒，主要是對前夫難以釋懷的怨恨，而來尋求個人心理治療。但是，當瑪麗卡積極努力，拉開健康的距離，揮別過去的有毒記憶，她變得越來越能迎向未來。另外，「正向遺產」作業幫助她，釐清自己真正想要的生活：

　　「我不希望，在人們心目中，我只是充滿憤氣和怨念的人……當然，我想要人們記得我的真性情，但也不是時時刻刻怨天怨地。我想要人們記得我是快樂的人，也許更重要的是，我對人真誠，充滿關懷，努力工作，沒有屈服於生活的坎坷風波。我希望，人們會記得，我教養三個孩子明白，生活的真正考驗不是累積財富資源，而是慷慨分享。我不希望，人們心目當中，我總是耿耿於懷，無法原諒傷害我的人。我知道，我沒有最開朗的基因，但無論我天生如何，我已經通過後天的努力，讓自己變成更好的人，而不是更糟。」

臨床治療師筆記

　　在這兒，我們描述的PPT三個階段和療程與作業，有可能不總是一如預期的順利展開，也有可能無法同等有效的適用於所有的案主。我們不妨可以這樣看，這些階段和過程就好像是相互穿插交織的麻花，共同致力於迎向復原力[反彈復甦韌性]和美好存有的福祉。直到治療的後期階段，討論人生在世的意義和目的之前，案主可能尚未完全理解其生命故事中的蘊義。同樣地，「正向評價」的療程作業開啟的解放出路，可能超出15個療程期間的範圍。情境脈絡或其他因素，例如：有限數量的療程，需要立即和持續關照的臨時危機或創傷，或是案主偏好不聚焦心理正能量，諸如此類的因素都有可能阻撓某些案主，較難充分發揮心理正能量。終究而言，改變絕非易事。在經年累月聚焦負向心理的情況下，可能需要不只15個療程，才有可能逐漸培養和鞏固希望、熱情和感恩等心理正能量。

第二節　正向心理治療的改變機轉

　　在系統化的文獻回顧評述中，華許、卡西迪與普里布（Walsh, Cassidy & Priebe, 2016）確認了PPT的若干**改變機轉**（mechanisms of change），如【圖5.1】所示。以下，介紹討論這五大類的改變機轉，每個標題後面括號內的描述，大致對應於【圖5.1】描述的變數。

正向心理治療PPT：改變機轉

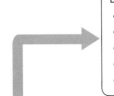

可能的改變機轉
- 再教育引導轉向注意和回憶正向經驗
- 正向評價（重新詮釋負向記憶）
- 辨識性格正能量
- 平衡使用心理正能量
- 探索意義和目的

PPT 三階段
階段一：建立對過去的自主掌握（以心理正能量改寫過往生命敘事）
階段二：開箱清理和重新打包負向記憶
階段三：探索和尋找意義

結果成效
- 紓解症狀壓力
- 不可改變之負向記憶的較佳管理
- 增進美好存有福祉
- 提升復原力

可能的調節變數

案主的個人特徵
- 動機與努力
- 對於治療效能的信念
- 情緒困擾基礎線
- 個性
- 社會支持和社會壓力源
- 個人背景屬性
- 心理疾病史
- 文化變數（主體能動性、自主性、情感關係）

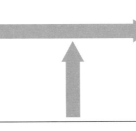

案主與介入措施的相互適配

介入措施的特徵
跨越　　互相
份量　　目前、未來、過去
社會　　他人導向vs.自我導向
支持　　社會vs.反思
多樣性　治療關係
觸媒　　自我、治療師、他人
療程作業　的期待
回家作業
完成作業的
彈性變通

【圖5.1】正向心理治療的改變機轉

1. 正向情緒的培養（注意力的再教育）

　　從PPT的若干療程作業，我們可以看出，明確目標就是要培養案主的正向情緒，從而開啓其注意力資源。芭芭拉‧芙蕾卓克森（Barbara Fredrickson），關於正向情緒的開創性研究顯示，正向情緒本質雖然稍縱即逝，卻可擴大認知和行為的可表現劇碼（Fredrickson, 2001, 2009）。PPT的療程作業，譬如：「感恩日誌」、「感恩信」、「感恩之旅」、「慢活和賞味」，具體而明確的目標就在於輔助培養正向情緒。在進行「感恩日誌」作業時，案主上床睡覺之前，寫下當天發生的三件美好事情，或大或小皆可。大多數案主發現，這項作業很有幫助，不但有助於因應負向經驗，還能幫助明確注意到親朋好友的善意行動和舉止，從而鞏固關係。在這種情況下，對於既存關係產生新的欣賞感受。明確表達對某一善意行為的感激之情，最好是

親自當面致謝，這雖然不容易，但結果幾乎總是會產生正向情緒，因為如此表達帶來了真實而專注的持久感恩之情，進而在眾人之間產生正向的感受。比方說，在完成「感恩日誌」作業之後，我們的案主，一名中年男性經理，有如後的說法：

> 在工作中，我習慣看到下屬的落差和錯誤。自從開始寫「感恩日誌」以來，我刻意去找尋他們表現好的地方……還真的有很多，以前我都沒有注意……現在，我可以看到了。

同樣地，「感恩信」和「感恩之旅」的療程作業，經常會產生深刻感受的正向情緒，如下列的範例所示，我們的案主柏倫，描述了「感恩之旅」的經驗：

案例

我前前後後寫了七篇草稿，總算才寫出我想說的內容，因為我不想急就章，馬虎了事。

以前，我和克勤每個星期都會相約，共進一次晚餐或午餐，都是在同一家餐館。最近，我請克勤周末吃晚餐，也是選擇同一家餐館。當晚，餐館生意很好，服務生告訴我們，至少要等25分鐘，我們的餐點才會上齊。等待的時候，我告訴克勤：「我寫了一封信給你，現在讓我唸給你聽。」

他看著我，語氣擔憂地問道：「柏倫，你沒事吧？你臉色看起來不太好，身體還OK嗎？」

「沒事，我很好。我需要把這封信唸給你聽，」我跟他稍作解釋。

「嗯，那你就唸吧，」他說，語氣有些含糊。

於是，我就開始唸信，令我驚訝的是，我看到他眼眶泛淚，這是我從未見過的，而我們相識已經有33個年頭了。當下，他感動到說不出話，我也一樣。但我知道，那一刻，我們兩人靈犀相通，無言更勝有言，那感覺真是前所未有的親近。

上述例子說明了，正向情緒可以產生轉化時刻（transformative moments）。托佛和沃克（Toepfer & Walker, 2009）發現，「感恩信」的品質、表達情感的遣詞用字和語氣，可以有所助益於增進案主的美好存有福祉。此外，通過辨識自己和他人的性格正能量，案主可以感受到獲得重視，並且肯定他人的價值。案主培養對欣賞品味的意識，以正向的方式，和他人建立情感連結。在這個例子當中，「感恩信」和「感恩之旅」，因為重新活化了重要的友誼關係，而對案主的福祉產生了正向的影響。在此之前，長年揮之不去的憂鬱困擾，可能讓兩人的關係蒙上厚重而有害的陰霾。

菲茨派翠克和史達利卡斯（Fitzpatrick & Stalikas, 2008）強調指出，正向情緒扮演了促成療癒變化的關鍵角色，他們認為正向情緒的擴展作用（broadening），對心理治療具有啟發（heuristic）價值，擴展了有助於改變的範圍，也增添了達成改變的途徑。例如，有研究論稱，PPT的各種作業修練，不僅產生正向情緒，還會促使案主作好準備，讓心態更加開放。當案主體驗到正向情緒，他們更有可能想出新穎的想法，找出替代方案來解決問題，重新詮釋目前面臨的挑戰，以及啟動新的解決方案和採取新的行動對策。正向情緒擴展了思維，使其更有靈活變通和包容性。以這種擴展作用，再加上對心理正能量的了解，來鼓勵案主採取新的觀點架構，重新檢視他們的問題。逐週的PPT療程作業，使案主能夠調節與利用注意力和意識，來確認、標記和描述諸多正向體驗。因此，PPT療程作業，扮演「微小變化事件」（mini change events）的角色，隨著時間的推移積累，而產生集腋成裘的可觀成果。

2. 正向評價（重寫記憶）

PPT第二階段，正向評價（positive appraisal），聚焦幫助案主以系統化的方式，來面對負向記憶（在PPT，稱之為「開放記憶」（open memories））。在輕鬆安全的治療環境，案主建立治療聯盟（therapeutic alliance），探索心理正能量，習取實踐智慧策略，然後嘗試以合乎現實的正向方式，重新詮釋負向的經歷、事件或情況（Watkins et al., 2008）。箇中重點是要幫助案主，看清楚負向記憶的不良影響，以及培養更豐富、深刻、細緻的情感和認知語彙的正向效應。案主還會學習特定的策略，將注意力從負向情緒轉移到比較中立的情緒，從而釋放困錮人心的牢籠。除了結合這些技能之外，案主還可以習取其他技巧，來幫助發揮心理正能量。例如，正向評價技巧幫助我們的案主吉娜，她因為慘烈離婚的開放、負向記憶而感到怨憤難平：

> **案例**
>
> 進行這項療程作業的過程，吉娜也持續寫作「感恩日誌」，這增強了她的能力，得以辨識自己的心理正能量如何可能促成適應良好或適應不良的結果。對於這位案主來說，改變不是由於一兩種療程作業或技巧，而是來自於審慎思索心理正能量（「標誌性格正能量剖面圖」），重新詮釋過去（「正向評價」），啟動並維持正向心態，從而克服負性偏向（negative bias，定期參加治療），並持續寫作「感恩日誌」。這些過程共同幫助吉娜了解情緒反應可以是動態的，而心理正能量的意識幫助我們探索這些動態的正向或適應功能。

記憶連結的情緒，具有內在重新建構的特性，因而有可能加以形塑而改變。負向

記憶可以重寫（re-written），減低不利影響（Redondo et al., 2014）。通過「正向評價」，案主學會把正向情緒連結到負向經驗。

3. 療癒寫作（性格正能量的辨識）

若干有助於促成「正向評價」的PPT作業，當中都有涉及反思和寫作。針對重要經驗，在「反思和討論」（案主的個人反思，以及案主和臨床治療師的討論）之後，進行寫作，從該等經驗找出可能蘊含的意義，乃是另一種潛在的改變機轉。研究學者認為，這種療癒寫作（**therapeutic writing**）是一種強而有力的療癒途徑（Frattaroli, 2006）。正向事件的寫作（「正向介紹」、「感恩信」、「正向遺產」）和負向事件（開放記憶）的寫作，顯然有助於案主從事件找出可能的意義。有關創傷事件書寫的好處，已有相當多的文獻詳細記載（Pennebaker, 1997）。負向事件和正向事件的書寫，有助於案主探索更深層次的體驗。寫作過程究竟如何可能導致改變呢？在PPT，寫作幾乎總是與反思連袂並行（可能是案主獨自的個人反思，或是在療程期間，臨床治療師促成案主的反思）。例如，在「感恩日誌」的寫作，案主以更私密的方式，梳理不為旁人所見的個人經驗和內心世界，這使他們得以反思攸關療癒契機的經歷和情緒。在這種情況下，寫作與「正向評價」連袂進行，箇中過程容許案主，在安全範圍內以及臨床治療師在場的情況下（字面上或隱喻地在場），將混亂無頭緒的記憶，以口語的形式，組織成或多或少結構化的序列。在支持的治療關係之下，案主得以安心重新界定或重新評估以往避諱不提的敏感經驗。

反思和寫作也有助案主專注於時間向度（**過去─現在─未來**）的透視。例如，「正向介紹」突顯對於**過去**的熟悉掌握，從而提高目前的自我效能；「更好版本的自我」和「正向遺產」，容許案主運用來自**過去**和**現在**的熟悉掌握、成功和復原力[韌性]，從而視覺想像有意義的**未來**。在這些過程當中，關鍵乃是立基於深思熟慮配置調度心理正能量。

PPT全程之中，正向情緒撐起的保護傘，使得案主更有可能投入較為豐富的訊息處理，進而幫助他們抱持更開放和探索的心態，重新去評估過往不堪聞問的經歷。已有確鑿證據顯示，把埋藏心底的創傷經歷寫出來，有益於身心健康（Frattaroli, 2006; Kerner & Fitzpatrick, 2007; Phillips & Rolfe, 2016）。陸續出爐的新證據進一步顯示，負向事件和正向事件的書寫，有助於案主探索經驗的更深層次（Burton & King, 2004; Furnes & Dysvik, 2013）。在完成個人PPT和團體PPT的案主身上，我們有幸見證的變化顯示，反思和寫下關於正向事件和負向事件，確實可以發揮可觀的療癒效果。

4. 資源激活（使用心理正能量）

PPT的基礎，建立在「資源激活」模式（**resource activation**，Flückiger & Grosse Holtforth, 2008）。這種心理治療的資源激活模式，激發活化案主潛存的資源（例如：個人心理正能量、能力和準備情況），運用來處理他們尋求解決的問題。PPT活動，譬如探索個人的標誌心理正能量，結合來自其他療程作業（例如：「感恩之旅」、「積極建設回應」、「慢活和品味」，以及「時間禮物」），相輔相成的資料，可以發揮資源激活的功能，亦即將心理正能量轉化爲適配個人需求的具體行動。開展這些療程作業，有助於案主從具體的現實經驗體悟抽象概念，從而改變案主的感受。案主尋求治療乃是因爲感到痛苦不適，就此而言，將心理正能量和其他「PER-MA幸福五元素」付諸行動，通過有效調度活用案主的認知資源（例如：工作記憶、注意力、選擇和過濾），投入積極正向的活動，如此一來，就比較沒有時間陷溺在負向層面。更多積極投入正向經驗，可以提高案主的自我效能，以及增強自信心。研究顯示，心理正能量由於提升自我概念，因而有助於促進生活滿意度的提高（Allan & Duffy, 2014; Douglass & Duffy, 2015）。

臨床治療師如何能夠促進資源激活？概括而言，就是協助案主去探索和發展個人技巧、人際技巧和復原力[反彈復甦韌性]，以及追求個人有意義和切身相關的目標，從而將自己的能力表現出來。舉例而言：

> **案例**
>
> 塞瑪，女性案主，患有憂鬱症，分享她寫的「正向介紹」，並完成「標誌心理正能量」作業之後，她說：「這麼多年以來，我在治療，花了好多的時間，一直都只是著眼在身上缺少的東西，感覺就像是把自己包覆在虛幻不實的安全毯子……只是讓人作繭自縛，密不透風……現在，我看到，我這個人其實還滿有靈性、創造力和社會智能，其他人也同意我這樣的看法。我感覺，好像那條毯子，那層面紗，已經移除了。我已經準備好，邁開腳步向前走出去。」她已經完成「更好版本的自我」療程作業，並擬定未來可實現的具體目標。

當案主越能感到受重視，並且相信自己遇到值得託付的人，他們似乎就有越高的意願，而且越有能力，去處理他們面臨的問題。我們相信，辨識心理正能量可以幫助案主，通過現實經驗去感受自己的能力和自信。

5. 發展體驗式的技巧（意義和目的）

PPT療程作業容許案主去發展「標誌性格正能量」。心理症狀的窘迫不安，使得

這些心理資產隱晦不彰，尋求心理治療的案主往往沒能意識到自己擁有特定的心理正能量。有別於速成捷徑的享樂活動（hedonic activities，亦即馬上引發歡愉快感的活動，例如：吃巧克力、性愛、渡假或購物），PPT療程作業是時間順序密集的有意向活動（例如：先寫作「感恩信」，然後完成「感恩之旅」，擬定計畫來運用「標誌性格正能量」，每天在「感恩日誌」寫下三件美好事件，安排「賞味之約」，送出「時間禮物」）。相較於很快就習慣疲乏（或感覺適應）的享樂快感，PPT活動能夠持續更長的時間，涉及相當多的思考和詮釋，並且不容易因感覺適應而習慣疲乏。比方說，有證據顯示，與購物相比，體驗式活動（experiential activities）可以預測更高的美好存有福祉（Dittmar, Bond, Hurst, & Kasser, 2014; Kasser, 2002）。因此，從治療開始，治療師就告知案主，快樂不會簡單就發生，而必須努力付出才有可能發生。PPT療程作業促使案主產生改變，因為任何汲取運用案主標誌性格正能量的活動，都需要案主積極主動投入其中（Allan & Duffy, 2014; Forest et al., 2012）。比方說，擁有創造力標誌正能量的案主，接受要求去思考投入某些能發揮創造力的活動。她選擇了陶藝，那是她一直想要嘗試的體驗活動。

6. 調節變數在治療變化中的角色（個人與介入措施的相互適配）

在心理治療當中，若干潛在的調節變項（moderators），可能會影響治療變化（therapeutic change）。Stephen Schuller（2010）詳細探討，個人與介入措施的相互適配（person-intervention fit）。對於PPT而言，這基本上要求臨床治療師針對個別案主的需求，找尋適合的特定實務措施，同時還應納入考量案主的個性傾向，以及內在動機等等。

例如：案主是否有動機想要改變？如果有，案主的承諾程度和自我效能感如何？案主是否認為PPT整體和特定療程作業有幫助？案主是否足夠重視PPT的療程作業，儘管面臨挑戰，承諾程度也不會消退？如果承諾程度消退了，案主是否有社會支持，幫助重新認真投入？在整體脈絡方面，應該考量如何決定特定療程作業的最佳強度、時機、順序和整合（Lyubomirsky & Layous, 2013; Schueller, Kashdan, & Parks, 2014）？

在執行個別化的治療方案時，每項PPT療程作業容許多大程度的靈活變通，以因應個別案主的獨特個性、文化和脈絡特徵，而不至於折損核心治療的完整性（integrity）？本手冊的第二部分，將會討論每項PPT療程作業的適配性（fit）和靈活變通運用（flexibility）。

第三節　執行PPT時應注意的限制

　　正向心理學向來受到不少批評，主要是沒能充分深入探究人們的心理困擾，而傾向很快就引導案主專注於內在的正向觀念（Coyne & Tennen, 2010; Ehrenreich, 2009; McNulty & Fincham, 2012）。正如本章再三重中，PPT治療目標並不是要否定負向情緒，也不是要鼓勵案主盲目樂觀的急切尋找正向心理能量。PPT是科學的實踐，溫和鼓勵案主探索他們的完整資源，並學習如何使用來克服挑戰。總之，在執行PPT時，重點是要注意以下幾點限制：

　　1. 儘管PPT強調心理正能量，但並不是規範性的取徑。毋寧說，PPT是基於多方科學證據的描述性取徑。證據顯示，當案主把心力放在經驗的正向層面，就有可能增進特定益處。隨著時間推移，特定方向的證據也逐漸增多，顯示生物和遺傳標記方面的測量結果，確實支持正向因素和心理正能量扮演了因果作用的角色。比方說，表現好（不僅僅是感覺良好）與抗體和抗病毒基因的更強功能表現，呈現顯著關聯性（Fredrickson et al., 2013）。另一方面，推文表達負向情緒（例如：憤怒、壓力、疲乏），與更高的心臟病風險，兩者之間也有關聯性（Eichstaedt et al., 2015）。總之，臨床治療師應該向案主明確解釋，PPT理念和實務的科學基礎，以避免將其視為規範性的取徑。

　　2. 對於恐慌症、選擇性緘默症，或偏執型人格障礙患者，在急性症狀發作期間，臨床治療採用PPT乃是不明智的，因為目前沒有證據顯示PPT對於改善這些狀況有效。此外，有些案主可能強烈感覺，治療處遇的焦點應該放在症狀，而不是心理正能量。這樣的案主可能擔心，表達或闡明他們的缺陷將會受到臨床治療師的評斷。還有些人可能根深蒂固地認為，自己是受害者，因此不容易發覺自己的自主能動性。另一方面，對於某些人來說，辨識性格心理正能量可能會顯得自己有誇大自戀的傾向。

　　就此而言，重點是要注意，在具體明確的情境脈絡下，討論心理正能量，並且徹底討論各種細微差別。例如，在某些情況下，善良或寬容的心理正能量可能無法使某些案主受益。同樣地，有些人可能覺得，同時要發揮真實本性和社交智能，豈不是相互矛盾衝突。還有些人可能會覺得，面對複雜挑戰，如何可能既要誠實，又要有同理心。再者，承受虐待經歷，並擁有謙虛、善良和寬容等心理正能量的案主，除非發展出轉換觀點和批判思維，能夠比較準確和合乎實際的理解所處的狀況，否則可能不太容易從PPT受益。對於遭受嚴重創傷經歷和創傷後壓力症狀的案主，在治療初期，聚焦症狀的治療可能效果會比較好；相對地，他們也可能還沒做好準備，難以接受PPT來促成創傷後生長。

　　總之，PPT不是萬靈丹。對於某些臨床問題，PPT可能比較能夠發揮效用。再者，PPT可能比較適用於某些案主，並且比較適用於特定時間，而不是所有案主或所

有時間都適用。臨床治療師必須探索這些面向，綜合評估案主個人和治療法之間的相互適配，並且還應該持續監測此一適配性的可能波動變化。

3. 從事PPT的臨床治療師，不應期望只進不退的持續改善，因為在治療過程中，案主尋求改變長期行為和情緒模式的動力，難免有所起伏波動。臨床治療師不應該假設，所有殘留的負向情緒、傷害、痛苦和失落感都能獲得有效處理，因為案主有可能沒有覺察或遺漏、隱瞞其中某些部分。有些PPT也可能產生負向和不適的情緒，而且這種情況絕非罕見。有些療程作業在本質上鼓勵案主，探索困難和創傷經歷中的痛苦（以及潛在的成長）。痛苦的記憶浮現時，臨床治療師應該持續保持警覺，及時處理發生的負向情緒，不應為了全心關照正向情緒的緣故，而輕忽或最小化負向情緒，否則可能會嚴重破壞治療關係。尤其應該注意的是，當案主透露曾遭遇創傷之痛，而臨床治療師也察覺治療已有促成案主創傷後成長，在此等情況之下，治療師不宜輕率搶快或強行指出，創傷、失落或逆境可能提供的正向療癒機會。不過，臨床治療師也不應擔心可能會破壞治療關係，多所遲疑，以至於未能適時把握契機，引導案主尋求創傷後成長。

4. 臨床心理治療師應該意識到，PPT與其他治療方法非常相似，也有可能會造成意料之外的傷害。例如，對於有誇大自我認知的案主，使用心理正能量可能反而會進一步支持強化其自戀傾向。心理正能量的使用，固然應該強調平衡和情境適切，這很重要，但也別忘了負向情緒對於心理適應也有不容忽視的角色，因此有必要配合討論。例如，案主對於公然侵犯人權事件表達憤怒，或由於公共社群資源失落（例如：獨立書店關閉，或由於自動化導致民眾工作機會喪失），而表達悲傷、憤慨之情，諸如此類的負向情緒，也應該得到承認，並肯定在心理適應方面的療癒效應。真情流露的負向情緒，不應該輕率全面否定，企圖以正向情緒完全取代之。

5. 最後，在檢視正向情緒、性格正能量、意義、關係和成就時，應該納入文化脈絡的考量。從案主的文化角度來看，即便是情緒化的溝通方式、大家族成員之間的相互依賴，或避免直接的目光接觸，也都有可能傳達熱心、愛和尊重（McGrath, 2015; Pedrotti, 2011）。對於PPT的每一療程，我們都有提供文化考量因素的概述（請參閱第七章至第二十一章）。

第四節　正向心理治療的結果成效研究

有越來越多的實務證據，支持正向心理治療的結果成效。PPT的結果成效研究（PPT outcome studies），最初是針對個別療程作業進行單獨驗證（Seligman, Steen, Park, & Peterson, 2005），之後整合成為PPT手冊（PPT manual, Rashid & Seligman, 2019; Seligman, Rashid, & Parks, 2006），此後有20項研究陸續針對PPT手冊進行後

設分析（請參閱【表5.2】正向心理治療成效評量研究摘要，可以看到PPT結果成效研究的詳盡清單）。這些研究遍及世界各國，涵蓋諸多臨床母群（例如：憂鬱症、焦慮症、邊緣型人格障礙、精神病，以及尼古丁依賴等母群）。大多數的研究對象是接受團體治療。總體而言，研究結果證實，PPT在前測─後測分數變化（pre- to postmeasure score changes）方面，顯示案主的痛苦症狀顯著降低，美好存有福祉或幸福感顯著提升，效果量（effect sizes）達到中等至強大幅度（請參閱【表5.2】，結果測量的前測─後測分數變化和效果量）。其中有四項研究，包括兩項隨機對照試驗（randomized controlled trials），直接將PPT療法與兩種廣泛採用與詳盡研究的治療方法進行比較，分別是辯證行為療法（dialectical behavior therapy）和認知行為療法（cognitive behavior therapy）。研究結果發現，PPT的成效與這兩種療法不相上下，甚至有過之而無不及，尤其在福祉或幸福感測量方面（例如：Carr, Finnegan, Griffin, Cotter, & Hyland, 2017; Ochoa, Casellas-Grau, Vives, Font, & Borràs, 2017; Schrank et al., 2016）。超過一半的研究，對象涵蓋加拿大、中國、韓國、智利、法國、西班牙、奧地利、伊朗和美國的社區樣本（醫療院所、社區心理健康診所的門診案主）；臨床問題涵蓋廣泛，包括：憂鬱症、焦慮症、邊緣型人格障礙、精神病和尼古丁依賴等等。

　　總結而言，PPT結果成效研究發現，與對照組或治療前測量相比，PPT顯著減少憂鬱症狀，增進福祉。與其他行之有效的傳統療法（例如：認知行為療法或辯證行為療法）相比，PPT的效果不相上下，尤其在福祉測量方面。回顧檢視這些研究時，務必謹慎看待，注意大多數的研究樣本比較小。儘管如此限制，但這些研究結果確實顯示，PPT療法有其優點，值得進一步實證檢驗，以釐清先前的研究發現，並提高我們對療癒改變機轉的理解。就此而言，目前有一項已通過信效度驗證的PPT成果測量工具，《正向心理治療評量表》（Positive Psychotherapy Inventory，縮寫PPTI；Guney, 2011）。（在本手冊末尾的【附錄C】，可找到PPTI複印本，另外在案主作業簿也有收錄一份複印本；英文版本PPTI請參閱網路補充資源，網址www.oup.com/ppt。）PPTI可用來評估PPT的特定活性成分，包括：正向情緒、積極參與、意義和關係（Bertisch, Rath, Long, Ashman, & Rashid, 2014; Rashid, Howes, & Louden, 2017）。除此之外，在《正向臨床心理學資源的線上附錄》（Online Appendix of Positive Clinical Psychology Resources）（英文版本，網址www.oup.com/ppt），也有提供詳盡的補充資源清單，包括：正向臨床心理學相關書籍的參考書目，按主題分類的臨床論文、期刊清單，以及相關的多媒體資源（包括：YouTube、網站、影片等等）。

　　最近發表的一篇系統化回顧研究，檢視PPT療法在心理衛生照護機構的應用（Walsh et al., 2016）。此回顧研究，綜合檢視12項實徵研究，結果發現，PPT當中

【表5.2】正向心理治療成效評量研究摘要

隨機對照試驗			
作者 和出版資訊	研究簡介 和樣本描述	結果成效 評量指標	關鍵發現
1. Seligman, Rashid, Parks, 2006, 已出版	診斷為MDD的患者,個人PPT組($n = 11$),接受12-14療程;對照TAU組($n = 9$)和TAUMED組($n = 12$);大學輔導中心尋求治療的大學生和研究生。	憂鬱(ZDRS、漢氏量表);整體精神病困擾(OQ-45);生活滿意度(SWLS)和幸福感(PPTI)。	後測,憂鬱,PPT組 < TAU組(ZDRS、漢氏量表,$d = 1.12$和1.14);PPT組 < TAUMED組(ZDRS,$d = 1.22$),總體精神病困擾(OQ-45,$d = 1.13$)。後測,幸福感,PPT組 > TAU組和TAUMED組($d = 1.26$和1.03)。
2. Seligman, Rashid, & Parks, 2006, 已出版	大學生,輕度至中度憂鬱症狀,隨機分派到團體PPT組($n = 21$),6次療程;對照組無治療($n = 21$)。	憂鬱和生活滿意度(SWLS)。	後測,憂鬱,PPT組 < 對照組(BDI-II,$d = 0.48$);3個月、6個月、12個月追蹤($d = 0.67$,0.77,0.57),每週減少0.96點($p < 0.003$),變化率顯著高於對照組($p < 0.05$)。
3. Parks-Scheiner, 2009, 博士論文	個人PPT組($n = 52$)完成,6次線上習作;對照組無治療($n = 69$),線上樣本。	憂鬱(CES-D),生活滿意度(SWLS),正向和負向情感(PANAS)。	後測,憂鬱(CES-D,$d = 0.21$,6個月追蹤);PPT組 > 正向和負向情感(3個月和6個月追蹤,$d = 0.16$,0.33,0.55)。
4. Asgharipoor et al., 2012,已出版	團體PPT組(n = 9),診斷患有MDD,12週療程,對照CBT組,也是12週療程,伊朗的醫院。	憂鬱(SCID和BDI-II);幸福感(OTH);生活滿意度(SWLS)和心理健康(SWS)。	後測,幸福,PPT組 > CBT(OTH,$d = 1.86$)。大部分測量,兩組治療都沒有區別。
5. Lü & Liu, 2013,已出版	團體PPT組(n = 16),(每週16個療程兩小時),與未治療對照組(n = 18)相比,探討在處理環境挑戰時積極影響對迷走神經張力的影響。	及正向和負向情感(PANAS)和呼吸竇性心律失常。	憂鬱,PPT組 < 對照組,6個月追蹤($d = 0.21$);介入後測和3個月、6個月追蹤,正向和負向情感,PPT組 > 對照組(分別為$d = 0.16$,0.33,0.55)。
6. Rashid et al., 2013,已出版	團體PPT組($n = 9$),8個療程,公立中學6年級和7年級學生;對照組無治療($n = 9$)。	社交技能(SSRS),學生滿意度(SLSS),幸福感(PPTI-C)和憂鬱(CDI)。	後測,PPT組 > 社交技巧(SSRS—複合—家長版本($d = 1.88$)以及PPTI-C($d = 0.90$)。
7. Reinsch, 2014,療程發表	團體PPT組($n = 9$),員工援助計畫與案主尋求心理治療,6次療程,與非治療對照組($n = 8$)進行比較。	憂鬱(CES-D)和幸福感(PPTI)。	後測,憂鬱(CES-D,$d = 0.84$)。介入後一個月,效果維持不變;憂鬱症治療無效,統計學顯著率降低45%。

隨機對照試驗			
作者 和出版資訊	研究簡介 和樣本描述	結果成效 評量指標	關鍵發現
8. Schrank et al., 2016，已出版	診斷患有精神病的社區成人，團體福祉聚焦PPT（$n = 43$），治療11週，對照比較TAU（$n = 41$）。	福祉（WEMWBS）；精神壓力（簡明精神病評定量表），憂鬱量表，幸福量表，PPTI。	後測，福祉（WEMWBS，$d = 0.42$），憂鬱（$d = 0.38$），福祉（正向心理治療評量表，$d = 0.30$）。治療組的二級分析進一步改善症狀減輕（$d = 0.43$）和憂鬱（SDHS憂鬱量表，$d = 0.41$）。
9. Uliaszek, Rashid, Williams, & Gulamani, 2016，已出版	大學健康中心，憂鬱和邊緣型人格障礙症狀案主。團體PPT組（$n = 27$），對照組（辯證行為療法，$n = 27$）。	憂鬱症（SCID），精神症狀（SCL-90），情緒調節（DER），痛苦忍耐（DTS），正念（KIMS），幸福感（PPTI）和生活滿意度（SWLS）以及因應方式（WOCCL），工作同盟量表；PPTI PPT。	除PPTI，SWLS，工作同盟量表和WOCCL適應不良子量表外，PPT和辯證行為治療在治療之前與之後均有顯著差異，平均效果量分別為$d = 0.60$和$d = 0.78$。
10. Dowlatabadi et al., 2016， 已出版	36名輕度至中度憂鬱症狀的不孕婦女，隨機分派兩組：對照組（$n = 18$）和介入組（$n = 18$）。	憂鬱症（BDI-II）和生活滿意度（SWLS）。	與對照組相比，介入組，在生活滿意度，顯著提高，從前測22.66，增加到後測26.13（$p < 0.001$）。
11. Dowlatabadi et al., 2016， 已出版	隨機對照試驗，伊朗克爾曼沙赫癌症中心，42位乳癌患者，隨機分派PPT組（$n = 21$）和對照組（$n = 21$）。PPT組有5人未完成研究，對照組有4人。	介入之前（前測）和介入10週之後（後測），蒐集憂鬱量表（BDI-II）和牛津幸福量表的評量資料。	後測，憂鬱，PPT組 > 對照組（BDI-II，$d = 1.13$）；後測，幸福量表，PPT組 > 對照組（牛津幸福量表$d = 1.83$）。
12. Carr et al., 2017，已出版	三所公立心理醫護機構，82名MDD患者，隨機分派到SYTL組（「Say Yes To Life」方案，融和CBT的療法）（$n = 40$）；或TAU組（$n = 42$），包含CBT支持療法、案主中心療法、心理動力學、心理治療和整合心理療法。每週2小時療程，為期20週。	SCID：貝克憂鬱量表第二版（BDI-II）、漢氏憂鬱量表（IIRSD）、孟一艾氏憂鬱量表（MADRS）、成本一效果評估。	兩組完成治療者和三個時間點，ITT分析，BDI-II、HAM-D、MADRS等測量平均分數，（2組）X（3個時間點）MANOVA，分析結果呈現，顯著時間點效應。所有效果量都顯示SYTL組比較好，介於小效果量（$d = 0.12$）到中等效果量（$d = 0.66$）。 成本一效果分析顯示，SYTL組平均服務成本（每案主／歐元），明顯低於TAU組。

隨機對照試驗			
作者 和出版資訊	研究簡介 和樣本描述	結果成效 評量指標	關鍵發現
13. Furchtlehner & Laireiter, 2016，已發表	憂鬱症患者，隨機分派到團體PPT組（n = 44），CBT組（n = 44）。小團體治療，每週兩小時療程，為期14週。	SCID；憂鬱量表（BDI-II，MADS）、幸福量表（PPTI）、生活滿意度量表（SWLS）和症狀量表（BSI）。	所有結果評量指標，PPT組都優於CBT組，效果量介於中度至大幅：憂鬱，$d = 0.82$；MADS，$d = 0.33$；PPTI，$d = 0.58$；SWLS，$d = 0.85$；BSI，$d = 0.95$。
14. Hwang, Kwon, & Hong, 2017，已出版	韓國釜山大都會區，大學生隨機分派至三組：PPTm組（個人改變，n = 8）；NFB組（團體神經回饋輔助靜思療法，n = 8）；控制組（無治療處遇，n = 8）。	《生活機能福樂興盛量表》（FS），評估心理社會福祉；《正向與負向經驗量表》（SPANE），評估主觀幸福感。	與控制組相比，PPTm組和NFB組在FS和SPANE均呈現顯著正向效果。追蹤評估，主觀幸福感，NFB組增加幅度高於mPPT組，平均效果量為$d = 1.08$；心理社會福祉，mPPT增加幅度高於NFB組，平均效果量$d = 1.36$。
15. Ochoa et al., 2017，已出版	126名女性成年乳癌復發患者，重度情緒困擾，分派到癌症團體PPC組（n = 73），或等候名單對照組（n = 53）。PPC組進行12次療程，每次90-120分鐘，每個團體8-12名成員。	《醫院焦慮和憂鬱量表》（HADS）；《PTSD篩檢表—民眾版》（PCL-C）；PTG和《極端生活事件量表》。	與對照組相比，PPC組在治療後，呈現顯著較好的結果，壓力減低；創傷後症狀減少；PTG增高。3個月和12個月追蹤評估，顯現成效有維持。

非隨機試驗

16. Goodwin, 2010，博士論文	團體PPT組（n = 11）焦慮和壓力困擾案主，10次PPT療程，聚焦提高關係滿意度；對照組，培訓診所的社區樣本。	焦慮（BAI）；壓力（PSS）；關係適應（DAS）。	後測，PPT組，焦慮顯著降低（BAI，$d = 1.48$）；壓力顯著降低（PSS，$d = 1.22$）；關係滿意度（DAS）無變化。
17. Cuadra-Peralta et al., 2010，已出版	團體PPT組（n = 8），診斷患有憂鬱症，9次PPT療程；對照行為療法組（n = 10），智利社區中心，接受行為療法。	憂鬱（BDI-II和CES-D）；幸福感（AHI）。	後測，幸福感（AHI，PPT組 > 行為療法組（$d = 0.72$）；前測—後測，PPT組憂鬱顯著下降（BDI-II，$d = 0.90$；CES-D，$d = 0.93$）。

隨機對照試驗

18. Bay, 2012，未出版	法國醫院，憂鬱症狀案主，隨機分派到團體PPT組（n = 10）、CBT組（n = 8）、藥物治療組（n = 8）。	憂鬱（BDI精簡版）；憂鬱和焦慮（HADS）；幸福感（SHS）；情緒量表（EQ-I）；生活滿意度（SWLS）；正向和負向情感（PANAS）。	後測，憂鬱，PPT組 < CBT組（$d = 0.66$）；幸福感（SHS，$d = 0.81$）；生活滿意度（SWLS，$d = 0.66$），樂觀情緒（LOT-R，$d = 1.62$）；情緒智商（EQ-I，$d = 1.04$）。在大多測量，PPT組和CBT組，成效都優於藥物治療組。

隨機對照試驗			
作者 和出版資訊	研究簡介 和樣本描述	結果成效 評量指標	關鍵發現
19. Meyer et al., 2012，已出版	醫院附屬診所，思覺失調症狀案主，團體PPT組（$n = 16$），10次療程，包括6次療程作業。測量評估3個時間點：基線、後測、3個月後追蹤。	心理幸福感（SWS）；欣賞品味（SBI）；希望（DHS）；康復（RAS）；症狀（BSI）；社會生活機能（SFS）。	後測，PPT組 < CBT組：憂鬱（BDI，$d = 0.66$）；幸福感（SHS，$d = 0.81$）；生活滿意度（SWLS，$d = 0.66$）；樂觀（LOT-R，$d = 1.62$）和EQ-I（$d = 1.04$）。大部分情況，PPT組和CBT組成效優於藥物組。
20. Kahler et al., 2015，已出版	團體PPT組（$n = 19$），8次療程，結合社區醫療中心的戒菸諮詢和尼古丁戒菸貼片。	憂鬱（SCID、CES-D）；尼古丁依賴（FTND）；正向和負向情感（PANAS）。	療程出席率和治療滿意度很高，大多數參與者表示有使用PPT作業，並從中受益。幾乎三分之一（31.6%），在戒菸之後，至少維持六個月沒再抽菸。

【註釋】
PPT＝正向心理治療；MDD＝重鬱症[重度憂鬱症]；SWLS＝《生活滿意度量表》；
TAU＝常規治療；TAUMED＝常規治療加醫藥治療；CBT＝認知行為療法；
MANOVA＝多變量變異數分析；PTG＝創傷後生長；
ZDRS＝《曾氏憂鬱量表》。
＊按照出版與／或發表年份排序。

的若干療程作業使用廣泛（包括：「感恩日記」、性格正能量、「感恩信」和「感恩之旅」）；另外，有些療程作業，使用頻率相對比較低（例如：「邁向滿足」、「正向評價」、「正向關係樹」）。隨著PPT臨床實務和研究的日益演進，還有本手冊的出版，以及縱貫研究設計和多元方法研究設計（例如：經驗取樣（experiential sampling），或生理和神經學指標（physiological and neurological indices）），應該很有希望逐步揭示PPT對特定疾病的有效性。我們認為，有必要持續透過臨床研究，充實PPT臨床應用的相關資訊，這將豐富和優化臨床實務的所有組成元素。

　　針對正向心理治療，我們持續發展理論、研究和臨床實務。本書第一部分，我們試圖建立融攝連貫的PPT理論架構。我們提出支持PPT的理由，闡述其必要性，以及說明其發展來源的諸多幸福理論傳統。近十年來，證據本位實踐一直是我們恪守的原則。第一部分，描述我們嘗試探索PPT對於多樣化臨床條件和樣本的有效性。第一部分描述的理論基礎，在第二部分轉化成為結構化、序列化的療程，同時也兼顧靈活變通與文化適應性。

結果測量成效指標

1. 《貝克憂鬱量表第二版》（Beck Depression Inventory-II）（BDI-II; Beck, Steer, & Brown, 1996）。

2. 《貝克憂鬱量表第二版短式》（Beck Depression Inventory-II-Short Form）（BDI-SF; Chibnall & Tait,1994）。

3. 《貝克焦慮量表》（Beck Anxiety Inventory）（BAI; Beck, Epstein, & Steer, 1988）。

4. 《簡式症狀量表》（Brief Symptom Inventory）（BSI; Derogatis, 1993）。

5. 《簡式精神症狀評量表》（Brief Psychiatric Rating Scale）（BPRS; Overall & Gorham, 1962）。

6. 《流行病學研究中心憂鬱量表》（Center for Epidemiologic Studies-Depression Scale）（CES-D; Radloff, 1977）。

7. 《兒童憂鬱量表》（Children Depression Inventory）（CDI; Kovacs, 1992）。

8. 《案主滿意度問卷》（Client Satisfaction Questionnaire）（CSQ-8; Larsen, Atkinson, Hargreaves, & （Nguyen, 1979）。

9. 《情緒調節困難量表》（Difficulties in Emotion Regulation Scale）（DERS; Gratz & Roemer, 2004）。

10. 《痛苦耐受度量表》（Distress Tolerance Scale）（DTS; Simons & Gaher, 2005）。

11. 《配偶調適量表》（Dyadic Adjustment Scale）（DAS; Spanier, 1976）。

12. 《情緒智商量表》（Emotional Quotient Inventory）（EQ-I; Dawda & Hart, 2000）。

13. 《弗氏尼古丁依賴評估量表》（Fagerström Test for Nicotine Dependence）（FTND; Heatherton, Kozlowski, Frecker, & Fagerström, 1991）。

14. 《漢氏憂鬱量表》（Hamilton Rating Scale for Depression）（HRSD; Hamilton, 1960）。

15. 《國家健康成效評量表》（Health of the Nation Outcome Scale）（HoNOS; Pirkins et al., 2005）。

16. 《醫院焦慮與憂鬱量表》（Hospital Anxiety and Depression Scale）（HADS; Bjelland, Dahl, Haug, & Neckelmann, 2002）。

17. 《整合希望量表》（Integrated Hope Scale）（IHS; Schrank et al., 2012）。

18. 《肯塔基正念技巧量表》（Kentucky Inventory of Mindfulness Skills）（KIMS; Baer, Smith, & Allen, 2004）。

19. 《孟─艾氏憂鬱量表》（Montgomery Asberg Depression Rating Scale）

（MADRS; Montgomery & Asberg, 1979）。

20.《快樂取向量表》（Orientations to happiness）（Peterson, Park, & Seligman, 2005）。

21.《生活取向測驗修訂版》（Life Orientation Test–Revised）（LOT-R; Scheier, Carver, & Bridges, 1994）。

22.《成效評量問卷—45》（Outcome Questionnaire-45）（OQ-45; Lambert et al., 2003）。

23.《正向心理治療評量表》（Positive Psychotherapy Inventory）（PPTI; Rashid & Ostermann, 2009）。

24.《正向心理治療評量表—兒童版》（Positive Psychotherapy Inventory–Children Version）（PPTI-C; Rashid & Anjum, 2008）。

25.《創傷後壓力症候群篩檢表—民眾版》（Post-Stress Disorder Checklist—Civilian Version，PCL-C）（Costa-Requena, & Gil, 2010）。

26.《創傷後成長量表》（Post-traumatic Growth Inventory）（PTGI; Tedesshi & Calhoune, 1996）。

27.《康復評量表》（Recovery Assessment Scale）（RAS; Corrigan, Salzer, Ralph, Sangster & Keck, 2004）。

28.《呼吸竇性心律不整評量表》（Respiratory sinus arrhythmia）（RSA; Berntson et al., 1997）；評估心律變異度（heart rate variability，簡稱HRV）。

29.《品味信念量表》（Savoring Beliefs Inventory）（SBI; Bryant, 2003）。

30.《幸福快樂量表》（Scales of Well-being）（SWB; Ryff, 1989）。

31.《精簡版憂鬱—快樂量表》（Short Depression-Happiness Scale）（SDHS; Joseph & Linley, 2006）。

32.《社交技巧評量系統》（Social Skills Rating System）（SSRS; Gresham & Elliot, 1990）。

33.《DSM-IV第一軸之結構式診斷晤談量表》（Structured Clinical Interview for DSM-IV Axis I）（SCID; First, Spitzer, Gibbon & Williams, 2007）。

34.《學生版生活滿意度量表》（Students' Life Satisfaction Scale）（SLSS; Huebner, 1991）。

35.《社會生活機能量表》（Social Functioning Scale）（SFS; Birchwood, Smith, Cochrane & Wetton, 1990）。

36.《實踐價值方案性格正能量分類表，青少年版》（Values in Action–Youth）（VIA-Youth; Park & Peterson, 2006）。

37.《華威—愛丁堡心理福祉量表》（Warwick-Edinburgh Mental Well-Being Scale）（WEMWBS; Tennant et al., 2007）。

38.《曾氏自評憂鬱量表》（Zung Self-Rating Depression Scale）（ZSRS; Zung, 1965）。

第二部分

正向心理治療的十五療程實務

療程、作業和心理治療過程

第六章

　　本手冊第二部分，目標是要幫助各領域的臨床治療從業人員，學習、調適和練習正向心理治療（PPT）的治療技能，以適應實施在各種治療場域。【表6.1】典型PPT療程結構（Positive Psychotherapy: Generic Session Structure），概述了適用於個人治療和團體治療的典型PPT療程。我們竭盡一切努力，彙整各方證據和經驗，提供可操作化的治療實施條件，協助促進案主正向情緒、投入參與、充實滿足的情感關係、意義，以及康復和復原力[彈性復甦或韌性]的目標。這些療程為臨床治療師提供了溫和、清晰、序列化的實施技能和策略，適應性強、富有同理心，而且實證有效。

第一節　正向介紹心理治療的取向

臨床腳本

　　建議臨床治療師，可以參酌採用以下的臨床腳本，向你的案主綜覽概述**PPT**的取向：

　　正向心理療法（PPT）是一種治療取向，致力於運用你的心理正能量抗衡症狀，品德抗衡缺點，技能抗衡缺陷，幫助你以平衡正向和負向的方式，去理解複雜的情境和經歷。

　　一般來講，人類大腦的注意力比較關注負向因素，反應也比較強烈；相對地，對於正向因素關注就比較少，反應也比較弱。但是，PPT教我們積極培養正向的能量。要對付生活中最棘手的挑戰，我們需要最強韌的內在資源，而這會進一步增強我們的抗壓能耐或復原力。就像健康勝於生病一樣，掌控壓力的主人也勝於壓力宰制的奴隸，還有合作勝於衝突，希望勝於絕望，總之，就是心理正能量勝過負能量。

　　*PPT的正向元素主要立基於馬丁·塞利格曼博士的幸福理念。塞利格曼博士把快樂和幸福分門別類，整理成為科學方法可測量、可教導的五大類：(1)正向情緒（**P**ositive emotion）；(2)積極投入（**E**ngagement）；(3)關係（**R**elationships）；(4)意義（**M**eaning）；(5)成就（**A**ccomplishment）。摘取這五大元素*

的第一個英文字母，就構成了方便記憶和表述的「PERMA幸福五元素」[Seligman，2012]。請注意，這五大元素既不是涵蓋所有的幸福要素，各元素之間也並非完全互斥不相容。不過，研究已顯示，這些因素的實現，與較低的痛苦率和較高的生活滿意度，確實有緊密的關聯。

　　PPT實務幫助你從多元觀點評估你的心理正能量，然後是一系列的療程作業，幫助你開發我們所謂的「實踐智慧」（practical wisdom）。例如，如何決定是要冒險採取創新的措施，還是依賴已有試驗檢證有效的慣用措施？如何在公平與善意之間取得平衡？如何對朋友表達同理心，同時還要能夠保持客觀？實踐智慧的目標，是要幫助你更妥善應對挑戰性的情況，換句話說，在面臨多種方式可供選擇來因應挑戰時，如何從其中選出明智的方式。

　　PPT教導心理正能量，不過請注意，這些心理正能量是需要考量適用脈絡的。事實上，在某些情況下，尤其是在生存飽受威脅時，悲傷和焦慮之類的負向元素，可能會比正向元素更能發揮適應的效用。同樣地，表達憤怒，用以抗爭追求更高權益，通常會比溫良順從更能發揮適應的效用。我們會與你共同努力，一起來了解你所遭受的傷害和痛苦，我們也會陪你從這些痛苦中尋找意義。

　　參照前述臨床腳本，與你的案主一起閱讀【表5.1】正向心理治療的十五療程摘要介紹。透過這份PPT綜覽概述，將可幫助你預先辨識和解決案主在療程期間可能出現的混淆或疑慮。比方說，如果案主感到疑惑，或有些舉棋不定（例如：「我不確定，正向心理治療是否可以解決我長期存在的心理問題？」或是「這些療程的主題似乎都很好，但哪些部分可以解決我個人獨特的症狀，還有如何有可能解決呢？」）在這兒，透過【表5.1】的綜覽介紹，適時提供澄清，將有助於案主從治療方法中充分受益。因為初期接觸正向心理治療，在他們心裡，對於這種不太熟悉的治療方式，可能感覺不甚踏實，也可能不是最能支持的。

【表6.1】典型PPT療程結構

核心概念	證據本位的核心概念，以常民語言描述，臨床治療師可以輕鬆閱讀或節錄摘述，便於和案主溝通解說。
身心鬆緩操	每次療程都以身心鬆緩操作為開場；通常，案主在指導下，進行三至五分鐘的身心鬆緩操。
感恩日誌	1. 放鬆之後，案主分享過去一週「感恩日誌」記錄的一項美好事件或經歷。 2. 臨床治療師從該日誌擷取案主表現心理正能量的事例。 3. 案主分享正向情緒，可大可小，也反思促成該等正向情緒的可能原因。 4. 臨床治療師和案主分享媒體最近報導的正向事件。

回顧複習	臨床治療師和案主回顧檢視上一次療程的核心概念和作業。鼓勵案主分享對於上一次療程討論和作業的概念，有如何的經驗、反應和反思。
療程作業	每個療程，在實施過程至少有一次作業[療程中作業]，並希望案主回家後持續練習[回家作業或協力作業]。
反思和討論	針對案主的問題，鼓勵案主反思與討論療程作業。
專欄小故事	至少呈現一則專欄小故事，改寫自本手冊作者臨床實務的案例，案主個人資料都有修改以保護隱私。
適應與彈性變通	PPT療程實務與作業可能無法有效滿足個別案主的臨床需求，特此提供靈活變通原則。
文化考量因素	每個療程都納入文化考量因素。
維　持	提供特定策略，案主可用來維持每種療程作業的效益。
參考資源	列出各種輔助資源，例如：延伸閱讀、網站和影片。
身心鬆緩操	我們建議，每次療程都以相同於開場的簡短身心鬆緩操，畫上有始有終的圓滿句點。

臨床腳本

　　建議臨床治療師，可以參酌採用以下的臨床腳本，向你的案主介紹PPT包含的三個階段：

　　PPT可分為三個階段：

- **第一階段，標誌性格正能量**：重點是從多元觀點探索你的心理正能量，幫助你完成正向—負向平衡的個人敘事。你將使用你的標誌性格正能量，創建有意義的目標。
- **第二階段，正向情緒**：重點是協助你建立正向情緒，在支持之下，處理負向記憶、負向經驗和負向情緒。這些負向事項如果不妥善處理，可能會讓你陷入困境泥淖，難以脫身。
- **第三階段，正向關係、意義和目的**：重點是探索你的正向關係，並強化有益於此等關係發展的過程。在PPT的這個最後階段，還容許你去探索生活的意義和目的。

第二節　治療過程

　　在本節，我們將討論PPT脈絡的更精細元素，包括：建立基本規則、促進治療過程、治療聯盟、積極參與投入、希望、內在動機、復發預防、反饋和結果監測、治療

師和案主效應，以及變化過程等。

1. 建立基本規則

重要的是，針對PPT遵循的**基本規則**（**ground rules**），你和案主應該達成共識。在治療開始時，你們應討論基本規則，並持續更新。然而，如果案主持續抗拒，屢屢顯得被動，試圖改變所教導的技巧，或完全避免學習該等技巧，你就必須正視，以同理心對待案主，詢問猶豫遲疑的原因。終究而言，管理治療過程是你的職業責任，如果案主由於各種原因而遠離治療預期目的，你應該謹慎終止治療，或做出適當的轉診。

2. 保密

討論案主與你的角色、責任。根據法令規範，向案主保證治療內容的**保密**（**confidentiality**）。在團體治療，案主將有機會接觸、了解其他成員難以告人的敏感訊息，說明團友敘事和經驗的具體細節必須保密在治療團體內，不得外洩，但在團體外，案主可以分享療程中學到的經驗心得。

3. 身心鬆緩操

開始療程的時候，先進行簡短的（三到五分鐘）**身心鬆緩操**（relaxation）。請參閱【附錄A】身心鬆緩操和正念練習，可在本手冊末尾以及案主作業簿找到。在團體治療場合，你可以在每次PPT療程之前播放輕音樂。這可能有助於提供案主舒緩、安心的治療環境，鼓勵他們深入探究需要解決的問題。

4. 治療關係

與任何其他療法一樣，PPT也需要建立和維持真正溫暖、信任和協同合作的關係。這種**治療關係**（**therapeutic relationship**），對於保持案主的正向性，以及臨床治療師參與有利的治療變化，至關重要。經常評估以確保治療關係沒有破裂。破裂的跡象包括：案主意見不一致；缺乏積極投入參與治療任務；對於治療進展缺乏理解；進展停滯；案主和臨床治療師之間的溝通中斷。

5. 內在動機

有些案主可能因為努力不見即時奏效，備感挫折而喪失**內在動機**（**intrinsic motivation**）。另外，有些人則是缺乏信心，不太相信自己有能力完成心理治療。還有些人缺乏社會支持，而這乃是完成心理治療不可或缺的關鍵要素（Ryan, Lynch, Vansteeekiste, & Deci, 2011）。諸如此類的干擾因素，都可能減弱案主的內在動機。

萊恩（Ryan）等人認為，大多數人並沒有內在動機來接受治療諮商。在他們心目中，治療不會是好玩、有趣的活動。如果案主可以把心理治療看作通往其他有價值結果的途徑，例如：改善職業生涯、更滿意的情感關係，或更健康的生活方式，那就比較有可能重視或認真考慮接受心理治療。因此，評估案主最希望的特定結果非常重要。將此等結果與案主更深層的價值聯繫起來，將有助於案主維持動機，投入必要的改變。

6. 積極投入參與

PPT是需要**積極投入參與**（**active engagement**）的治療，並不是只需要提供安心的治療關係就足以發揮效用。單單只靠詳細討論案主的問題，不太可能鼓勵他們改變不良行為。PPT是積極的治療方法，需要案主在日常生活當中練習和應用PPT技能，並且積極與臨床治療師互動，才有可產生最理想的結果。因此，在療程之內和以外的時間，案主都需要積極投入PPT的作業，這對於確保治療的成效至關重要。

7. 注入希望

注入希望（**instilling hope**），是人類改變過程的重要面向。在所有理論取向當中，希望都扮演統合治療的框架（Frank & Frank, 1991）。事實上，塞利格曼（Seligman, 2002b）主張，注入希望是主要的深層治療策略，但往往被錯誤貼上「不明確性」（nonspecifcs）的貶抑標籤。證據顯示，希望在促進心理治療早期變化方面（最初三到四個療程），扮演舉足輕重的角色（Hanna, 2002; Schrank, Stanghellini, & Slade, 2008）。在治療早期引入希望，可能強化案主，使其培力賦權，相信未來有可能更美好（Frank & Frank, 1991）。根據貝克等人（Newman, Leahy, Beck, Reilly-Harrington, & Gyulai, 2002, p. 86）的描述，治療師乃是「希望傳播者」（"purveyors of hope"），案主往往在走投無路的絕望狀態下進入治療，因此他們倡導專門的治療技巧和技能，用以恢復建立案主的希望感。

儘管希望的重要性如此突顯，但卻很少有實證研究探討心理治療師如何促進希望（Larsen, Edey, & LeMay, 2007）。拉森和史蒂格（Larsen & Stege, 2010）的個案研究，聚焦如何將希望轉化為具體的心理治療實務，研究結果建議在心理治療當中，隱性使用希望，而不是實際使用「希望」這個詞。他們建議，突顯案主的資源，例如：個人心理正能量、最近的變化，以及社交支持的存在等等。可以要求案主反思自己心理正能量或個人變化的故事。從一開始，PPT就鼓勵案主分享他們的心理正能量故事。「正向介紹」的療程作業，就是關於反思、撰寫和分享案主發揮最佳自我心理正能量的故事。同樣地，心理正能量的評估也涉及反思，案主在不同情況下顯著發揮個人心理正能量的生活經歷。此外，諸如「感恩日誌」、「感恩信」、「REACH寬恕五步驟」、「寬恕信」、「創傷寫作」和「正向遺產」等PPT療程作業，也可引出案

主心理正能量和個人變化的敘事。因此，PPT可以概念化成為一種積極注入希望的治療方法，並在整個治療過程，始終維持源源不絕的希望之泉。

8. 同步治療

讓案主討論他們是否投入參與其他輔助療法或另類療法，例如：草藥療法、順勢療法（homeopathic medicine）、靈氣療法（Reiki medicine），並提供關於生活方式的具體指導方針或期望。討論這些同步治療（**simultaneous treatments**）是否與PPT相輔相成或相互競斥。

9. 改變的過程

有些案主的動機來源，可能是出於外部原因，例如：重要他人的推促或強制治療，這類的案主可能想找的是速成捷徑的治療解決方案。另外有些案主，在急性壓力之下，可能真的迫切想要尋求解脫，但在得知PPT需要案主積極投入參與之後，他們可能發現，一時之間很難改變長期適應不良的行為模式。承認該等沉痾痼疾之餘，很重要的還是必須建立堅實的治療關係，表現同理心，清楚向案主傳達，他們有能力可以改變，而且也值得擁有該等改變。幫助案主以具體、務實和樂觀的方式，投入構思**改變的過程**（**the Process of Change**），並且讓他們理解或許需要相當的時間，才有可能看到改變的成效。

10. 靈活變通彈性

如本手冊所述，PPT療程實務與作業提供有效施行的具體方向大綱。但是，如果案主的動機減弱，經驗老道的臨床治療師可以適予調整，來重新提振案主的興趣，並滿足案主的需求。請務必仔細查看每個療程的「適應和靈活變通」，這樣你就可以發揮**靈活變通彈性**（**flexibility**），維持案主的動機。

11. 提高可近用性、包容性和有效性

並非所有PPT療程與作業都能完全滿足全部案主的需求。未解決的需求問題可能會削弱治療。因此，擁有多種治療方案的知識和經驗，可以幫助你提供補充選項。這些替代選項可以針對特定臨床條件，引入必要的適應調整，從而使治療發揮更高的**近用性**（**accessibility**）、**包容性**（**inclusion**）和**有效性**（**effectiveness**）。

12. 反饋

與父母教養、教練、教學、管理或談判不同，心理治療本質上乃是一種親密的人際關係過程，只有案主積極投入才會有效。因此，臨床治療師必須經常與案主進行

討論，徵求案主坦率的反饋（**feedback**），以確保案主了解PPT各組成要素的基本原理。在治療過程，積極徵詢案主有關PPT的反饋。與案主討論哪些對他們有效，哪些無效。對於有效的部分，效果是如何發生，改變了什麼？由於PPT力求在正向、負向之間取得微妙平衡，因此要敏銳或明確地詢問案主，如何看待療程作業和技能練習。他們認為，技能的習得是可管理而有益的嗎？由於心理壓力使然，有些案主可能不盡然明白特定主題或療程作業的核心理念與用意，因此有必要提供適時的支持和變通彈性。積極而持續徵求案主的反饋，可以幫助你評估治療是否有效，以及案主是否改善或惡化，這種互動也可提供機會，針對治療的實施進行適時而必要的改變（Lambert, Hansen, & Finch, 2001）。

13. 監測治療結果

在整個PPT過程中，治療師應該藉助治療結果（**therapeutic outcome**）的可靠測量，及時監測案主是否有惡化的狀況。正如本手冊先前的討論，大約30%到40%的案主沒有從心理治療獲益；還有一小部分的案主，5%到10%，甚至在治療期間轉趨惡化（Lambert, 2007）。治療師開始進行PPT要有自信，但也要明白，PPT可能不見得對所有人一直都有用。定期執行有信度、效度的治療結果測量，用以輔助你的臨床判斷，將有助於監測治療進展（或缺乏進展），並及時改善臨床決策。如果通過反饋，發覺案主沒有積極投入，狀況未見改善或轉趨惡化，請評估案主的動機，並在療程期間與案主討論缺乏積極投入的癥結所在。取得退出治療之案主的反饋意見，可以提供巨大的幫助，澄清治療實施的細微差別，有助於改善日後實務。我們強烈建議，尋求徵詢其他治療師同僚的專業見解，以便在整個治療過程評估和調整你可能習焉不察的做法。

14. 預防復發

在任何治療，患者都有可能舊疾復發（**relapse**）。有多種原因可能導致案主復發，包括：動機減弱。復發是重大事件。針對可能導致案主脆弱或心理受傷的線索和情況（例如：紀念日、特定地點或特定人員），明確討論而不要含糊其辭。通常，負向情緒和經歷會使案主變得脆弱，而導致復發。運用療程PPT作業（例如：感恩日誌、慢活和賞味，或在創意活動中使用標誌性格正能量），來產生正向情緒。研究（Fredrickson, 2009）顯示，正向情緒可擴展和建構心理能量（例如：Fredrickson提出的正向情緒的擴展與建構理論（the broaden-and-build theory））。當案主體驗正向情緒，更有可能重拾治療動機。開心玩樂的行為、興趣和好奇心，可能產生比較準確的資訊；反之，沉悶無聊和失望不滿等負向態度，則可能產生不太準確的資訊（Fredrickson & Losada, 2005）。在維持案主動機方面，正向情緒也扮演至關重要的

角色，PPT作業的主要目標就包括產生正向情緒。當案主投入這些作業時，無論是在療程之內或以外的其他時間，都要安排案主反思和討論，正向情緒的經驗如何使此等作業為案主提供內在動機。

15. 進展

正如第五章所討論的那樣，不要指望改善會是只進不退的**線性或單向進展**（linear progression），因為治療過程中，改變長年積習行為、情緒模式的動機決心，難免會有起伏不定的波動。再者，案主對於改變的**準備程度**（readiness），也可能有所波動。因此，重要的是你在發生變化時，應該正向積極回應變化，並保持開放態度，適應調整治療目標。確定你們擬定的目標具體可行，而且與壓力源和期望的變化適切相關聯，這些都有助於改善案主的治療結果。

16. 理論基礎

隨著情境變動，案主動機也可能有所變化。你可以與案主一起探索這些變化的合理解釋，如果有需要，你可以找其他治療師諮詢請教。熟悉證據本位的**PPT理論基礎**（theoretical foundations）非常重要。你將面臨個別案主的獨特情況，這是無可避免的，本手冊描述的結構化模式可能不盡然全體適用。對PPT理論基礎的紮實了解將可幫助你，適作調節以有效運用於諸多獨特情況。但是，重要的是PPT的調整應該與案主協同合作完成，提供多元途徑，讓他們得以實現期望的結果。

接下來各章，逐一介紹15項療程，每個療程包含核心概念、PPT療程作業、反思與討論、專欄小故事、適應和靈活變通、文化因素考量、維持技巧和參考資源，這些構成了PPT的核心架構。

療程一：「正向介紹」和「感恩日誌」

療程一大綱

核心概念（第1部分）	核心概念（第2部分）
開場的身心鬆緩操	療程中的作業：「感恩日誌」
療程中的作業：「正向介紹」	感恩如何讓我們從中受益？
臨床腳本	臨床腳本
【作業單1.1】「正向介紹」	「感恩日誌」
反思與討論	臨床腳本
專欄小故事	反思與討論
你擅長什麼？	專欄小故事
籃球決賽三分關鍵逆轉	憂鬱症狀和「感恩日誌」
適應和靈活變通	適應和靈活變通
文化因素考量	文化因素考量
維持	維持
臨床筆記	收場的身心鬆緩操
	參考資源

「療程一」開場，引導案主認識正向心理治療（PPT）的正向介紹，並說明案主和臨床治療師的角色和職責。再者，本療程還教導案主，如何開始投入培養感恩的日常實踐，包括：寫日誌記錄正向經歷，以及欣賞感恩對幸福的影響。本療程涵蓋兩項PPT作業，分別是：「正向介紹」（**Positive Introduction**）和「感恩日誌」（**Gratitude Journal**）。

核心概念（第1部分）

人生當中，很少有其他社交互動的場合，可以如同心理治療一樣，容許我們有如此難能可貴的機會，分享個人的生活故事（Adler & McAdams, 2007）。然而，如果

大部分的心理治療互動，都只用來回憶過往的傷害、侵擾或創痛，原本可能擺脫僵化的思維、起伏不定的情緒，或缺乏安全感的情感關係，也就是將破碎自我重新整合，如此難得的機會很可能就會因此而平白流失了。回想有意義的經驗，編織成故事（有開頭、中間和結尾的敘事結構），把故事寫下來，與某人分享，通過這樣的做法，案主有機會通過不同的觀點，重新形塑、評估和定義自我的重要組成元素，從而汲取個人的心理正能量。在PPT開始之初，完成「正向介紹」，可以發揮觸媒的效用，幫助案主開始構建或恢復比較健康、反彈復甦[韌性或復原力]的自我概念。這種療程作業允許案主和臨床治療師有機會，得以將正向的經驗視為案主完整人格的一部分。

「正向介紹」（**Positive Introduction**），鼓勵案主回想，結局非常美好的重大事件或經驗。在情緒調節方面，回想正向記憶扮演重要的角色（Joormann, Siemer, & Gotlib, 2007）。反思、書寫、分享和潛在重塑個人的美好時刻，尤其是在治療的早期階段，有可能幫助案主產生正向情緒。在治療過程開始之初，培養正向情緒，有助於案主考量新的想法和觀點，以及建立長期資源，這對於預測治療改善成效，有相當強大的準確度（Fitzpatrick & Stalikas, 2008）。

案主求助心理治療之際，經常帶著如後的自我疑問：「我為什麼失敗？」「我為什麼受到別人不公平的對待？」「我真的有可能實現目標嗎？」寫作的行為（無論是使用紙筆，還是筆記電腦或其他電子設備），可以讓案主意識到他們過去的效能（efficacy，過去成功完成的事情）。請案主比較一下，在撰寫記憶中的正向事件或經歷之後，他們狀況有發生哪些微妙或重大的變化。快樂和成熟的人傾向在生活故事中突出個人成長和救贖的場景（McAdam, 2008）。「正向介紹」可以作為案主的指南（標誌出生活中的美好時刻），自我編輯現在到將來的個人敘事，從而創造更正向、更成功的經驗。

療程開場的身心鬆緩操

每次療程開始，首先進行簡短的身心鬆緩操。請參閱本手冊末尾【附錄A】身心鬆緩操和正念練習。在案主作業簿，也有收錄一份副本，可供案主有需要時自行查閱使用。如果有需要補充額外份數或張數的作業單，也可另行複印提供使用。

療程中的作業：「正向介紹」

在這兒，案主首先透過講述現實生活故事來介紹自己。為了鼓勵案主，你可以率先以身作則，使用本手冊作者的一篇真實生活故事作為示範。本節結尾的【參考資源】，也列出了若干錄影示例。諸如此類的小故事和示例，都可以用來幫助案主參考完成自己的故事。首先，參考使用下列的治療師療程實施腳本來引導案主。

臨床腳本

　　建議臨床治療師，可以參酌採用以下的臨床腳本，向你的案主介紹如何寫作「正向介紹」（**Positive Introduction**）：

　　請各位坐好，腰背貼著椅背，雙腳平放在地板，雙手放在大腿上。深呼吸三次。回想一下，你以正向的方式，處理艱難的處境。你不需要想出生活巨大變動的大事件。也許就是個小事件，帶出你最好的一面。現在，睜開眼睛，使用【作業單1.1】，寫下此一事件，寫成一篇有清楚開頭、中間和正向結局的故事。

　　給案主三、四分鐘去回想故事。然後，請他們睜開眼睛，使用【作業單1.1】正向介紹，寫下該事件或是與該事件相關的任何資訊。請注意，本手冊使用的所有作業單，都有呈現在各相關療程的章節，並有提供複印本收錄在《案主作業簿》，如果有需要補充額外份數或張數的作業單，也可另行複印提供使用。鼓勵你的案主自由寫作，無需顧忌或壓抑。向他們說明，不需要完整呈現故事的所有細節。無論他們寫什麼，就只是讓他們自己看而已。寫下來的舉動，可以幫助爬梳自我經驗的意義，有些時候，還可幫助我們看清楚自己是什麼樣的人。如果你進行的是個人PTT療程，請你的案主分享故事或該故事的產生過程。在個人療程中，案主幾乎都能分享他們的故事。如果你進行的是團體PPT療程，請案主找到可以安心的成員，分享故事或該故事的產生過程。請對方仔細聆聽，因為可能會讓他們向團體報告，但前提是說故事者允許分享。儘管分享與否是依案主個人自由決定的，但是團體中只要有人開頭分享，通常就會鼓勵更多成員接續分享。

【作業單1.1】正向介紹

「正向介紹」作業單

　　請回想一下，你在過去曾以正向的方式，處理過的艱難處境。你不需要想出生活巨大變動的大事件。也許就是個小事件，帶出你最好的一面。寫下此一事件，寫成一篇有清楚開頭、中間和正向結局的故事。如果你需要更多空間，請另外補充紙張繼續寫。

_____

_____

_____

_____

_____

_____

_____

_____

_____

_____

_____

_____

_____

_____

_____

_____

_____

_____

_____

_____

_____

反思與討論

　　請案主以書寫形式，反思並回答以下問題：

- 有些故事成為我們怎麼看待自己的一部分。你寫的這個故事如何影響你的自我概念？
- 什麼幫助你因應該等處境？請描述具體內容，例如：
  ・個人屬性，包括：毅力、樂觀或信仰。
  ・環境屬性，例如：親朋好友或專業關係的支持。
- 你生活中的重要他人，對於此等故事的理解，是否和你的回想相同？

　　反思和書寫完成之後，引導案主針對所寫內容進行討論。

_____

專欄小故事 **你擅長什麼？**

　　下列示範的「正向介紹」療程作業，是由本手冊作者塔亞布・拉西德撰寫的小故事。這是真實發生的故事，改變了拉西德對人性的看法，並說服他重新構思治療問題。他通常沒有與案主分享這個故事，但作為臨床治療師，你可以藉此重新構思自己的問題而從中受益。

　　若干年前，在紐約布魯克林區，天色漸暗、秋葉飄落，我教完瑜伽課之後，滿心喜悅慢步走向車子。猛不防，下背腰部突然一道冰冷的金屬觸感，讓我停下腳步。我轉身發現是一把槍，持槍的是十來歲的孩子，另一個也是年紀差不多的孩子，應該是同夥的，一聲不響，示意我快步走向車旁。在他們命令下，我交出鑰匙，坐到後排。其中一人緊盯著我，槍口抵在我背上。他的同夥坐在方向盤後面，顧前不顧後，急著往前疾駛。不久，車子狂奔，呼嘯穿過兩處紅綠燈。從早先打禪入定似的祥和平靜，我的身體和精神墜入全面恐慌的深淵，手掌冒汗，心臟砰砰狂跳。我苦中作樂，腦海閃現大難臨頭的驚悚畫面：我懷抱攻讀臨床心理學博士學位的夢想，逃離巴基斯坦拉合爾塵土飛揚的危險街頭，如今卻要淪為布魯克林街頭警匪追逐槍戰下的冤魂。

　　兩位少年歹徒喝令我交出錢包，我連忙把錢包掏出來。他們看到提款卡，眼睛為之一亮。想到有錢可以領，興奮之下更是猛踩油門，很快又闖過一道紅燈。我從恐慌轉眼變為極度恐慌。徹頭徹尾的無助，我六神無主，勉強做了深深、長長的烏加印呼吸（Ujjayi breaath，一種能夠平息情緒的瑜伽呼吸技巧）。這呼吸似乎還沒作用到軀體，就直接打通心眼，臨床治療師的本能告訴我開口說話，雖然聲音免不了有些結巴：「**我的新車、提款卡，都在你們手上，我也會乖乖去ATM領錢，應該沒有需要開這麼急吧？如果你繼續闖紅燈，警察很快就會把我們攔下。**」布魯克林這一帶，經常有警車巡邏，特別是在日落之後。其中一位馬上嗆說：「**閉上你他媽的鳥嘴，不然就讓你看不到明天太陽。**」我明白，這可不是施展我臨床技巧的好時機。我只好閉嘴，畢竟，治療有時反而是有害的。令人驚訝的是，不久之後，我注意到車速慢了下來，甚至遇到紅燈也會停車。他們現在忙著尋找ATM，但找不到安全的地方可以放我下車去領錢。我又做了一次烏加印呼吸，這讓我定下心來，並再次引發臨床治療師的本能。我做了大多數臨床治療師所做的——拋出問題，主要是為了分散滿腦子的災難念頭，我開始跟他們聊天。

　　我小心翼翼問道：「**你們是做哪行的，我的意思是，除了這個之外（劫車）？**」

　　負責開車的大男孩反問：「**問這，幹嘛？**」

　　「**只是好奇，**」我回答說。

　　「**克魯克林，**」（他意思是指布魯克林）「**是我們的地盤……有誰不識相，敢惹我們，就給他好看……你罩子放亮點，不要惹到我們，不然你就看不到明天太陽。**」

　　我只是想試著拉近關係，儘管大多數研究所的臨床心理學課程，沒有教授如何在槍口下建立契合關係。他的回答讓我頓時無話可說。不過，大多數臨床治療師會長期保持沉默嗎？我想那應該很難。我無法抗拒我的臨床治療師本能，然後，彷彿天外飛來，我脫口就問了：「**你們擅長什麼？**」他們最初給的幾個回答，在這兒不是很有價值，姑且就不寫了，留給你自己去想像。總之，他們道上混混的回話口吻，並沒有嚇跑我內心頑強的臨床治療師。我硬著頭皮，小心翼翼繼續探問：「**我相信，你們照顧**

地盤的本領當然沒話說，但還有其他事情你們也很拿手嗎？」

這時候，他們愣住了，同時也感覺有些好玩，臉上表情好像在說：「我們抓的這傢伙是哪來的怪咖啊？」時間彷彿凝結不動，我旁邊的那個小夥子，臉上泛出一抹不好意思的笑意，槍口往我肚子用力推了一下。我深深吸了幾口氣，然後重新換個說法，再問：「你們肯定有其他事情很厲害。」我原本只期待聊上幾句。沒料到，開車的少年從夾克口袋拿出一張CD，插入車上的播放器，調高音量。很快，刺耳嘈雜的生猛聲浪就襲捲滿車內，我猜那就是當時流行的音樂。一人扯開喉嚨喊道：「我們音樂超屌的，爽嗨了，就放音樂，跳舞……我兄弟那邊，有很多超屌的歌。」

隨著音樂轟隆掀頂，他們開始搖頭扭舞，還堅持要我加入，看來好像我和他們同夥的，如果我們在車上狂歌亂舞，應該不會有人懷疑我遭到劫持。即使在安全無虞的場合，跳舞也會讓我神經緊張兮兮。在這槍口之下，我都可以想像隔天的新聞標題：「舞過死亡線」。我告訴他們，我不懂跳舞，他們好心教我舞步，棒球帽反戴在我頭上，讓我跟著動作。很快，我的上半身就開始隨著節奏自然擺動，那真是我從來沒見識過的身體。出生長大在寶萊塢音樂世界，我從沒想過，有這麼一天，我會在槍口下，學著大跳布魯克林街頭的嘻哈和雷鬼舞步。

不知怎的，他們把要去找ATM領錢的事拋諸腦後，反而是繞道找了一家熟食店，痛快大吃一頓。他們還提議要買東西送我，我婉謝了。然後，我們開車去見了他們的一些朋友。又過了45分鐘，他們在布魯克林陰暗街角放我下車，然後開著我的車揚長而去。隔天，警察尋獲我的車，只有些微刮傷。金融卡和信用卡都沒有被盜領或盜刷，筆記型電腦也毫髮無傷。從那以後，我從不迴避提問：「你擅長什麼？」

專欄小故事 籃球決賽三分關鍵逆轉

這是「正向介紹」的一部分作業。書寫者是路易斯，20多歲的男性案主，在一對一心理治療的分享。他患有社交焦慮症狀，缺乏動力和信心。在最初三次療程，臨床治療師和案主專注於處理他的外顯困擾。第三次療程結束時，臨床治療師參的運用療程腳本，請路易斯寫一篇他自己的故事。在下一次療程期間，路易斯有些勉強念出他寫的故事，與臨床治療師鮮少目光接觸。

這篇故事討論的是，路易斯讀高中的最後一年，當時他在籃球隊。他很愛運動，總是想上場比賽，但受限於社交焦慮，他總是選擇坐在替補席。賽季最後一場，在對手學校的球場，眼看只剩三分鐘比賽就要結束了，他的球隊落後兩分，隊上主力球員受傷，教練別無選擇，只能叫路易斯替補上陣。他寫道，這讓他感覺渾身不對勁：

「即使賽前我感到緊張，但很快就意識到，上場的幾分鐘，我完全沉浸在當下經

驗。到後來，我對自己給人的觀感，或旁人對我球技表現的看法，都無所謂了，我只是上場做好我的本分。在那當下，我完成自己的本分，忘卻了旁人對我品頭論足的異樣目光。」在故事的結尾，路易斯說他整個賽季只上場得到3分，但這關鍵逆轉的3分，就足以讓他的球隊挺進季後賽。

適應和靈活變通

案主可以使用照片、文物、紀念品或勾起回憶的東西（例如：獎品、證書、感謝函），來講述他們的故事。此外，還可以透過拼貼數位圖像、YouTube影片等。案主可以親自或以電子傳輸方式提交故事。

案主可以選擇將「正向介紹」所寫的故事用信封密封保存，在信封外面寫下名字和日期，寄給你[臨床治療師]以便妥善保管。你可以告訴案主，他們的自我介紹故事將在未來的療程作業使用（例如：第二十一章，療程十五），但涉及個人細節部分，則不會拿出來分享。務必讓案主確信，信封將安全存放，只有你可以讀取使用，沒有其他人會看到他們寫的故事。

如果案主在回憶、撰寫「正向介紹」故事，頗感掙扎，難以順利完成，可以改由親密家人或朋友寫一篇關於他們的故事。

最後，如果這些變通方式，仍然無法協助案主完成這項作業，可以轉而讓他們撰寫，覺得鼓舞人心或克服挑戰的任何故事或現實生活事件。以此為基礎，他們可以逐漸邁向撰寫自己的真實故事，或抗壓復原經驗。或者，案主也可以創作理想自我版本的敘事。

文化因素考量

西方文化以外的案主，由於文化傳統傾向重視謙虛，最初可能會覺得「正向介紹」作業要陳述自己的優點，實在頗難啓齒。他們可能認為，這樣的做法是自己稱讚自己、虛榮浮誇、不夠謙虛。這類的案主可能覺得，此等做法與文化期望不相符。東亞文化背景的一位案主，就讀知名商學院的國際學生，就覺得很為難，無法完成這項作業。然而，她的一位朋友，在她的許可下，通過電子郵件寄了一篇關於案主的故事，內容非常感人。

如果，案主很難啓齒或書面分享故事，請向他們詢問文化適當的自我表達方式。邀請他們以適合的方式分享故事。例如，我們的一位案主，不是寫故事，而是和臨床治療師分享她的素描簿。這些素描是她在過去頗長一段時間所畫的，具體描繪了案主密切認同的文化主題。透過鼓勵案主討論該等主題及聯想，後來就幫助她完成了「正向介紹」的自我故事寫作。幫助案主理解，這種做法是關於自我意識，而不是炫耀賣

弄，應該有助於案主完成故事的寫作。

最後，為了增進文化適切性，也可以試著讓案主分享與他人合作的抗壓復原力故事。

維持

與你的案主討論以下訣竅，以便他們能夠維持進展：

- 「正向介紹」作業可以幫助你，回想其他成長和成功的故事。我們鼓勵你，分享其他類似的故事。有時，在你和臨床治療師有更良好的相互了解，而且你對治療過程也感覺比較自在踏實之後，最重要的故事才有可能浮現而出。
- 你講述自己的故事乃是包含你自我的不同面向。要擴展這種做法的好處，請反思，你對自己說的故事，還有你向他人訴說的故事。其中是否含有哪些主題？你想透過自己的故事，傳達關於你自己的什麼？你是脆弱無助、容易受傷害，還是有抗壓復原力（resilience）？你是受害弱者、還是鬥士生還者？你說的故事是否依照聽者或讀者不同，而有所改變，或是在細節有所差別？你的價值觀是什麼？反思這些問題，將幫助你澄清你是什麼樣的人（Mclean, Pasupathi, & Pals, 2007）。
- 我們對自己說的故事，乃是故事發生所在文化脈絡塑造而成的。要深入了解你的文化，一種方法就是與你所愛的人共同探索和分享你的故事，尤其是抗壓復原力的故事。同樣地，邀請他們與你分享他們的故事。這樣的分享過程，有相當高的機會鞏固你和對方的關係，而且你也可從中學到處理挑戰的不同方式。

臨床治療師筆記

心理治療中，大多數對話都有可能形成一系列的故事和文字敘事。密切關注每個案主的故事。檢查和放大故事當中的真實性。妥善運用筆記，記住每篇故事的細節和關鍵主題。這些故事可以在後續作業和療程中，作為引介核心概念的敘事元素。探討案主故事與當前生活狀況之間的差異，也可能發揮相當價值。

日常生活的壓力源，往往會耗盡能量、壓抑情緒。研究顯示，回憶正向生命故事有助於紓解負面心情（Joorman & Siemer, 2004）。鼓勵案主寫「感恩日誌」（請參閱本療程稍後的論述），定期把日誌拿出來，重新檢視自己的觀點是否有變化。案主也可以回憶類似的高峰時刻或經歷，這些都可運用來因應壓力源。一位案主在完成「正向介紹」作業之後，挑出六張這類高峰經歷的照片，將其存放在手機作為正向提醒，以幫助抵抗壓力源，得以反彈復甦。

核心概念（第2部分）

感恩（gratitude），是一種懷抱謝意的經驗，需要注意和欣賞生活中的正向事物。在這樣做的過程，我們承認、肯定發生在自己身上的正向事物的價值和意義。感恩擴展視角，建構其他正向情緒和正向思維（Emmons, 2007）。

臨床上，憂鬱者的組別，相對於非憂鬱者的對照組，感恩測量的分數顯著比較低（將近低了50%）（Watkins, Grimm, & Kolts, 2004）。事實上，感恩可以保護案主免受憂鬱症的衝擊（Wood et al., 2008; Tsang, 2006）。

感恩促使案主，在合乎現實的適當情況下，得以通過重新框架或轉念（reframing），將負向經驗翻轉成爲正向經驗。進一步來看，這樣的重新框架或轉念與較少的心理症狀有相關（Lambert, Fincham, & Stillman, 2012）。持之以恆撰寫「感恩日誌」，從中學習提升感恩心，可以幫助案主學習、使用更多的正向因應策略，從而降低壓力（Wood, Joseph, & Linley, 2007）。

療程中的作業：「感恩日誌」

感恩如何讓我們從中受益？

感恩可以擴展視野，並且建構其他的正向情緒和特性。根據感恩主題的重要學者勞勃·艾曼斯（Robert Emmons），研究顯示，實踐感恩可以提供八種好處，包括（Emmons & Mishra, 2012）：

- 最佳效益（**Optimal Benefit**）：感恩能讓我們從正向經驗中獲取最佳效益。
- 自我價值和自尊（**Self-Worth and Self-Esteem**）：感恩能夠增強我們的自我價值和自尊。幫助我們了解自己和他人完成多少成就，進而使我們提升效能，更有自信。因此，感恩可以幫助擺脫自憐自艾的負向習慣，這種習慣會讓人沉溺於受害者的感覺而難以自拔。
- 因應壓力（**Coping with Stress**）：感恩可以幫助我們因應壓力和逆境。初期的震驚亂流之後，感恩可以幫助我們重新評估生活中哪些人事物才是眞正最重要的。
- 幫助他人（**Helping Others**）：感恩的人更有可能幫助他人。他們變得比較懂得他人的善意和關懷善舉，並感到必須知恩圖報。他們不太可能是貪財戀物之輩，而比較可能欣賞感激擁有的東西。
- 改善關係（**Better Relationships**）：感恩可以強化我們的關係。當我們眞正體會親朋好友的價值，我們就比較有可能善待他們，如此一來，他們也會善待我們。
- 較少的負向比較（**Fewer Negative Comparisons**）：表達感恩能夠讓我們比較不會老是拿自己與他人作比較。我們對自己擁有的一切（朋友、家人、住宅、健康），

變得比較知足和感恩，不太會爲了沒能擁有的東西而感到遺憾難過。

- **較少陷溺負面消沉的時間（Less Time for Negatives）**：表達感激之情，我們就比較沒有時間陷溺在負面情緒。比方說，當我們心存感恩時，就不太可能不時感到內疚、貪婪或憤怒。

- **減緩感覺適應或快感疲乏（Slower Adaptation）**：獲得新事物的欣喜之情維持有多久？起初，我們會感到開心興奮，但這種喜悅不會維持很長的時間。透過欣賞事物、經驗的意義和價值，我們可以減緩這種感覺適應或快感疲乏的速度，使幸福的體驗持續更長的時間。

憂鬱的案主傾向認爲自己比其他人更糟糕。正如證據所示，這種負向比較（negative comparisons）削弱、損耗他們的自我價值，讓他們感到受害，滿肚子悲怨苦水（Nolen-Hoeksema & Davis, 1999）。反之，感恩幫助我們意識，自己是承受他人恩惠的受益者。如果不能體會他人恩惠，就不可能感恩。透過這種作業實踐，我們學會感念他人的美意善舉，從自怨自艾的觀點轉向理解社會的恩惠意識。簡言之，感恩可以建立我們的心理資本，在艱難時期發揮緩衝紓壓的寶貴功能。

在校正排除人格特質的影響效應之下，研究結果顯示，感恩與總睡眠質量（total sleep quality）、主觀睡眠質量（subjective sleep quality）、睡眠遲滯期（sleep latency）、睡眠長度（sleep duration）和白天功能障礙（daytime dysfunction）等變項，有獨特的相關性。其中，睡前認知（pre-sleep cognitions）顯然發揮關鍵中介功能，影響了感恩和睡眠品質之間的關係。在入睡前，感恩的人比較少有負向和擔憂的想法，而有較多正向的想法。負向的睡前認知似乎會干擾睡眠，而感恩則會降低這種負向睡前認知的可能性，因而保護睡眠質量。另一方面，正向的睡前認知似乎對睡眠產生正向效應，感恩有助於正向睡前認知，從而導致更好的睡眠質量（Wood, Joseph, Lloyd, & Atkins, 2009）。

臨床腳本

建議臨床治療師，可以參酌採用以下的臨床腳本，向你的案主介紹「感恩」（Gratitude）：

人類演化的結果，使得人們比較容易記住失敗。我們的心思本能構造更傾向於聚焦負向事件和經驗，而比較少關注正向事件。這就是所謂的「負性偏向」（negativity bias）。大多數人花費較多時間，去思索如何解決出錯（或即將出錯）的狀況；相對地，只有較少時間來對順遂如意的事情感到開心。我們對於糟糕的事情，會分析得比較透徹；並且傾向虛耗更多心力在負向事件。這種心理偏向往往導致生活滿意度最小化，而心理困擾則是極大化。

我們不需太多訓練，自然就會聚焦負向經驗；但是，要欣賞正向經驗，就需要我們特別下工夫，有意識投入注意力。抱怨、挑剔和憤世嫉俗，對我們來說很容易，但感恩卻相對難多了。我們比較可能忘記正向經驗，卻很容易就牢牢記住負向經驗。因此，學習技能和習慣，讓自己懂得欣賞所擁有的一切，就顯得格外重要。

不要以為，發生在我們身上的所有美好事物都是自己應得的。這樣的想法會讓人覺得那是我們應享的權利，並且認為正向的事件都是理所當然的。要避免這種理所當然的想法，一種方法就是在日常生活當中養成感恩的習性。

「感恩日誌」療程作業

臨床腳本

建議臨床治療師，可以參酌採用以下的臨床腳本，向你的案主介紹「感恩日誌」（Gratitude Journal）的書寫方式：

每天晚上睡覺前，請寫三件發生在你身上的美好事物，換言之，就是你得到的三項祝福或恩典（blessings）。請在每一項祝福或恩典旁邊，寫下至少一句話來說明：

• 為什麼今天會發生這件好事？這對你意味著什麼？
• 花時間來為這項祝福或好事命名，讓你從中學到了什麼？
• 你或其他人是否有以何種方式促成此項祝福或好事發生？

【附錄B】「感恩日誌」書寫格式（請參閱本手冊末尾），提供一週七天的「感恩日誌」書寫格式範本。另外，也有提供複印本收錄在案主的作業簿。如果，有需要補充額外份數或張數的書寫表格，也可另行複印提供使用。

「感恩日誌」是每天例行的作業。鼓勵你的案主，每天完成此項作業。每次療程開始時，鼓勵案主分享他們所寫的日誌。你會發現，有些案主可能沒有每天都有寫日誌。要解決這個問題，請預先準備額外的「感恩日誌」空白表格。鼓勵這些案主回顧前一週，反思可能發生的正向事情，並請他們在療程期間記錄該等正向事蹟。案主可以使用紙筆或數位版本的「感恩日誌」。此外，還有登載感恩記事的網站，本章末尾的參考資料，就有摘列若干這類的網站。每隔一週，使用【反思和討論】的提示問題，請案主參與討論他們所寫的祝福事項。此等討論可幫助案主具體感受到，持之以

恆的注意和寫下日常生活的美好事物，將可為個人身心福祉帶來莫大好處。

反思與討論

完成此項作業之後，請案主反思並討論：

- 在回憶特定的美好事件時，你是否有遇到任何困難？如果有，請具體說明是哪樣的困難。
- 你是否有注意到，你發生的美好事情或祝福，存在任何特定的模式？多半是關於家人、朋友、工作或是大自然？
- 你發生的美好事情或祝福當中，是否明顯沒有出現某些生活領域，譬如：工作或朋友？
- 關於該等美好事情或祝福的發生，你是否扮演了積極的角色，抑或是大多數就是碰巧發生在你身上？
- 在開始持續書寫「感恩日誌」之後，你是否發現，自己花費更多時間在反思你生活當中的美好事情？
- 你是否有發現，那是一種看待事情和人物的新方式？
- 你是否有與他人分享你的美好事情或祝福？
- 你覺得難以寫出來嗎？如果是，為什麼？

專欄小故事 **憂鬱症狀和「感恩日誌」**

娜碧拉，23歲，南亞裔女性，由於飽受憂鬱症狀所苦，包括：憂愁、空虛、過度煩惱和缺乏動力，而尋求心理治療。她說，這些症狀已經糾纏多年。她之前曾尋求治療，包括心理治療和抗憂鬱藥物治療。她絕望嘆息說道，那些治療的效果都很有限，沒能持久根治。臨床治療師問她，現在尋求心理治療的動機是什麼，娜碧拉表示，根據她的經驗，每種治療，不論心理治療或藥物治療，初期階段多少都還有些效用。另外，正向心理治療也讓她頗感好奇，那就姑且一試吧。

「長久以來，憂鬱症一直是我生活的一部分，」娜碧拉回憶道。剛邁入青春期，就開始有這樣的狀況。娜碧拉表示，她來自宗教虔誠的保守家庭，包藏有很多負面的情緒，她稱之為「家庭霹靂劇」。「我母親很可能就是長年遭受憂鬱症之苦，在我霸道蠻橫父親的淫威之下，身心飽受摧殘。」

娜碧拉形容母親「消極軟弱，我不想和她一樣。」她繼續說：「念高中的時候，我決定不再忍氣吞聲，但習慣逆來順受的母親反而處處打壓我。她對我很嚴屬，一直到現在都沒變。我想，她是把痛苦、挫折無處發洩的悶氣，全都出在我身上，因為我在很多方面，就像和她同個模子刻出來。現在，我越來越像加拿大人，她一點也不喜

歡,還希望我謹守印度文化的傳統規範。她並不認同我和她不一樣的事實。我是南亞裔的加拿大人,而不是像她那樣,是生活在加拿大的南亞人。」

娜碧拉表示,即便她深深愛著母親,她還是會以被動攻擊的方式表達憤怒。她解釋說:「母親不會主動阻止我外出,穿西洋的外出服,或是結交男生朋友,但她會拐彎讓我感覺內疚,就好像我做了什麼違背善良習俗的壞事。」

娜碧拉繼續說:「有時候,母親會向父親告狀,他認為我長大了,叛逆不受教,敗壞門風,也會帶壞兩個弟弟妹妹。」

娜碧拉語帶悲哀地說,她經常被這種負面情緒包圍,一個不經意的說詞就可能觸動記憶,往事歷歷在目,難以自拔的愁緒,讓她墜入深淵,更加沮喪和絕望。

娜碧拉呈現典型的憂鬱症狀,這常常使案主陷入消極負面的漩渦。除了其他治療作業之外,臨床治療師還要求娜碧拉開始寫「感恩日誌」。治療師給她一本日誌簿,附有具體的書寫格式範例說明,讓她每天寫下三件美好的事物或祝福,為期一個星期。這有助於她專注書寫三件美好的事物,不至於因為不相干的細節而分散注意力,例如:要在哪裡寫美好的事物,以及在哪裡寫反思。剛開始寫「感恩日誌,娜碧拉心裡有些猶疑不定。她第一篇寫的是,收到一位密友寄來的感謝信,這位密友因為夫妻相處問題很難過。前幾天,娜碧拉約她出來喝咖啡。臨床治療師問娜碧拉:

治療師:電子郵件裡頭,有什麼讓你覺得算是祝福?

案　主:最近,她和我花了好些時間相互陪伴。這一陣子,她和老公之間不時有爭執。

治療師:她為什麼寄電子郵件給你?

案　主:我知道她人很好,但我沒料到她會寫電子郵件給我……我也不知道,我做了什麼對她有幫助。有時候,你需要的只是有人傾聽。

隨著娜碧拉的「感恩日誌」書寫漸入佳境,她寫的日誌在陳述正向經驗微妙方面,也變得越來越詳細。在療程中,討論這些日誌也給臨床治療師難得的機會,來查看她生活的各個面向,從而運用來促成療癒目的。娜碧拉分享她經常和妹妹散步,治療師和娜碧拉討論,這些事例如何顯現娜碧拉行動中的正向特質,以及這與她的健康有何關聯。這些討論幫助娜碧拉,將注意力轉移到她生活已有的美好事物上。儘管她透露,最初其實滿懷疑,僅只是寫一些微不足道的美好事情,是否真能對那糾纏多年的憂鬱病情帶來重大改變。但是,她最終發現,這種看似簡單的做法,幫助她體會自己確實扮演了關鍵角色,促成那些或許不算重大但仍然值得肯定的正向變化。最出乎意料的是,娜碧拉的「感恩日誌」開始出現關於母親的正向陳述,這是她從未想過能跨出的一大步。

適應和靈活變通

關於書寫美好的事物，有些案主寫了一段時間之後，可能會感覺疲乏，覺得沒什麼好寫了。其實，不論正向或負向的經驗，我們都可能感覺適應而覺得新鮮感消退（Lucas, 2007; Kahneman et al., 2006）。因此，重要的是，通過變化感恩表達的策略，並避免過度使用，以維持新鮮感。以下，摘列若干改變感恩表達的策略：

- 交替使用書寫和口語的方式，例如：一個星期，用書寫的；然後下一個星期，換用口頭的方式，比方說，把你每天想到的三項美好事物或祝福向親人訴說。
- 使用非文字的藝術手法，來表達感激之情，例如：照片、繪畫、素描，或是手機的圖文拼貼。
- 與他人互動來完成日誌，例如：在晚餐之前或之後，與家人分享正向活動，或是下班之後，與同事相約分享正向活動，也可試著使用電子郵件來分享。
- 每星期或每兩星期，改換不同生活領域的感恩事項，例如：家庭、工作、休閒、大自然或媒體報導的正向事件。

有些案主可能需要更具體的指導，為了解個別案主「感恩日誌」作業的適應性，請試著為他們提供諸如此類的提示：

- 今天，我發現＿＿＿＿＿＿＿＿＿＿＿＿＿＿＿＿＿＿感覺相當美好。
- 今天，我做＿＿＿＿＿＿＿＿＿＿＿＿＿＿＿，感覺做得很不錯。
- 今天，我很好心，對某人＿＿＿＿＿＿＿＿＿＿＿＿＿；或是，某人很好心，對我＿＿＿＿＿＿＿＿＿＿。
- 今天，我聽到一個好消息，那就是＿＿＿＿＿＿＿＿＿＿＿＿＿＿。
- 今天，我看到＿＿＿＿＿＿＿＿＿＿＿＿＿＿，真的很令人振奮，很勵志。

有些案主可能沒有每天按時寫完「感恩日誌」。建議採取以下策略，幫助他們按時完成這項作業：

- 提供一本新的筆記本或「感恩日誌簿」，以便案主更有可能注意到這項作業，或感覺這是需要特別用心完成的作業。
- 每天晚上在同一時間，按時完成「感恩日誌」，並將「感恩日誌簿」放置在同一個地方。
- 使用手機鬧鐘設置功能，提醒每天完成「感恩日誌」。

這項「感恩日誌」作業的關鍵是要案主用心去注意，發生在自己生活當中的正向事件，有系統地記錄與反思。我們強調，儘可能在晚上固定時間來寫「感恩日誌」，以便能夠以正向的感覺來結束每一天。不過，有些案主可能偏好在早上第一時間記錄他們感恩的美好事件，這樣做也是可以的。他們所持的理由可能是，如此做法可以在一日之初，為當天設定正向的基調。另外，也可以採用變化做法，就是在一天開始時，案主先寫下可能發生的三項美好事件，並在一天結束時，再寫出三件實際發生的

美好事件。

　　有些案主可能經歷非常艱難的處境（例如：親人亡故、重大傷病、長期感情關係破裂，或是失去心愛的工作），這些都可能對他們的認知能力產生巨大衝擊，相當不利於專注回想和反思正向事件。這些案主就算勉強完成「感恩日誌」，可能也無法反映真實的感恩狀況。如果你的案主處於這樣的情況，請使用彈性變通的方法，例如：撰寫一則負向陳述和一則正向陳述；討論他們生活中的任何正向消息，談論該星期在公共領域發生的正向事件；或者，如果適當的話，分享負向事件之後，可能預期的正向發展或收穫。透過這些替代變通做法，可能有助於案主以比較容易承受的方式來欣賞正向事件。

文化因素考量

　　臨床治療師應該注意，感恩的表達可能因文化而異。有些文化偏好透過非語文的方式來表達感恩，可能很難以書寫形式捕捉。因此，有必要設法提供多元方式，以便捕捉案主的感恩實踐。

　　對於經歷重大苦難處境（例如：種族滅絕、飢荒、疫情、內戰、政治迫害或天災）的案主，可以讓他們講述自己脫離此等負向處境的經歷，以此作為所獲得的祝福，而不要強求他去觀察、承認正向經驗。同樣地，對負向事件的正向評價也可以視為感恩的表達。

　　有些案主可能目前正處於相當煎熬的處境，這使他們很難找出日常生活中值得感恩的事物。對於這樣的案主，請溫和鼓勵他們思索過去的成就，對此表達感恩之情。不然，也可以試著鼓勵他們，感念過去幫助他們成功的人。如果他們在療程以外的時間，就是無法自行實施這項作業，那就不要強求，而是在療程期間內，尋找適當時機，引導這些案主去注意可能表達感恩的經驗。

　　不同文化背景的案主，可能不太能接受西方表達感恩的方式，例如：口頭或書面表達。如果你的案主屬於這類情況，試著和他們探索符合其文化表達感恩的具體方式。

維持

　　每天表達感恩之情，將有助於維持並增強美好存有的福祉。表達方式可以很簡單，比方說，向幫你開門的某人，真心誠意說聲「謝謝你」；或是回信感謝朋友，謝謝對方寄給你正向內容的電子郵件。鼓勵案主養成習慣，在日常生活當中，經常表達感恩。

　　與你的案主討論以下訣竅，以便他們能夠維持進度：
- 心存感恩的人比較不會羨慕忌妒別人，也比較少以物質利益來衡量成功。真心感謝

和欣賞我們擁有的東西（例如：家人、朋友、健康、居宅），就比較不會花太多心思去注意鄰居擁有的東西（Finlay & Lyons, 2000; Froh et al., 2011）。感恩的人也更有可能幫助他人。當我們能夠感受他人的善意和關懷，自然也會想要有所回報（Watkins, 2010）。通過此等投桃報李的互惠做法，可以持續促成更多感恩回饋的行動，進而強化感恩的正向能量。當你開始表達感恩之後，你有否注意到，你的身心狀況有發生哪些正向的變化？

- 生活充滿感恩之情，將有助於對生活事件採取正向的詮釋。也就是說，感恩的人通常會以更正向的方式來看待生活事件。在實踐感恩之後（持續書寫「感恩日誌」），每當你回想過去受到的傷害和痛苦回憶時，我們鼓勵你與臨床治療師討論，在你實踐感恩之後，你對這些事件的詮釋是否發生轉變？

- 請你觀察，祝福或美好事物是否與你的心理正能量、特質或才能有關？換言之，感恩是否還幫助你欣賞你的其他特質，例如：善良、社交智能和個人智能，以及對美的欣賞？

- 你可以採用文字以外的藝術手法，來表達你的感激之情（例如：繪畫、素描、攝影、拼貼或剪貼簿）。

- 投入「感恩日誌」作業若干星期之後，你可以試著找夥伴分享你獲得的祝福或恩典，並鼓勵對方與你分享他們獲得的祝福或恩典。

- 有些日子，如果你深受負面情緒或悲傷困擾，實在不太有心情寫「感恩日誌」，那就別勉強，只需翻閱以前寫的內容就可以了。

療程結束的身心鬆緩操

我們建議，每次療程最後都以相同於開場的簡短身心鬆緩操，畫上有始有終的圓滿句點。

參考資源：「正向介紹」

延伸閱讀

- Bauer, J. J., McAdams, D. P., & Sakaeda, A. R. (2005). Interpreting the good life: Growth memories in the lives of mature, happy people. *Journal of Personality and Social Psychology, 88*, 203-217.
- Burns, G. (2001). *101 Healing Stories: Using Metaphors in Therapy*. New York: Wiley.
- McAdams, D. P. (2001). The psychology of life stories. *Review of General Psychology, 5*, 100-122.
- Pals, J. L. (2006). Narrative identity processing of difficult life experiences: Pathways of personality development and positive self-transformation in adulthood. *Journal of Personality, 74*, 1079-1110.

影片

- YouTube影片，本書作者塔亞布・拉西德介紹「正向介紹」的療程作業，示範討論如何在創傷時分使用心理心理正能量，網址：https://www.youtube.com/watch?v=Pucs6MUpKng。

網路資源

- 《讀者文摘》真實人生的勵志故事：http://www.rd.com/true-stories。
- 鼓舞人心的故事，包含：讓人讚嘆的故事、道德故事、趣味故事、正向積極的故事、感動人心的故事，靈性的故事：http://www.inspirationalstories.eu。

參考資源：「感恩日誌」

延伸閱讀

- Emmons, R. A., & Stern, R. (2013). Gratitude as a psychotherapeutic intervention: Gratitude. *Journal of Clinical Psychology, 69*(8), 846-855.

- Kaczmarek, L. D., Kashdan, T. B., Kleiman, E., Baczkowski, B., Enko, B., Siebers, A., et al. (2013). Who self-initiates gratitude interventions in daily life? An examination of intentions, curiosity, depressive symptoms, and life satisfaction. *Personality and Individual Differences, 55*, 805-810.

- Krysinska, K., Lester, D., Lyke, J., & Corveleyn, J. (2015). Trait gratitude and suicidal ideation and behavior: An exploratory study. *Crisis: The Journal of Crisis Intervention and Suicide Prevention, 36*(4), 291-296. http://dx.doi.org/10.1027/0227-5910/a000320.

- O'Connell, B. H., O'Shea, D., & Gallagher, S. (2017). Feeling thanks and saying thanks: A randomized controlled trial examining if and how socially oriented gratitude journals work. *Journal of Clinical Psychology, 73*(10), 1280-1300.

- Wood, A. M., Froh, J. J., & Geraghty, A. W. A. (2010). Gratitude and well-being: A review and theoretical integration. *Clinical Psychology Review, 30*, 890-905.

影片

- YouTube影片，馬丁・塞利格曼，解釋「三項祝福的習作」（Three Blessing Exercise）：https://www.youtube.com/watch?v=RT2vKMyIQwc。
- YouTube影片，勞勃・艾曼斯，介紹證據本位的方法來培養感恩：https://www.youtube.com/watch?v=8964envYh58。
- YouTube影片，路易・史瓦茲柏格，TED演講，令人讚嘆的大自然縮時攝影：https://www.youtube.com/watch?v=gXDMoiEkyuQ。

網路資源

- 瀏覽下列網站，探索現今世界上發生了哪些值得感恩的美好事情。
  https://www.selfgrowth.com/news。
  https://www.happynews.com。
  https://www.optimistworld.com。

第八章
療程二：性格正能量和標誌性格正能量

療程二大綱

核心概念

開場的身心鬆緩操

療程中的作業：「性格正能量衡鑑」

　　臨床腳本

　　臨床筆記

　　【作業單2.1】你的「心靈」心理正
　　　　能量

　　【作業單2.2】你的「頭腦」心理正
　　　　能量是什麼？

　　【作業單2.3】你的性格正能量：
　　　　「心靈」vs.「頭腦」

　　【作業單2.4】你的性格正能量：家
　　　　人的觀察

　　【作業單2.5】你的性格正能量：朋
　　　　友的觀察

　　【作業單2.6】編纂你的標誌性格正
　　　　能量

　　臨床筆記

反思與討論（續）

　　【作業單2.7】你的標誌性格正能量
　　　　的指標

反思與討論（續）

　　【作業單2.8】心理正能量的低度使
　　　　用和過度使用

反思與討論（續）

專欄小故事

　　梅麗莎

　　阿莫

適應和靈活變通

　　臨床筆記

文化因素考量

維持

收場的身心鬆緩操

參考資源

　　「療程二」，和稍後兩章的「療程三」、「療程四」，都是聚焦在「性格正能量」和「標誌性格正能量」。此等正向特質可以通過這些療程作業發展，並有助於個人成長和福樂健康。總的來說，這三個療程涵蓋以下任務：評估案主的心理正能量；了解各項心理正能量的脈絡化具體運用方式；如何運用特定心理正能量，創造更好版本的自我。

核心概念

　　為了幫助衡鑑案主的心理困擾，傳統療法提供有效度、信度的方法，來評估壓力源、症狀、功能失調、缺陷和障礙。正向心理治療（PPT）也有提供效度、信度皆優的工具，來評估案主的性格正能量，以便案主能夠理解和發現自己擁有許多不同的資源或方式，可以讓人生變得更美好、明智和積極、正向。

　　PPT專注於**性格正能量**（character strengths）。相對而言，心理症狀及其嚴重程度，有助於理解案主的壓力、悲傷、憤怒和焦慮；另一方面，感恩、希望、愛、善意和好奇心等性格正能量，則有助於我們理解案主如何變得美好、明智，以及充分發揮生活機能。心理學顯示，經歷諸如憤怒、敵意、仇恨等負向情緒或自戀特質，更容易讓人產生一系列的心理問題；相對地，經歷感恩、寬恕、謙卑、愛和善意，更有可能讓人對生活感到更快樂、更滿意（Trompetter et al., 2017）。因此，評估性格正能量和心理症狀，對於平衡和全人的臨床實務至關重要。而且我們還應該理解，心理治療除了減輕案主痛苦，同樣重要的，也需要致力於促成生活機能福樂興盛。

　　本手冊的第一部分，已有詳細討論從臨床角度來評估性格正能量。以下核心要點，將可幫助案主明確關注心理正能量：

- 修復弱點是補救，相對地，培育性格正能量則是帶來成長和更高福祉。傾聽和幫助案主解釋自身的問題，固然非常有價值。但是，僅僅解釋和理解問題，並不一定能使案主在情緒上變得更強壯。討論和闡明與症狀、壓力相關聯的心理正能量，能夠改善案主的自我效能，因為性格正能量提供多樣化的方式，使他們變得優秀、善良、歡樂、勤奮、好奇，富有創造力，而且懂得感恩。

- 性格正能量主要來自於個人擁有的優點，以及活出美好、滿足的人生，而不僅僅是由於自我感覺良好。活出美好人生，往往也會感覺良好。但是，美好人生並不僅限於感覺良好之類的陳腔濫調，例如：「如果你足夠努力，就可以達成任何事情」、「只有天空是極限」。相反地，需要務實、有意義的具體行動，才有可能活出美好人生。

- 證據顯示，性格正能量可以作為對抗精神疾病的緩衝。根據PPT的假設，精神疾病的發生可能是由於缺乏某些性格正能量。例如，有研究證據顯示，在希望、樂觀、感恩、熱情、愛和好奇心等性格正能量的評量，得分偏低者，最有可能經歷憂鬱（Trompetter et al., 2017）。相對地，在希望、感恩等評量，獲得高分者，則比較傾向連結到正向的心理健康，以及較高的生活滿意度（Macaskill & Denovan, 2014）。

- 最近一項研究，臨床治療師指出，性格正能量有助於他們引導案主擴展視角，注入希望和提高動機，通過重新架構和隱喻而創造正向意義，以及改善療癒過程

（Scheel, Davis, & Henderson, 2012）。另一項研究顯示，當臨床治療師透過治療介入，引導案主發展和體驗正向情緒，結果增進了案主因應心理困境的抗衡資源（Vandenberghe & Silvestre, 2013）。

- 性格正能量的運用可以增加案主自我效能，以及自尊之外的信心（Linley et al., 2010）。性格正能量提供管道，促成個人表現善意、幽默、勤奮、好奇、創造力和感恩。研究顯示，性格正能量的運用可以顯著減輕壓力，增加更多的正向情緒和活力（Wood et al., 2011）。

療程開場的身心鬆緩操

　　每次療程開始，首先進行簡短的身心鬆緩操。請參閱本手冊末尾【附錄A】身心鬆緩操和正念練習。在案主作業簿，也有收錄一份副本，可供案主有需要時自行查閱使用。如果有需要補充額外份數或張數的作業單，也可另行複印提供使用。身心鬆緩之後，和案主回顧檢視案主所寫的「**感恩日誌**」，以及複習前一個療程教導的核心概念。

療程中的作業：「性格正能量的衡鑑」

　　在討論了性格正能量的核心概念之後，案主完成若干作業，探索自己的性格正能量。PPT採用全面的性格正能量衡鑑方法，而不是簡單辨識和使用五大類心理正能量，案主從多種角度，收集有關五大類或六大類心理正能量的訊息。在本手冊的第四章，第二節「性格正能量融入正向心理治療」，描述了評估案主性格正能量的多種方法。最近，研究資料和臨床經驗顯示，這種綜合形式的心理正能量評估很有價值，案主發現它幫助相當大（Uliaszek, Rashid, Williams, & Gulamani, 2016）。能夠看到不同模式的心理正能量評估結果之間存在差異，這為案主提供絕佳機會，得以批判思考自身的性格正能量，也讓臨床治療師得以引導案主以動態和具體的方式，討論他們對自身性格正能量的看法。

臨床腳本

　　建議臨床治療師，可以參酌採用以下的臨床腳本，協助你的案主「性格正能量」。這份腳本會使用到【作業單2.1】至【作業單2.6】。請注意，這些作業單，如同本手冊各療程的所有作業單一樣，都有提供複印本收錄在案主的作業簿，如果有需要補充額外份數或張數的作業單，也可另行複印提供使用。以下，某些步驟可以在本療程期間之內完成，而其他步驟將在療程之間的時間來完成。

臨床治療師筆記

- 步驟一，需要你向案主播放心理正能量主題的短片：https：//youtu.be/K-3IjNr1gCg。（譯者按：影片爲英文，實際應用時，需要配合後製，補上中文翻譯、字幕和配音。）
- 要完成步驟四，案主將需要兩個信封。

今天，我們開始辨識你自身標誌性格正能量的程序，這是PPT的核心。我們從若干不同觀點（包括：自陳報告[圖片／心靈、文字／頭腦]；他人觀察[家人、朋友]；測驗量表），來展開此一程序，以下，就讓我們開始吧。

辨識標誌性格正能量的程序

1. **步驟一**：觀看短片，使用【作業單2.1】，立即辨識並記錄最能代表你的5種心理正能量。請遵照作業單的指示說明，確保正確完成此步驟。完成【作業單2.1】之後，將你辨識的心理正能量謄寫到【作業單2.6】的第2欄。

2. **步驟二**：閱讀【作業單2.2】24項心理正能量的描述，選擇最能代表你的5項（不多也不少，正好5項）。你可以仔細思考做出選擇，慢慢來，不用趕時間。完成【作業單2.2】之後，將勾選的5項心理正能量謄寫到【作業單2.6】第3欄。

3. **步驟三**：請使用【作業單2.3】，轉謄**步驟一**和**步驟二**勾選的心理正能量。【作業單2.1】大致對應於你的情緒或「心靈」心理正能量，因爲是基於短片影音訊息的即時反應。【作業單2.2】是反映你的想法或「頭腦」的心理正能量，因爲你有充足時間去思考、選擇。雖然，沒有證據顯示，心靈正能量和頭腦正能量的相互吻合是理想的狀態，這整個過程是希望從兩個不同的角度來促使你投入自我意識，這是我們很少做的事情。沒有必要將這些心理正能量謄寫到【作業單2.6】。【作業單2.3】目的，只是要讓你看看，你的「心靈」正能量和「頭腦」正能量是否有任何重疊。

4. **步驟四**：使用【作業單2.4】和【作業單2.5】，請一個親密朋友和一個家庭成員，辨識最能代表你性格的5項心理正能量。請他們使用圈選或「√」記號，來確定你的心理正能量，並保證其作答結果不會外流。作答完畢的作業單，全部都會放入信封密封保存。下一次療程，或是你覺得心理準備好之後，請將這些信封帶來。完成【作業單2.4】之後，將辨識的心理正能量謄寫到【作業單2.6】的第4欄。完成【作業單2.5】之後，將辨識的心理正能量謄寫到【作業單2.6】的第5欄。

5. **步驟五**：在家中，完成線上免費的《標誌性格正能量問卷》（SSQ-72; www.tayy-abrashid.com），這可辨識你排行在前的5項或6項心理正能量（亦即得分排行前5

或前6的心理正能量）。將這些心理正能量謄寫到【作業單2.6】的第6欄。（譯者按：這是英文的線上問卷，實際應用時，需要另找中文版本的替代工具。）

6. **步驟六**：完成【作業單2.1】到【作業單2.5】，並且完成**步驟五**之後，你可以繼續使用【作業單2.6】，編纂你的標誌性格正能量剖面圖，把相對應的各項分數，謄寫到【作業單2.6】第7欄。

7. **步驟七**：在【作業單2.6】的第8欄，勾選你缺乏／使用不足（U）和過剩／過度使用（O）的心理正能量。在這部分，你勾選的項目不限於你的標誌性格正能量範圍之內。

8. **步驟八**：記住你當初為什麼要來接受治療，填寫【作業單2.6】（希望擁有）第9欄，勾選哪些心理正能量可以幫助你解決問題，或成為你一直想成為的那種人。

【作業單2.1】你的「心靈」心理正能量

你將觀看短片，播出下面表格列出的心理正能量圖片。每張圖片都會標示其中一種心理正能量的名稱，圖片出現時間很短。不用仔細思考圖片是否最能代表你的心理正能量，而是儘可能依照你的情緒感覺來作答。筆準備好，儘量不動用思考判斷，如果感覺圖片的正能量代表你的個性，請圈選或在右欄畫上「√」記號。儘量將選擇限制在最能描述你的5種心理正能量。如果你最終選擇的數量超過5項，在短片結束後，你將有機會刪除多餘的選擇。這些就是你的「心靈」心理正能量（"heart" strengths）。

	性格正能量	代表你
1.	創造力	
2.	好奇心	
3.	心胸開放	
4.	熱愛學習	
5.	綜觀周延	
6.	勇敢	
7.	毅力	
8.	正直誠信	
9.	活力和熱情	
10.	愛	
11.	善意	
12.	社會智能	

	性格正能量	代表你
13.	公民意識和團隊精神	
14.	公正	
15.	領導力	
16.	寬恕和慈悲	
17.	謙虛禮讓	
18.	審慎	
19.	自我調節	
20.	欣賞美和卓越	
21.	感恩	
22.	希望和樂觀	
23.	幽默和玩笑	
24.	靈性	

【作業單2.2】你的「頭腦」心理正能量

請閱讀下列24項正向性格特質的描述，勾選5項最能代表你自己的特質，請注意勾選正好5項，不多也不少。這些就是你的「頭腦」心理正能量（"head" strengths）。

描　　　　述	標誌性格正能量
1. 我擅長想出新點子，以更好的方式來處理事情。	
2. 我愛好探索事物，提出問題，對不同的經驗和活動，抱持開放態度。	
3. 我靈活有彈性，思想開通；徹底檢視、綜合各方觀點，才做出決定。	
4. 我在學校或私底下，喜愛學習新的想法、概念和事實。	
5. 朋友有要事，都會請教我提供意見；公認超齡的明智。	
6. 面對困難或挑戰，我即使害怕，也不放棄。	
7. 大部分工作，我都會使命必達；遇到干擾分心狀況，總能把專注力重新找回來，把任務完成。	
8. 我待人處事真心、誠實，大家都知道我靠得住；言行表裡如一，符合我自己的價值觀。	
9. 我精力充沛，快樂，充滿生機。	
10. 我很自然就能愛和被愛，重視和人的親密關係。	
11. 我對人友善，往往不用別人要求，就會主動這樣做。	

描　　述	標誌性格正能量
12. 社交場合，我總是進退應對游刃有餘，眾所周知擁有很好的人際互動技巧。	
13. 我在社區或團體相當活躍，貢獻有目共睹。	
14. 我見義勇為，看到有人遭受不平待遇、霸凌或嘲笑，就會挺身而出。	
15. 我經常被推舉為領導者，眾所周知領導表現卓越出色。	
16. 我寬以待人，盡釋前嫌，不會挾怨記仇。	
17. 我凡事不居功，不喜歡成為眾人注目焦點，寧可榮耀光芒落在其他人身上。	
18. 我小心翼翼，提防警覺，能預先覺察自身行動可能帶來的風險和問題，並提前做好因應準備。	
19. 我面對充滿挑戰的情況，能管理好自己的感覺和行為；通常遵循規則和慣例。	
20. 我對於大自然、藝術（例如：繪畫、音樂、戲劇）與／或許多領域的卓越成就，有很深刻的感動。	
21. 我會以言語和行動表達對美好事物的感激之情。	
22. 我滿懷希望，相信好事比壞事更常發生。	
23. 我個性開朗活潑、風趣，喜歡用幽默與人互動。	
24. 我相信存在不可知的崇高力量，歡喜參與投入宗教或靈性的活動（例如：禱告、靈修）。	

這份表格填好之後，請把勾選的項目轉謄到【作業單2.6】第3欄。

【作業單2.3】你的性格正能量：「心靈」vs.「頭腦」

	性格正能量	心靈	頭腦
1.	創造力		
2.	好奇心		
3.	心胸開放		
4.	熱愛學習		
5.	綜觀周延		
6.	勇敢		
7.	毅力		
8.	正直誠信		
9.	活力和熱情		

	性格正能量	心靈	頭腦
10.	愛		
11.	善意		
12.	社會智能		
13.	公民意識和團隊精神		
14.	公正		
15.	領導力		
16.	寬恕和慈悲		
17.	謙虛禮讓		
18.	審慎		
19.	自我調節		
20.	欣賞美和卓越		
21.	感恩		
22.	希望和樂觀		
23.	幽默和玩笑		
24.	靈性		

　　在「心靈」欄，勾選【作業單2.1】的各項心理正能量；在「頭腦」欄，勾選【作業單2.2】的各項心理正能量。沒有必要將這些心理正能量轉移謄寫到【作業單2.6】。【作業單2.3】目的，只是讓你看看，你的「心靈」心理正能量和「頭腦」心理正能量是否有任何重疊。

【作業單2.4】你的性格正能量：家人的觀察

由家人填寫

　　請家人閱讀下列24項正向性格特質的描述，勾選5項最能代表＿＿＿＿＿＿的特質。請注意勾選正好5項，不多也不少。

描　　述	標誌性格正能量
1.擅長想出新點子，以更好的方式來處理事情。	
2.愛好探索事物，提出問題，對不同的經驗和活動，抱持開放態度。	
3.靈活有彈性，思想開通；徹底檢視、綜合各方觀點，才做出決定。	
4.在學校或私底下，喜愛學習新的想法、概念和事實。	

描　述	標誌性格正能量
5. 朋友有要事，都會請教他或她提供意見；公認超齡的明智。	
6. 面對困難或挑戰，即使害怕，也不放棄。	
7. 大部分工作，都會使命必達；遇到干擾分心狀況，總能把專注力重新找回來，把任務完成。	
8. 待人處事真心、誠實，大家都知道她或他靠得住；言行表裡如一，符合其價值觀。	
9. 精力充沛，快樂，充滿生機。	
10. 很自然就能愛和被愛，重視和人的親密關係。	
11. 對人友善，往往不用別人要求，就會主動這樣做。	
12. 社交場合，進退應對游刃有餘，眾所周知擁有很好的人際互動技巧。	
13. 在社區或團體相當活躍，貢獻有目共睹。	
14. 見義勇為，看到有人遭受不平待遇、霸凌或嘲笑，就會挺身而出。	
15. 經常被推舉為領導者，眾所周知領導表現卓越出色。	
16. 寬以待人，盡釋前嫌，不會挾怨記仇。	
17. 凡事不居功，不喜歡成為眾人注目焦點，寧可榮耀光芒落在其他人身上。	
18. 小心翼翼，提防警覺，能預先覺察自身行動可能帶來的風險和問題，並提前做好因應準備。	
19. 面對充滿挑戰的情況，能管理好自己的感覺和行為；通常遵循規則和慣例。	
20. 對於大自然、藝術（例如：繪畫、音樂、戲劇）與／或許多領域的卓越成就，有很深刻的感動。	
21. 以言語和行動表達對美好事物的感激之情。	
22. 滿懷希望，相信好事比壞事更常發生。	
23. 個性開朗活潑、風趣，喜歡用幽默與人互動。	
24. 相信存在不可知的崇高力量，歡喜參與投入宗教或靈性的活動（例如：禱告、靈修）。	

　　這份表格填好之後，請把勾選的項目轉謄到【作業單2.6】第4欄。

【作業單2.5】你的性格正能量：朋友的觀察

由朋友填寫

　　請閱讀下列24項正向性格特質的描述，勾選5項最能代表＿＿＿＿＿＿的特質，請注意勾選正好5項，不多也不少。

描　　　述	標誌性格正能量
1. 擅長想出新點子，以更好的方式來處理事情。	
2. 愛好探索事物，提出問題，對不同的經驗和活動，抱持開放態度。	
3. 靈活有彈性，思想開通；徹底檢視、綜合各方觀點，才做出決定。	
4. 在學校或私底下，喜愛學習新的想法、概念和事實。	
5. 朋友有要事，都會請教他或她提供意見；公認超齡的明智。	
6. 面對困難或挑戰，即使害怕，也不放棄。	
7. 大部分工作，都會使命必達；遇到干擾分心狀況，總能把專注力重新找回來，把任務完成。	
8. 待人處事真心、誠實，大家都知道她或他靠得住；言行表裡如一，符合其價值觀。	
9. 精力充沛，快樂，充滿生機。	
10. 很自然就能愛和被愛，重視和人的親密關係。	
11. 對人友善，往往不用別人要求，就會主動這樣做。	
12. 社交場合，進退應對游刃有餘，眾所周知擁有很好的人際互動技巧。	
13. 在社區或團體相當活躍，貢獻有目共睹。	
14. 見義勇為，看到有人遭受不平待遇、霸凌或嘲笑，就會挺身而出。	
15. 經常被推舉為領導者，眾所周知領導表現卓越出色。	
16. 寬以待人，盡釋前嫌，不會挾怨記仇。	
17. 凡事不居功，不喜歡成為眾人注目焦點，寧可榮耀光芒落在其他人身上。	
18. 小心翼翼，提防警覺，能預先覺察自身行動可能帶來的風險和問題，並提前做好因應準備。	
19. 面對充滿挑戰的情況，能管理好自己的感覺和行為；通常遵循規則和慣例。	
20. 對於大自然、藝術（例如：繪畫、音樂、戲劇）與／或許多領域的卓越成就，有很深刻的感動。	
21. 以言語和行動表達對美好事物的感激之情。	
22. 滿懷希望，相信好事比壞事更常發生。	
23. 個性開朗活潑、風趣，喜歡用幽默與人互動。	
24. 相信存在不可知的崇高力量，歡喜參與投入宗教或靈性的活動（例如：禱告、靈修）。	

這份表格填好之後，請把勾選的項目轉謄到【作業單2.6】的第5欄。

【作業單2.6】編纂你的標誌性格正能量剖面圖

　　請你根據前面幾份作業單的結果，勾選本作業單的相應欄位。請注意，各欄之間都是彼此獨立而沒有連動關係。此項作業單完成的結果，就是你的「**標誌性格正能量剖面圖**」（**charater strengths profile**）。

第2欄、第3欄：根據【作業單2.1】和【作業單2.2】的結果，分別勾選5項性格正
　　　　　　　　能量。

第4欄、第5欄：根據【作業單2.4】（家人觀察勾選）和【作業單2.5】（朋友觀
　　　　　　　　察勾選）的結果，分別勾選5項性格正能量。

第6欄：根據你上網使用《標誌性格正能量問卷》（*Signature Strengths Question-
　　　　naire，網址：http://www.tayyabrashid.com）測出的5或6項心理正能量，
　　　　勾選相對應的項目。

第7欄：統計橫行各項目的勾選總次數。

第8欄：以「U」標註你缺乏或低度使用的5個項目；以「O」標註過剩或過度使
　　　　用的5個項目。

第9欄：勾選你「希望擁有」的5個項目。

標誌性格正能量剖面圖

第1欄	第2欄	第3欄	第4欄	第5欄	第6欄	第7欄	第8欄	第9欄
心理正能量	WS2.1 心靈	WS2.2 頭腦	WS2.4 家人	WS2.5 朋友	SSQ-72	勾選 總次數	U缺乏 O過剩	希望擁有
1. 創造力								🌱
2. 好奇心								
3. 心胸開放								
4. 熱愛學習								
5. 綜觀周延								
6. 勇敢								
7. 毅力								
8. 正直誠信								
9. 活力和熱情								
10. 愛								
11. 善意								
12. 社會智能								
13. 公民意識和團隊精神								

第1欄	第2欄	第3欄	第4欄	第5欄	第6欄	第7欄	第8欄	第9欄
心理正能量	WS2.1 心靈	WS2.2 頭腦	WS2.4 家人	WS2.5 朋友	SSQ-72	勾選 總次數	U缺乏 O過剩	希望擁有
14.公正								
15.領導力								
16.寬恕和慈悲								
17.謙虛禮讓								
18.審慎								
19.自我調節								
20.欣賞美和卓越								
21.感恩								
22.希望和樂觀								
23.幽默和玩笑								
24.靈性								

臨床筆記

在PPT，「標誌性格正能量」，是構成個人自我最根本的要素。雖然，大多數正向心理介入，都是採取廣泛運用的性格正能量測驗的五大心理正能量，但PPT則是鼓勵案主完成，我們在先前描述的標誌性格正能量的全面評估。案主可能會注意到，心理正能量的結果可能取決於不同的觀點，亦即案主的自陳報告（圖片／心靈、文字／頭腦），他人觀察（家人、朋友），客觀的測驗量表或問卷。這是PPT的一個重點，你可以抓住這個機會，討論不同觀點下的可能差異（請參閱【反思與討論】）。

與案主討論標誌性格正能量的概念。塞利格曼（Seligman, 2002a）認為，每位案主都擁有若干標誌性格正能量。這些是案主自覺擁有、歡喜，經常感受所有權和真實本性（「這是真實的我」）的性格正能量，並且在顯現時總是讓自己感到興奮。標誌性格正能量付諸實踐時，案主學習很快，持續學習，並且在使用時感到精力充沛，而不是無精打采、倦怠乏力，並且努力追求能夠充分發揮該等正能量的事物。在PPT中，有效活用案主的標誌性格正能量，可以促使案主積極投入。

反思與討論

　　完成此項作業之後，請案主反思並討論：

- 在考量了各種不同觀點之後，你的標誌性格正能量如何反映你的個性？你的標誌性格正能量能否適切將你的個性描述給對你一無所知的人？

- 你的觀點與你的家人觀察、朋友觀察和問卷（SSQ-72）施測結果之間，是否存在顯著差異？是否有多種觀點辨識出相同的心理正能量？請說明。

- 在編纂你的「個人性格正能量剖面圖」之後，你是否發現你對特定人或特定情況展現特定的心理正能量？請說明。

- 當你回顧迄今為止的生活時，哪些心理正能量始終存在？哪些心理正能量是新出現的？你可能從中學到什麼呢？

- 你的心理正能量彼此之間如何發揮綜效功能（synergy）？

　　在反思並討論這些問題後，案主應完成【作業單2.7】標誌性格正能量的指標（Markers of Your Signature Strengths）。向案主解釋此作業單目的，是要幫助他們探索其標誌性格正能量的**本眞自我**（authenticity）。案主的「標誌性格正能量剖面」圖（【作業單2.6】），辨識的心理正能量是否**眞**的就是他自己的心理正能量？當我們了解眞實本性的心理正能量時，我們可以解決日常生活中的複雜情況。知道辨識的5、6項心理正能量眞的是我們本身的標誌性格正能量，至關重要，如此我們才能眞正握有此等心理正能量的「**所有權**」（ownership）。

【作業單2.7】標誌性格正能量的指標

　　首先，根據你的「標誌性格正能量剖面圖」，把你的標誌性格正能量填寫到下列的空位。然後，使用下列提供的問題，簡短寫下包含你1項或多項標誌性格正能量的生活經驗故事。請注意，此等問題將可幫助突顯你標誌性格正能量的主要**指標**（markers，包括：本眞自我（authenticity）、興奮（excitement）等八項）。

> 根據我的剖面圖，我的標誌性格正能量包括：
> 1.
> 2.
> 3.
> 4.
> 5.
> 6.

決定標誌性格正能量之主要指標的問題
1. 真本自我（Authenticity）：此等心理正能量是我的核心特色嗎？
2. 興奮（Excitement）：使用此等心理正能量，是否感到興奮？
3. 學習（Learning）：使用此等心理正能量，是否渾然天成，無需特別用力去學習？
4. 發掘新方法（Finding new ways to use）：我是否熱切渴望找尋新的方法，以便能夠使用此等心理正能量？
5. 毅力（Persistence）：當我投入充分運用此等心理正能量的活動，是否覺得很難停下來？還是停下來，也無所謂？
6. 活力激發（Invigoration）：使用此等心理正能量，是否讓我覺得精力旺盛，而不是精疲力竭？
7. 運用心理正能量的計畫（Projects to use the strength）：我是否創造能夠善加利用此等心理正能量的個人計畫？
8. 熱心（Enthusiastic）：在使用此等心理正能量的時候，我是否感覺充滿喜悅、精力旺盛、熱情洋溢？

反思與討論（續）

完成【作業單2.7】之後，請案主反思並討論：

- 根據各項指標（例如：本真自我、學習或活力激發），你覺得你的標誌性格正能量當中哪一項最突出？請解釋說明。
- 完成此作業單之後，你對自己的標誌性格正能量，自信程度有多高？
- 請檢視所有24項心理正能量。根據【作業單2.7】列出的指標，你認為，有哪些心理正能量可能是漏網之魚，其實也應該納入你的標誌性格正能量剖面圖？為什麼你沒有勾選這些心理正能量，列入排行在前的5項或6項標誌性格正能量？

現在，案主已經知道自己的標誌性格正能量，下一步，就是協助他們更清楚意識到，自己心理正能量的低度使用和過度使用（過與不及），以及他們缺乏的心理正能量。請案主填寫【作業單2.8】心理正能量的低度使用和過度使用。

【作業單2.8】心理正能量的低度使用和過度使用

請閱讀下列心理正能量的描述，找出你可能低度使用或完全缺乏的三個項目，以減號「－」予以標註；找出你可能過度使用或過剩的三個項目，以減號「＋」予以標註。（請注意，這些項目並不一定要屬於你的標誌性格正能量。）

然後，針對你的每一項標誌性格正能量，標示是「U」低度使用／缺乏，或是「O」過度使用／過剩。

性格正能量	描　述	低度使用或缺乏	過度使用或過剩
1. 創造力、原創力	擅長想出新點子，以更好的方式來處理事情；不滿足於傳統處事方法。		
2. 好奇心、開放接受經驗	喜歡探索事物，提出問題，不會輕易接受模棱兩可的答案；對不同的經驗和活動，抱持開放態度。		
3. 心胸開放、批判思維	徹底檢視、綜合各方觀點，才做出決定；徵詢請教可信賴的人；靈活有彈性，必要時，願意改變自己的看法。		
4. 熱愛學習	在學校或私底下，喜愛學習新的想法、概念和事實。		
5. 綜觀周延（智慧）	綜觀所有面向，以理解隱含的意義；化解朋友之間的爭端；記取經驗教訓。		
6. 勇敢、勇氣	克服恐懼，去做必須完成的事情；面對困難或挑戰，不輕言放棄。		
7. 毅力、堅持不懈、勤勉	大部分工作，都會使命必達；遇到干擾分心狀況，總能把專注力重新找回來，不會抱怨；克服挑戰，完成任務。		
8. 正直誠信、本真自我、誠實	不會假裝或表裡不一；待人處事真心、誠實。		
9. 活力、熱情、熱忱和精力	精力充沛，快樂，充滿生機；大家都喜歡找他或她一起出去玩。		
10. 愛、愛與被愛的能力	和家人、朋友關係融洽，充滿關懷；經常有具體行動表達真摯的愛意和情感。		
11. 善意、慷慨	對人友善，往往不用別人要求，就會主動這樣做；樂善好施；眾所周知的好人。		
12. 社會智能	很能理解別人的感受；社交場合，進退應對游刃有餘；展現很好的人際互動技巧。		
13. 公民意識和團隊精神、忠誠	和社區或團體成員互動良好；貢獻有目共睹。		
14. 公正、平等和正義	見義勇為，看到有人遭受不公平待遇、霸凌或嘲笑，就會挺身而出；日常行為顯現富有正義感。		
15. 領導力	善於組織團體活動；眾人喜歡追尋的對象；經常獲同儕推舉為領導者。		
16. 寬恕和慈悲	寬以待人，盡釋前嫌，不會挾怨記仇。		
17. 謙虛禮讓	凡事不居功，不喜歡成為眾人注目焦點；不喜歡強出頭；很容易就承認自己有缺點；清楚別人有何能耐，但寧可他們出頭爭光。		

性格正能量	描　　述	低度使用或缺乏	過度使用或過剩
18.審慎、警戒心和拘謹	小心翼翼，提防警覺；避免沒必要的風險；不會輕易屈服於外來壓力。		
19.自我調節、自我控制	能管理好自己的感覺和行為；樂於遵循規則和慣例。		
20.欣賞美和卓越	對於大自然、藝術（例如：繪畫、音樂、戲劇）與／或許多領域的卓越成就，有很深刻的感動。		
21.感恩	以言語和行動表達對美好事物的感激之情；不會認為理所當然，都是自己應該得到的。		
22.希望和樂觀、對未來有信心	滿懷希望，相信好事比壞事更常發生；遇到挫敗，很快就會恢復，積極想辦法，採取具體措施予以克服。		
23.幽默和玩笑	個性開朗活潑、風趣，喜歡用幽默與人互動。		
24.宗教和靈性	相信上帝、神明或其他不可知的崇高正能量；歡喜參與投入宗教或靈性的活動（例如：禱告、靈修）。		

反思與討論（續）

完成【作業單2.8】之後，請案主反思與討論：

1. 有時候，我們眼中的其他人的負向行為，有可能是由於低度使用或過度使用心理正能量。反思這些常見情況，並討論哪些可能反映了心理正能量的低度使用或過度使用[2]：

　　a. 有人感到悲傷滿懷、活動遲緩；

　　b. 有人過分擔心小事，或擔心可能不重要的微末細節；

　　c. 有人總是處於嬉樂幽默的心境；

　　d. 有人未能挺身面對舉止不恰當的朋友；

　　e. 有人可能承擔了太多的案子或任務。

2. 通常，不太能黑白分明辨別，心理正能量的平衡使用與過度使用或使用不足。以好奇心為例，好奇心需要積極尋求知識，讓自己開放，接觸新經驗。好奇心使用不充分（不感興趣，冷漠或無聊），可能很容易識別；但過度使用，可能很難發現。人們積極尋求知識，有可能出於許多不同的目的，包括Facebook追蹤騷擾其他人。後

---

2 (a)未充分利用熱情和正向情緒，因為沒有其他情有可原的情況來解釋悲傷；(b)缺乏觀點或過度使用審慎；(c)過度使用幽默和開朗嬉戲；(d)缺乏勇氣或公正；(e)缺乏自我調節。

一種行爲很可能是窺探、偷窺、刺探隱私。同樣地，熱情可以包含對狂躁、歇斯底里或瘋狂行爲的活力和熱切。考量一下你的標誌性格正能量，並反思哪些具體的行爲和行動可能會讓你知道，你的心理正能量是否使用不足或過度使用。

3. 是否有任何特定情況或環境，促使你的某些標誌性格正能量，傾向使用不足或過度使用？

4. 是否有一些文化因素，支持特定心理正能量的低度使用或過度使用？例如，某些文化可能特別注重謙遜，而某些文化則強調團隊合作或社交智能。

5. 如果，你過度使用你的某些標誌性心理正能量，譬如：創造力，你能否想到其他心理正能量（例如：自我調節、謙虛或審愼），這些可能不是你的標誌性心理正能量，但仍然可以幫助你達到創造力的平衡使用？

專欄小故事 雅子

雅子，34歲，加入團體PPT。她因爲中度、重度抑鬱和焦慮症狀，轉介到該治療團體。在完成她的標誌性格正能量剖面圖之後，雅子與團友分享以下反思：

「我和未婚夫、同事、高中時期認識的朋友，分享了標誌性格正能量作業單。未婚夫和我，在五項心理正能量當中有四項重疊，這頗讓人驚訝，因爲我們對許多問題有不同的看法。我還意識到，他確實很了解我，重視我的心理正能量，這也令我很驚訝。」

「同事圈選我有領導力，我有點吃驚，因爲我從未刻意承擔任何領導角色。然而，在她指出這項特質之後，我開始在想，也許有一天，我可能會喜歡帶領開發某件案子，也許不在我目前的工作範圍之內。我的好朋友圈選的是誠信和毅力。這兩項，我倒是沒有感到意外。通常來講，在沒完成目前的工作之前，我不會去做分外的事情。不少人說我誠實，在這方面，我從不打折扣，即使付出重大犧牲也在所不惜……事實上，有時候，有人說我「太誠實了」，我媽最常這樣講。」

「我喜歡我擁有綜合衡量他人觀點的性格正能量，……不然，我們可能流於自以爲是，無視於異己觀點的訊息。」

專欄小故事 阿莫

阿莫，21歲，大學部男學生，重度憂鬱症狀和孤立感，尋求個人心理治療。他自陳，早在高中時期，就開始出現憂鬱症狀。最初，阿莫沒有足夠動力，全心全意投入心理治療。他在學校課業方面應付不暇，個性內向、沉默寡言，情感頗爲壓抑。他在療程進行期間很少展露笑容。

　　隨著治療契合關係漸進發展，他勉爲其難同意探索自身的標誌性格正能量。前後經過了三個療程，他收集確認性格正能量的所有協力訊息。他請兩個朋友，（而不是一個家人、一個朋友），來協力確認他的性格正能量，因爲他覺得太害羞，無法詢問家人意見。儘管如此，隨著療程作業步驟逐步向前推進，他興致明顯越來越高。綜合不同來源的訊息，他確認自己的標誌性心理正能量，包括：謙虛、審慎、善意、社會智能和團隊精神。他的臨床治療師很感興趣，要求阿莫分享他對社會智能、團隊精神和觀點。他說，在朋友眼中，他是善於傾聽的好夥伴人。阿莫說：「朋友有問題，需要找人傾訴，我總是陪在他們身旁。」他補充說：「不僅得傾聽，只要朋友之間有爭執，或是朋友和其他人衝突，我也是他們最先想到尋求建議的對象。大家公認我明理又公允。」關於團隊精神的標誌性格正能量，他說，他是很好的團隊合作夥伴，分派小組作業時，他經常成爲大家搶著爭取的組員。

　　阿莫對於朋友協助確認的標誌性格正能量，並沒有感到很意外，因爲他早就心裡有底。他說，儘管朋友需要他的時候，他總是情義相挺；可是，當他自己需要幫忙時，卻沒人幫得上忙。他說，他不太懂得表露自己的需求，而大多數朋友也沒有深入詢問，根本不清楚他到底出了什麼狀況。

　　在同理傾聽之後，臨床治療師完全承認阿莫的掙扎和孤立感，並特別指出他在治療中分享這些感受的勇氣。臨床治療師溫和、試探地評論說，阿莫傾聽他人的能力，以及充分綜衡情況，提供合乎情理的建議，這些都構成了他擁有的社會智能。這些心理正能量，稍加調節適應，可以爲他帶來長遠的益處。在臨床治療師進一步詢問之後，阿莫分享了若干使用這些心理正能量的例子。臨床治療師強調指出其觀點的優點，引導案主關注自己的善意和社交技巧，如何在很多方面幫助他人。阿莫發現，這種對他的標誌性格正能量的解釋非常有幫助，並表示，他過去總認爲這些個性比較偏向是缺失。而現在，將它們視爲心理正能量，讓他感覺好多了。隨著觀點轉換，他將過去認爲的負債重新定義爲資產，他的心情也跟著有所好轉。寂寞並沒有完全消失，但他開始感覺更有效能，並相信他的心理正能量可以幫助他與他人有效交往。

　　在本手冊稍後，我們將解釋這位案主如何能夠以更細緻、適應的方式，來運用他的心理正能量；就目前爲止，辨識確認心理正能量的過程，就已經幫助他從憂鬱的深淵解脫出來。

適應和靈活變通

　　身爲執行PPT的臨床治療師，從心理正能量本位的觀點來看，你可能會遭遇到許多挑戰。對心理治療處理心理正能量的做法，有些案主會抱持懷疑態度，因爲他們根深蒂固的想法，總認爲心理治療應該是討論心理障礙，把注意力放在心理正能量是無

關緊要，浪費時間的事。另外，還有些案主可能會因為被當成受害者對待，而感到安慰。多年來，我們採取心理正能量本位的治療方式，處遇過數百名案主，總是聚焦於治療關係和治療過程，我們學會了耐心，並設法運用下列策略：

- 當案主表示，痛苦得受不了，或陷入危機，他們需要你的同理心和感同身受之類的心理正能量，以及你支撐、承受他們痛苦的能力。首先聚焦你身為治療師的這些心理正能量。

- 詢問案主他們通常如何應對危機，留意任何心理正能量，並在你認為案主準備好投入此等討論時，陪同他們開始討論這些心理正能量。

- 承認並尊重案主願意分享他們內心經歷的掙扎。在適當的時候，讓他們知道那就是勇氣和信賴臨床治療師的能力。

- 保持希望，點燃追求改變的動力，然後引導他們認識、明瞭，心理正能量乃是促成改變的根本要素。

- 在適當的時候，通過心理正能量的透鏡，重新界定問題。例如，在解決問題時，人們學習與請教他人（社交互動），嘗試不同的事物（主動性、創造力、毅力），權衡各種選項（審慎），探索哪些是可解決和務實的（觀點），遵循特定的途徑，並努力堅持到底（自我調節）。

- 在評估、確認案主的心理正能量時，要具體。臨床治療師如果能夠舉出具體的行動、習慣、經驗、技能、故事和成就，原本可能流於抽象、冷硬的正式評量測驗，就會變得比較生動而有人情味。

- 有些案主拒絕心理正能量，因為他們可能懷抱揮之不去的「**佛洛伊德恐懼症**」（**Freudophobia**；Wilson, 2009）。也就是說，案主認為他們問題的真正癥結是不可接受的性驅力和攻擊驅力。這種信念在流行文化中普遍存在，根本是無稽之談，卻讓有些案主陷入莫名恐懼和自我懷疑，不信任自身擁有標誌性格正能量能夠發揮療癒的效益。與他們討論，這些信理不僅不可能經由經驗進行檢驗，而且還可能讓人陷入回憶偏誤（recollection bias；Wilson & Gilbert, 2003）。

- 許多案主可能會把心力聚焦在測驗得分較低的心理正能量，還有少數案主甚至會高度聚焦該等心理正能量。避免逕自將他們的注意力轉向排行在前的心理正能量，而是請他們解釋為什麼在特定心理正能量得到低分。隨後的敘事將提供寶貴機會，讓你深入見識案主的自我概念（包括目前和期望的自我概念）。案主針對個人墊底心理正能量提出說明，通常可能揭露未處理的創傷、傷害、損傷、侮辱等等。這是絕佳機會，可讓你充實案主的敘事（請參閱療程一：「正向介紹」案主書寫分享的敘事）。此外，對墊底心理正能量的解釋，還可以幫助案主和臨床治療師澄清治療目標，以及如何整合案主排行在前的心理正能量，發揮綜效，共同促成實現治療目標。

臨床治療師筆記

- 請注意，對於某些案主，心理正能量的命名和評估，可能強化他們主要往其他人和環境中尋索問題癥結的傾向。這使他們得以逃避個人在尋求康復所需承擔的責任。比方說，對於在相互依存的文化環境中成長的案主來說，成功和失敗的責任是集體感知的，因此較多歸因於人際關係本位的心理正能量，譬如：愛、社會智能或團隊精神。除了文化之外，人格特質也可能發揮作用。比方說，誇大自我概念和自戀傾向的案主，可能使用心理正能量來進一步強化自我概念。這兒提醒的重點就是，要投入充足的時間，向這些案主解釋心理正能量的脈絡化和適應使用。

- 大多數尋求治療的案主，從小到大的環境，家長、手足、同事和老闆各式各樣的批評，就像每日三餐一樣從沒少過。批評是文化影響的建構產物，通常有著雙刃刀的作用。比方說，在不同的文化規範和家庭文化規範之下，批評也可能同時傳達恭維、真摯感情和有助適應的關懷，這樣雙面刃的批評，常見於親密家庭成員之間。然而，當每日三餐不斷的批評與負向偏見結合時，就可能強化案主的反芻思維，腦海時不時反覆翻攪負向心思，這樣的案主或許在表面上會接受心理正能量，但是仍舊不斷反芻自己的種種缺憾。即使兩位重要他人確認了案主的心理正能量，這樣的案主也可能繼續認為自己是千瘡百孔、萬劫不復、一事無成的魯蛇。探索批評的文化根源，開放使用其他治療方法，譬如：認知行為療法、情緒取向治療（emotionally focused therapy，簡稱EFT），或接納與承諾療法（acceptance and commitment therapy，簡稱ACT），來治療負向思維。與此同時，引導案主投入適度複雜的習作，讓他們試著去想想自己的正向經驗，如此可以自然而然減少他們花在思考自己挫折、失敗的時間。幾乎所有PPT療程作業都包含關於正向元素的廣泛思考。

文化因素考量

部分原因乃是由於文化規範，使得有些案主可能無法相信自身的標誌性格正能量，或者認為可能沒那麼重要。比方說，來自集體主義文化傳統的案主，可能會低估創造力之類的心理正能量，因為他們的文化比較重視順從一致（conformity）。當所屬文化重視謙卑時，人們可能低估熱情；當所屬文化比較重視團隊精神，人們可能低估領導力。

探索心理正能量的文化特定表達。保守穆斯林家庭的女性案主，短暫婚姻告吹之後，尋求心理治療，她歸咎離婚的主要原因包括：緊迫逼人的姻親和性別歧視。案主在北美出生長大，確信離婚是正確的決定，儘管當初步入婚姻完全是她自己的選

擇。即便如此，她還是非常擔心家族裡的三姑六婆可能會七嘴八舌，追著質問她，關於離婚決定的種種問題。評估結果顯示，她的標誌性格正能量包括：觀點、勇敢和公正。親朋好友都特別認同她的公正性格。經由反思與討論，讓她找出文化恰當的公正表達，包括：有人（包括自己）遭受不平待遇時，挺身而出。這讓她有信心肯定，離婚的決定是出於她主要心理正能量的表現，這種正能量在她和族人認同的文化很有價值。當她挺身反抗文化壓力，她召喚自身的勇敢正能量，堅定追求她認為公正的事情。

對於案主的敘事，治療師應該敏感體貼，適切回應。這些故事表現出復原力和特定心理正能量的使用，由於文化因素使然，案主如此的表現，顯然需要承擔頗為沉重的社會、財務與／或情感成本。舉例而言，一位案主分享說，經過父親多年的身心虐待，他終於鼓起勇敢，違逆文化規範，挺身對抗父親，離家出走。另一位女性案主，八年來，和同居伴侶濃情蜜意，付出滿滿的愛與善意。兩人共度歡樂滿屋、熱情和感恩的幸福時光。有一天，她突然發現，這麼多年當中，伴侶卻是一直背叛她，和閨蜜好友私通款曲。在討論心理正能量時，臨床治療師應該敏感審慎面對治療步調，因為過早討論心理正能量，可能會進一步崩毀案主對心理正能量的信心。緩步漸進，建立穩固的治療關係，然後引入PPT的要素或心理正能量本位的做法，重點是讓案主習得「**實踐智慧**」（practical wisdom，請參閱接下來的〈療程三〉）。

維持

與案主討論以下提示，以便他們能夠維持進度：

人類在自身和周遭發現負向元素的能力，相較於發現正向元素而言，更加敏銳、深入和頑固。每當我們經歷負向事件，這種傾向就會愈發增強。

如果，這種負面偏向沒有設法加以修正，你可能會陷入負向情緒的漩渦，久而久之，變成慢性焦慮、悲傷、憤怒、矛盾、孤苦無依。和我們大多數人一樣，你可能會認為，心理治療是討論這些負向元素的地方，這樣想其實也沒錯。然而，在不忽視脆弱性的同時，心理治療也可以是探索復原力的地方。你可以發掘自己的希望和夢想，而無需否認你的絕望和幻想；你可以習得技能來建立自己的心理正能量，而無需忽視你的弱點。持續投入這樣的探索和學習，你可以修正負向透鏡。有系統的學習、發現和使用自己心理正能量，如此可以幫助你轉而應用到生活的其他領域，例如：工作和家庭，並可以擴展你對生活的總體看法。以下，舉一個例子來看看：

案例

凱倫，年輕的女性案主，發現很難想像自己擁有心理正能量。她認為自己是眾人避之唯恐不及的麻煩包，長年自殺未遂反覆住院的病史，精神病發作，糾纏難

忘的負向記憶，包括身心虐待和失去至親。起初滿心懷疑，凱倫總算慢慢開始探索她的心理正能量。結果發掘，她的標誌性格正能量包括：熱愛學習、好奇心、創造力、勇敢和領導力。治療師請她分享每種心理正能量相關的具體經驗，這位年輕女士娓娓道來，她說回想當年自己頂著全省學霸榮銜，風光保送進入頂尖大學，並獲得全額獎學金。上大學以後，儘管挑戰沒少過，凱倫成績始終保持名列前茅，每一年都拿書卷獎。她到許多高中女校演講，講述如何克服心理治療的汙名，尋求必要的協助。只是分享這些具體事件，就讓她的心情產生微妙的轉化，她說：「我剛才意識到，我的人生並沒有那麼糟糕，我仍然有能力去做一些有意義的事情。」

聽完凱倫的故事，你是否在某些方面感到心有戚戚焉？問問自己，你會如何講述你自己的故事？你的故事的基本主題是什麼？就像療程一的「正向介紹」，你回想可能表現出你最好一面的事件；還有你每天寫的「感恩日記」，看看每天發生了哪些美好的事情，這些確認、肯定你心理正能量的療程作業，可以幫助你把思維轉向自身和周遭比較正向的人事物。我們通常傾向做出負向歸因（例如：「他本性不誠實，所以幹下貪污的壞事」）；相對地，確認、肯定自己的心理正能量，將幫助你在日常生活中做出正向歸因（例如：「她的善意愛心，協助朋友逃離身心受虐的不堪感情，另謀安心棲息的住所。」）。

PPT療程作業將幫助你，認識你的心理正能量，並取得深入理解。從單純的命名標籤，你將學會內化你的心理正能量。以下幾則陳述，是在治療初期，開始嘗試摸索心理正能量之後，案主自我描述的一些例證。這些陳述展現了，這些案主如何將心理正能量的觀點內化到他們的個性。

案主1

治療初期：

我感覺沒有希望，不可能有人理解我。頭一次約會，我不久就看到他們的真面目，各種缺點……也許，我只擅長吸引到不對的人。

探索心理正能量之後：

我感覺比較好了，別人可以看到我的一些優點。儘管還沒找到合適的對象，雖然我個性比較審慎、謙虛，也還算善良，而且社交智慧還不錯，這是我過以往從沒想過的，這一點滿受用。現在，我去約會的時候，我知道我不用窮緊張，過度使用我的審慎，急忙判斷對方一定會怎樣。相反的，我會用善意和社交智慧，試著去理解。

案主2

治療初期：

太多時候，我總是不停問自己，是這樣嗎？

探索心理正能量之後：

我從未意識到，大自然的奇蹟深深吸引感動我。最近一次，我走向野外，我真的就是目眩神迷，整個身心靈徹底解放。可能吧，生命遠比我想像的還要寬廣遼闊。

案主3

治療初期：

我一向是公認的活力旺盛，從不逃避挑戰，也樂於迎接挑戰。但最近，不知怎麼搞的，做什麼都感覺不對勁……很多時候，明明做對的事情，卻是在錯的時間點。不然就是對錯的人，做對的事……。

探索心理正能量之後：

我可以對事情做面面俱到的觀察……我現在明白，熱情是我的一項標誌性格正能量，其他人也同意，所以這看法應該沒錯；我很容易受鼓舞，熱血沸騰，對於投入的活動總是全力以赴。也許，稍為審慎一些，應該會比較好。

案主4

治療初期：

我刻意不向我的伴侶表露愛意和感情。也許我是害怕，那樣會讓約會對象覺得我軟弱、依賴、缺乏安全感。

探索心理正能量之後：

我以前沒有意識到，我提防心太重了：我需要讓自己放開一些、平常心，給予和接受愛……我以前不了解，這是一種心理正能量……我一向認為表現太多愛意會讓自己變得脆弱、容易受傷害。

案主5

治療初期：

缺點沒有徹底擺脫，我就不可能成長。

探索心理正能量之後：

為了糾正我的弱點，少說花了數百小時，搞不好超過上千個小時，到處找治療師、生活教練、勵志演說家、靈修導師，但總覺得我就是擺脫不了……我總覺得，亂七八糟的缺點一籮筐，永遠也達不到豐功偉業的父親對我的期望……現在，透過確認自己的心理正能量，真的讓我想法大為改觀。也許，別老是想著要擺脫錯誤，轉而把心力放在強化心理正能量，這樣我可能會過得更好。

療程結束的緩心操

我們建議，每次療程都以相同於開場的簡短緩心操，畫上有始有終的圓滿句點。

參考資源：性格正能量與標誌性格正能量

延伸閱讀

- Joseph, S., & Wood, A. (2010). Assessment of positive functioning in clinical psychology: Theoretical and practical issues. *Clinical Psychology Review, 30*(7), 830-838.

- Quinlan, D. M., Swain, N., Cameron, C., & Vella-Brodrick, D. A. (2015). How "other people matter" in a classroom-based strengths intervention: Exploring interpersonal strategies and classroom outcomes. *Journal of Positive Psychology, 10*(1), 77-89. doi:10.1080/17439760.2014.920407.

- Rashid, T. & Ostermann, R. F. (2009). Strength-based assessment in clinical practice. *Journal of Clinical Psychology, 65*, 488-498.

- Rashid, T. (2015) Strength-based assessment. In S. Joseph (Ed.), *Positive Psychology in Practice* (2nd ed., pp. 519-544). New York: Wiley. doi: 10.1002/9781118996874.ch31.

- Scheel, M. J., Davis, C. K., & Henderson, J. D. (2012). Therapist use of client strengths: A qualitative study of positive processes. *Counseling Psychologist, 41*(3), 392-427. doi:10.1177/0011000012439427.

- Tedeshi, R. G. & Kilmer, R. P. (2005). Assessing strengths, resilience, and growth to guide clinical interventions. *Professional Psychology: Research and Practice, 36*, 230-237.

影片

- 《你的性格正能量是什麼？》（*What Are Your Character Strengths?*）這支短片介紹如何評估性格正能量（【作業單1.1】正向介紹，頁95），網址：https://www.youtube.com/watch?v=K-3IjNr1gCg。
- TED演講，本書作者塔亞布・拉西德，闡明性格正能量在心理治療的重要性，網址：https://www.youtube.com/watch?v=Q6W5IrZH7tc。
- 「性格科學」（The Science of Character），八分鐘的紀錄片，透過精彩動人的案例，展現性格正能量如何讓人迎向充實的人生，網址：https://www.youtube.com/watch?v=p0fK4837Bgg。

網路資源

- 「VIA實踐價值方案性格正能量研究院」（The VIA Institute on Character），提供關於性格正能量科學和實務的寶貴資源，網站內有免費的線上《性格正能量測驗》：http://www.viacharacter.org。

療程三：實踐智慧

療程三大綱

核心概念	【作業單3.2】發展實踐智慧技巧
開場的身心鬆緩操	【作業單3.3】挑戰反思與討論
療程中的作業：「心理正能量的應用訣竅」	補充作業：培養實踐智慧技巧
培養實踐智慧的五項技巧	專欄小故事
臨床腳本	適應和靈活變通
【作業單3.1】圖解說明心理正能量	文化因素考量
之低度使用與過度使用	維持
學習實踐智慧——心理正能量的應	收場的身心鬆緩操
用訣竅	參考資源
臨床腳本	

「療程三」，介紹「實踐智慧」（practical wisdom）的應用技巧。這些技巧教導我們如何以平衡的方式，適應運用標誌性格正能量來解決問題。本次療程，涵蓋的核心PPT療程作業是「心理正能量的應用訣竅」（Know-How of Strengths）。

核心概念

PPT這一部分的核心是，向案主傳授亞里斯多德的實踐智慧概念，即適應運用心理正能量來實現有意義、有德性的美好生活。適應運用心理正能量的核心概念，將在本療程稍後的「學習實踐智慧——心理正能量的應用訣竅」介紹，並附有範例說明。通過這些技能，案主可以學會運用自己的心理正能量，克服壓力和負向情緒、經驗。這些技能將可幫助案主追求個人目標，實現自我成長。

療程開場的身心鬆緩操

每次療程開始，首先進行簡短的身心鬆緩操。請參閱本手冊末尾【附錄A】身心鬆緩操和正念練習。在案主作業簿，也有收錄一份副本，可供案主有需要時自行查閱使用。身心鬆緩之後，和案主回顧檢視案主所寫的「感恩日誌」，以及複習前一個療程教導的核心概念。

療程中的作業：「心理正能量的應用訣竅」

一、培養實踐智慧的五項技巧

1. 尋求具體特定性

首先，而且最重要的技巧就是，**尋求具體特定性**（seek specificity）。簡言之，必須將標誌性格正能量的抽象概念，轉化為具體的行動，以便案主更妥善理解，在日常生活中，這些正能量對他們意味著什麼。複雜的現實生活情況和挑戰並沒有提供明確的指示，說明哪種行動最能代表特定的心理正能量。校準具體特定性的一種方法就是著眼於結果（outcome）。比方說，如果使用「熱愛學習」標誌性格正能量的結果是增加知識，那你就可以轉而採用具體特定的用語來陳述結果（例如，閱讀特定數量的書籍或文章以增加知識）。如果使用「靈性」標誌性格正能量的結果與超越小我的大我有所關聯，那你就可以轉而辨識代表靈性的特定活動之質量和數量。

代表標誌性格正能量的行為具體特定性，也取決於脈絡背景（context）。比方說，創造力可以代表在挑戰脈絡下，以創意解決問題，或是採取新穎的做事方式。請注意，心理正能量並不是相互排斥，而且事實上，心理正能量更有可能是相互重疊，而不是互為獨立。

為了幫助你掌握標誌性格正能量的細微差別，並將其轉化為具體特定行動，請參閱【附錄D】建立自己的心理正能量，補充材料包括：行動、熱門電影和歌曲（此附錄材料也收錄在案主作業簿，以及網路補充資源，網址：www.oup.com/ppt）。

2. 找到關聯性

第二項技巧就是，**找到關聯性**（find relevance），這也是更困難的技巧，是要確認你的標誌性格正能量是否與自己目前的問題有關聯。例如，在本療程的後期，我們將討論一位女性案主蜜雪兒，她擁有寬恕的標誌性正能量。應用這種性格正能量的關聯性，取決於脈絡和人際因素。寬恕等心理正能量，對於特定的情況或個人，可能發揮最適切的效能，但不必然適用於所有情況的每個人。通過考量寬恕對自己和他人的影響，蜜雪兒將從磨練她的相關技能中受益。過去的經驗可以幫助她判斷決定，寬恕是否與特定脈絡有關聯性。

　　另一位案主，藤原，中年男性，對離異的妻子耿耿於懷，強烈不滿，兩人結褵20多年，在這期間，她與另一名女子發生婚外情。他說，她一直等到么兒18歲，離家上大學之後，才棄他而去。藤原認為他無法原諒她。臨床治療師問他為什麼，藤原說：「我要她明白自己幹了什麼好事。如果我原諒了她，那就不可能讓她知道。」臨床治療師回答說：「不過，我看到的是，你讓自己陷入無盡的苦海，難以解脫……寬恕不是給她的，而是給你自己。你甚至不需要與她溝通。」然而，這位案主還沒準備好寬恕，所以臨床治療師沒有強迫他。在這種情況下，在療程中使用寬恕是不合適的。

　　現實生活的挑戰，可不像電視新聞頻道有跑馬燈字幕提示，說明特定的心理正能量在特定情況下是相關的。因此，在決定關聯性時，幫助案主考量哪種或哪組心理正能量可能產生適應和健康的結果。

　　讓我們來看看，公正標誌性格正能量的案主，瑞秋，資深人力資源經理，她自認是領導力很出色的主管，因此當她發現評量結果，領導力居然不是自己排行在前的心理正能量，直呼不敢相信。詳細討論關於領導力的性質，幫助她意識到，原來她缺乏和觀點相左者有效共事的能力。瑞秋並沒有得到共事者的信任，儘管她有努力但無法激發員工發揮最佳績效。臨床治療師和她討論如何運用其他的心理正能量，例如：社會智能、公正和團隊精神，幫助瑞秋運用這些心理正能量來增強她的領導力。

　　此外，在決定關聯性時，還需要將事物放入適當的觀點框架，這樣可以為自己和他人決定標誌性格正能量可能最有用的時機、地點、對象和方式。例如，梅伊，已婚女性案主，她表示無可救藥的認為，給另一半幸福是她責無旁貸的天職。她常說，取悅他比傾聽自己內心的需要更重要。幫助梅伊明白，對於追求她自己的幸福，她的標誌性格正能量並不是最有效的，這是治療初期必須努力解決的挑戰，不過到後來，這也促成她邁向前所未曾想過的嶄新人生。

3. 解決衝突

　　培養實踐智慧的第三個技能是，**解決衝突**（resolve conflict），這是指兩種心理正能量（或標誌性格正能量）相互衝突時，設法形成理解，乃至於加以化解。例如，我們的一位案主珍熙，面臨創造力和審慎之間的衝突拉扯。她心裡其實渴望成為藝術家，但雙親都是醫生，經常暗示或強烈鼓勵她習醫，才是「明智、穩當的職業」。珍熙的審慎個性說服她放棄繪畫（她的熱情），目前就讀醫學院。我們的治療工作不是很有效，因為她越來越清楚意識到，她的兩種標誌性格正能量之間的衝突。

　　然而，經由決定哪項性格正能量與核心價值更緊密契合，哪項性格正能量未來有可能為最佳結果，衝突或許就可獲得圓滿解決。比方說，如果珍熙的核心價值是自我表達，而且在實現自己的創造力或最佳潛力時，感到生龍活虎，並且忠於自我本性，那麼她若能找到可以盡情發揮創造力合適工作或出路，應該會更快樂。另一方面，如

果她的核心價值在於確保就業，並與父母保持穩定的關係，在她的情況，這是來自文化的期望，珍熙選擇比較有保障的職業[醫生]，或許會有比較好的結果。以期望的結果逆向反推，再評估可能促成該等結果的性格正能量。這不僅有助於解決衝突，而且可以更深入了解哪種心理正能量可能幫助案主實現目標。

4. 反思

實踐智慧要求我們反思（reflect），也就是思考我們的標誌性心理正能量對其他人的影響。在更大規模下，行使我們的標誌性格正能量，可能有什麼樣的道德蘊義？思考一下，我們在臨床實務遇到的以下情況：瑪麗亞，年輕女學生案主，擁有審慎、公正和社會智能的標誌性格正能量，誤解朋友在Facebook發布有關於她的貼文。瑪麗亞認為，有人可能密謀對她不利，甚至傷害與她相同文化背景的所有女性。出於關心和審慎，她在Facebook和其他幾個社群媒體網站發了一條訊息，警告其他女性注意自身安全。校方緊急啓動了一系列安全措施，給全體師生造成相當大的不便。塵埃落定之後，在個人療程，瑪麗亞和治療師討論到這起事件。瑪麗亞這才明白過來，在未經周延反思的情況下，她過度使用了其中某些性格正能量。

另一位研究生案主，不顧主管早就一再指示他研究計畫案需要調整修正，仍然繼續投入實驗室資源。這種堅持不放棄的個性，使他和實驗室夥伴平白浪費了不少時間和精力，結果證明他是過度使用了毅力的性格正能量。這兩個例子讓我們清楚見識到，過度使用性格正能量如何可能落得負向的結果。

再者，實踐智慧的一個不可或缺的元素就是，要提高於我們自己動機的認識。我們應該意識到自己的失敗，並願意承認。然而，承認自己的失敗絕非易事，需要勇氣和謙遜（兩種心理正能量）。磨練這方面技能的一種方法是退後一步，公正判斷自己的角色和責任，以及我們如何從錯誤和失敗的經驗學習，特別是對他人產生影響的錯誤和失敗。

5. 校準

培養實踐智慧技能，我們還需要**校準**（calibrate），也就是持續調整適應情況、感知變化，校準和重新校準心理正能量的使用，以適切滿足情況的需求。許多人無法解決自身的問題，因為他們繼續嘗試無效的解決方式，或不知道該如何調整、改變。比方說，醫療保健人員的例子。醫生需要根據自己的專業需求來平衡投入患者的時間，例如：看診的病患人數收入足夠支付辦公支出費用，準時為下一位患者服務，諸如此類等等。癌症專科醫師應該如何調整、校準向癌末病童家長講解實情的意念（Schwartz & Sharpe, 2010）？生活的多樣、複雜，也常帶來不少灰色地帶。並非所有規則、指南、政策和法規，都能捕捉到其中的灰色陰影。規則的僵化、狹隘應用，

無論出發點多麼好，往往耗盡了個人的動機，最後落得陷入規則的牢籠。

　　請記住，案主的標誌性格正能量剖面圖，和配套的PPT療程作業，有助於案主提高他們的技巧，根據目前的挑戰適切使用心理正能量。花點時間幫助案主儘可能完成標誌性格正能量剖面圖，這會是案主更妥善理解自己和他人的基礎所繫。

臨床腳本

　　建議臨床治療師，可以參酌採用以下的臨床腳本，來幫助你的案主開始去理解實踐智慧的重要性。透過活用實踐智慧的技巧，將你的標誌性格正能量有效應用在日常生活當中（Kaitlin et al., 2017; Ronningstam, 2016）。

　　就像心理症狀（例如：悲傷、憤怒或焦慮）標示壓力一樣，心理正能量（例如：感恩、希望、愛、善意和好奇心）表現出生活中的美好存有福祉、滿足、興趣、積極投入、目的和意義。

　　研究和臨床經驗告訴我們，經驗負向情緒，例如：憤怒、敵意和報仇，或是表現自戀特質，這樣的人更容易產生心理問題；相對地，經驗感恩、寬恕、善意和愛，這樣的人比較有可能自陳報告生活滿意。你已經知道你的標誌性格正能量。現在，我們著重如何利用該等性格正能量讓你更快樂，同時還要發展技能，利用你的心理正能量，來管理你的負向元素。首先，我們聚焦如何發展技巧，運用自己的心理正能量來管理壓力。一開始，讓我們先探討你對標誌性格正能量的感受。

二、心理正能量的低度使用與過度使用（過與不及）

　　使用【作業單3.1】圖解，說明你的心理正能量之低度使用與過度使用（過與不及），請案主繼續探索低度使用與過度使用心理正能量的具體情況。請注意，此作業單，如同本手冊各療程的其他作業單一樣，都有提供複印本收錄在案主的作業簿。如果，有需要補充額外份數或張數的作業單，也可另行複印提供使用。

【作業單3.1】圖解說明你的心理正能量之低度使用與過度使用

圖解說明你的心理正能量之低度使用與過度使用

使用下列圖解，說明你的心理正能量，將你的心理正能量轉化為行為（你在展現自己心理正能量時採取的行動、活動和習慣）。選擇較大的圓圈，代表你過度使用的心理正能量；選擇較小的圓圈，代表你低度使用的心理正能量；相交的圓圈，代表彼此重疊的心理正能量。

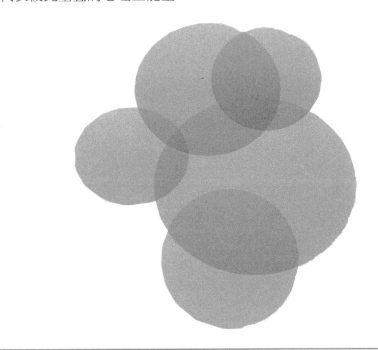

三、學習實踐智慧——心理正能量的應用訣竅

臨床腳本

建議臨床治療師，可以參酌採用以下的臨床腳本，向你的案主介紹：

既然你已經辨識了自己的標誌性格正能量，接下來，請確認你的心理正能量是否過度使用，或低度使用。在這一步驟，我們將檢視心理正能量低度使用和過度使用的常見問題，學習實踐智慧或「心理正能量的應用訣竅」（Know-How of Strengths），從而深化關於心理正能量的理解。現在，讓我們來看看現實PPT療程的三個場景。

與你的案主討論每個場景，引導他們回答，下列特定情況是否為心理正能量過度使用與／或低度使用。

- 薩利姆，阿拉伯裔中年男性案主，零售經理，擁有公正的標誌性格正能量。他總是以公正來衡量每一種情況。他甚至感覺，員工和同事的某些善意姿態，隱含「不公平」的意味，因此變得疏離孤立。

- 米雪兒，年輕女性案主，擁有寬恕、善意和謙遜的標誌性格正能量。她過度使用這些心理正能量，結果別人往往占她便宜。她說，到後來，自己就像任憑大家踐踏的「門墊」[爛好人]。

- 艾琪拉，非裔女性案主，標誌性格正能量包括：好奇心、熱愛學習。她發現，在學校和工作完成任務變得越來越困難，因為她花了大把時間，去「研究」所有事情。

這三個例子的情景，全都呈顯了用意良善。然而，僅只有用意良善和標誌性格正能量的知識是不夠的。我們還需要有技巧和意願，來運用這些技巧來解決我們的問題。在PPT，這一套的技巧稱為「心理正能量的應用訣竅」，比較正式的名稱為「實踐智慧」。接下來，我們將要詳細討論，實踐智慧是什麼，以及如何加以培養。

為了發揮心理正能量，無論是否屬於你的標誌性格正能量，PPT都會教導實踐智慧，亦即運用心理正能量使事情變得更好。從實踐智慧的角度來看，各項心理正能量不應孤立而行，只培養單一的心理正能量，而排除其他心理正能量，會產生不良後果。再者，更多不一定代表更好。

檢視前述三個案主的情景，我們可以看出，公正可以發揮適應情境的正向結果，缺乏公正會導致對他人不公平對待。但米雪兒如果能為自己挺身而出，對她應該會比較好。對於艾琪拉，**好奇心**可能不利於完成學校作業或工作相關的任務，如果能使用**自我調節和毅力**，應該可以讓她獲益不少。至於薩利姆，將可受益於建立**觀點**，知道如何解讀社會脈絡，以及跳脫黑白分明的規則，明白有時候處理他人的最佳方式，其實是處於灰色地帶。再者，米雪兒還可以從有助於適應接納自我情緒的心理正能量受益。她可以經由感覺、直覺，逐漸變得自信，這樣她就可以自我肯定，說出：「我覺得這樣不對」，而不是忍氣吞聲，感覺自己像是任憑大家踐踏的「門墊」[爛好人]。最後，實踐智慧可以幫助艾琪拉了解時機，當她有充足時間，可以慢慢去探索，在這樣的時機，運用好奇心的標誌性格正能量，是有可能給她帶來正向結果。但是，當作業或計畫案截止日期迫在眉梢，好奇心可能就不適合派上用場了。

接下來，我們轉到【作業單3.2】發展實踐智慧的技巧。在此，我們要描述這些技巧，並探索如何應用來解決或處理各種狀況。

【作業單3.2】發展實踐智慧的技巧

「發展實踐智慧的技巧」作業單

以下，是建立實踐智慧或心理正能量知識的五種策略：

1. **尋求具體特定性**：複雜的現實生活中，各種情況和挑戰並沒有明確標示，哪些行動最能代表特定的心理正能量。尋求具體特定性的一種方法就是考量**結果**。比方說，如果對你而言，使用熱愛學習的結果是增加知識，你可以使用具體特定的用語來陳述結果，例如：閱讀特定數量的書籍或文章以增加知識。

   為了幫助你掌握標誌性格正能量的細微差別，並轉化為具體行動，請參閱本手冊【**附錄D**】建立你的心理正能量。此附錄提供多種使用心理正能量的行為方式。

2. **找到關聯性**：探索你的標誌性格正能量是否與當前的情況有關聯性。比方說，善意、寬恕可能和需要使用公正或勇氣處理的情況無關。在某些情況，你的謙卑或開朗玩笑的標誌性心理正能量，可能有相當高的關聯性；但是在需要你維護自己權利的情況，謙卑可能就不管用了；在需要我們發揮同理心陪伴可能剛經歷創傷者的情況，開朗玩笑可能就不合適。

3. **解決衝突**：第三項技巧是要了解，如何解決使用兩種標誌性格正能量可能相互衝突的情況。比方說，你正在進行一項計畫，並希望儘可能做到最好。你想利用你的標誌性格正能量：創造力或毅力。在此同時，你最親密的朋友需要你撥出時間陪伴（標誌性格正能量：愛）。或是，你的兩項標誌性心理正能量：熱情和自我調節，可能把你拉向相反的方向。經由決定哪項性格正能量與核心價值更緊密契合，或是哪項性格正能量未來可能產生最佳結果，衝突或許可獲得圓滿解決。

4. **反思**：實踐智慧要求你反思，你的標誌性格正能量對他人可能造成什麼樣的影響。在更大規模下，行使我們的標誌性格正能量，可能有什麼樣的道德蘊義？比方說，在公共領域中從特定傳統中行使靈性，可能會疏遠那些不贊同這種特定傳統的人。或者對學習的熱愛，可能會對由於固有的學習障礙而掙扎於學習的人的自信產生負面影響。

5. **校準**：為了培養實踐智慧的技巧，你還需要持續調整適應情況、感知變化，校準和重新校準（即微調）心理正能量的使用，以適切滿足情況的需求。許多人無法解決自身的問題，因為他們持續嘗試無效的解決方式，或是不知道該如何調整改變。

現在，閱讀以下三個場景，給每位當事人，寫下你的具體建議：

調適和體貼：吉米和珍妮在一起的初期，只要吉米看到珍妮和別的男人講話，就會妒火中燒，不安全感上身，尤其是吉米覺得比他「好」的男人。但是，珍妮發現自己很難跟吉米分手，因為她是大家公認最懂得「調適」和「體貼」女人。

你的建議：

_____

_____

我想要的只是快樂：黎安，20多歲年輕人，經常在治療中重複同樣的事情。接下來是一長串的正向陳述，譬如：「我工作很賣力」；「大學畢業之前，我就錄取了很棒的職位」；「很多人說我長得很好看、風趣、陽光、樂於助人」；「成年之後，我從沒傷害任何人，也沒有和任何人發生爭執。」最後，黎安說的是：「可是，我始終感覺不到快樂。」

你的建議：

_____

_____

談一談，就有幫助：荷娜，21歲女性，所有（客觀和臨床）指標都顯示，治療始終不見起色。荷娜一直提到有自殺的念頭，儘管她從未採取實際行動。她拒絕任何改變，並希望繼續接受治療。她說：「談一談，就有幫助。」

你的建議：

_____

_____

_____

　　要繼續學習實踐智慧的技巧，請你的案主現在轉到【作業單3.3】挑戰。

【作業單3.3】挑戰

「挑戰」作業單

　　寫下你當前面臨的挑戰（一直嘗試想要解決，但始終沒能如願）。具體描述：是什麼樣的挑戰？何時開始？持續多久時間？在哪些方面具有挑戰性？

挑戰	你的反思
描述當前需要解決的挑戰。	
何時開始？持續多久時間？	
有什麼影響？	
是由於過度使用你的心理正能量？哪些心理正能量？如何過度使用？	
你希望改變這一挑戰的哪些方面？	
你可以使用哪些實踐智慧策略，以達成適應良好的改變？	

反思與討論

請案主針對【作業單3.3】確認之挑戰，反思並討論下列的後續追蹤問題：

• 假設，你能有效使用其中一種實踐智慧策略，解決【作業單3.3】確認的問題。如果這問題得到解決，結果會如何？你會做什麼具體的行為？什麼行為會停止？請嘗試儘可能具體回答。

• 記住心中希望達到的理想行為，有哪些小的、可管理、特定和具體的步驟，可能幫助你維持動機，積極投入這些步驟？

• 你確認的實踐智慧策略（一項或多項），很可能需要其他人的支持。有哪些人會支持你？如果無法獲得這些人的支持，你還能想到哪些替代支持？

補充練習：建立實踐智慧的技巧

鼓勵案主選擇下列的一項練習，來建立實踐智慧技巧：

• 找明智、值得信賴的親密朋友來討論，如何重新配置調度心理、情感和實質資源（亦即應該付出多少心力），解決【作業單3.3】確認的挑戰。再者，探索你的心理正能量如何可能運用在其他地方，發揮較好的適應效果，而不是虛耗在不可能改變的挑戰方面？

• 找出現實生活的新機會，幫助適應調節運用你的標誌性格正能量。

• 培養耐受力和接受的態度，容許整合明顯的矛盾，例如：接受親人表現出心理正能量，但也有著自私、不敏感或漠不關心的行為。

• 思考如何平衡相互競爭的慾望和需求，合併運用兩項標誌性格正能量，來解決問題或適應處理挑戰。例如：是否可以發揮創造力，整合寬恕和公正，用以鼓勵寬恕行動，同時還確保不損害公正？

馬克，36歲的成功專業人士，全職工作之餘，進修攻讀在職MBA專班。他因為工作壓力而尋求心理治療。以下，是他與臨床治療師的對話，箇中顯現馬克對其標誌性格正能量的理解，以及他如何發展實踐智慧技巧，以便充分發揮標誌性格正能量：

治療師：馬克，你完成「標誌性格正能量剖面圖」之後，對自己有什麼樣的認識？

馬　克：嗯，很多哦……我發現，我對自己的看法和親人對我的看法有些不同……我勾選的……我意思是說，在心靈[心理正能量]、頭腦[心理正能量]，還有線上問卷三方面，我都勾選了「熱愛學習」、「公正」和「本真自我」，其中兩方面，還勾選了「對美的欣賞」。

治療師：你認為，這些是你的核心個性嗎？

馬　克：是的，的確如此。我對公正絕無妥協空間，表裡如一，從不當雙面人。

治療師：其他人覺得你有哪些不同的心理正能量？

馬　克：他們勾選了「觀點」[綜觀周延]，令我驚訝的是，他們還挑選了兩項，我都不知道我竟然有那些心理正能量。

治療師：是哪些？

馬　克：我伴侶，我們在一起十多年了，他勾選了「社會智能」和「勇敢」。高中就認識的老同學，他選了「勇氣」和「幽默」。

治療師：這些心理正能量，為什麼讓你驚訝？

馬　克：我做人非常務實、思緒清晰、處事果斷。我不認為我特別有社會智能或幽默……我不是社交蝴蝶，而是比較偏好忠於自我本色。

治療師：嗯，或許就是所謂的旁觀者清、當局者迷吧。你那位高中朋友還有指出你哪些心理正能量？

馬　克：「公正」與「本真自我」。

治療師：嗯，看起來，至少有一位知己，也認同你勾選的「公平」和「本真自我」。所以，這應該就你的核心心理正能量了，是嗎？

馬　克：應該是的，就像我解釋的那樣……但是，我也擔心工作夥伴並不認為我的公正是真的公正。他們反而覺得那比較像是頑固，或許還有些冷酷無情。我想，這可能就是他們老是保持距離、疏遠我的緣故。

治療師：你能舉幾個例子嗎？

馬　克：嗯……兩個星期前，員工會議上，有人說了恐同的言論，就是隱隱約約帶過，沒有很明確，我當下就叫那人滾出去。

治療師：發生什麼事了？

馬　克：嗯，我想我當時反應可能有點超過……後來，我聽說他感到非常難堪，他說

當下並沒有那個意思……

治療師：你覺得，他當真沒那個意思嗎？

馬　克：現在回頭再看，我是相信他的。他過去確實從沒那樣說過或做過。事實上，他一直都很溫良有禮……我實在沒必要把場面搞那麼難堪。

治療師：你覺得可以運用「實踐智慧」的什麼策略？

馬　克：我也不確定……這種情況不適合「公正」原則嗎？

[臨床治療師提示馬克，去看看【作業單2.6】編纂你的標誌性格正能量。]

馬　克：[片刻之後]應該可以適用「相關性」和「特定性」，這兩種策略。

治療師：怎麼說呢？

馬　克：嗯，我應該考慮到人際之間和脈絡的相關因素。這是他第一次，講出可能帶有恐同意味的說辭，至少就我所知是這樣……我其實可以婉轉一些，或是等到會議結束之後，私底下，再找他來解釋到底是怎麼回事。

治療師：嗯，現在，你用了另一種「實踐智慧」的策略，「反思」。你在反思自己的標誌性格正能量對他人的衝擊。

馬　克：是喔，我這倒是沒意識到……

治療師：在這種情況下，你其實還可以使用哪些其他的心理正能量？

馬　克：嗯，我不確定……

治療師：還記得，你伴侶覺得你有哪些心理正能量嗎？

馬　克：[暫停]是「社會智能」嗎？……對啊，我知道了……遇到這種情況需要的就是機智，洞悉社交場合的微妙環節，商場上最熱門的情緒智商。

治療師：是的，但是撇開老掉牙的陳詞濫調……讓我們更進一步。「社會智能」還包含了解他人與你自己的情緒幽微線索。譬如，你為什麼會做出某種反應？據我所知，你待人處事一向都很冷靜沉穩。

馬　克：你說的沒錯。但是，只要一牽扯到性取向，我就會變得，嗯，稍微比較敏感些。我的公正天線，馬上就會豎得高高的，我就是沒辦法忍受有人受到不公平待遇……高中時期，性取向的緣故，我被霸凌得很慘的。

治療師：我很清楚，你肯定承受了很難堪的遭遇，你對平等的堅定維護，很值得讚佩。實踐智慧的美妙就在於，當我們的心理正能量沒能帶來最佳結果時，總可以轉換另一種心理正能量，再來試看看。如果公正不適用，可以換社會智能試看看，或將兩者結合起來。我相信，你有「轉換觀點」的能耐，可以整合兩者從中找出最佳解決方案。

馬　克：有道理，我一定會試試看。

適應和靈活變通

在提供案主有關心理正能量知識的同時，請確保你不會有意無意傳達，他們的標誌性格正能量剖面圖，就是最終底定的清單，而且涵蓋他們全部的性格正能量。對於某些案主來說，這可能是對這些心理正能量封閉大門。他們可能會停止，不再積極努力去增強這些心理正能量，而是專注於他們次要的心理正能量，或負向缺陷或弱點。由於人類固有的負性偏向，次要的心理正能量可能被視為缺陷或弱點。因此，幫助案主理解心理正能量是動態的，至關重要。既然是動態的，就總有增長的空間。在青春期或青年期，使用一種心理正能量，與在中年或晚年生活使用同一種心理正能量，可能看起來不盡相同。每隔一段時間，記得與案主核對他們關於自己排行在前面的心理正能量的看法。在教導實踐智慧的應用策略，特別是特定性、關聯性和校準，務必確保案主將其視為發展中的心理正能量，而不僅只是發展極致終點之心理正能量（Biswas-Diener et al., 2011）。

實踐智慧是關於聯合使用群組心理正能量，而不是孤立個別使用。擁有更大量的心理正能量，並不一定更好。事實上，培養單一心理正能量可能會產生不良後果。面臨挑戰情況，例如：霸凌或情感虐待，可以通過諸如勇氣、毅力、公正、審慎和希望，此等多種心理正能量來解決。同樣地，不止一種實踐智慧策略，譬如：特定性或關聯性，可能將心理正能量轉化為具體和負責任的行動（觀點）。此外，小團體，例如：球隊、健康團隊或專案團隊，可以試著使用個別成員的標誌性格正能量（亦即確認在團體中，哪些心理正能量最常見，並協力整合個別性格正能量的所有結果），這可能會增進對團體合作過程的信任。

有些臨床治療師可能會假設，案主完全了解自己的心理正能量，而鼓勵案主，過早使用實踐智慧策略。事實上，從「正向介紹」到「編纂標誌性格正能量」，這過程當中，案主有很多機會，更深入認識他們的心理正能量。但是，請確保案主了解他們的心理正能量，並能夠證明在哪些條件下最有幫助，在哪些條件下最沒有幫助。為了突出強調這一點，你可以快速產生關於轉而使用附屬心理正能量的點子（例如：使用好奇心而不是創造力，使用智慧而不是熱愛學習，使用勇氣而不是本真自我）。同樣地，案主和臨床治療師必須討論具體行動，進而證明通過這些行動，能夠讓預期的心理正能量達到最佳的表現。

文化因素考量

心理正能量的表達，會有文化上的差異，這與其他情緒的表達一樣，非常相似。實踐智慧要求我們，往更深層次探索，避免流於表面的表達。比方說，有時候我們認為，不同文化或不同能力的人，負向行為實際上可能非常符合他們所屬的文化規範或

個別情況。例如：我們可能會覺得某人**傲慢**，相反地，這有可能是他所屬文化的自信表達。再舉個例子，有些人非常在意枝微末節，但並不總是完美主義使然，也有可能是由於家庭或文化潛移默化，所以特別注重一絲不苟，她可能認為自己的價值取決於如此態度。同樣地，有些文化以宿命或幽默的態度處理嚴肅的情況。雖然，這可能被某些人認為有失嚴肅或漠不關心，但也可能是文化適當的方式，來處理那些無法輕易修復的事情。

另一個例子是，本書一位作者，曾經有好多年擔任學校心理師，他的一名學生，六歲男孩小維，疑似患有自閉症類群障礙（autistic spectrum disorder, ASD）。除了傳統的衡鑑之外，還評估了小維的心理正能量，包括：老師和課後照顧者的報告。實際上，評估證實了自閉症。然而，小維老師的報告也說，小維很有創意，發現有趣的事物，他可以認真完成，不會分心。在反饋療程，小維母親聽說，兒子的老師認為男孩的創造力是他的一種心理正能量，她哭著說：「我已經接受了小維，但我想我錯了，有些事情我當然可以幫助他進一步發展。」她以深刻的觀察結束：「受到限制的，其實是我自己的眼光，一直沒能看出我兒子症狀以外的寬廣可能性。」

有些案主可能不確定，在他們自己的文化脈絡下，應該使用哪種標誌性格正能量，或如何使用特定的標誌性格正能量。如果他們可以接受這樣的討論，不妨可以鼓勵他們，順著情緒，先感受情況所需要的是什麼，而不要只限於探索理性的方式來使用標誌性格正能量。一旦能夠探索文化直覺反應，鼓勵他們將自己的情緒與常識結合起來。例如：長年遭受家暴，可能讓案主充滿憤恨，想要挺身反抗，但礙於當地社區重視的家族門風，她可能無法表達自己的憤怒。幫助這個案主，感受內心的憤怒，並找到表達憤怒的合理方式，亦即能夠順應文化而且運用實踐智慧的方式。例如，與值得信賴的社區耆老討論此一問題，或尋求宗教、精神領袖的支持，這些都可能會有益找出合適的因應方式。

並非所有文化脈絡關聯的狀況或挑戰，都可以通過這裡討論的實踐智慧策略來解決。鼓勵案主不要害怕，嘗試文化適當的替代做法來尋找解決方案。增強案主對特定性、關聯性、反思和校準等應用策略的理解，為他們提供充足資訊，以便找出符合文化脈絡的適切解決方式。

維持

布萊恩·福斯（Blaine Fowers, 2005）提供了具體而明確的策略，可以幫助我們增強實踐智慧。與案主討論下列訣竅，以便維持療癒進展：

• 有時候，你的標誌性格正能量可能會相互衝突。比方說，你的勇氣可能會想要你冒險並探索未知的新途徑，然而你的審慎卻可能提醒你，千萬要瞻前顧後，不該輕舉妄動。你可能想要善意對待朋友，然而你的公正卻要求你應該挺身而出，抗議朋友

悖德傷人的行為。你想要同理心對待部屬，卻又覺得有必要讓她知道可能會被炒魷魚。又或者，你想要眞實本性面對自己和他人，但社會、文化規範卻緊緊相逼，迫使你千萬不可眞情流露。使用【作業單3.2】列出的實踐智慧策略來化解這些衝突。此外，使用你的標誌性格正能量（和其他心理正能量），來建立你通常遵循規則可能不會有的觀點。

• 當你不確定，特定的情況該使用哪種標誌性格正能量，不妨順著你的感覺走，先用心去聽、去感覺，該情況需要什麼。在行動之前，**讓感覺成爲理性的夥伴**，通過其他心理正能量來教導你的感覺。

• 確保你的標誌性格正能量有使用在適切的用途。在這種情況下，請諮詢明智的人，了解什麼是適切的用途。

• 要知道，並非所有情況都可以使用標誌性格正能量來解決。不要害怕實驗你的其他[次要]心理正能量、技巧、能力和才華。

療程結束的緩心操

我們建議，每次療程都以相同於開場的簡短緩心操，畫上有始有終的圓滿句點。

參考資源：實踐智慧

延伸閱讀

- Allan, B. A. (2015). Balance among character strengths and meaning in life. *Journal of Happiness Studies, 16*(5), 1247-1261. doi:10.1007/s10902-014-9557-9.

- Cassar, J., Ross, J., Dahne, J., Ewer, P., Teesson, M., Hopko, D., et al. (2016). Therapist tips for the brief behavioural activation therapy for depression—Revised (BATD-R) treatment manual practical wisdom and clinical nuance. *Clinical Psychologist, 20*(1), 46-53.

- Vervaeke, J., & Ferraro, L. (2013). Relevance, Meaning and the Cognitive Science of Wisdom. In M. Ferrari & N. Weststrate (Eds.), *The Scientific Study of Personal Wisdom: From Contemplative Traditions to Neuroscience* (pp. 21-52). New York: Springer.

- Walsh, R. (2015). What is wisdom? Cross-cultural and cross-disciplinary syntheses. *Review of General Psychology, 19*(3), 278-293.

- Yang, S. (2013). Wisdom and good lives: A process perspective. *New Ideas in Psychology, 31*(3), 194.

影片

- TED講堂，貝瑞・史瓦茲（Barry Schwartz）主講：「運用我們的實踐智慧」（Using our Practical Wisdom），網址：https://www.youtube.com/watch?v=IDS-ieLC-mS4。

- TED講堂，約書亞・普拉格（Joshua Prager）主講：「偉大作家筆下的歲月智慧」（Wisdom from Great Writers on Every Year of Life），網址：https://www.ted.com/talks/joshua_prager_wisdom_from_great_writers_on_every_year_of_life。

網路資源

- 美國芝加哥大學（University of Chicago）所屬「實踐智慧中心」（Centre for Practical Wisdom），網址：http://wisdomresearch.org。

- 加拿大廣播公司CBC（Canadian Broadcasting Corporation），《聰明一點靈》播客節目（Podcast: A Word to the Wise），網址：http://www.cbc.ca/radio/ideas/a-word-to-the-wise-part-1-1.2913730。

第十章
療程四：較佳版本的自我

　　「療程四」，這是聚焦性格正能量的最後一個療程，透過闡明和實施一項書面作業，藉此來貫徹正向、務實的自我發展計畫。本次療程涵蓋的核心正向心理治療（PPT）作業是「較佳版本的自我」（A Better Version of Me）。

核心概念

　　我們許多人，都有動力去自我改善、克服挑戰、增進福祉。然而，由於生活日益繁忙，各式各樣的生活小器具，還有外部壓力等等因素，越來越難找到必要的時間，來反思追求自我改善的想法，更別說是將想法化為具體有效的行動。然而，各式各樣的自助產品（例如：書籍、影片、研討會、靈修和App應用程序），銷售額高達數十億美元，由此不難看出人們對自我改善的欲求，似乎有增無減。創造更好自我或最佳自我的想法，無論是在健康、工作、情感關係或創作領域，都可以幫助重新導引個人心理正能量、技能和能力，以實現該等領域自我改善的目標。

　　「最佳版本的自我」（best self），是通過想像，然後努力實現個人目標而達成。當目標符合個人需求，而且情況有利時，人們會比較有可能去努力追求目標。臨床治療師不要靜候案主自己來闡明目標，相反地，米拉哈克和霍特佛斯（Michalak &

Holtforth, 2006）建議，臨床治療師應該主動去評估案主目標的內容和結構，並儘快檢視目標、症狀和治療動機之間的關係。此外，還應定期與案主共同檢視目標進度，並幫助他們在必要時優化療癒進程。

將目標闡明，然後寫成文字（紙筆書寫或數位文書檔案），非常重要。寫作的療癒益處，已有相當多的文獻實證支持。詹姆斯‧潘尼貝克（James Pennebaker, 1997）首開先河的論述，倡導通過書寫來因應心理創傷，其研究成果顯示，關於創傷、負向或困難經歷的書寫，不僅可幫助個人找到安全的揭露過程，還可幫助發展更好的因應機轉。另外，敘事心理學研究學者蘿拉‧金恩（Laura King）發現，書寫正向經歷也可讓我們更妥善理解自己的情緒，增強控制感，從而改善健康（King & Milner, 2000）。

我們的最佳自我，是通過追求我們真正想要的目標而創造出的。研究顯示，寫下目標，與朋友分享，並將每週目標更新進度傳送給朋友，能做到前述這幾點，成功實現目標的可能性會高出33%（Hortop, Wrosch, & Gagné, 2013; Sheldon, Ryan, Deci, & Kasser, 2004）。

療程開場的身心鬆緩操

每次療程開始，首先進行簡短的身心鬆緩操。請參閱本手冊末尾【附錄A】：身心鬆緩操和正念練習。在案主作業簿，也有收錄一份副本，可供案主有需要時自行查閱使用。身心鬆緩之後，和案主回顧檢視案主所寫的「感恩日誌」，以及複習前一個療程教導的核心概念。

療程中的作業：「較佳版本的自我」

臨床腳本

建議臨床治療師，可以參酌採用以下的臨床腳本，鼓勵案主投入討論心理治療的目的：

你或許沒有清楚闡明這一點。但是，你應該不會不同意，你想要生活有更多快樂、希望和樂觀、勇氣和愛，而不僅只是減少悲傷、恐懼、憤怒或無聊？

你是否想要探索、表達和增強自己的心理正能量，而不僅只是修復你的弱點並防範你的缺陷？你是否想讓生活充滿目的和意義？人們對促進成長和福樂興盛的方式，興趣很大。坊間五花八門的自我發展配方，舉凡正向思考到芳香療法，無所不包（Weiten, 2006）。但是，很少有正規心理治療同等關注你的症狀和心理正能量。正向心理治療就是這樣一種方法，同等考量心理正能量和症狀，乃是

這種治療的核心。

在之前的幾個療程，你已經學習關於自己的標誌性格正能量。在本療程，你將學習如何闡述和實施正向、務實和貫徹始終的自我發展書面計畫。在我描述接下來的療程作業之前，我想請你記住一些需要考量的重要問題：你為什麼想要這樣的計畫？你準備如何來追求？努力邁向更好版本的自己，需要考量哪些因素？現在，讓我們做一個基於PPT核心假設的練習：我們每個人都有追求成長、幸福和福樂興盛的內在能力。我們身為人類，總是不斷追求目標，想要變得更富裕、更苗條、更有名氣，或更有影響力。PPT不必然反對這些目標，焦點是要幫助你擬定的目標要能夠充分利用你的標誌性格正能量，興趣、才能、需求，更重要的是，你的核心價值觀。

研究個人成長的人員同意，可預測幸福的個人目標稱為「自我和諧目標」（self-concordant goals）。這些是你自己選擇的目標，而不是被要求做某事，並且與立意好壞無關。至於你想要什麼，你自己就是最好的判定者。

然而，有時候，憂鬱或焦慮的症狀會壓抑你，使你難以有能力表達自己想要什麼。我希望在先前的作業，你探索了最深層的資產（你的標誌性格正能量），以及你在當前挑戰施力的方向（【作業單3.3】），通過這些努力，現在你對於你想要什麼，以及你想成為什麼樣的人，已經有相當程度的概念。

如果，你仍然不清楚自己想成為什麼樣的人，以下的視覺化步驟，擷取自內在動機（你真正想要的事情）研究成果，將可幫助你清晰視覺化，你想成為什麼樣的人。以你的「較佳版本的自我」為基礎，我會要求你寫出你的自我發展計畫，基本上，包括：你是什麼樣的人，你想成為什麼樣的人，從而擬出具體、可實現的目標。證據顯示，如果你寫下目標，與朋友分享，定期更新目標進度，你就更有可能實現目標。

請案主進行以下視覺化步驟：

- 開始【作業單4.1】較佳版本的自我，手上準備好筆或鉛筆。請注意，此作業單，如同本手冊各療程的所有其他作業單一樣，都有提供複印本收錄在案主的作業簿，如果有需要補充額外份數或張數的作業單，也可另行複印提供使用。
- 清空案主周圍的空間。如果他們圍著大桌子坐下，額外的物品應收放到袋子或擺放到旁邊，手機關機。
- 請他們背部貼靠椅背，頭、頸、身軀放輕鬆，腳平放地板，雙手放在大腿上，或靠近的位置。
- 讓他們靜下心來，做三次深呼吸。呼吸時，可以緩慢而輕柔閉上眼睛（能這樣做最

好，但不是一定要這樣做）。

然後，逐字宣讀以下腳本：

用畫面想像，你自己的更好版本。什麼是較佳版本的自我？

選擇一個具體、特定的版本：更放鬆、更腳踏實地、更熱情、更有活力、更積極投入、更有創意、更多親友連繫、更懂得反思、更快樂、更健康……。

請記住，只有在以下情況，這才是對你比較美好的版本：

• 相信這會讓你更快樂，或比較滿意
• 相信這個版本的你，的確比較美好
• 相信你想成為這樣的人
• 相信你必須成為這樣的人

現在，試著用比較具體的話語，想像畫面細節。你如何能夠邁向這個更好的版本？想像這是一段旅程，你需要走哪條路，才能抵達更好版本的你？請精確說明，走這條路，你需要做什麼？

然後，想想你的標誌性格正能量。在用畫面想像你的標誌性格正能量時，請聚焦你和這些正能量相關的興趣、才華、技巧和能力。

畫面想像，表現你標誌性格正能量的特定行動、行為、慣例和習慣。是特定的善意行為、表達愛的某種方式、對生活中的特定事物感恩、還是特定的創意行動？

針對你剛剛畫面想像的更好版本的你，如果可以，請畫出若干能夠實現的行動。你的標誌性格正能量，以及表現該等正能量的行動，如何可能幫助你成為更好的版本？

如果，你有明確或多少有些清晰的行動、活動、慣例或習慣清單，可以幫助你成為更好的版本，你能承諾完成其中某些嗎？

選出你願意在接下來三個月承諾做到的那些行動、活動、慣例或習慣。

畫面想像，可能阻礙你前進的障礙，你內在的障礙，或來自外部的障礙。

想想你可以做些什麼來克服這些障礙？有哪些人可能支持你克服這些障礙？

現在，畫面想像一下，如果你能前進到更好版本的你，可能會發生什麼？日常生活的例行作息，會發生什麼變化？請具體明確說明。

讓案主有足夠的時間來回答這些問題。然後，繼續下列指導：

當你準備好之後，請將注意力轉回房間。

現在，請完成【作業單4.1】較佳版本的自我。不需要加入太多思考，請直接將你想像到的畫面，記錄下來。

【作業單4.1】較佳版本的自我

「較佳版本自我計畫」作業單

設定務實目標

在[　　年　　月　　日]，我希望達到什麼樣的**較佳版本的自我**？

設定符合以下特徵的目標：	具體說明你期望看到的改變：
• 具體、可觀察的行為、行動和習慣 • 與你當前的生活狀況和諧整合 • 與你的價值觀不衝突 • 有你的社交網絡支持	• 更放鬆？更腳踏實地？ • 更熱情？更有活力？ • 更積極投入？更有創意？ • 更多親友或社群聯繫？更懂得反思？ • 更懂得社交？更輕鬆自在？ • 更快樂？更健康？

請完成下列句子：

這個更好版本的自我，會讓我更快樂或更滿意，因為
_____
_____

這可給我帶來某些好處，因為
_____
_____

這是我一直想成為的人，因為
_____
_____

這是我必須成為的人，因為
_____
_____

建立時程進度表

計　畫　日　期：_____
預期完成日期：_____
中點[大致日期]：_____

協力夥伴

願意支持我的朋友姓名：_____
此位夥伴多久會和我檢核我的進展情況？_____
我們將如何溝通？ □ 電話　□ 電子郵件　□ 當面溝通

「較佳版本自我的目標」例子	
情緒復原力 更放鬆／更腳踏實地 • 我會開始放鬆休息（例如：每天深呼吸幾次，每週一堂瑜伽／冥想靜坐課程）。 • 當我什麼也不想做的時候，我會安排放空時間（每天至少15分鐘）。 • 下次我感到心煩不安時，我會休息一下，深呼吸，諮詢能給我公正意見的人，或嘗試提出更多問題來理解脈絡，然後才做出反應。 • 對於讓我分心、減低工作效率的事情，我將消除至少一件。 • 我會花些時間，去做真正喜歡的事情。	**社會復原力** 與朋友建立更深切的關係 • 我會發現他人的特定心理正能量、能力和技能，並給予讚美。 • 我會問候我關心的朋友，過去沒有好好去認識對方，我會設法和他或她建立更密切的關係。 • 我會積極投入和朋友進行一次共同興趣的有意義活動（例如：雪地健行、攀岩、桌遊、觀賞體育賽事／表演）。 • 我將與好朋友共進午餐或晚餐，期間會將手機關機。 • 我會主動為朋友做一件善舉。
身體復原力 更有活力／更健康 • 我將建立可以持續不荒廢的運動作息（每週三次）。 • 我將在日常飲食計畫加入至少一種健康食品。 • 我發誓不會坐著X時間不動，日常生活作息，每隔X（小時），安排身體活動。 • 我會至少做一件事來改善睡眠（例如：睡前至少兩小時停止進食；睡前至少一小時停止看電視、電腦、手機；拒絕持續影響睡眠的事件／活動）。 • 我將養成至少一種習慣（例如：洗手、定期健康檢查），以便改善身體健康。	**工作場所復原力** 更積極投入 • 我將通過檢視該辦任務、截止日期等，熟悉我的工作職責。 • 我將為每項計畫提供應有的時間和心力，並使其深具吸引力。 • 如果，我有拖延的毛病，我將改變內心對話： 不要說：我必須去 改成說：我選擇去 不要說：我必須完成 改成說：我可以在何時、何地開始？ 不要說：計畫太大了 改成說：我可以把計畫分成幾個小步驟。 不要說：我的計畫必須完美無缺 改成說：我的計畫並非全都完美無缺，儘管如此，我還是會盡力達到合情合理的程度

反思與討論

　　完成此作業之後，請案主反思並討論：

• 這次作業有相當長度的畫面想像。你如何描述，畫面想像自己更好版本的整體經驗？你能夠順利進行，還是有遭遇到某些困難？請分享。

• 撰寫關於你的畫面想像，經驗如何？你能捕捉到你想像的東西嗎？

• 本次作業是否有助於你為「較佳版本的自我」產生具體想法？

• 你產生的想法有多具體？當你能夠想出務實、可合理管理的具體想法，這個作業的效果就會更好。

• 萬一你費了很大的勁，還是沒能產生具體想法，那麼清楚了解更好版本的自我，也

就夠了。根據我們的經驗，對於想要成為什麼樣的人，有清晰的圖像或感知，即使難以提出到達該目標的具體想法，就該允許案主專注於過程和最終目標。對於你來說，哪樣有用呢？更好版本自我的清晰圖像，或是實現這個更好版本的具體路徑，或是兩者兼而有之？

專欄小故事　世翰

世翰，38歲，接受個人治療，診斷患有泛慮症。以下，是他對「較佳版本自我」的描述。

較佳版本的自我：高中時期，我贏得很多越野賽跑獎項。上大學之後，我加入校隊。但世事難料，五年前，經濟危機，讓我飽受重傷。先是丟了工作，一年之後，婚姻也破裂了，焦慮症發作好幾次。想像更好自我版本的畫面，不用多想，就浮現了這樣的畫面：比現在平靜、放鬆的我。要達到這樣的目標，我選擇運用自我調節和毅力的心理正能量，因為我不確定，熱情、社會智能和好奇心如何可能幫助我感覺平靜，搞不好還有可能產生反效果。我的目標是重新開始跑步。我希望，在三個月內，開始跑一萬公尺，最終目標是明年夏天，可以完成半馬[半程馬拉松]。

我的計畫：我打算每週跑三次，第一個月，跑30分鐘開始，然後進展到40分鐘。我很幸運，能再找到新工作，但這需要我長時間坐著，處理文書工作，幾乎不停盯著電腦螢幕。如果每天清晨能跑步，這樣一整天都可感到精力充沛，那會是很好的。

誰會支持我？我的朋友，他就住在附近。我們曾經一起打棒球，他表示有興趣跑步，因為他覺得自己有些超重了。他以前也有跑步，上次我們在超市相遇，他問我想不想一起去騎單車或跑步。我會打電話給他，看看他是否願意和我一起跑。我們的時間不太可能每次都喬得攏，但只要有可能，我會在前一天晚上給他發簡訊，問他隔天早上是否有空。

如果我實現這一目標會有什麼不同？我不認為，這會讓我的生活產生巨大的改變，但這是我一直想要做的，以前跑步，感覺真的很平靜，任何事情都比不上。即使漫長的跑步，我也不覺得累。這也幫助我不再煩惱我的問題。我希望，如果能重新開始跑步，應該會讓我回復平靜，而不那麼焦慮，那怕只是一點點，也會有幫助的。

結果：在擬訂計畫之後不久，世翰順利約到鄰居朋友，兩人開始一起跑，而且比世翰預期的更頻繁。他表示：「我的跑步夥伴現在已成為親密好友，他也經歷了痛苦的離婚。」兩人分享彼此經歷的煎熬，通常是在跑完之後。隨著世翰的治療保險額度用盡，治療就終止了。就在最後一次療程之前，世翰和朋友完成了一萬公尺長跑，他們持續訓練，計畫在一年內，參加半馬比賽。

專欄小故事　玫莉

　　玫莉，46歲，人力資源經理，憂鬱症時而復發，接受個人心理治療。以下，是她對「較佳版本自我」的描述。

　　「我必須說，我對這整個心理正能量的事情，抱持相當懷疑的看法，而且「較佳版本的自我」，聽起來，嗯，好假掰，和那些「新時代」（New Age）的玩意沒兩樣。我認為，心理治療早就淪為自助、自我成長充斥的大宅院，只是費用高貴多了。說到底，這麼多年來，我早就習慣了，心理治療重心就是處理我的自尊和缺乏自信之類的問題。

　　「我的行動計畫，目標是要運用自己的心理正能量，專心讓我變得更有愛心（儘管這是我排行第一高的標誌性格正能量），建立更緊密的關係聯繫，還有更腳踏實地。就我對自己的了解，這些心理正能量並不完全意外。不過，我倒是有些驚訝，靈性並沒有在我的標誌性格正能量之列，儘管我認為自己應該滿有靈性傾向的。我決定找到一些能夠以某種方式將我與靈性聯繫起來的東西，但也有些讓我覺得活著的東西。在我最初的計畫之後，我嘗試了冥想，到女性庇護所和一個讀書俱樂部擔任志工，但我並沒有感到生氣勃勃和深層的共鳴，於是我放棄了這個計畫。一天晚上，我開車去接一位朋友，她剛結束當天的合唱團練唱。我花了不到10分鐘聽她的練唱，覺得很喜歡。我朋友催促我加入（作為交換，她獲得我的免費接送，還有大把時間，暢談鄰居八卦），我覺得加入合唱團應該滿好的。在練唱之夜，我的丈夫同意做晚餐並照顧家務，作為報答，我接管了後院清潔和園藝，這是他過去從沒喜歡過的差事。令人驚訝的是，我發現拔除雜草、種植和培育花卉和植物的經歷非常有益，幾乎是精神療癒。

　　「我老公和孩子，注意到了一些變化，尤其是我從唱詩班練習返家的夜晚。他們說，我看起來比較開朗，情緒逐漸好轉。到了聖誕節，我感覺更積極投入，比較有活力，喜歡與人合唱……在很多場合，在合唱表演期間，時間停止了，我感覺到比我自己更大的一部分——一種前所未有的感覺。對我來說，這是靈性。雖然這不是我的標誌性正能量，但它仍然給了我最深刻的滿足感。也許靈性包含許多方面。在工作，我的員工也注意到差異，他們說，我變得不那麼緊繃，不再像個「過度緊繃、過度勞累的老闆」。

　　「我從沒想過可以停藥，但我正在逐步走向斷奶。六個月之後，我不知道是否成為更好版本的我，我無法判斷。但我確實感覺更輕鬆、更有活力，就像年少時期，悠遊鄉間山林，對著鳥兒、花草樹木，開懷歌唱。」

適應和靈活變通

「較佳版本的自我」可能是艱鉅的任務，也很可能無法在治療期限內完成。個人變化通常需要忘記舊的和無效的習慣，並且習得和練習新的技能。人們需要將支持和資源用於加強、改進和重新調整其他現有技能。例如，我們的一位案主在嚴重的自殺企圖後，成功創建了自己的新版本。這個旅程大約在四年前開始，當時案主開始尋求住院藥物治療並參加個人和團體PPT兩年。今天，在撰寫本手稿時，他剛剛在一本著名的期刊上發表了他的第一篇科學論文，很可能以優異的成績畢業。然而，這個成功創造一個更好的版本花了四年時間，有許多停止和開始，更重要的是，有重大的社會和身體變化（例如，在他的生活安排和就業），並與這個特定的案主，存在的變化（以他的心態）。所有這些都需要時間。雖然我們有一些非常成功的病例，以及許多中度有效的病例，但在我們的臨床圖表中也有許多嘗試沒有取得多大進展。因此，臨床治療師應該耐心並且能夠耐受開始和停止、進展和消退。

文化因素考量

在促進這種做法時，臨床治療師需要了解文化偏見。例如：「較佳版本的自我」，核心是基於自我發展的概念，這種概念因文化而異。西方的自我發展概念包括：個人成長，採取新的，主要是個人的舉措，並尋找新的生活欣賞。前面描述的小插圖突出了這些主題。東方（和大多數非歐洲）文化中的自我發展強調投資於關係、改善社交互動，並有助於保護家庭、團體和部落傳統。儘管文化多樣性不斷增加，研究表明這些差異仍然存在的一個重要含義是，來自東方文化背景的案主可以選擇一個目標，並使用他們的標誌性格正能量來實現更好的我的版本，這需要與他人建立更好的關係。恢復或改善相互依賴的文化中的關係，需要更長時間、更多努力和更複雜的互動，而較佳版本的自我更專注於改善個人心理正能量，或採取新舉措可能需要相對較短的時間。因此，即使在團體治療中管理此介入，也要獨立考量每個案例。

與此同時，追求個性化，相對更自主的自我意識，可能是保守文化案主的理想目標，我們的一個案主參與PPT組就是這種情況。這位來自保守、宗教、南亞背景的案主，希望通過學習重新校準她的社交智慧、謙虛和審慎（過度使用的心理正能量），來發展更好的自我版本。

最終，你必須為案主提供治療環境，以便他們能夠選擇具有個人意義、參與度、文化和社會相關目標的治療環境。

維持

與你的案主討論以下提示，以便他們能夠保持進度：

- 我們每個人，都有許多不同面向的自我，包括我們喜歡而渴望進一步發展的自我，以及我們不喜歡而想要改變的自我（Markus & Nuruis, 2008）。「較好版本的自我」，此項療程作業就是要提供你結構化的方式，來發展你想要的自我。你可以視需要而多次重複或修改，只要你清楚自己正朝著哪個特定的理想自我。

- 在發展更好版本的自我時，選擇你認為務實、相關，而且可以在一段時間內維持的活動（例如：請參閱【作業單4.1】末尾的建議），維持前後一致，並不意味著你分毫不得偏離，某些情況可能需要你改變日常慣例。這可能包括：略過例行運動、去幫忙急需救援的朋友；如果需要在時間和預算範圍內完成任務，就不要堅持必須充分發揮創意；如果勇敢行動帶來更多混亂而不是平靜，就要克制、減少勇敢的行動。

- 雖然「較佳版本的自我」需要具體的細節（具體的行動、時間、方式、地點和頻率），但你也可以在沒有所有相關細節的情況下啟動這個過程（成為一個更好的人）。有時，僅僅致力於成為更好的人就足夠了，你可以隨時添加相關細節。換句話說，只要你持續致力於結果，你就可以享受這個過程。

- 有時你的消極偏見，可能會在你的自我概念中根深蒂固，可能阻礙你的進步——也許你無法改變。你可以推遲這種做法，轉而採用其他可以幫助你消除負面偏見的PPT實踐，希望能激勵你接受創造更好的自己版本的挑戰。

- 你還應該記住「我的更好的版本」練習，鼓勵你創建一個更好的——不一定是你自己的最佳版本。創建最佳版本可能需要一段時間，在此期間，你可以創建多個更好的版本。這些版本的累積效果可能有助於你最終創建並維持自己最理想的版本。

- 在追求這種做法的同時，挫折或嚴峻挑戰可能會破壞你的進步。提醒自己，你最好版本的終極判斷就是你自己。只要你付出最大努力，更好版本的自我終有成功的一天。

療程結束的身心鬆緩操

我們建議，每次療程都以相同於開場的簡短身心鬆緩操，畫上有始有終的圓滿句點。

參考資源：更美好的自我面向

延伸閱讀

- Meevissen, Y. M. C., Peters, M. L., & Alberts, H. J. E. M. (2011). Become more opti-mistic by imagining a best possible self: Effects of a two-week intervention. *Journal of Behavior Therapy and Experimental Psychiatry, 42*, 371-378.
- Owens, R. L., & Patterson, M. M. (2013) Positive psychological interventions for children: A comparison of gratitude and best possible selves approaches. *The Journal of Genetic Psychology, 174*(4), 403-428, doi:10.1080/00221325.2012.697496.
- Renner, F., Schwarz, P., Peters, M. L., & Huibers, M. J. H. (2016). Effects of a best-possible-self mental imagery exercise on mood and dysfunctional attitudes. *Psychia-try Research, 215*(1), 105-110.
- Sheldon, K. M., & Lyubomirsky, S. (2006). How to increase and sustain positive emotion: The effects of expressing gratitude and visualizing best possible selves. *The Journal of Positive Psychology, 2*, 73.

影片

- 貝瑞・史瓦茲（Barry Schwartz）熱切呼籲，以「實踐智慧」（practical wisdom）作爲解毒劑，以解決官僚主義蔓延而導致民怨高漲的社會不安局勢。他提出強而有力的論述闡明，慣例成規常讓人失望，誘因獎賞往往適得其反，而日常實踐智慧將有助於重建我們的世界，網址：https://www.ted.com/talks/barry_schwartz_on_our_loss_of_wisdom。
- 人類學家，伊麗莎白・琳賽（Elizabeth Lindsey），國家地理學會（National Geo-graphic Society）研究員，討論原住民族流傳的智慧和傳統的深厚文化知識，網址：http://www.ted.com/speakers/elizabeth_lindsey。

網路資源

- 馬克斯普朗克學會（Max-Planck-Gesellschaft；英譯：The Max Planck Society）官方網站。這個德國學會設有83個研究所，包括：智慧研究所，從事科普基礎研究，以服務普羅大眾，研究領域涵蓋自然科學、生命科學、社會科學和人文等，網址：http://www.mpg.de/institutes。
- 「如何越老活得越睿智」（The Science of Older and Wiser）—紐約時報中文網，網址：https://cn.nytimes.com/health/20140323/t10wisdom/zh-hant/dual/。
- 「實踐智慧是品德之首」（Practical wisdom as the master virtue），網址：http://

www.artofmanliness.com/2011/12/19/practical-wisdom。

- 萊恩‧尼梅（Ryan M. Niemiec）：「最佳可能自我習作（增強希望）」（The Best Possible Self Exercise (Boosts Hope)），網址：http://blogs.psychcentral.com/character-strengths/2012/09/the-best-possible-self-exercise-boosts-hope。

第十一章
療程五：開放記憶和封閉記憶

療程五大綱

核心概念
　　臨床筆記
開場的身心鬆緩操
療程中作業：「開放的記憶」
　　臨床腳本
　　實施步驟細節
　　臨床腳本
反思與討論
療程中作業：「封閉的記憶」
反思與討論
「正向評價」

作業：「正向評價」
　　【作業單5.1】「正向評價」
反思與討論
專欄小故事
　　安娜和未了的心事
適應和靈活變通
文化因素考量
維持
收場的身心鬆緩操
參考資源

　　「療程五」，正向心理治療第二階段的開始，案主回憶、編寫和處理他們的開放記憶和封閉記憶。他們學習通過PPT「正向評價」（Positive Appraisal），來培養處理開放或負向記憶的技巧。

核心概念

　　在PPT中，我們將尚未完全理解的記憶，以及引發負面情緒反應的記憶，稱爲「開放的記憶」（**open memories**）。相對地，如果記憶有一種或多或少有著正向結果的終結（conclusion），即使過程當中有所挑戰或困難，這樣的記憶則稱爲「**封閉的記憶**」（**close memories**）。

　　進入心理治療的案主經常說：「過去的包袱好沉重，根本擺脫不了」或是「我的過去讓我無法前進。」大多數的傳統療法，尤其是受到心理動力學影響的觀點，把治療的優先重點放在，紓解過去傷害衍生的憤怒和挫折。因此，大部分治療策略都是朝

向釋放壓抑的憤怒,使用未經檢驗的假設,認為一旦憤怒釋放,案主自然而然就可獲得治療洞察力。這種假設對心理治療產生重大影響,在流行文化也很普遍,常見的說法包括:「發洩怒氣」、「釋放」、「紓解胸臆怨氣」。

開放或負向記憶的紓解,不太可能促成憂鬱症患者的療癒好轉。在某些情況,甚至可能有害(Bushman, Baumeister, & Phillips, 2001)。證據還顯示,參與者藉由打沙包發洩憤怒,實際上反而感到更加憤怒,並且可能會採取攻擊行動。此外,發洩憤怒還可能導致更多的心臟病和怨恨(Anderson & Bushman, 2002; Chida & Steptoe, 2009)。反覆聚焦過往的負向記憶,甚至可能使得憂鬱症變本加厲(Nolen-Hoeksema, Wisco, & Lybomirsky, 2008)。

回想開放、負向記憶,會促成悲觀、宿命的思維,並使壓力加劇。如果,我們不能以適當的方式,在適當的時機,表達這些感受,久而久之,這些感覺就會開始鑽進我們的心底,進而轉變成對他人的酸楚怨念。然後,由於負性偏向,我們心目當中,對於他人的印象就會幾乎全都是負面的,我們可能無法聚焦當初產生負向情緒的特定細節。當我們開始對他人產生酸楚的感情,對我們自己也是有害的。案主可能會以非黑即白的方式看待這些人,陷入沒必要的思緒,沒完沒了的追究他人的侵犯原因。這樣的案主往往會問:「為什麼有人會這樣對我?」他們會難以釋懷,不時向朋友抱怨,這是一種反芻思維。案主認為反芻思維提供了洞察力,而實際上到後來,所造成的傷害甚至比當初侵犯他們的人還要更深重。對開放、負向記憶的這種反芻思維,也會耗盡我們的社會支持,因為身邊的人可能不想老是聽到我們舊事重提(Calmes & Roberts, 2008)。

有證據顯示,負向記憶,譬如:怨念積久了,與成人和青少年的高血壓有關。常常抱怨的人罹患心臟疾病、高血壓、心臟病發作和慢性疼痛的發病率比較高(Andreassen, 2001; Messias, Saini, Sinato, & Welch, 2010)。負向記憶和怨念,通常包括負向、怨懟和週期性(反覆)思維。隨著時間的推移,這種思維方式會耗盡我們的認知資源,從而限制問題解決能力。

臨床筆記

將此療程的內容呈現給案主之前,請先回顧檢視其內容。重要的是,要確保案主在處理此等主題方面[開放和封閉記憶],具有足夠的情緒和心理穩定性。在治療的後期,你隨時都可以再返回此主題。

此外,有些案主的狀況可能不見得適用「正向評價」。

療程開場的身心鬆緩操

　　每次療程開始，首先進行簡短的身心鬆緩操。請參閱本手冊末尾【附錄A】身心鬆緩操和正念練習。在案主作業簿，也有收錄一份副本，可供案主有需要時自行查閱使用。身心鬆緩之後，和案主回顧檢視案主所寫的「感恩日誌」，以及複習前一個療程教導的核心概念。

療程中的作業：「開放的記憶」

臨床腳本

　　建議臨床治療師，可以參酌採用以下的臨床腳本，向你的案主介紹「**開放記憶（負向記憶）**」的概念，以及此等記憶對於心理、社交、生理等方面的衝擊。

　　一般人聽到「心理治療」這個詞時，他們會聯想到什麼？答案可能包括：發洩關於過往的憤怒、挫折的地方。或是人們遇到有很多問題想要擺脫，但無能為力，前去尋找協助的地方。事實上，新來的案主往往會說：「**我的過去讓我無法前進。**」許多傳統的心理治療，都是立基於釋放壓抑憤怒的過程，這是一種未經檢驗的假設，認為一旦憤怒釋放，案主自然而然就可獲得治療洞察力。這種假設對心理治療產生重大影響，在流行文化也很普遍，常見的說法包括：「發洩怒氣」、「釋放」、「紓解胸臆怨氣」。

　　然而，證據顯示，發洩負向記憶不太可能促成憂鬱症患者的療癒好轉（Anderson et al., 2006），在某些情況，甚至可能有害。證據還顯示，參與者藉由打沙包發洩憤怒，實際上反而感到更加憤怒，並且可能會採取攻擊行動。此外，發洩憤怒還可能導致更多的心臟病和怨恨。也就是說，不可否認的是，反覆關注過去的負面記憶會讓人感到沮喪，甚至使得情況變得更糟。

　　回想開放、負向記憶，會促成悲觀、宿命的思維，並使壓力加劇。如果我們不能以適當的方式，在適當的時間，表達這些感受，久而久之，這些感覺就會潛伏到我們的心底。當我們開始對他人產生酸楚的感情，對我們自己也是有害的。如此一來，我們可能會將該人貼上「壞人」的標籤，無法專注於當初產生負向情緒的特定細節。

　　我們不僅可能對人不對事，而且還會陷入沒必要的思緒，沒完沒了的追問為什麼對方侵犯我們。我們可能會問：「**為什麼那個人會如此對我？**」如果我們難以釋懷，不時向朋友抱怨，這就叫作反芻思維。我們認定這種過程[反芻思維]提供了洞察力，但實際上到後來，所造成的傷害甚至比當初的侵犯還要更深重。

對開放、負向記憶的這種反芻思維，也會傷害我們的友誼和社會支持，如果我們老是心事重重，負向往事記憶纏身，整個人形同殘廢，其他人可能就會壁而遠之。

證據顯示，負向記憶，譬如：心中怨念積累久了，與成人和青少年的高血壓有關。常常抱怨的人罹患心臟疾病、高血壓、心臟病發作和慢性疼痛的發病率比較高。

負向記憶和怨念，通常包括負向、怨懟和週期性（反覆）思維。隨著時間的推移，這種思維方式會耗盡我們的認知資源，從而限縮問題解決能力。

現在，我們將進行關於這些概念的簡短習作。

實施步驟細節

為了向案主傳達關懷照顧，並提供充分的鷹架，以便他們能夠勇敢因應不安的記憶，我們鼓勵臨床治療師使用以下步驟來實施本療程作業。

- **步驟一**：完成身心鬆緩操之後，案主回想開放記憶，這是指一種不好的經驗，無論何時回想起來，都會觸發負向的經驗和感受。當案主回想起這種不安的記憶，感覺就像是仍然是「開放」、「尚未解決」的心事。
- **步驟二**：案主回想封閉的記憶，當初難以接受，但現在回頭再看，案主認為其中提供了成長的機會。回想這種經驗帶來了封閉或完結感和滿足感。
- **步驟三**：通過反思和討論，案主比較這兩種體驗。
- **步驟四**：案主了解積極的認知評估技能，並嘗試使用一個或多個來處理開放記憶。

臨床腳本

建議臨床治療師，可以參酌採用以下的臨床腳本，來提示案主選擇一則開放的記憶。

以舒適的姿勢坐下來，雙手放在大腿，頭部、頸部和胸部放鬆打直。雙腳平放在地板上。

把注意力放在你的呼吸上。注意呼吸氣息是如何進入你的身體，如何離開你的身體。吸氣、呼氣時，聚焦注意胸部如何擴展、收縮。輕輕地，把氣息吸入腹部深處。重複如此的呼吸循環，心中默數，吸氣和呼氣10次。

繼續重複這套呼吸循環，儘量讓每次吸氣和呼氣維持十秒鐘。每次呼吸完畢後，重複再做一遍。

如果，你的注意力溜開了，不要擔心，就是輕輕把它拉回來，重新開始。

　　　給案主至少一分鐘到兩分鐘，進入身心鬆緩的狀態。然後，逐字閱讀以下腳本：

　　　回想一下，你覺得自己還沒完全理解的記憶。無論何時，只要你想到這段記憶，那經驗就是不愉快，你覺得有一些開放、未完結的心情，這就叫作「開放的記憶」。儘量挑選沒有涉及羞恥、愧疚的記憶或與深刻悲傷、失落、拒絕、憤怒、焦慮或沮喪之類的記憶。

　　　讓案主睜開眼睛。然後，使用以下問題促進討論。

反思與討論

　　　完成此項作業之後，請案主反思並討論：

- 如果開放或負向記憶涉及其他人造成的傷害，你是否發現自己時常會想著這個人或其行為的原因和後果？你是否會將此過程描述為反思、反芻思維、難以釋懷、完結釋懷等等？這樣的過程有什麼好處和壞處？
- 你有和對方討論過這種負向記憶嗎？如果有，結果如何？你有理解或諒解對方的觀點嗎？你原本的負向感覺有獲得發洩嗎？
- 這種負面記憶難以釋懷，對於情緒健康有什麼長期的影響？你能做些什麼來舒緩這些影響？

療程中的作業：「封閉的記憶」

　　　在討論完前述問題之後，儘快完成接下來的療程作業。我們建議，在同一個療程當中，完成「開放的記憶」和「封閉的記憶」兩項療程作業。逐字閱讀以下腳本。

臨床腳本

　　　回想一下，你必須忍受的困難局面。有時候，即使發生了不好的事情，最終也會產生正向的後果，我們現在可以感激的事情。儘量聚焦這種困難經驗的正向方面。你現在感謝或感激什麼樣的事情？這些就叫做「封閉的記憶」。

　　　讓案主睜開眼睛。然後，使用以下問題促進討論。

反思與討論

　　　完成此項療程作業之後，請案主反思並討論：

- 身而爲人，這種經驗如何使你受益？
- 是否有個人心理正能量從這種經驗發展而出？
- 這項作業活動如何讓你取得重新檢視過往人生的觀點？
- 這項作業活動如何幫助你了解生活中眞正重要的人和事？總而言之，你如何感恩此項作業活動帶來的有益後果？

「正向評價」

　　「開放記憶」和「封閉記憶」兩項療程作業，幫助案主理解，受到開放記憶影響的人是案主，而不是施加侵犯或傷害的人。案主的開放記憶，當初產生強烈的負向情緒，仍未得到處理，終至演變爲諸多身心症狀和併發症（Harvey et al., 2004）。由於難以釋懷此等記憶，案主給自己的情緒健康帶來負面衝擊，這些記憶常使他們身心癱瘓，尤其在想要做重要事情的時候，每每感到無能爲力。PPT使用「正向評價」（**positive appraisal**），這是一種意義本位的應對方法，以正向的方式重新詮釋事件或情況（Cooney et al., 2007; Folkman & Moskowtiz, 2000; Van Dillen et al., 2007）。

　　以下例子，是案主感到苦悶而糾纏難解的負向記憶：

- 無論何時，只要我嘗試想做一些美好的事情，我另一半總會做一些讓我想起過往痛苦事件的事情。
- 每當我完成某些感覺良好的事情，過去的失敗總會提醒我，我必須取得更多、更高的成就，才有資格能夠感覺良好。
- 我想把事情做好，但過去的怨恨總是牽絆著我，我做的好事老是被視爲理所當然。
- 我已經原諒老公對我的傷害，但仍然沒辦法再信任他。
- 我感到很生氣，在緊要關頭，我最親愛的朋友沒有挺身支持我。

　　回想負向記憶會招來諸多負向情緒，譬如：憤怒、苦楚、困惑、悲傷。如果，施害者是我們親近的人，這些感覺可能會更加激烈。我們可能會心懷怨恨，希望對方受到懲罰、貶斥、羞辱或剝奪權利，從而平反正義。PPT充分肯定並認眞驗證這些感受，並且主張，開放記憶沒有得到正向處理，往往會演變成怨恨、復仇和敵意。不幸的是，第一個也是最重要的受害者，不是案主怨恨的人，而是案主本身。PPT通過遵循四項「正向評價」技巧（請參閱【作業單5.1】），幫助案主以肯定的方式，處理開放、痛苦和負向的記憶。

療程中的作業：「正向評價」

　　【作業單5.1】「正向評價」，列出包含PPT的四種正向評價策略。請注意，此作業單，如同本手冊各療程的所有其他作業單一樣，都有提供複印本收錄在案主的作

業簿，如果有需要補充額外份數或張數的作業單，也可另行複印提供使用。首先，與你的案主討論這些策略，然後鼓勵他們完成此作業單，以便正向處理開放和負向的記憶。

【作業單5.1】「正向評價」

「正向評價」工作單

1. 開創心理空間：你可以在揮之不去的負向記憶與自己之間創造心理空間。一種方法是從第三者的角度來描述苦楚的記憶，也就是說，不使用「我」。這將允許你在自己和開放記憶之間拉出一些距離，讓你有機會修改自我的感受和記憶的意義，而不是一再重複翻攪，無從解脫。

練習作業：想像一下，你是記者、攝影師或紀錄片導演，並在以下的空格，從第三者的角度描述你的開放記憶或怨恨。儘量保持第三者觀點的描述，表達不那麼個人化，更加中立。

_____

_____

_____

_____

2. 重新鞏固：當你陷溺在負向記憶，你的思維變得狹隘，不太可能注意到情況的所有面向。當你心情平靜，沒有淹沒在當前壓力，再開始進行以下練習作業。

練習作業：深呼吸。回想一下，你的開放和痛苦記憶的所有幽微細節。嘗試在以下空格，重新詮釋，用心回憶你可能錯過的任何正向部分。儘可能擱置負向部分，因為本作業的重點，是要承認並寫下你最初可能錯過的開放記憶的正向部分。在此同時，想一想你生活中最重要的價值，將其注入你修訂的記憶（Folkman & Moskowitze, 2000; Van Dillen et al., 2007; Vázquez, 2015）。

_____

_____

_____

3. 正念自我聚焦：本作業鼓勵你，每當開放記憶一浮現，就發展出一種非判斷和持平的心理狀態。秉持接受的心態，將注意力轉移到負向記憶所引發的內部和外部事件和經驗。隨著開放和負向的記憶展開，試著去觀察而不是做出反應。

練習作業：退後一步，讓你的開放和負向的記憶在你眼前開展，就像你正在看電影一樣。站在旁觀者的角度，而不是任憑記憶的情緒浪潮襲捲。你的工作是

要讓不愉快的記憶過去。重複本項鍊習作業若干次，如果你的觀察結果有助於你習慣開放的記憶，並且感覺不那麼沮喪，請在以下空格，寫下你的心得筆記。

_____

_____

_____

4. 轉移注意力：我們鼓勵你、強化你的注意力天線，及時辨識激活你開放和痛苦記憶的線索，並且一旦回憶開始出現，立即嘗試轉移你的注意力，投入參與你感興趣的體能活動或認知任務。越早將注意力轉移到其他任務上，就越容易停止開放記憶的浮現。你越頻繁轉移注意力，就越能學會辨識激活痛苦記憶的外在線索。然後，你將能夠快速捕捉該等線索，並引導你的注意力轉向更健康，而且適應良好的行為。

練習作業：一旦觸發開放記憶，嘗試轉移你的注意力，投入參與你感興趣的體能活動或認知任務。在以下空格，寫下三項體驗式活動，能夠吸引你有興趣投入，隨手可以進行，而且有些複雜難度的活動，這些活動可以讓你將注意力從負向記憶轉移開來。

_____

_____

_____

_____

反思與討論

完成此項作業之後，請案主反思並討論：

- 在正向評價的四種策略中，你發現哪一種與你的開放記憶最相關？
- 在檢視這四種策略之後，你是否認為可以採用不同的方式，將你的開放記憶進行改變、調整或重新包裝，從而有比較正向、適應良好的結果？
- 反思你的記憶。你覺得哪些不適合「正向評價」？請記住，你不必強迫自己通過「正向評價」來處理開放記憶。
- 在應用一項或多項「正向評價」策略時，你需要什麼樣的社會支持？如果沒有這樣的支持，你能想到替代方案嗎？
- 當你遇到複雜、矛盾或衝突的情況，這些策略如何在哪些方面幫助你？

專欄小故事 安娜和未了的心事

　　安娜，53歲，單親母親，獨力撫養兩名子女，如今已經長大成年。安娜有多年的慢性憂鬱症狀，對過往記憶感到痛苦。這些記憶大多數是與前夫12年婚姻中，安娜遭受的情感虐待，口角衝突、爭執打罵，還有數也數不完的悲悽不幸。離婚將近十年，安娜在治療期間，對於這些揪心刺骨的記憶，仍然感到百般無奈、掙扎。安娜說，這些年來，午夜夢迴不經意之間，想起這些不堪回首的愁苦記憶，每每悲憤攻心、暗自飲泣。安娜以前有接受過治療，但她覺得和這些記憶之間，仍有一些「未了的心事」，這也成為她前來治療的主要焦點。

　　我們大多數人，都會反思個人遭遇的挫折和困頓。這樣的反思可能讓我們感到悲傷，但對於大多數人，程度不至於會到身心癱瘓。我們多半能夠平常心看待過去，重新聚焦當下，日子照常度過。然而，安娜卻不是這樣。她不僅經常想起過去的負向經驗，而且還試圖從中汲取新的見解。只不過，安娜心思只圍繞著她遭受情感虐待的前因後果，這樣的過程通常稱為反芻思維。在最初幾次療程中，臨床治療師同理心傾聽安娜愁苦的回憶，輕輕推促她從旁觀察自己的思考。要從旁觀察自己的思想內容，這對安娜來說並不是容易的事。為了使這過程更容易、更具體，在臨床治療師的建議之下，安娜開始寫日誌，記錄自己花在這些負向記憶的時間，以及她在此期間和之後的感受。她說，每當陷入過去的負向記憶，她就會感到陰鬱消沉，壓力很大，無法集中注意力，也拖累了她的工作和家庭生活。

　　臨床治療師並沒有和安娜詳細討論負向記憶的內容，而是讓她主動觀察和反思自己的耽溺愁思，這是她憂鬱的一項主要原因。安娜同意了，這幫助她注意到過去的耽溺愁思，雖然有些讓人難以抗拒，也好像有些撫慰心情，卻沒有實質助益。她沒有對過去的苦楚有任何新的見解，而且經常思考痛苦回憶，其實是讓她一再陷入生氣、悲傷的情緒。此外，她意識到自己對前夫的怨恨始終耿耿於懷，這有時引發強烈的報復慾望，雖然她從未付諸行動。然而，這種報復慾望導致了對其他人更多的不信任，包括她的兩個孩子。她不相信同事，也不敢交辦別人可以輕易完成的工作。此外，安娜還注意到，不時有人說她變得太敏感，老是負向詮釋他人其實善意的說詞，並且對人不對事。

　　逐漸意識到耽溺負向記憶的後果，安娜轉而聚焦培養釋懷的技巧。安娜感覺，而且這感覺是正確的，她是受害者、出氣包，還有任人踐踏的踏腳墊[爛好人]。回首過往人生，她一直都是仰人鼻息，尤其是強勢的母親、和霸道的前夫。安娜覺得，長期的情感虐待，給她的性格留下深深的傷疤，無法癒合。臨床治療師引導安娜把注意力轉向現在，畢竟安娜已經離婚近10年，虐待已經停止，她也逐漸從受害者轉為倖存者。

臨床治療師和安娜討論過去雖然痛苦，無法改變，但不應該任由過去決定現在和未來。如果，安娜允許過去繼續頤指氣使，主導她的現在和將來，她很可能會難逃悲傷、空虛的人生，持續感到孤單、不快樂。這種受害者角色使她無法成長，無從探索新的存在方式。經過多次討論，安娜開始相信，自己可以是有潛力成長、走出過往陰霾的倖存者。

適應和靈活變通

有些負向記憶極其強烈（例如：性虐待或肢體虐待、痛失親人、意外事故、重大天災、悲劇或犯罪），每當記憶重新勾起，總會引發強烈情緒。雖然「正向評價」可以幫助人們處理如此強烈的記憶，但最好是讓案主從相對不那麼強烈的記憶開始，逐漸走向比較嚴重和情緒化的記憶。

權威人物或機構（例如：教師、學校、教會、宮廟、禪院等宗教機構），引起的負向記憶可能不容易處理，特別是如果記憶涉及侵犯個人權利。因此，我們建議案主不要在「正向評價」中使用這類的負向記憶，因為可能會喚起其他相關的記憶，進而引發可能難以招架的危機或負向情緒漩渦。

對於最近經歷創傷或可能再次經歷創傷相關症狀的人，也不建議採用「正向評價」，並非所有創傷都需要進行評估。某些情況，試圖匆忙處理創傷，不無可能適得其反。在開始這種療程作業之前，讓案主知道，這可能是具有相當挑戰難度的療程，因此會放慢步調，耐心前進。

探索並應用適當比重與此作業可能相互作用的特定性格正能量。比方說，我們的一個案主非常敏感，很在意枝微末節的社交瑣事（例如：沒有輪到她、非口語的反對、沒有受邀參加聚會）。她沒有足夠的資源，來持平看待這些小過失，事先討論智慧品格正能量和運用方式，使她能夠找到合適觀點來看待事情，並積極投入「正向評價」。

負向記憶可能有多重版本或副本。比方說，如果負向記憶涉及不能挺身捍衛自己（憂鬱症的案主通常會有這樣的狀況），幫助案主選擇最具特色的版本，並使用前述的策略來適應處理該等記憶。在案主有能力處理負向記憶之後，幫助他們將策略應用於類似過去的情景。

對於在回憶或評估期間可能顯得焦慮的案主，引導使用放鬆技巧，譬如：深呼吸、漸進肌肉放鬆，以及正向意象。放鬆之後，就可以比較容易把真實的正向元素從負向元素當中釐清開來。

有些案主可能會將注意力轉移視為逃避或抑制。雖然，注意力轉移，在字面上，或許會讓人以為有如此傾向。他們可能急就章，抑制或逃避與記憶相關的負向情緒，

然後認爲已經徹底處理記憶，而不是投入更深的層面，來適應處理負向記憶。要防止急就章的匆促做法，治療師最好定期詢問案主，負向記憶不利影響的舒緩情況。比方說，容易發脾氣的案主，可以使用注意力轉移策略，通過肢體運動或智慧手機遊戲，來因應容易生氣的性情。或者，可以將注意力轉移到處理家務事。

有些案主可能還沒準備好，透過適應良好的方式來處理負向記憶，這樣的案主可能更傾向發洩管道，因爲這些負向記憶壓在心上已經很久了，而且回想這些記憶似乎讓他們感到自己還活著。再者，他們也可能認爲，放下負向記憶、怨念、憤恨或復仇，就無異於軟弱怕事的表現。還有些人，喜歡時不時就搬出這些記憶，好讓自己可以維持自憐或受害者的角色。對於這樣的案主，需要更詳細的討論，以溫暖、眞誠和同理心傳達，幫助他們評估抱持負向記憶的不利影響，並強調改變的重要。並且，在適當的情況，讓這些案主以安全方式發洩憤怒，如此可以讓他們有更好的準備，適應投入參與治療工作。

此外，確保案主不會感覺受到脅迫而進行「正向評價」，否則可能會損害案主的自主和控制感。另一方面，治療過程的溫暖、眞誠和同理心，可以鼓勵案主面對他們可能逃避的困難和長期問題。

如果，再次發生類似事件，或與侵犯者難堪相遇，尤其是如果涉及嚴重的侵犯（例如：暴力虐待、攻擊、悖德犯行），讓人勾起沉痛的負向記憶，則負向記憶的處理可能只是暫時的。因爲放下這樣的重大怨恨可能會帶來風險，強人所難的將嚴重侵犯大事化小，在極短時間內就忘記，甚至部分否認或逃避沉重傷痛的情緒。因此，比較合情合理的做法，應該是鼓勵案主挑選不涉及重大侵犯事件的開放記憶，尤其是在發展和維持相關技能的學習階段，更是需要注意這些細節。

對於更嚴重的侵犯行爲，僅僅釋懷放開負向和開放記憶，還是不夠的。可能需要一個主動積極承諾而且艱難的寬恕過程，這過程已在第十二章（療程六：寬恕）討論過。再者，有些案主可能需要對怨恨有更多的了解，並且可能對寬恕感興趣。討論寬恕的內容和過程，需要相當長的時間。這可以打開記憶和有待處理的議題，並且在聚焦寬恕的療程，獲得更好的處理。有時候，由於症狀可能復發或惡化，因此「正向評價」的治療效果可能無法維持。

文化因素考量

文化會影響負向經驗、創傷和挑戰的顯現。注意探索各種陳述壓力的用語，是如何在案主的文化脈絡當中概念化。請注意，文化內部也存在差異，主要是由於家庭和經濟因素。有些案主可能無法深入表述開放記憶，因爲可能會揭開無法處理的文化壓力。此外，文化預期的角色和義務，也可能阻礙某些案主打開心門，坦然傾訴；還有創傷本身也可能受到文化獨特因素的影響。比方說，我們有一位案主谷拉絲，來自相

互依存文化的女性，長年飽受家族長輩的性侵。當她把隱忍多年的祕密告訴母親，母親（雖然完全同情女兒）卻告誡她千萬要保持緘默，家醜不外揚。即便在家族社交聚會上，谷拉絲有時候還得面對她的施虐者。這讓谷拉絲感覺，比起性侵本身或在社交場合遇到施虐者，母親的反應更讓自己心痛難過。請注意，文化規範有時可能形塑創傷經驗的內容。

在回想和闡明表述負向記憶方面，有些案主可能面臨文化障礙，尤其是，如果記憶涉及親近的人。在西方文化，分享難以啟齒的情緒，一般視為有能力和勇氣的標誌。然而，在非西方文化，可能並非如此，因此對於負向記憶的表達可能有類似看法的案主，應該考量文化脈絡因素。

維持

與你的案主討論以下訣竅，以便他們能夠維持進度：

- 開放記憶不斷浮上心頭，尤其在你最不需要的情況，請使用本療程學到的技巧。如果「正向評價」療程作業的經驗對你有所幫助，請試著考量處理不同的開放記憶，最好是仍然讓你感到不安，但不會造成創傷的事情。找個舒適安靜的地方。首先，開始進行你選擇的正念靜思操（你已經在先前PPT療程做過的）。回想一下，你要處理的開放記憶，深吸一口氣，監看你的情緒狀態。如果，你沒有感到情緒難以招架，或麻木無感，那就可以繼續接下來的步驟。請記住，目標是聚焦負向情緒，而不會淹沒難以招架。如果，你沒有感到情緒難以招架，開始反思，回到過去的事件經驗，添加脈絡細節（與此一負向經驗相關聯的任何歷史原因）；從現在的角度，闡述記憶（自發生以來情況是否發生變化？）；預期未來的可能發展（此等事件未來再次發生的可能性有多高？）。對於與你個人福祉相關聯的經驗，寫下你可以從其中汲取的任何含義。問問自己，能否使用不同的方式與該等負向經驗聯繫起來。
- 如果，開放記憶持續讓你心煩意亂，請運用此處描述的過程，嘗試回想你在事件發生時，礙於當下壓力干擾，可能忽略的任何正向層面。由於負性偏向使然，我們往往不會注意到情況的正向或適應層面。如果，你忽視任何正向元素，請設法回想細節，並進行探索。你也可以回想類似的情況，可能幫助你從中發掘忽視的正向元素。
- 展望未來，在壓力或負向情況下，嘗試轉移注意力，如同「正向評價」作業中討論的那樣。雖然，轉移注意力並不總是輕易可以上手，但是試著儘可能把注意力轉移到適合你中等複雜程度的認知任務（譬如：閱讀，或是烘焙你最喜歡的巧克力蛋糕）。

療程結束的身心鬆緩操

我們建議，每次療程最後都以相同於開場的簡短身心鬆緩操，畫上有始有終的圓滿句點。

參考資源：開放和封閉記憶

延伸閱讀

- Ayduk, Ö., & Kross, E. (2010). From a distance: Implications of spontaneous self-distancing for adaptive self-reflection. *Journal of Personality and Social Psychology, 98*(5), 809-829. doi:10.1037/a0019205.

- Denkova, E., Dolcos, S., & Dolcos, F. (2015). Neural correlates of 'distracting' from emotion during autobiographical recollection. *Social Cognitive and Affective Neuroscience, 10*(2), 219-230. doi:10.1093/scan/nsu039.

- Huffziger, S., & Kuehner, C. (2009). Rumination, distraction, and mindful self-focus in depressed patients. *Behaviour Research and Therapy, 47*(3), 224-230. doi:10.1016/j.brat.2008.12.005.

- Joormann, J., Hertel, P. T., Brozovich, F., & Gotlib, I. H. (2005). Remembering the good, forgetting the bad: Intentional forgetting of emotional material in depression. *Journal of Abnormal Psychology, 114*(4), 640-648. doi:10.1037/0021-843X.114.4.640.

- Messias, E., Saini, A., Sinato, P., & Welch, S. (2010). Bearing grudges and physical health: Relationship to smoking, cardiovascular health and ulcers. *Social Psychiatry and Psychiatric Epidemiology, 45*(2), 183-187.

- Redondo, R. L., Kim, J., Arons, A. L., Ramirez, S., Liu, X., & Tonegawa, S. (2014). Bidirectional switch of the valence associated with a hippocampal contextual memory engram. *Nature, 513*, 426-430. doi:10.1038/nature13725.

影片

- 角色扮演示範，如何處理負向記憶和長期怨念── WebMD網路醫療網，心理健康專題報導「原諒與釋懷」（Forgive and forget），網址：http://www.webmd.com/mental-health/features/forgive-forget。
- 「認知行為療法的認知重建」（Cognitive restructuring in cognitive behavioral therapy）──貝克認知療法研究所（Beck Institute for Cognitive Therapy）的影片，網址：https://www.youtube.com/watch?v=orPPdMvaNGA。
- 「安靜的正向注意力轉移」（Quiet Positive Distractions）──克拉布特里新創公司（Crabtree Innovations）解釋說明如何運作：https://www.youtube.com/watch?v=GhMaliATDNI。

- 保羅・吉爾伯特（Paul Gilbert），作家兼心理治療師，探索對於自我思維運作的意識，如何可能幫助打破負向思維模式，並且變得更富有慈悲心，網址：https://www.youtube.com/watch?v=pz9Fr_v9Okw。

網路資源

- 〈修補壞記憶〉（Repairing Bad Memories），刊於《麻省理工科技評論》（MIT Technology Review），2013年6月17日：http://www.technologyreview.com/featuredstory/515981/repairing-bad-memories。
- 「幸福科學：一場感恩實驗」（The Science of Happiness—An Experiment in Gratitude），網址：https://www.youtube.com/watch?v=oHv6vTKD6lg?list=PL373A068F767AD185。

療程六：寬恕

療程六大綱

核心概念	專欄小故事
開場的身心鬆緩操	麗雅和她的「寬恕信」
療程中的作業一：「REACH寬恕五步驟」	臨床筆記
臨床腳本	奎銘
【作業單6.1】「REACH寬恕五步驟」	適應和靈活變通
反思與討論	臨床筆記
療程中的作業二：「寬恕信」	文化因素考量
【作業單6.2】書寫「寬恕信」	維持
反思與討論	收場的身心鬆緩操
	參考資源

　　「療程六」教導的是，寬恕是一種變化的過程，而不是單一事件。本療程的PPT核心作業是「REACH寬恕五步驟」，另外還要撰寫「寬恕信」。

核心概念

　　寬恕（**forgiveness**），是變化的過程，而不是單一事件。這過程，減少負面怨恨情緒、動機和認知（Worthington, 2005）。案主心甘情願決定不尋求復仇，而是以善意和同情心來對待侵犯者。

　　不是陷入仇恨的循環，懷抱怨念，沉陷於開放、負向的回憶，寬恕為案主提供了有別於報復的替代出路。怨念集聚（grudge-collecting）是一種複雜而糾纏難休的情緒過程，特徵包括：敵意、殘留難消的憤怒、恐懼和憂鬱（Worthington & Wade, 1999）。寬恕要求案主，做出知情的選擇（informed choice），將自己和過去的關係從破壞性轉變為建設性（McCullough et al., 2014）。

　　通過情感的正向變化，寬恕可以幫助心理療癒，改善身心健康，恢復受害者的個

人能力感，幫助達成受害者和侵犯者的和解，以及增進解決現實世界族群衝突的希望（Cornish & Wade, 2015; Fehr, Gelfand, & Nag, 2010; Toussaint & Webb, 2005; Van Tongeren et al., 2014）。

寬恕或許給人很多印象，但對於案主來說，很重要的是，要了解寬恕並不意味下列事項（Enright & Fitzgibbons, 2015; Worthington, Witvliet, Pietrini, & Miller, 2007）：

• 赦免侵犯者；
• 通過社會可接受的方式，放寬對正義的要求；
• 忘記錯誤；
• 縱容、放過（容忍或不追究侵犯行為）；
• 合理化，也就是說，開始相信侵犯者所做的是對的；
• 認為時間會癒合；
• 用中性或正向的思維或情緒，取代負向的思維或情緒，忽視侵犯行為的自然後果；
• 平衡天平，也就是說，通過做其他事情，向侵犯者討回公道。

有別於前述的這些概念，在PPT的脈絡下，寬恕是案主可以運用的一種心理技巧。除了「正向評價」之外，案主也可以使用這種寬恕技巧，來處理負向記憶、情緒創痛和傷害。

療程開場的身心鬆緩操

每次療程開始，首先進行簡短的身心鬆緩操。請參閱本手冊末尾【附錄A】：身心鬆緩操和正念練習。在案主作業簿，也有收錄一份副本，可供案主有需要時自行查閱使用。身心鬆緩之後，和案主回顧檢視案主所寫的「感恩日誌」，以及複習前一個療程教導的核心概念。

療程中的作業：「REACH寬恕五步驟」

如何寬恕？

沃辛頓（Worthington, 2006）提出包含五個步驟的寬恕實踐模式，他稱之為「**REACH寬恕五步驟**」（不過，別誤會了，這實踐過程可沒有字面那麼簡單、速成）。

臨床筆記

與案主一起完成REACH寬恕五步驟，請他們逐步回答【作業單6.1】每個步驟的問題。請注意，此作業單，如同本手冊各療程的所有其他作業單一樣，都有

提供複印本收錄在案主的作業簿，如果有需要補充額外份數或張數的作業單，也可另行複印提供使用。

臨床腳本

建議臨床治療師，可以參酌採用以下的臨床腳本，向你的案主介紹「REACH寬恕五步驟」：

我們將開始關於寬恕的療程作業，叫做「REACH寬恕五步驟」，我希望，你按順序，逐步完成這五個步驟。這將需要投入大量的時間和精力，但考慮到完成這些步驟可能帶來的巨大好處，我建議你認真完成。如果需要，請不用猶豫，即使我們已經轉向其他主題，也歡迎隨時提出討論關於這五個步驟的問題。

步驟一R = Recall回想：回想一個事件，如果閉著眼睛，感覺比較舒服，你可以把眼睛閉上。回想一個傷害你的人，你仍然感到當初的傷害帶給你的負向影響。不要沉陷於自憐。在畫面想像該事件時，緩慢、平靜、深呼吸。（容許案主兩到三分鐘，完成上述過程。）

請睜開眼睛。在【作業單6.1】的空格中，描述此一事件。你不必使用此人的真名，取個縮寫或假名，只要你記的住就可以。

步驟二E = Empathize同理心：從侵犯者的角度來理解，當生存受到威脅，侵犯者可能會傷害無辜的人。請記住，同理心是寬恕的關鍵因素。同理心涉及在情感和經驗上與對方認同，而不涉入評斷。為幫助你完成此步驟，請記住以下要點：

• 人們在感到生存受威脅時，可能就會傷害無辜的人。

• 攻擊他人的人通常自身就處於恐懼、擔憂和受傷的狀態。

• 促使他們做出傷害別人的舉動，可能是發現自己遭遇的處境，不一定是他們潛在的個性。

• 人們在傷害別人的當下，通常不會多加思考，而是一股腦的爆發。

第二步驟並不容易實現，設法提出一個合理的講法，當侵犯者面對質問時，可能會搬出來辯護其行為是正當的。在【作業單6.1】空白處，請寫下你覺得該名侵犯者當初傷害你的時候，心裡有什麼樣的想法。

步驟三A = Altruistic利他：寬恕的利他禮物，這是另一個艱難的步驟。首先，回想一下，你曾經犯下侵犯他人的過錯，感到愧疚，獲得寬恕。這是別人送給你的禮物，因為你需要，而且你很感激這份禮物。在【作業單6.1】空白處，描述此一事件。

步驟四C = Commit承諾：承諾自己會公開寬恕。公開寬恕的方式，包括：

寫一份「寬恕證明」，寫一封寬恕信，寫在日記裡，寫一首詩或一首歌，或是告訴可信賴的朋友你完成了哪些公開寬恕的行動。這些都是寬恕的合同，確保邁向「REACH寬恕五步驟」的最後一步。在這些合同當中，你願意公開兌現哪一項，表達你對寬恕的承諾？在【作業單6.1】空白處，寫下你希望如何公開表明你對寬恕的承諾。

步驟五H = Hold堅持：堅持寬恕，這是另一個艱難的步驟，因為事件的記憶肯定會反覆浮現。寬恕不是抹除記憶；相反地，寬恕是對記憶的改變。重要的是，要意識到記憶並不意味著你沒有寬恕那個人，不要在記憶中滿懷復仇之念，也不要讓自己沉陷於記憶中。提醒自己已經寬恕，並閱讀你在第四步驟寫的回答。

然後，在【作業單6.1】空白處，列出可能有助於你堅持寬恕的事項，以及可能干擾或削弱你堅持寬恕決心的事項。

【作業單6.1】 「REACH寬恕五步驟」

「REACH寬恕五步驟」工作單

步驟一R = Recall回想

回想一個事件，如果閉著眼睛，感覺比較舒服，你可以把眼睛閉上。回想一個傷害你的人，你仍然感到當初的傷害帶給你的負向影響，不要沉陷於自憐。在畫面想像該事件時，緩慢、平靜、深呼吸。準備好之後，請睜開眼睛。在以下的空格中，描述此一事件。你不必使用此人的真名，取個縮寫或假名，只要你記的住就可以。

_____

_____

_____

_____

步驟二E = Empathize同理心

從侵犯者的角度來理解，當生存受到威脅，侵犯者可能會傷害無辜的人。請記住，同理心是寬恕的關鍵因素。同理心涉及在情感和經驗上認同對方，而不涉入評斷。為幫助你完成此步驟，請記住以下要點：

• 人們在感到生存受威脅時，可能就會傷害無辜的人。
• 攻擊他人的人通常自身就處於恐懼、擔憂和受傷的狀態。

- 促使他們做出傷害別人的舉動，可能是發現自己遭遇的處境，不一定是他們潛在的個性。
- 人們在傷害別人的當下，通常不會多加思考，而是一股腦的爆發。

　　第二步驟並不容易實現，設法提出一個合理的講法，當侵犯者面對質問時，可能會搬出來辯護其行為是正當的。在以下空白處，寫下你覺得該名侵犯者當初傷害你的時候，心裡有什麼的想法。

_____

_____

_____

_____

_____

步驟三A = Altruistic利他

　　寬恕的利他禮物，這是另一個艱難的步驟。首先，回想一下，你曾經犯下侵犯他人的過錯，感到愧疚，獲得寬恕。這是別人送給你的禮物，因為你需要，而且你很感激這份禮物。在以下空白處，描述此一事件。

_____

_____

_____

_____

_____

步驟四C = Commit承諾

　　承諾自己會公開寬恕。公開寬恕的方式，包括：寫一份「寬恕證明」，寫一封寬恕信，寫在日記裡，寫一首詩或一首歌，或是告訴可信賴的朋友你完成了哪些公開寬恕的行動。這些都是寬恕的合同，確保邁向「REACH寬恕五步驟」的最後一步。在這些合同當中，你願意公開兌現哪一項，表達你對寬恕的承諾？在下列空白處，寫下你希望如何公開表明你對寬恕的承諾。

_____

_____

_____

_____

_____

步驟五H = Hold堅持

　　堅持寬恕，這是另一個艱難的步驟，因為事件的記憶肯定會反覆浮現。寬恕不是抹除記憶；相反地，寬恕是對記憶的改變。重要的是，要意識到記憶並不意

味著你沒有寬恕那個人，不要在記憶中滿懷復仇之念，也不要讓自己沉陷於記憶中。提醒自己已經寬恕，並閱讀你在第四步驟寫的回答。

然後，在下列空白處，列出可能有助於你堅持寬恕的事項，以及可能干擾或削弱你堅持寬恕決心的事項。

列出可能有助於你堅持寬恕的事項：

1. _____
2. _____
3. _____

列出可能干擾或削弱你堅持寬恕決心的事項：

1. _____
2. _____
3. _____

鼓勵你的案主，嘗試澄清他們有關實施「REACH寬恕五步驟」的任何問題。

反思與討論

如果，案主能夠嘗試或完成「REACH寬恕五步驟」，請鼓勵他們通過以下問題，反思學習寬恕的過程：

- 在實施「REACH寬恕五步驟」時，你能夠坦誠和貫徹到什麼程度？
- 在前述的步驟當中，你是否出現了憤怒、失望與／或敵意等情緒？如果你感受到這當中的任何一種情緒，此項作業的哪個步驟或其他任何事項，可能幫助你繼續向前邁進？
- 你發現，這個作業的哪個步驟最困難？
- 如果你能預料到任何經驗可能破壞你寬恕的決心，那可能是什麼樣的經驗？
- 有些人寬恕，但是表現出來的行動卻不像有寬恕的樣子，你會如何形容你的寬恕？
- 你認為，膚淺的寬恕與真正的寬恕有何差別？
- 如果你覺得，目前無法百分之百徹底寬恕，有什麼可以幫助你達成更大程度的寬恕？

作業二：「寬恕信」

「REACH寬恕五步驟」，可能需要一些時間才能實現。PPT還提供了實施寬恕的第二種作業，請參閱【作業單6.2】。

【作業單6.2】書寫「寬恕信」

書寫「寬恕信」作業單

在這個作業，想一想曾經傷害你的人，而且你從未原諒過他們。在這些人當中，有哪一個人持續縈繞在你的記憶，衍生諸多負向情緒，你很想要釋放解脫？選一個你想寬恕的人，然後給那人寫一封寬恕信。不要郵寄信件，這個作業是為了你，而不是為了他或她，你甚至可以寫信給過世的人。

在信中，用具體的話語描述，你如何受到這個人的傷害。當初的傷害給你帶來什麼樣的影響？時至今日，該事件的記憶如何持續傷害你？請記得，務必以明確的寬恕聲明作為結束。

要鞏固這個作業的療癒效應，請進一步考量另外兩種做法：

1. 你可以設計一個儀式，以象徵的方式原諒侵犯者，擺脫你的憤怒或怨恨。比方說，你可以對著自己大聲讀出這封信，然後把信埋在後院，或是把信放進特殊的信封並密封。

2. 如果，你想進一步深化你的寬恕，不妨試著開始寫寬恕日誌，記錄當初傷害行為的痛苦回憶侵入現在的各種事例。反思如果你擺脫這些記憶糾纏的憤怒、怨恨，你的生活將會有多麼不同。根據需要，使用你的日誌寫下寬恕信，或簡短的寬恕聲明。

反思與討論

完成此項作業之後，請案主反思並討論：

• 寫下苦楚煎熬的記憶和遭遇，雖然有其挑戰性，但終究能夠發揮療癒之效。這過程如何給你帶來療癒？

• 寫這封信，最困難的部分是什麼？

• 寫作過程，相較於把當初侵犯事件的記憶藏在心頭，在哪些方面，有什麼不同？

專欄小故事　麗雅和她的「寬恕信」

如上所述，除了「REACH寬恕五步驟」的作業之外，案主還可以寫一封「寬恕信」。可以請案主在療程中，書寫寬恕信草稿，然後在當週晚些時候，重寫該封信。以下，是我們的一位案主麗雅，20多歲的女性，寫的寬恕信的最終版本（請注意，麗雅寫了寬恕信，但沒有寄送給對方。麗雅寫的寬恕信，對象是已故的父親）。

我摯愛的父親：

祈求上帝保佑你靈魂安息，願您在彼岸領受上主無盡恩慈。父親，我給你寫了一封信，希望能給我們帶來平靜，清出心裡一些空間，好讓我可以滿懷愛你的心。

父親，你可能不知道這一點，因為我從未向你說過這些想法，但我希望你知道，我原諒你沒有把媽媽和我們三姊妹，擺在您優先考量的責任清單上。可是，我知道，你心底對我們只有愛，還有引以為榮，只不過，有時候，心意並不一定會轉化為行動，這一切我都很清楚，所以我今天能笑著說，我原諒你。

你知道嗎，在我的記憶當中，我一直很納悶，為什麼你寧可花錢和時間去關心外人，卻任由我們，你自己家人，挨餓受凍，不聞不問。小時候，我記得，每個學年我都很尷尬，有時候，我們被逐出家門，因為大樓租金管理費沒有付。每次看到媽媽拿黑色垃圾袋裝家當，尷尬就轉為憤怒，因為我們又要被趕出家門了。那段時期，我動不動就使性子，生悶氣，不講話。一股腦的情緒和挫折感，全往心裡擱著。打從那時候，我心裡頭就長出了一頭充滿負面心思的小獸，而且一住就好幾個年頭。

我記得，到了青春期最後幾年，我再也受不了，打心底認定我們家的生活根本不健康。我知道，你前後入監服刑好幾次，但沒有人清楚告訴過我這回事。我非常明白，我們三餐不繼，付不起水電費，因為你根本沒能力好好維持家計。我也知道，在蘇丹的姑姑和她們家人，過得比我們好多了，因為你全心全力照顧她們，這些我都知道。

前些年，我心裡養的那頭小獸，吃飽喝足，轉眼變成了10英尺高的大怪獸，齜牙咧嘴，隨便就可以吞吃掉任何阻擋去路的東西。很長一段時間，我只知道你的情況只會越來越糟。我相信，帳單永遠不會付清，母親永遠不會得到你的尊重，最悲慘的是，我確信，你的暴戾和憤怒會發洩在我們三姊妹身上。

儘管如此，我原諒你，就如同我生命當中，遭受我虐待或冤枉的人原諒我那樣。我能夠反思和重新活過我犯下過錯的某些情景，而對方能夠理解我做錯了並給予我寬恕。就是這樣的關係，讓我今天成為更好的人，更有本錢去做出貢獻。別人的寬恕代表送給我的珍貴禮物。今天，換我想送你寬恕的禮物。

前面我忘了向你說，在我內心深處，除了那頭闇黑怪獸之外，還有一隻光明和愛的良獸，每當我聽到你的聲音或看到你的臉，牠就會瞬間變大。我很感激，牠的光明讓我看見，你就像好多男人一樣，從未獲得身為丈夫和父親的智慧，不知道珍惜妻子和子女，卻是手足情深，毫無保留照顧她們。就是這一點，你永遠是我認識的人當中最慷慨的。重點不在於慷慨的對象，而是你無條件奉獻的能力。

在我理性、分析的頭腦裡，要平息對你的舊怨，內心交戰的路我走得好累、好

沉重。直到今日，未來幾年想必也一樣，我仍然會想要弄明白，究竟是什麼讓你總是優先顧慮到其他人。我可能會一直追尋答案，但我永遠不會再批評你。

我們埋葬你已經五年了，沒有一天不感激你是我的父親，還有你灌輸給我的所有美好事物：你對教育的熱愛、你對社會現狀的叛逆、你隱藏在亂石磊磊之下的那顆敏感的心，最重要的是，你的自豪。我已經成年了，我選擇活出你最好的部分，也會努力記住，不讓自己出現我不喜歡你的那些習性。你永遠是我的父親，我永遠愛你。

親愛的父親，請好好安息。

你的女兒和知己，麗雅

臨床筆記

PPT推薦寫寬恕信，但不一定要遞送。案主需要評估，在這個時間點，遞送信件是否合適，以及對於收件人是否合適。應該讓案主意識到，寬恕信的收件人可能會產生憤怒或其他情緒反應。

專欄小故事　奎銘

奎銘，27男性，因持續憂鬱和社交焦慮症狀而尋求治療。在治療過程中，他說，很小的時候，叔叔對他施暴，瘋了似的狂壓他的胸部，用力之狠，幾乎讓他斷了氣，從那以後，案主心中的怨恨，一直耿耿於懷。奎銘試圖透過「REACH寬恕五步驟」來寬恕叔叔，但是未見成效。臨床治療師建議奎銘，收聽播客談論處理憤怒和怨恨的各種方式。聽了播客之後，奎銘表示，他不需要寬恕叔叔。他說：「我可以用慈悲心來回應他，我可以給他慈悲的禮物。但是，慈悲心並不意味著我需要寬恕他。」

適應和靈活變通

案主生氣的原因不一而足，可能包括社會層面的問題，例如：惡劣的生活環境、貧困的街坊鄰里和種族歧視。然而，「REACH寬恕五步驟」和「寬恕信」的療程作業，目標並不在於解決諸如此類的社會問題。案主可能希望處理特定人物所鑄下的傷害，但這些可能植根於更廣泛的社會脈絡（例如：種族、性取向、能力或種族等方面的歧視）。PPT主要並不是訴諸可能存在歷史冤情的群體個人（比方說，歷史上受到不平對待的弱勢族群，譬如：黑人或美國原住民）。儘管如此，在不涉入其他人的情況下，PPT是可以幫助案主體驗寬恕作為單方面的療癒過程；也就是說，案主可以從

投入寬恕中獲益，而無需期待來自侵犯者的道歉或認錯。

有時候，寬恕的過程未能發揮療癒效用，因為案主努力要寬恕的，其實是不應被寬恕的事情，例如：虐待、嚴重而且反覆的侵犯案主的權利，或是侵犯行徑雖然也讓案主受傷，但實際受害者可能是另有其人。

寬恕的維持取決於案主的個性，以及症狀的急迫或嚴重程度。例如：急性創傷症狀、創傷症狀反覆發作，或重度憂鬱症狀的患者，要維持寬恕可能極其困難。以下，是我們處遇過的兩個案例：(1)琳恩寬恕長年虐待她的家人，虐待遭遇使得琳恩患有憂鬱和焦慮的慢性症狀。在一次家庭聚會中，一場小衝突重新點燃了琳恩遭受虐待的痛苦記憶，她的所有寬恕都消失了。她現在比以前更討厭家人。(2)弗朗西斯卡沒有通過寬恕程序，而是開始在網上指責罪犯。現在，對罪犯的強烈報復使情況變得更糟。

無法解決創傷的案主可以訴諸寬恕作為繼續前進的方式。幫助這些案主理解寬恕是一個獨特的過程，不同於可能聽起來像寬恕但不是寬恕的過程。只要案主願意以開放的心態參與這個過程，這個過程可能會導致寬恕，或者可能不會。

臨床筆記

不建議案主對於每一次的侵犯都使用寬恕。可能需要督促案主與你討論侵犯行為，並且提醒不要淪為邁可·麥卡洛（Michael McCullough，2008，頁87）所謂的「任憑大家踐踏的門墊[爛好人]」。如果案主有如此的跡象，請從旁協助重新審視「實踐智慧」的技巧（參見第九章〈療程三〉）。

文化因素考量

文化、宗教和家庭的期望和解釋，可能通過多種方式促進或抑制寬恕。例如，文化期望可能鼓勵寬恕，以便達到社會和諧的狀態，安撫家庭或宗族內部的怨尤，確保案主能找到方法，來協調任何可能的衝突。在某些文化社群中，寬恕的概念定義為，其實並非真正的寬恕，而比較接近是赦免、放鬆對正義的要求、遺忘、忽視，或被迫接受侵犯行徑有其正當性。

文化脈絡可能提供不同含義的寬恕，這對案主可能有效、也可能無效。幫助他們了解，寬恕是什麼，以及寬恕不是什麼。比方說，我們的一位案主認為，侵犯她的人陷入可怕的處境，這就意味著，上帝已經為她報復了。另一位案主，接受了侵犯者的牽強解釋，原諒了她；然而，事隔不到一年，他又再度遭遇這個人的類似侵犯行徑。

維持

　　與你的案主討論以下提示，以便他們能夠維持進度：

- 寬恕的維持，可能取決於侵犯者是否避免未來侵犯行為，尤其是如果你們將來還有可能相見。道歉如果是應外部要求、心不甘情不願、疲軟不用心，或許可以給人寬恕的印象，但可能不足以維持寬恕。

- 如果你無法寬恕，而是耿耿於懷，不能拋掉開放、負向的記憶或怨恨，請注意這樣可能比較容易患上高血壓、心臟疾病、心臟病發作、慢性疼痛等。選擇寬恕有利於你的整體身心福祉。

- 為了維持寬恕，請定期回顧複習「REACH寬恕步驟」（請參閱【作業單6.1】），重申你的承諾，如果可能，最好是找信任的知己，重申你的承諾。

- 為了維持寬恕或擴大其利益，請列出你懷恨在心的人物清單，然後親自與他們見面討論，或想像你如何可能應用「REACH寬恕步驟」。不要忘記，將當初的侵犯行徑放入適當的脈絡和視角。

- 你最初可能寬恕侵犯者或其行徑，但可能無法維持寬恕，事實上，你可能轉而訴諸被動手段，而維持了怨恨、冒犯或傷害。因此，重要的是，要通過寬恕過程來實現持久的改變。

療程結束的身心鬆緩操

　　我們建議，每次療程都以相同於開場的簡短身心鬆緩操，畫上有始有終的圓滿句點。

參考資源：寬恕

延伸閱讀

- Baskin, T. W., & Enright, R. D. (2004). Intervention studies on forgiveness: A meta-analysis. *Journal of Counseling and Development, 82*, 79-80.
- Harris, A. H. S., Luskin, F., Norman, S. B., Standard, S., Bruning, J., Evans, S., & Thoresen, C. E. (2006). Effects of a group forgiveness intervention on forgiveness, perceived stress, and trait-anger. *Journal of Clinical Psychology, 62*(6), 715-733. doi:10.1002/jclp.20264.
- Pronk, T. M., Karremans, J. C., Overbeek, G., Vermulst, A. A., & Wigboldus, D. H. J. (2010). What it takes to forgive: When and why executive functioning facilitates forgiveness. *Journal of Personality and Social Psychology, 98*(1), 119-131. doi:10.1037/a0017875.
- Worthington, E. L. Jr., & Wade, N. G. (1999). The psychology of unforgiveness and forgiveness and implications for clinical practice. *Journal of Social and Clinical Psychology, 18*, 385-418.

影片

- TED講堂，911罹難者母親和加害者母親，在彼此身上尋得寬恕和友誼，網址：https://www.ted.com/talks/9_11_ healing_ the_mothers_who_ found_ forgiveness_ friendship。
- YouTube影片，納爾遜‧曼德拉（Nelson Mandela）：「人權鬥士曼德拉的寬恕箴言」（Message of Forgiveness－The Making Of Mandela），網址：https://www.youtube.com/watch?v=S2RyxVURHoY。
- 電影《刺激1995》（Shawshank Redemption）：劇中人物鯊堡監獄的受刑人瑞德（Red，摩根‧費里曼飾演），這一刻終於挺身對抗體制，也實現了他自己的救贖，網址：https://www.youtube.com/watch?v=KtwXlIwozog。

網路資源

- 艾佛列特‧沃辛頓（Everett Worthington），美國維吉尼亞聯邦大學臨床心理學家，寬恕研究的領導者：http://www.evworthington-forgiveness.com/。
- 「寬恕的十個非凡例子」（Ten Extraordinary Examples of Forgiveness）：http://listverse.com/2013/10/31/10-extraordinary-examples-of-forgiveness/。
- 關於寬恕的寶貴資源：http://www.forgiving.org/。

Podcast播客

- 「更好的生氣方式」（A Better Way to Be Angry）：美國哲學家，瑪莎‧茹斯鮑姆（Martha Nussbaum）的建議—加拿大廣播公司CBC，「憤怒與寬容」（Anger and Forgiveness）系列廣播節目，網址：http://www.cbc.ca/radio/tapestry/anger-and-forgiveness-1.3997934/a-better-way-to-be-angry-advice-from-philosopher-martha-nussbaum-1.3997950。

第十三章 療程七：追求極大化抑或追求知足

療程七大綱

核心概念	反思與討論
開場的身心鬆緩操	專欄小故事
療程中的作業：「你是追求極大化者？	傑西和索康尼慢跑鞋
抑或追求知足者？」	佩珊和購物商場血拼
【作業單7.1】你是追求極大化者？	適應和靈活變通
抑或追求知足者？	文化因素考量
反思與討論	維持
療程中的作業：「邁向知足」	收場的身心鬆緩操
【作業單7.2】提升滿意度的十種方	參考資源
法	

　　「療程七」，核心概念為：「**極大化**」（**maximizing**，目標在可能的範圍內做出最佳選擇），以及「**知足**」（**satisficing**，目標在做出「足夠好」的選擇）。本療程，涵蓋的核心PPT作業就是「**邁向知足**」（**Toward Satisficing**）。

核心概念

　　美好存有福祉（well-being）的根本要素，包括：施展能力控制環境，並能產生合乎期望的結果。在施展控制和形塑所期望結果的方面，選擇充足與否扮演了關鍵角色（Leotti et al., 2010）。儘管存在特定的環境障礙，我們仍享有或多或少的選擇空間。在做選擇時，有著因人而異的個別差別。根據心理學家貝瑞・史瓦茲（Barry Schwartz, 2004）的觀點，人們在選擇方面，可分為極大化者和知足者兩大類：**極大化者**（**maximizer**），總希望做出最佳選擇，在決定購買商品之前和之後，都會費心再三比較，才能決定要購買什麼。他們投入大量心力閱讀商品標籤、查看消費者雜誌、試用新產品。他們也花費更多時間，比較自己和其他人所做的購買決定。相對

地，**知足者**（**satisficer**），則是有「足夠好」的選擇就可滿足，而不會一直想著是否還有其他更好的選擇，只要有選項達到他們的標準，就會停，不再另外尋找了。

　　史瓦茲（Schwartz, 2004）認為，選擇其實喜憂參半。面臨選擇時，很難收集所需的充分資訊，最後才做出決定；而且隨著選擇範圍擴大，可接受結果的標準也會隨之上升（比方說，現今走進許多超級市場，你會看到五花八門的早餐穀麥。選擇這麼多，你該如何做決定？）隨著選項增多，我們可能會相信，任何不可接受的結果都是我們的錯，因為有這麼多的選擇，我們應該能夠選出最好的結果。史瓦茲的研究表明，雖然相較於滿足者，極大化者更有可能做出更好的客觀選擇，但是他們即使做了更好的選擇，滿足感非但沒有比較高，反而比較低。尤其是被迫結束搜索和妥協時，極大化者往往會感到若有所失、鬱悶懊惱。史瓦茲發現，極大化傾向越嚴重者，對選擇結果也最不滿意。與其他人相比，選得比別人好，不會讓他們感覺比較快樂；選得比別人差，則會感到更加不滿。他們也更容易在購買後感到後悔，如果對所購買的東西感到失望，他們也需要更長時間才能釋懷。此外，極大化者也比知足者更容易想太多，猶豫不決。

　　由於期望過高，再加上自我應驗預言選後會懊悔，如此恐懼陰影之下，往往使得極大化者更容易陷入憂鬱和完美主義。完美主義，和極大化一樣，力求達到最佳結果，兩者都設下極高的標準。稍微不同的是，完美主義者設下的是他們不期望可能達到的超高標準，而極大化者則是期望可以達到非常高的標準，當期望落空時，就會變得鬱悶沮喪（Chowdhury, Ratneshwar, & Mohanty, 2009; Schwartz et al., 2002）。

　　生活當中，可能面臨的選擇範圍相當廣泛，小至日常生活的選擇，譬如：要吃什麼、穿什麼、要選擇什麼電腦螢幕的桌面背景；大至攸關前途的重大決定，譬如：選擇約會結婚的對象、就讀哪所大學、挑選職業生涯、搬家或買房。選擇無論大小，每次都強化了我們對於控制的信念。然而，史瓦茲的研究也顯示，選擇太多，雖然有時可能產生較好的決策，但也有可能讓極大化者付出沉重代價，並且低估了極大化對於情緒的衝擊影響。

療程開場的身心鬆緩操

　　每次療程開始，首先進行簡短的身心鬆緩操。請參閱本手冊末尾【附錄A】身心鬆緩操和正念練習。在案主作業簿，也有收錄一份副本，可供案主有需要時自行查閱使用。身心鬆緩之後，和案主回顧檢視案主所寫的「感恩日誌」，以及複習前一個療程教導的核心概念。

療程中的作業：「你是追求極大化者？抑或追求知足者？」

　　請案主填寫【作業單7.1】。這份作業將有助於評估案主是屬於追求極大化者，

抑或是追求知足者。請注意，此作業單，如同本手冊各療程的所有其他作業單一樣，都有提供複印本收錄在案主的作業簿，如果有需要補充額外份數或張數的作業單，也可另行複印提供使用。

【作業單7.1】你是追求極大化者？抑或追求知足者？

請參考使用下列的評分方式，來評估你的極大化─知足傾向：「1，完全不同意」；「2，不同意」；「3，些微不同意」；「4，沒意見」；「5，些微同意」；「6，同意」；「7，非常同意」。

題次	題　目	評分
1.	每當面臨選擇時，我會努力去想像所有可能的選項，甚至包括目前不存在的選項。	
2.	無論我對自己的工作多麼滿意，我都應該把握機會，去尋找更好的出路。	
3.	在車上聽收音機時，我經常轉換頻道，搜尋其他電臺是否有更好的節目，即使我對正在聽的節目已經滿意。	
4.	看電視時，我會一直轉臺，即使有想觀看某個節目，也經常轉臺看看其他臺在播什麼節目。	
5.	我看待感情就像挑選衣服，總是一試再試，直到找到完美合身的服裝。	
6.	挑選送給朋友的禮物，常讓我感到很為難。	
7.	租錄影帶真的很難，我總是千挑萬選，堅持要挑到最好的片子。	
8.	逛街買衣服，我很難找到真正喜愛的。	
9.	我是各種排名榜的超級粉絲（電影、歌手、運動員、小說等等的排行榜）。	
10.	寫作非常困難，即使只是寫信給朋友，因為措詞遣字要寫得恰到好處實在很煎熬。就算是簡單的事情，我也常常改寫很多次。	
11.	無論做什麼，我都會給自己設定最高標準。	
12.	我永遠不會滿足於排在第二名。	
13.	我經常幻想與現實截然不同的人生。	
	總分	

這份量表的平均得分為50分，高分者75分以上；低分者25分以下，沒有性別差異。得分65分以上，你就偏向追求極大化者，擁有極大化的行為或習慣，對你的福祉可能產生不良影響。得分40分以下，你就偏向追求知足者。

原著作者Schwartz et al., 2002，經許可翻印。

反思與討論

　　完成此項作業之後，請案主反思並討論：

- 你的分數指出你是屬於哪一種人：極大化者，或是知足者？
- 如果你得分超過50分，明白這一點可能幫助你在哪些方面做出有意義的改變，好讓自己有較高的知足感？
- 如果你得分頗高，你對於自己投入極大化而耗費的成本（例如：經濟、情感和身體方面的成本），了解有多少？
- 沒有人在生活的全部方面都追求極大化。你在哪些方面追求極大化，哪些方面追求知足？請回想並對照比較，你在這兩種情況下的情緒反應。
- 你是否有發現，自己比追求滿足者投入更多心力在做商品的比較？
- 有些人希望擁有選擇，有些人則想做出選擇。哪一種描述比較接近你？

療程中的作業：「邁向知足」

　　除了選擇極大化，人們也可能傾向追求知足。追求知足者當然也有選擇的標準，但是追求知足者並不憂心忡忡，老是惦念著可能會有更好的選項。無論你的案主通常是追求極大化，抑或是追求知足，請讓他們完成【作業單7.2】提升滿意度的十種方法，其中列出了貝瑞‧史瓦茲的研究工作所產生的策略。在療程中，向案主介紹這些策略，並幫助他們在作業單每項策略的結尾處，寫下個人化的目標。討論通過極大化和知足，如何可能達到此等目標，以及每種取徑的成本或收益。

【作業單7.2】提升滿意度的十種方法

	策　略
1.	**成為選擇者，而不是被選擇者**：選擇者是指，能反思什麼因素使決策有其重要性；是否有可能全部選項都不應該選；是否應該創造新的選項；特定的選擇如何使當事人可以稱為選擇者。採用下列的策略，你可以成為選擇者，而不是被選擇者： • 關於對你不重要的決策，縮短或避免花費心思去審酌。 • 主動撥出一些時間，問問自己，在生活各領域涉及重要決定的地方，你真正想要的是什麼。 如果，上述都不起作用，你會嘗試： _____ _____
2.	**更多知足，更少極大化**：為了擁抱知足，你會嘗試去： • 想想生活中有哪些情況，你可以安然接受「足夠好」的選項。 • 仔細檢視，在這些方面，你如何做出選擇。 • 更廣泛應用該等策略。 如果，上述都不起作用，你將嘗試： _____ _____

	策　略
3.	**考量機會成本**：嘗試以下方法，你可以避免因考量機會成本而產生的失望： • 除非你真的不滿意，否則就該安然接受你通常購買的東西。 • 你會抗拒「新版和改良版」的誘惑。 • 你會抱持「心中不癢，就不會想去抓」的態度。 • 你不會擔心錯過了世界提供的所有新鮮事物。 如果，上述都不起作用，你將嘗試： ＿＿＿＿＿＿＿＿＿＿＿＿＿＿＿＿＿＿＿＿＿＿＿＿＿＿＿＿＿＿＿＿ ＿＿＿＿＿＿＿＿＿＿＿＿＿＿＿＿＿＿＿＿＿＿＿＿＿＿＿＿＿＿＿＿
4.	**使你的決定不可逆轉**：當決定是最終而不可逆轉，我們會認真投入各種心理過程，強化我們對所做選擇（相對於其他替代選項）的感受。如果決定是可逆轉的，我們就不會如此慎重其事。 列出可逆轉決策的例子： a.＿＿＿＿＿＿＿＿＿＿＿＿＿＿＿＿＿＿＿＿＿＿＿＿＿＿＿＿＿＿＿＿ b.＿＿＿＿＿＿＿＿＿＿＿＿＿＿＿＿＿＿＿＿＿＿＿＿＿＿＿＿＿＿＿＿ c.＿＿＿＿＿＿＿＿＿＿＿＿＿＿＿＿＿＿＿＿＿＿＿＿＿＿＿＿＿＿＿＿ 現在，列出你在以下生活領域做出的不可逆轉的決定： a.＿＿＿＿＿＿＿＿＿＿＿＿＿＿＿＿＿＿＿＿＿＿＿＿＿＿＿＿＿＿＿＿ b.＿＿＿＿＿＿＿＿＿＿＿＿＿＿＿＿＿＿＿＿＿＿＿＿＿＿＿＿＿＿＿＿ c.＿＿＿＿＿＿＿＿＿＿＿＿＿＿＿＿＿＿＿＿＿＿＿＿＿＿＿＿＿＿＿＿
5.	**練習「感恩的態度」**：通過有意識的努力，對於選擇的美好之處，有更多的感恩，對於選擇的不好之處，較少感到失望，這樣你可以大幅改善你的主觀體驗。 對於以下的選擇，練習感恩的態度： a.＿＿＿＿＿＿＿＿＿＿＿＿＿＿＿＿＿＿＿＿＿＿＿＿＿＿＿＿＿＿＿＿ b.＿＿＿＿＿＿＿＿＿＿＿＿＿＿＿＿＿＿＿＿＿＿＿＿＿＿＿＿＿＿＿＿ c.＿＿＿＿＿＿＿＿＿＿＿＿＿＿＿＿＿＿＿＿＿＿＿＿＿＿＿＿＿＿＿＿
6.	**遺憾少一些**：遺憾的刺痛（無論是實際的、或是潛在的），會左右人們對於許多決定的事後觀感，有時候，甚至會影響我們，完全逃避，而不想做決定。雖然，後悔通常事出有因，也提醒應該記取教訓，但是當後悔太過強烈，以至於麻痺或甚至阻止決策時，你就應該設法使後悔最小化。通過以下方式，減少後悔： • 採用滿足者而非極大化者的標準。 • 在做出決定之前，減少你考慮的選項數量。 • 專注於所決定之選項的好處，而不是對其壞處的失望。 如果，上述都不起作用，你將嘗試： ＿＿＿＿＿＿＿＿＿＿＿＿＿＿＿＿＿＿＿＿＿＿＿＿＿＿＿＿＿＿＿＿ ＿＿＿＿＿＿＿＿＿＿＿＿＿＿＿＿＿＿＿＿＿＿＿＿＿＿＿＿＿＿＿＿
7.	**預期適應**：人們對於所經歷的幾乎所有事情，通常會適應而減弱感覺。在苦難時期，適應使我們能夠免於承受居高不下的衝擊；在美好的時光，適應讓我們站上「享樂跑步機」，剝奪我們充分感受每一次正向體驗所期望的滿足感。我們不可能阻止適應，對於經驗隨著時間而變化的現實，你將發展務實的期望： • 如果，你購買新的小器具，你將會意識到，新鮮感不會超過兩個月。 • 你會花費更少的時間，去尋找完美的東西（極大化），這樣你就不會付出巨額的搜索成本，而折損你從選擇中獲得的滿足感。 • 你會提醒自己，事物實際上有多好，而不是聚焦它們變得沒有當初感覺得那麼好。 如果，上述選項都不起作用，你將嘗試： ＿＿＿＿＿＿＿＿＿＿＿＿＿＿＿＿＿＿＿＿＿＿＿＿＿＿＿＿＿＿＿＿ ＿＿＿＿＿＿＿＿＿＿＿＿＿＿＿＿＿＿＿＿＿＿＿＿＿＿＿＿＿＿＿＿

策　略
8. **控制期望**：對經驗的評估，會受到與期望相比的影響。因此，提高對決策結果滿意度的最簡單途徑，就是降低過高期望。為了更輕鬆降低期望，你將： • 減少你考量的選項數量。 • 成為滿足者，而不是極大化者。 • 允許意外發現。 如果，上述都不起作用，你將嘗試： ＿＿＿＿＿＿＿＿＿＿＿＿＿＿＿＿＿＿＿＿＿＿＿＿＿＿＿ ＿＿＿＿＿＿＿＿＿＿＿＿＿＿＿＿＿＿＿＿＿＿＿＿＿＿＿
9. **縮減社會比較**：我們通過社會比較，來評估經驗的質量。儘管有用，但這通常會降低我們的滿意度。你將嘗試以下策略： • 你會記得「死時擁有最多玩具，就是贏家」，只是貼在車子的貼紙口號，而不是智慧。 • 你將專注於讓你快樂的事物，以及賦予你生活意義的事物。 如果，上述都不起作用，你將嘗試： ＿＿＿＿＿＿＿＿＿＿＿＿＿＿＿＿＿＿＿＿＿＿＿＿＿＿＿ ＿＿＿＿＿＿＿＿＿＿＿＿＿＿＿＿＿＿＿＿＿＿＿＿＿＿＿
10. **學會愛限制**：隨著選擇數量的增加，選擇的自由最後就變成選擇的獨裁。日常生活的諸多事項，如果都要耗費大量時間和注意力去選擇，會讓人感到度日如年。在許多情況，學著將可能性的限制視為解放而非約束。社會提供許多規則、標準和規範，來引導做選擇，而個人經驗也創造習慣。通過遵循諸如此類的規則或習慣（例如：總是繫好安全帶，每晚不要喝超過兩杯葡萄酒），我們避免每次都得花心思去做出決定。依循規則或習慣，讓我們釋放了時間和注意力，可以用於思考規則不適用的選擇和決策。 你將遵循以下規則： a.＿＿＿＿＿＿＿＿＿＿＿＿＿＿＿＿＿＿＿＿＿＿＿＿＿＿＿ b.＿＿＿＿＿＿＿＿＿＿＿＿＿＿＿＿＿＿＿＿＿＿＿＿＿＿＿ c.＿＿＿＿＿＿＿＿＿＿＿＿＿＿＿＿＿＿＿＿＿＿＿＿＿＿＿

原始材料來源：史瓦茲（Schwartz, 2004）。

反思與討論

完成此項作業之後，請案主反思並討論：

• 這裡討論的邁向知足的策略中，你能相對獨立地實施哪些策略？

• 這裡討論的邁向知足的策略中，你需要其他人合作或支持，才有可能成功嗎？

• 有些選擇或決定，例如：搬家到什麼地方、找哪樣的工作，或結婚對象，追求極大化比較能讓你獲益。你的生活中，還有哪些方面會從極大化中受益？

• 極大化行為和決定通常依賴於外部驗證，例如：排名高、專家推薦、社會期望，或是眾人青睞或追隨。你的決定是否依賴於這些類型的外部驗證？

專欄小故事 **傑西和索康尼慢跑鞋**

以下，摘錄來自我們的一位案主，傑西。在一對一療程，詳細討論極大化和知足的概念之後，他描述對這些概念的理解。

「上星期，鞋子的破洞，襪子時不時就露出來透風。我已經勉強多穿了好一段時間，是時候該買新鞋了。所以，我用谷歌搜索「買跑鞋」，一下子就有27,000家鞋店可供瀏覽挑選。當然，我有找到完美的鞋子。但是，成千上萬的鞋子攤在螢幕上，眼花撩亂，真的很為難。選擇這麼多，不得不忍痛割愛，許多沒選上的鞋子也很吸引人的，真的是遺憾比天高。我喜歡這雙新鞋子，但這雙索康尼慢跑鞋沒有耐吉氣墊鞋的充氣、緩衝功能。選擇越多，遺憾沒選到難以割捨的設計、功能等等就越多。」

專欄小故事 **佩珊和購物商場血拼**

佩珊，大學高年級學生，焦慮症狀，描述使用其中一種邁向知足之策略的經驗：

「在完成這項療程作業之前，我去商場買衣服的時候，我都會花很多時間，逛過一家又一家的商店，仔細比較相同價格範圍內的類似品項。我用手機拍照，搜尋網路賣家的貨色，反覆來回比較……最終我下定決心買了……但是，一回到家裡，很快我腦子就一直碎碎念，說我買的衣服有這樣或那樣的缺陷，我就會退回去……就這樣不斷尋覓，買了又退還，沒完沒了的循環。上週末，我刻意跳脫以往的做法，到離家最遠的商場，買了不能退貨的特價品。當我回到家，我感到一種循環終結的微妙解脫感。」

適應和靈活變通

極大化測量獲得高分的案主，有些人可能純粹只是擁有豐功偉業的高成就者，久而久之，對自我有較高的期許，換言之，對於他們，極大化基本上並不構成問題。因此，很重要的是，除了參考分數之外，還需要配合探索案主是極大化者或高成就者，或是兩者兼而有之。

此外，理解案主的個性與極大化／知足的交互作用也很重要。比方說，分析能力良好和好奇心很強的案主，相較於擁有友善、謙遜、感恩等心理正能量的案主，前者更有可能極大化。這些心理正能量似乎與知足感相關，而不是與極大化相關。

文化因素考量

極大化也可能是案主從原生家庭習得的行為策略。比方說，從經濟貧困國度，

移民到充滿物質商品和機會的西方社會，極大化可能成爲移民家庭文化適應或涵化（acculturation）的過程。也就是說，在做出任何決定之前，這些移民家庭會想要探索所有選項，這過程使他們能夠適應融入新文化。

在移民富裕西方國家之前，如果來自不同文化背景的家庭，經歷嚴重的經濟困頓，例如：飢荒、戰爭或其他重大創傷，極大化傾向或許可以提供一種因應途徑，未雨綢繆做好萬全準備，有效舒緩未來可能災難臨頭的焦慮。

有些家庭或個人，窮盡一切可能找到最好和最便宜的交易，不是因爲他們在追求極大化，而是情非得已的生存之道，因爲他們家庭收支往往捉襟見肘。

有些移民家庭，特別是父母拼死拼活，就爲了確保孩子未來前程似錦，他們往往寄望子女活出自己沒能實現的理想。爲了實現「美國夢」，他們絲毫不敢放鬆，緊盯著子女必須在所有領域都要名列前茅。因此，他們強烈「鼓勵」子女極大化每一次的機會。另外，還有某些社會名流望族，從小灌輸給子女極大化的心態，部分原因就在於擔憂，如果後輩子孫不能極大化利用機會，就很難維持社經地位，在其文化社群當中就會顏面盡失。

應屆畢業生，或最近遭解雇的工人，申請好幾十個職缺，找不到工作可能就要三餐不繼了，在這種情況下，比較不可能訴諸極大化，而比較有可能尋求知足。

維持

除了【作業單7.2】突顯的策略之外，還要與案主討論以下提示，以便維持進展：

- 極大化者更有可能進行社會比較，尤其是評估標準，以及自己和其他人的資歷或財產的相對狀態。爲了促進知足，最好不要依賴外部標準，而是發展自己的立足點，亦即你自己的內部標準。
- 要促進知足，應該悠然欣賞品味體驗式活動。不要試圖培養大量的高質量（高樂趣值）體驗，而是努力去維持此等體驗相對稀少和獨特性。這可緩和感覺適應，而且每次愉悅的體驗之後，你也不會胃口大增，想要填滿更多、更刺激的快感經驗。
- 通過探索大量選項，極大化者傾向相信，他們可以控制自己生活的許多面向，從教育到就業，從選擇伴侶到創造社會身分。然而，研究顯示，極大化取得的淨收益（就附加訊息而言）對結果幾乎沒有影響（Schwartz et al., 2002）。換句話說，追求控制或管理完美結果，給予極大化者擁有掌控大局的印象，但結果幾乎是無關緊要的。再者，投入於管理控制過程的所有心力，都使得極大化者無法享受過程當下的體驗。

療程結束的身心鬆緩操

　　我們建議，每次療程最後都以相同於開場的簡短身心鬆緩操，畫上有始有終的圓滿句點。

參考資源：追求極大化，抑或追求知足

延伸閱讀

- Jain, K., Bearden, J. N., & Filipowicz, A. (2013). Do maximizers predict better than satisficers? *Journal of Behavioral Decision Making, 26*(1), 41-50. doi:10.1002/bdm.763.
- Kahneman, D., & Tversky, A. (1984). Choices, values, and frames. *American Psychologist, 39*, 341-350.
- Schwartz, B. (2004). *The Paradox of Choice: Why More Is Less*. New York: Ecco/HarperCollins。《只想買條牛仔褲：選擇的弔詭》，貝瑞‧史瓦茲原著；劉世南譯（2004年，臺北市：天下雜誌）。
- Schwartz, B., Ward, A., Monterosso, J., Lyubomirsky, S., White, K., & Lehman, D. R. (2002). Maximizing versus satisficing: Happiness is a matter of choice. *Journal of Personality and Social Psychology, 83*(5), 1178-1197. doi:10.1037/0022-3514.83.5.1178.

影片

- TED講堂，貝瑞‧史瓦茲（Barry Schwartz），《只想買條牛仔褲：選擇的弔詭》（The Paradox of Choice）作者，討論為何選擇太多反而讓人陷入癱瘓，並且耗損幸福，網址：https://www.ted.com/talks/barry_schwartz_on_the_paradox_of_choice。
- TED講堂：Shyeena Iynger discusses how people choose and what makes us think that we are good at it: https://www.ted.com/speakers/sheena_iyengar。
- TED講堂，丹尼爾‧吉伯特（Dan Gilbert），哈佛大學心理學教授，討論人們關於快樂來源的信念往往是錯誤的想法，網址：http://www.ted.com/talks/dan_gilbert_researches_happiness。
- 免費線上測驗，評估你是追求極大化者？抑或追求知足者？http://www.nicholas-reese.com/decide/。

網路資源

- 伊麗莎白‧伯恩斯坦（Elizabeth Bernstein），華爾街日報專欄作者，決定風格可以大致判斷幸福程度，「追求極大化者」檢查所有選項，而「追求知足者」快速做出最佳抉擇，猜猜誰比較快樂？網址：http://www.wsj.com/articles/how-you-make-decisions-says-a-lot-about-how-happy-you-are-1412614997。

第十四章
療程八：感恩

　　「療程八」，正向心理治療第二階段，最後一次療程。在這個療程，我們進一步擴展、應用「感恩」的概念。先前在「療程一」，我們是以「感恩日誌」的形式，首次介紹感恩的概念。現在，「療程八」，是要協助案主回憶和寫信，感謝過去未能好好致謝的恩人。本次療程涵蓋兩項PPT作業，分別是「感恩信」（Gratitude Letter），以及「感恩之旅」（Gratitude Visit）。

核心概念

　　以下的核心概念，與先前第七章〈療程一〉介紹的核心概念相同，當時我們介紹的是「感恩日誌」（Gratitude Journal）。

　　感恩（gratitude），是一種感謝恩情的經驗，其中涉及注意和欣賞生活當中的正向事物。在這樣的過程當中，我們確認正向事物的價值和意義。感恩可以拓寬觀點視角，以及建立其他正向情緒和正向思維（Emmons, 2007）。

　　臨床上，相較於非憂鬱症的對照組，憂鬱症的個人在感恩的測量方面顯著得分較低（將近低50%）（Watkins, Grimm, & Kolts, 2004）。事實上，感恩可以保護案主

免受憂鬱症的衝擊（Tsang, 2006; Wood et al., 2008）。

感恩促使案主，在情況適當和符合現實之下，通過重新框架或轉念（reframing），將負向經驗重新詮釋為正向經驗。這種轉念進而與較少的心理症狀相關聯（Lambert, Fincham, & Stllman, 2012）。通過持續投入「感恩日記」之類的感恩療程作業，學習更懂得落實感恩，可以幫助案主學習和使用更正向的因應策略，從而降低壓力（Wood, Joseph, & Linley, 2007）。

療程開場的身心鬆緩操

每次療程開始，首先進行簡短的身心鬆緩操。請參閱本手冊末尾【附錄A】身心鬆緩操和正念練習。在案主作業簿，也有收錄一份副本，可供案主有需要時自行查閱使用。身心鬆緩之後，和案主回顧檢視案主所寫的「感恩日誌」，以及複習前一個療程教導的核心概念。

療程中的作業：「感恩信」與「感恩之旅」

臨床腳本

建議臨床治療師，可以參酌採用以下的臨床腳本，向你的案主介紹「感恩信」：

以舒適的姿勢坐下來，雙手放在大腿，頭部、頸部和胸部放鬆打直。雙腳平放在地板上。

把注意力放在你的呼吸上。注意呼吸氣息是如何進入你的身體，如何離開你的身體。吸氣、呼氣時，聚焦注意胸部如何擴展、收縮。輕輕地，把氣息吸入腹部深處。重複如此的呼吸循環，心中默數，吸氣和呼氣10次。

繼續重複這套呼吸循環，儘量讓每次吸氣和呼氣維持十秒鐘。每次呼吸完畢後，重複再做一遍。

閉上眼睛，想像某位在世恩人的臉。若干年前，這人做了某些事，改變了你的人生，而你至今仍未好好致謝；下個禮拜，你有可能和這位恩人見面。有想到這位恩人的臉沒？（請參閱《邁向圓滿：掌握幸福的科學方法與練習計畫》（Flourish），Seligman, 2012，頁30）

睜開眼睛，毫不拖延，馬上翻開【作業單8.1】，寫一封大約300字的信，給你回憶的這位恩人，表達你的感謝。用具體的語言，說出對方做了哪些幫助你的事情。不要擔心文筆或文法，這只是初稿。對於回憶過程浮現的情緒，要尊重，用文字如實記錄下來。

　　請注意，本手冊使用的所有作業單，都有呈現在各相關療程的章節，並有提供複印本收錄在案主作業簿，如果有需要補充額外份數或張數的作業單，也可另行複印提供使用。

【作業單8.1】你的感恩信初稿

「你的感恩信初稿」作業單

寫下你的初稿：

親愛的＿＿＿＿＿＿＿＿＿＿

_____

_____

_____

_____

_____

_____

_____

_____

_____

_____

_____

_____

_____

_____

在你完成「感恩信」草稿之後，請按照下列指示，在家繼續完成此項作業：

「感恩信」和「感恩之旅」

- 請你修改潤飾在療程中寫的「感恩信」草稿。寫完之後，再改寫。用具體的文字，描述你感謝的原因。這封信應該具體說明這位人士為你做了什麼，並清楚解釋該等行動如何影響你的人生。在信中，告訴對方，你現在過得如何，以及你經常感念他或她的恩惠。
- 完成最終版本，簽名，上膠膜護貝，以示重視。
- 接下來，安排日期，專程前去拜訪，或是邀請對方到你家。

- 再來,請注意,你必須面對面完成下一步驟,而不僅只是寄信或打電話而已。不要提前說明拜訪或邀約的用意,只需簡單說:「我想見到你」,就足夠了。

- 有無準備葡萄酒和點心都不是重點,但請務必記得,準備好你上膠膜護貝的「感恩信」作為禮物。等到你和對方都感覺自在,就把「感恩信」拿出來,念給對方聽,表情要自然,目光平穩接觸,不疾不徐,讓對方得以自然而然的真情反應。一起回味當年,她或他對你所做的無比重大的恩情。

臨床筆記

　　「感恩信」和「感恩之旅」這兩項療程作業,需要投入相當的時間和精力,來管理安排後勤事宜。因此,務必記得為案主提供足夠的時間,好讓他們得以在治療過程從容完成此等作業。與案主討論,預期可以完成此等作業的時間表,並定期提醒他們注意進度。

　　鼓勵案主在療程期間,試著把「感恩信」念出聲來,作為排練,這有助於案主對「感恩信」進行必要的修改。如果是團體PPT,這種做法也可激勵其他案主起而效法。確保案主也有機會分享他們實施「感恩之旅」的經驗。如果是團體PPT,請要求案主在團體療程終結之前完成作業。

反思與討論

　　完成「感恩信」和「感恩之旅」療程作業之後,請案主反思並討論:

- 你在寫「感恩信」的時候,有怎樣的感覺?
- 在寫「感恩信」的過程,你覺得最簡單的是哪些部分?最艱難的又是哪些部分?
- 對於你的致謝,對方有怎樣的反應?他們的反應帶給你如何的影響?
- 在你向對方念完這封「感恩信」之後,隨之而來的感覺維續了多久?
- 你是否記得,在你向對方念完這封「感恩信」之後,那些日子有什麼樣的經驗?如果記得,這種回憶如何影響你的心情?

專欄小故事

　　以下,三篇關於感恩主題的專欄小故事。前兩篇,擷取自團體PPT的案主;第三篇,擷取自個人PPT的案主,對於「感恩信」實行過程的感想。第一篇,是案主在團體療程期間,寫的「感恩信」初稿,目前尚不清楚這封信是否已經傳達給受信人。第二篇,是定稿版本的「感恩信」,已由案主親自送達,當面念給受件人聽。

專欄小故事　「感恩信」初稿

親愛的明莉老師：

　　寫這封信給老師，由衷感謝你在高中時期對我的百般呵護。當年，每次我感到遭人誤解、生悶氣、孤單無助，你總是善解人心，聽我訴苦，為我發聲。你為了幫我而投入的時間，容或在你眼中微不足道，卻給我帶來了既深且遠的莫大影響。當其他人言之諄諄，說教訓人，不勝其擾的時候，你總是以身說法，通過行動和真誠關心，讓我明白做人處事的道理。

　　老師，你還記得嗎，有一次，你開車載我，我們坐在路邊，聊了一個多鐘頭？在旁人來看，這可能沒什麼，但是對我的影響卻是永世難忘，難以言語表達。你讓我感到真的有人關心我、愛護我，也讓我相信自己值得受到關愛，這是你送給我最好的禮物。

　　寫這封信，除了獻上學生我打從心底的由衷感謝，這對我也有著意義不凡的重要性：我真的、真的很感謝你所做的一切，我希望這麼多年之後能讓你明白，當年你為我所做的一切，對我而言，有著何等重大的意義。

專欄小故事　「感恩信」與「感恩之旅」

　　以下，是關於「感恩信」和「感恩之旅」的故事。23歲的女性案主，寫了這封「感恩信」給她的摯友。在個人治療過程，案主帶受信人來到治療辦公室，並在臨床治療師和團體PPT其他成員見證之下，當面念「感恩信」給受信人聽。當然，這做法有先徵得大家的同意。

摯愛吾友：

　　人生在世，免不了遭遇各種超乎常理的人、事、物。德國詩人里爾克（Rainer Maria Rilke）曾說：「人生要有耐心，別急著想解開心中所有疑惑，試著用愛去擁抱問題。時機未到，迫切尋求答案也只是枉然。就算得到答案，也無法承受。重點是，順其自然，把握當下，和問題共存，或許有朝一日，答案就會水落石出。」儘管我不全然明瞭，為什麼我的人生會遭受如此境遇，但走過這麼些年下來，我已然學會抓住很多機會，讓自己隨遇而化。特別值得一提的是，我抓住最重要的機會，也體會到隨遇而化的人生真諦，這些全都是和你在一起發生的。寫這封信，就是為了讓你看見，我心中與日俱增的感激之情。

　　要把感激之情化為具體文字，絕非易事，尤其當你意識到滿腔感激之情早已將自己淹沒，但我會盡力去做到。我要謝謝你，在我徬徨迷失的日子裡，靜靜走入我的生命。你別無所求，只是靜靜付出。天知道，我有多幸運，能有你的陪伴，給我難以

想像的撫慰，瀰漫的壓力情緒逐漸退去。我知道，不管怎樣，總會有那麼一個人小心翼翼守護著我。你為人們建立家庭，而我何其有幸走入你的生命，共築歡樂滿屋的愛巢。

感謝你，為我帶來脫胎換骨的蛻變，那些天翻地覆的日子裡，起伏不定的自我懷疑，反覆發作的長期憂鬱症，簡直要把人生吞活剝。還有雪上加霜、讓人沉淪難以自拔的環境誘惑，狐群狗黨的損友。是你，讓我重拾安全感，還有被需要的做人價值。我曾經暗自承受的混亂徬徨，現在都可以與你分享，而我也真的坦然與你分享。攤開個人的生命故事，無需遮掩的真實面貌（無論大小），可以讓人感到輕鬆自在。但更重要的是，可以傾訴個人受過的傷害。生命當中的苦難，不需要立即去轉移或壓抑，這是我從你身上學到的人生重要課題。感謝你注意並接受，我絕非剛正不阿的大好人（雖然不少人往往有這樣先入為主的錯覺）。我有七情六慾，有人人稱羨的優點，也有亂七八糟的缺點，但你從不因為我的缺點而改變你對待我的態度，你也不曾想要把我改造你希望的樣子。感謝你，每天都在，陪我分享生活。

我要特別感謝你，幫助我完成心理健康旅程的每一步。我要謝謝你，握住我的手，亦步亦趨，陪著我跨越自我意識的嶄新領域；另一方面，也懂得什麼時候應該放手，讓我獨自去面對、承擔。感謝你，在我最煎熬困頓的時刻，沒有束手旁觀。就在去年，我深陷紛擾風波，心力交瘁，瀕臨崩潰，你無所猶疑，為我指點明燈，引領我克服低潮，走出險阻重重的坎坷難關。你總是坦誠相向，讓我相信自己，有能力度過心魔百般糾纏。你堅定指出，天無絕人之路，心病自有心藥醫。你從不氣餒，為我打氣激勵，讓我不再垂頭喪氣、自怨自艾、自我折磨。是你的大恩大德，帶我走進這兒，接受治療，認識團體，找到安心的空間，可以放心傾吐深埋心底的苦水。你毫無保留，接受我的全部（包括我的弱點、我的病症）。你甚至超乎單純的接受，費盡心思來了解（不斷鑽研心理健康和因應策略的相關資訊）。你從不畏懼退縮，向我展示洞燭現實的明鏡。你不斷告訴我，未來肯定越來越好，我應該去追求，也值得擁有最光明的康莊大道。

我持續成長蛻變，但這並不代表所有問題全都已經消失不見。實際上，情況很可能正好相反。不過，我確實深切領悟，答案並不總是清楚了然。美國詩人康明斯（e. e. cummings）寫道：「我的雙眼之眼打開了」（The eyes of my eyes are opened），這詩句，完美體現了我對感恩的感受。

謝謝你。

專欄小故事 「感恩信」的衝擊效應

親愛的拉希德博士：

謹以短箋數行，問候先生平安喜樂。在此向您報告，我的「感恩信」和「感恩之旅」作業，之前沒能如期完成，但我承諾先生一定會做到。好了，擇期不如撞日⋯⋯對於此份作業，我一直頗感遲疑，但就在上個星期，我心情盪到谷底⋯⋯您知道的，都是那些老毛病。我收到一封出乎意料的短信，然後，心頭壓得喘不過氣的愁雲慘霧，就全都消失無蹤了。事實上，正是這封天外飛來的短信，讓我撥雲見日，開心的感覺持續了好幾天。我想，如果一封簡單的短信，能讓我如此開心，那麼寫一封感恩信給同父異母的妹妹，也不至於讓我掉塊肉，所以我就寫了。

今天，我去看她，已經好多年沒見面了，也向她分享我寫給她的感恩信。一開始，當著她的面，出聲念信，聽來很怪，真的好怪，當下我只想儘快念完了事。但是念著念著，後來就進入前所未曾有過的境界。很快，一切全都消失得無影無蹤，眼前、耳邊只剩下這封信、這個人⋯⋯念信的聲音。起初，實在尷尬，感覺快要窒息。然後，分分秒秒過去，只見淚水從她眼睛汨汨流下，我的眼淚也奪眶而出，止也止不住。

不知怎的，我沒有崩潰失聲，最後終於念完整封信。當初，在寫那封信的時候，我老是感覺好像沒寫出想要傳達的感覺。但是念信當下，感覺就好像⋯⋯

事後回想，我終於明白，她在幫我的過程中，那些經歷本身也給她很大的幫助，當時她自己也面臨嚴重的問題。我很高興，我完成這份感恩的作業。

適應和靈活變通

- 「感恩信」和「感恩之旅」，是強而有力的正向心理治療作業，對於某些案主，可能有相當的挑戰難度。他們可能覺得，寫信和親自遞交念信，會讓自己尷尬到無地自容，甚至認為自己脆弱無能。臨床治療師需要承認這些作業的挑戰難度，並為案主提供靈活變通彈性。在此同時，我們強烈建議，案主應該親自遞交信件。然而，由於多種原因（例如：地理距離遙遠、成本所費不貲，或是礙於家庭或社會限制而難以一對一相聚），很可能無法辦到。如果有這類的情況，可以請案主透過郵寄信件，等到對方收到信件，再打電話或進行視訊通話，請收信者打開收到的信件，於此同時，案主表達感謝之情，並且念出感恩信的內容。或者，也可以先郵寄信件，然後打電話或親自造訪。

- 有些案主，可能對受信人抱持五味雜陳的矛盾情緒。除了刻骨銘心的感激之情，他們也可能對恩人懷抱怨恨、怒氣或妒火。當感恩之旅的對象是親人或互動頻繁者，就頗有可能出現如此矛盾糾葛的情緒反應。如果有這類的情況，提醒案主這是「感

恩信」和「感恩之旅」，而不是解決宿怨嫌隙的場合。目的是要完全專注於正向事物，而不涉入負向元素。對於同一個人，我們有時確實會有正向、負向交雜的情緒。萬一案主難以調適心情，無法克制對感恩對象的負向情緒，那就應該考慮另選其他感恩對象。

- 如果「感恩信」和「感恩之旅」的對象認為，那是他們理所應得的權利或特權，這些作業可能就無法發揮療癒效用。另一方面，有些案主可能會認為，他們生命當中沒有任何人應該得到感謝，只有他們自己才是別人應該感恩的對象。還有些案主可能表示，感恩之情是沒必要表達的，因為對方應該能夠領會他們感激之情銘刻在心。諸如此類的案主需要治療師輔助，好讓他們明白，培養正向和真誠的感恩表達，可以進一步加強人情關係。

- 案主還可以舉辦「感恩之夜」，邀請對自己有恩情但尚未好好致謝的恩人，正式告訴對方其大恩德如何幫助案主成功翻轉人生。或者，案主可以公開念信。案主還可以選擇特殊場合，例如：升遷、頒獎，或紀念里程碑的典禮，公開或私下感謝幫助案主獲得此等榮譽的恩人。

- 萬一由於任何原因（包括過世），致謝對象無法現身，那可以改在其親朋好友面前，念出「感恩信」，以表達致謝之情。

- 有些案主可能處於極度艱難的處境，很難找出任何值得感恩的事物。如果有這類的情況，請不要急，讓他們慢慢去想自己曾經有過的成就，鼓勵他們回憶當時幫助他們成功的人。如果他們終究還是無法完成此等感恩作業，那就不要強迫。

文化因素考量

感恩的表達，可能因文化而異。有些文化背景的人不太會用語言來表達感激之情，也可能沒有適用的詞彙，這樣的案主可能難以透過書寫，來捕捉他們的感激心情。允許他們以個人最自在或擅長的方式來表達感激之情。有些案主實施這些感恩活動，可能會感到內疚，因為他們可能覺得，周遭還有許多可憐人，他們其實比自己更值得擁有如此的恩人相助。

有許多文化背景的案主，也可能覺得這些作業挑戰難度極高。有些案主可能認為，謙虛和審慎比感恩更重要，更具文化意義。還有人可能覺得，為善不欲人知，一旦回憶和重述，善行就失去原本的意義了。與這些案主探討如何在他們的文化表達感激之情，以及如何調整到符合文化接受的表達模式。

維持

與你的案主討論以下訣竅，以便他們能夠維持進度：

- 多與知恩圖報的人交往，少和忘恩負義的人交往。在群體中，感恩的表達具有漣漪

效應，成員之間往往會追隨仿傚。快樂和感恩的人具有感染影響力。

• 我們使用的詞語，能夠創造現實。感恩的人有一種特殊的語言風格。他們常常使用如後的用語，包括：禮物、贈與、財富、豐富、知足、恩典、祝福、福份等等。反之，忘恩負義的人，言談之中，經常出現剝奪、後悔、缺乏、需求、不足、失落等用語。情緒憂鬱而又少有感恩的人，常有類似的表達，心思總是環繞在自己身上，例如：「我是一事無成的魯蛇」、「沒有人疼惜我」。如果你想培養感恩，不妨開始學習自我監督平日的用語。我們並不是說，你應該用表面的恭維來突顯你的感恩，而是要多多去注意、欣賞人們為你做的美好善舉。

• 如果「感恩信」和「感恩之旅」的作業讓你感受非常強大，你是否想過與其他人分享你的感謝？例如：父母、朋友、老師、教練、隊友、雇主，他們對你特別友好，但從未聽過你表達感激之情。你可能早就應該向他們致上誠摯謝意了。

• 直接表達對某人的感激之情。感恩是人際關係的表現，直接面對面，打電話或寫信最有效。避免只是一句「謝謝你」的過場話。要投入真心，用具體的語言，表達你的誠摯感激，例如，知遇之恩的老師，發掘你的潛能，提供環境、養分和機會，讓你得以充分發揮。再比方說，最疼愛你的叔叔，引導你走出青春期的慘澹歲月。或是當你飽受霸凌、沒人理解時，始終力挺你、不離不棄的老朋友。寫信給他們，用具體的語言，表達你的感激之情。如果適合並且負擔得起，那可以考慮送對方可以共享的禮物，例如：邀請共進晚餐，或是去觀賞音樂劇、演奏會、藝術展覽、體育賽事。

療程結束的身心鬆緩操

　　我們建議，每次療程最後都以相同於開場的簡短身心鬆緩操，畫上有始有終的圓滿句點。

參考資源：感恩

延伸閱讀

- Emmons, R. A., & Stern, R. (2013). Gratitude as a psychotherapeutic intervention. *Journal of Clinical Psychology, 69*(8), 846-855.
- Kaczmarek, L. D., Kashdan, T. B., Drążkowski, D., & Enko, J. (2015). Why do people prefer gratitude journaling over gratitude letters? The influence of individual differences in motivation and personality on web-based interventions. *Personality and Individual Differences, 75*, 1-6.
- Post, S., & Neimark, J. (2007). *Why Good Things Happen to Good People: The Exciting New Research that Proves the Link between Doing Good and Living a Longer, Healthier, Happier Life*. New York: Random House.《好人肯定有好報》修訂版，史帝芬・波斯特、吉兒・奈馬克合著；李淑珺譯（2016年，臺北市：天下文化）。
- Toepfer, S. M., & Walker, K. (2009). Letters of gratitude: Improving well-being through expressive writing. *Journal of Writing Research, 1*(3), 181-198.

影片

- YouTube影片，「幸福科學」（Science of Happiness）：一場感恩實驗，寫作和分享「感恩信」所能發揮的正向療癒能量，網址：https://www.youtube.com/watch?v=oHv6vTKD6lg。
- YouTube影片，「虛擬感恩之旅」（Virtual Gratitude Visit），丹尼爾・托馬蘇洛博士（Dr. Daniel Tomasulo），討論如何進行虛擬的「感恩之旅」，網址：https://www.youtube.com/watch?v=iptEvstz6_M。

網路資源

- 勞勃・艾曼斯（Robert Emmons），美國加州大學戴維斯分校，心理學系教授，當代頂尖的感恩研究學者，個人網頁：http://emmons.faculty.ucdavis.edu。
- 「感恩的故事」（Stories of Gratitude），澳洲夫妻檔，海麗和安德魯・巴塞洛繆（Hailey and Andrew Bartholomew）設立的部落格，邀請世界各地的網友透過影音文字分享，充滿神奇力量的感恩故事，網址：http://365grateful.com。

第十五章
療程九：希望與樂觀

　　「療程九」，正向心理治療第三階段的開始，案主學會看到符合現實的最好結果。他們了解到艱難的挑戰只是暫時的，以及如何培養希望意識。本次療程涵蓋的核心作業，就是「一扇門關閉，也會有另一扇門敞開」（**One Door Closes, Another Door Opens**）。

核心概念

　　轉換想法，另尋比較理想的出路，探索實現此等未來的途徑，乃是人類最難得的一種能力，箇中關鍵要素就是「**希望和樂觀**」（**hope and optimism**）。我們常聽到案主有如後的怨言：「整天被工作綁得死死的，根本沒有成長空間」、「我何嘗不希望自己一切感覺都很好，可是我偏偏就是全身上下一塌糊塗」、「能試的我全都試過了，但老天似乎就是不肯賞臉」。幾乎不分派別的心理治療傳統，都把希望視為因應深層絕望的核心價值和目標（Frank & Frank, 1991），不約而同認為「希望和樂觀」，在對抗心理困擾方面扮演至關重要的角色。「希望和樂觀」緊密關聯於更好的身心健康和情緒福樂安適（Snyder, Cheavens, & Michael, 2005; Segerstrom, 2007; Seligman, 1991; Visser et al., 2013）。

　　分而言之，**希望**（**hope**），是人們對於達成理想目標所抱持的正向知覺（Snyder, 1994）。充滿希望的思考意味著，相信自己能找到邁向理想目標的途徑，並且激勵我們有動力去實現該等途徑（Snyder, Rand, & Sigmon, 2002）。**樂觀**（**optimism**），可以從歸因的模式來定義，亦即我們以特定的模式，來自我解釋事件發生的原因（Seligman, 1991）。在解釋失敗的原因時，樂觀主義者通常有如後的傾向：(1)歸因於外部因素，而不是完全歸咎於自我；(2)認為失敗原因只能連結到特定脈絡的個案，而不能一概而論，連結到個人生活全面的所有事件；(3)認為失敗只是一時，而不是一輩子永遠不得翻身。根據另一學派的理論，樂觀是一種目標導向的心理，個人會傾向認為自己有能力，可以邁向康莊大道（Scheier & Carver, 1994）。

　　儘管對於核心概念，希望和樂觀的定義或許有所差異，但研究者提供了共通的主題：抱持希望和樂觀，而不是把所有錯誤全都怪罪到自己身上，可以提供實現個人期望目標的路徑或方法，有系統地改變個人對於成敗的歸因，從而開創可實現的路徑和目標。我們相信，心理治療基本上是要改變自我怪罪的歸因傾向，轉而開創有希望實現的路徑或方法。以下，摘錄希望和樂觀研究的重要發現：

- 研究證據指出，身處逆境時，樂觀者比較少怨嘆愁苦，因為他們的因應做法比較能產生扭轉逆勢的結果，也比較懂得採取必要措施，確保未來否極泰來，重見光明。反之，很少有研究證據顯示，樂觀者的情況比悲觀者更淒慘不堪。

- 希望和樂觀的研究，已經取得相當透徹的理解，當人們遇到挫折或逆境時，希望和樂觀往往能夠發揮莫大助益，讓人苦盡甘來，漸入佳境。數以千計的科學研究，以樂觀和希望為探究主題，研究結果也闡明了關鍵要素和過程，可運用來建立有效防治憂鬱症的正向特質（Cheavens, Michael, & Snyder, 2005; Seligman, 1991）。建立希望和樂觀，是有效防治憂鬱症的解毒劑。樂觀者和悲觀者各以不同的方式，對他們的生活產生重大影響。他們在面對問題和因應逆境方面，也有很大的差別。

- 樂觀與許多正向事物有顯著而緊密的相關，包括：美德；有效的問題解決；學業、運動、軍事、職業和政治等方面的成功；受歡迎的人氣；身心健康；乃至於長壽和免於創傷（Alarcon, Bowling, & Khazon, 2013; Nes & Segerstrom, 2006）。

療程開場的身心鬆緩操

　　每次療程開始，首先進行簡短的身心鬆緩操。請參閱本手冊末尾【附錄A】身心鬆緩操和正念練習。在案主作業簿，也有收錄一份副本，可供案主有需要時自行查閱使用。身心鬆緩之後，和案主回顧檢視案主所寫的「感恩日誌」，以及複習前一個療程教導的核心概念。

療程中的作業：「一扇門關閉，也會有另一扇門敞開」

臨床腳本

建議臨床治療師，可以參酌採用以下的臨床腳本，向你的案主介紹此一作業「一扇門關閉，也會有另一扇門敞開」：

邱吉爾有句名言是這樣說的：「樂觀的人看到危機，就覺得機會來了；悲觀的人碰上機會，就想到危機將至。」你覺得，這句話代表什麼意思？你通常像是悲觀者，還是樂觀者？

樂觀伴隨而來正向情緒，對於眼前和未來，都以積極正面的觀感看待。樂觀者苦中作樂，永不放棄希望。樂觀並不會讓人變得愚蠢或天真無知。事實上，樂觀需要勤奮投入心力，請參閱【作業單9.1】敞開的門。回想一下，你應徵鍾愛的工作，結果碰得一鼻子灰，或是被心儀對象斷然拒絕。一扇門關上了，幾乎總有另一扇門敞開[塞翁失馬，焉知非福]（Pine & Houston, 1993）。

請注意，此作業單，如同本手冊各療程的所有其他作業單一樣，都有提供複印本收錄在案主作業簿，如果有需要補充額外份數或張數的作業單，也可另行複印提供使用。

【作業單9.1】一扇關閉，也會有另一扇門敞開

「一扇關閉，也會有另一扇門敞開」作業單

步驟一：

在下面空白處，請寫下你遭遇過的門關閉和敞開經歷。你有隨即看到敞開的門嗎？還是需要沉澱一段時間才看到？門關閉導致的失望、悲傷、苦楚或其他負向情緒，是否讓你更難發現敞開的門？你可以做些什麼，好讓自己將來比較容易找到敞開的大門？

請回想並寫下，你遭遇過的三扇關上的門。後來，有什麼門敞開了？請你試著完成下列的句子：

(1) 在我遭遇過的關閉的門當中，最重要就是＿＿＿＿＿＿＿＿＿＿＿＿

然後，敞開的門是＿＿＿＿＿＿＿＿＿＿＿＿＿＿＿＿＿＿＿＿

(2) 運氣不好或錯過機會，而關閉的門是＿＿＿＿＿＿＿＿＿＿＿＿

然後，敞開的門是＿＿＿＿＿＿＿＿＿＿＿＿＿＿＿＿＿＿＿＿

(3) 因為失落、拒絕或亡故，而關閉的門是＿＿＿＿＿＿＿＿＿＿＿＿＿＿＿＿＿＿

然後，敞開的門是＿＿＿＿＿＿＿＿＿＿＿＿＿＿＿＿＿＿＿＿＿＿＿＿＿

步驟二：

在這一步驟，你將探索如何自我解釋門關閉的原因。從步驟一的三個例子選取一個，然後在下列語句，勾選最能代表你對於關閉門和敞開門的想法。（1 ＝非常不像你，3 ＝有些不像你，5 ＝有些像你，7 ＝非常像你）

請在你選擇要探索的例子打勾：(1)＿＿＿＿(2)＿＿＿＿(3)＿＿＿＿

1. 這門關閉主要是由於我的緣故　　　　　　　　　1＿＿＿3＿＿＿5＿＿＿7＿＿＿

　或是

2. 這門關閉主要是由於其他人或情境因素　　　　　1＿＿＿3＿＿＿5＿＿＿7＿＿＿

3. 諸如此類的門會永遠關閉　　　　　　　　　　　1＿＿＿3＿＿＿5＿＿＿7＿＿＿

　或是

4. 這門的關閉是暫時的　　　　　　　　　　　　　1＿＿＿3＿＿＿5＿＿＿7＿＿＿

5. 這門的關閉將毀掉我的全部生活　　　　　　　　1＿＿＿3＿＿＿5＿＿＿7＿＿＿

　或是

6. 這門的關閉只影響我的局部生活　　　　　　　　1＿＿＿3＿＿＿5＿＿＿7＿＿＿

如果，你在前述1、3和5題的總分達到12分以上，那就代表你對門關閉（亦即挫折、失敗和逆境）的解釋，傾向於個人化（主要是歸咎於你自己），永久性（不會好轉），全面蔓延（牽一髮而動全身，影響你生活的諸多事物）。

如果，你在第2、4和6題的總分達到12分以上，則代表你對門關閉的解釋不是個人化的，而是暫時、局部的（不會影響你生活的所有面向）。根據塞利格曼的歸因理論（Forgeard & Seligman, 2012; Seligman, 1991），持有如此解釋傾向的個人，在遭遇負向經歷時，比較能發揮適應良好的生活機能。

反思與討論

完成此項作業之後，請案主反思並討論：

- 當人們認為，自己應該對挫敗負起全部責任，感覺愁雲慘霧籠罩全部生活，永遠不得解脫，這樣的人很容易受到憂鬱和許多其他心理問題的影響。你如何解釋自己失敗的原因，特別是人生的門遭到關閉時（亦即挫折、錯失機會或坎坷逆境）？
- 人生的門遭到關閉，帶來什麼衝擊？這對於你的身心健康、福樂安適，有哪些負向或正向的元素？箇中影響是否遍及全面？永久持續？
- 該等影響是否給你帶來了正向的後果？如果有，請說明是什麼樣的正向後果？

- 「一扇門關閉，也會有另一扇門敞開」作業，是否強化了你的靈活變通彈性，比較能夠適應良好？
- 儘量把注意力聚焦在光明的一面（敞開的門），是否可能鼓勵你忽略或最小化你需要面對的艱難現實？
- 導致門關閉的原因是什麼？幫助你打開另一扇門的原因是什麼？
- 你是否很難或很容易，看到有門打開了，即便只是開了小小的縫隙？
- 現在，在你來看，關閉的門代表什麼？
- 敞開的門，是否讓你有所成長？是否還有進一步成長的空間？如果有，這種成長會是什麼樣子？
- 反思曾經幫助你打開門或幫你保持門敞開的那一、兩個人。
- 對於門關上，然後敞開了，你是否仍然心存喜悅，還是你已經覺得無所謂了？

專欄小故事 **安東**

　　安東，37歲男性，在酒精和毒品助興之下，與男性發生無套性行為。六個月後，診斷出HIV陽性。安東任職於某畫廊，是業界頂尖的銷售高手。晴天霹靂的噩耗讓他悔不當初，既恨又怨大好前途全毀了，難以承受的壓力，逼得他走上自殺絕路。自殺未遂，幸獲善心人士出手相救。走投無路、怨怒難平的安東墜入人生谷底，只求一死了之。

　　安東接受創傷治療，在此期間，也針對他的心理正能量進行評估。其中最突顯的就是創造力和對美的欣賞。他過去一直有個心願，希望有朝一日能成為攝影師。遭逢人生鉅變，讓他終於下定決心，賣掉房子，搬到較小的公寓，開始上攝影課。多年過去，他的病情控制良好，如今環遊世界，透過鏡頭，捕捉各地愛滋感染男性病友日常生活的喜悅、煎熬，還有平凡中的非凡時刻。

專欄小故事 **亞雯**

　　亞雯，23歲女性，診斷患有邊緣型人格障礙。她分享指出，人生關閉最重要的一扇門就是被逐出家門。她說，當初被家人遺棄，走投無路的感覺，真的很可怕，很淒慘。後來，她四處打苦工，靠著微薄收入，養活自己，並且重返校園，半工半讀。亞雯學會吃苦耐勞，自力更生。人生道路上，原生家庭的門關上了，轉個彎，絕處逢生，卻也敞開了自給自足的另一道門。今年，亞雯畢業了，成績雖然不算特別高，但未來仍然充滿令人期盼的大好前程。

適應和靈活變通

要以樂觀的態度，來因應人生困境或難題，案主面臨的最大挑戰就是，需要了解哪些情況才是採用樂觀的適當時機。人生道路上，有許多情況並不太適合樂觀，而可能比較需要考慮周延、審慎和批判思維。PPT鼓勵案主發展靈活彈性，妥當斟酌樂觀的適用情況。案主需要先判斷目標是要達到較少憂鬱、較多成就，較良好的健康情況，那就可以考量選擇使用樂觀。但是，當他們判斷，比較需要的是看清楚自己的問題癥結，或要求為自己的狀況承擔責任，那也可以選擇不使用樂觀。學習樂觀並不會削弱我們的價值感或判斷力；相反地，樂觀可以讓我們解開情緒的束縛，而比較有心力自由去追求我們設定的目標。話雖如此，樂觀的好處也並非毫無限制。

在人類社會和個人生活當中，悲觀也占有不容否定的一席之地。當悲觀的看法有其價值時，我們必須鼓起勇氣去承擔（Seligman, 1991，頁292）。比方說，悲觀促使我們做好準備，從而能夠有效辨識、預測和迎接潛在的危險，這些技巧對於危夷情況尤其重要。舉例而言，看見天候狀況不對，悲觀的人可能會在飛機起飛前，追加額外的除冰程序，因為他們擔心可能發生最糟狀況，必須提前做好萬全準備；相對地，樂觀的人可能就認為不用那麼擔心。同樣地，對於消防隊員和外科醫生，聚焦思考和專注當前任務直接相關的特定行為，也是至關重要。如果悲觀是直接聚焦、關聯到特定的事物，那悲觀就能讓案主發揮適應良好的效益；相對地，瀰漫全面或普遍無區別的悲觀，那就難以發揮適應功能。

身為臨床治療師，重要的是要有能力評估案主的狀況，協助建立符合現實的希望和樂觀意識。有些案主，由於對心理健康問題瀰漫負面態度，因此可能極力隱匿個人的憂鬱症狀，高估復原的機會，不理會或刻意淡化情緒健康隱晦但重要的徵兆（Hunt, Auriemma, & Cashaw, 2003; Tong, 2014）。另外，有些案主可能抱持不切實際的樂觀，也稱為樂觀偏向（optimistic bias, Sedikides & Gregg, 2008）。這樣的人傾向認為，不論有沒有憂鬱症，他們遭遇不好狀況的風險都比「一般人」來得低。

當案主對於可改變的事物持有符合實際的評估，希望和樂觀可以發揮比較好的效益。有些案主的樂觀可能脫離現實，一股腦兒相信只要堅持正向思考，任何事情都有可能達成。PPT是要改變有可能改變的事項（例如：思考、行動、回應和互動的方式）。希望和樂觀並不是憑空妄想，要去改變毫無可能改變的事項。這樣不切實際的恣意耽溺，反而可能使案主無法切實投入心力，去追求實際可行的目標（Oettingen & Gollwitzer, 2009）。

文化因素考量

有些憂心成性的案主，特別是東亞背景的案主，由於文化薰陶養成審慎和自我調節的心性，相對比較少有希望和熱情，他們可能會偏向悲觀。這樣的案主可能和自

身的悲觀相安無事，適應大致良好。他們設定較低的期望，並預期事情發展會變得不好，他們會不時檢視可能發生的所有負向或不良結果。然後，在心裡反覆演練各種方法來應付可能遭遇的困境，直到他們清楚了解事情將如何發展，以及需要採取哪些預防措施，來儘量減少失敗的風險。這種策略，通常稱為防禦型悲觀主義（defensive pessimism），有時可以發揮不錯的效果，特別是對於合併有焦慮和憂鬱症狀的人（Norem & Chang, 2000）。

如果案主能將此等文化因素銘記在心，不要動不動就搬出防禦型悲觀的因應策略，應該可以更妥善發揮審慎和拘謹的心理力量。因此，臨床治療師的重要任務，就是要深入了解案主的標誌性格力量，以便幫助他們擺脫充滿負向和缺陷的自我標籤，進而懂得使用心理力量本位的語彙來理解自我。

在評估樂觀和希望時，納入考量文化脈絡，也很重要。例如：對於華人文化，樂觀可能意味，隨遇而安，接受個人當前的生活處境，而不是期待未來會有更多好事發生（Lai & Yue, 2000）；集體主義取向的文化，樂觀和希望使人比較可能發展相互依存的緊密關係，進而導致人們更顯謙沖自抑。

維持

與你的案主討論以下訣竅，以便他們能夠維持進度：

- 下次幫助有難待援的朋友時，注意尋看可能存在的正向層面。而不是光說「看開點」、「往好處想」之類的陳腔濫調，試著幫朋友找出可能沒注意到的隱晦細節和具體機會。

- 要維持希望和樂觀，特別是在開始接受治療之後的艱難時期，提醒案主記住，將有可能從心理治療受益，這實質上是強化希望的過程。人們尋求治療的初衷可能是由於缺乏技巧，難以改變惱人的行為，或是因為即便擁有技巧，但缺乏信心，不知如何發揮創意應用該等技巧。治療過程如果有效，可以讓案主了解、掌握利用自己的技巧，或補強額外需要的技巧。如果擁有技巧，治療過程將可發揮助益效果，通過設計實現特定目標的計畫，來獲得或重新獲得應用技巧的信心和動機。下次，當案主發現自己缺乏希望和樂觀，請她或他回想一下，心理治療如何可能有效幫助。這種反思將使他們能夠把治療中學到的技能，轉移應用來解決生活可能遇到的新挑戰難題。

- 要維持希望和樂觀也需要人際支撐，以及支持的社會環境。確保案主身邊有前瞻、樂觀的人。如果遇到重大挫折、失敗或逆境，樂觀和充滿希望的朋友可以成為幫助提振情緒的資產。同樣地，如果朋友遇到問題，案主也可以幫忙加油打氣。

療程結束的身心鬆緩操

我們建議，每次療程最後都以相同於開場的簡短身心鬆緩操，畫上有始有終的圓滿句點。

參考資源：希望與樂觀

延伸閱讀

- Caprara, G. V, Steca, P., Alessandri, G., Abela, J. R, & McWhinnie, C. M. (2010). Positive orientation: explorations on what is common to life satisfaction, self-esteem, and optimism. *Epidemiologia E Psichiatria Sociale, 19*, 63-71.
- Carver, C. S., Scheier, M. F., & Segerstrom, S. C. (2010). Optimism. *Clinical Psychology Review, 30*(7), 879-889. doi:10.1016/j.cpr.2010.01.006.
- Gilman, R., Schumm, J. A., & Chard, K. M. (2012). Hope as a change mechanism in the treatment of posttraumatic stress disorder. *Psychological Trauma: Theory, Research, Practice, and Policy, 4*, 270-277. doi:10.1037/a0024252.
- Giltay, E. J., Geleijnse, J. M., Zitman, F. G., Hoekstra, T., & Schouten, E. G. (2004). Dispositional optimism and all-cause and cardiovascular mortality in a prospective cohort of elderly Dutch men and women. *Archives of General Psychiatry, 61*, 1126-1135.
- Jarcheski, A., & Mahon, N. E. (2016). Meta-analyses of predictors of hope in adolescents. *Western Journal of Nursing Research, 38*(3), 345-368. doi:10.1177/0193945914559545.
- Weis, R., & Speridakos, E. C. (2011). A meta-analysis of hope enhancement strategies in clinical and community settings. *Psychology of Well-Being: Theory, Research and Practice, 1*(1), 5. http://doi.org/10.1186/2211-1522-1-5.
- Yarcheski, A., & Mahon, N. E. (2016). Meta-analyses of predictors of hope in adolescents. *Western Journal of Nursing Research, 38*(3), 345-368. doi:10.1177/0193945914559545.

影片

- 解釋風格：了解思維習慣如何影響抗壓或反彈復甦的復原能力，網址：https://www.youtube.com/watch?v=q8UiXudooh8。
- TED講堂，尼爾・帕斯理查（Neil Pasricha），講述如何散播日常小樂觀，讓生活更有價值，網址：http://www.ted.com/speakers/neil_pasricha。
- 塞利格曼，接受英國廣播公司BBC電臺《Hardtalk》訪談，談論樂觀，網址：https://www.youtube.com/watch?v=nFzlaCGvoLY?list=PLB9036743C2E1866F。
- 芭芭拉・芙蕾卓克森，主講「正向情緒」：說明什麼是正向情緒，以及為什麼需

要正向情緒感動才能有效驅動發揮生命機能，網址：https://www.youtube.com/watch?v=Ds_9Df6dK7c。

網路資源

- 部落格：「一千件絕妙樂事」（1000 Awesome Things），加拿大一名朝九晚五的普通白領上班族，尼爾‧帕斯理查（Neil Pasricha），歷經婚姻破滅、好友跳樓的連串噩耗，開始撰寫此一部落格，從此谷底翻升，迎向人生高峰，網址：http://1000awesomethings.com。

- 「正向心理學每日新聞」（Positive Psychology Daily News）：每日更新，了解正向心理學的最新動態，網址：http://positivepsychologynews.com。

- 「正向比值」（Positivity Ratio），芭芭拉‧芙蕾卓克森（Barbara Fredrickson）正向心理網站，介紹解釋正向情緒與負向情緒的相對比值，正向比值大於3，可有效預測生活機能福樂興盛，網址：http://www.positivityratio.com。

第十六章
療程十：創傷後成長

　　「療程十」，邀請案主針對持續困擾的創傷經歷，探索內心深刻的感受和想法。本次療程涵蓋的正向心理治療核心作業是「**把心底創傷寫出來**」（**Expressive Writing**）。

核心概念

　　歷經創傷之後，有些人罹患「創傷後壓力症候群」（posttraumatic stress disorder，簡稱PTSD），這是需要認真治療的重大疾病。然而，在重大創傷之後，大多數人也有可能發展出所謂的「創傷後生長」（posttraumatic growth，簡稱PTG）。PTG包含對於生命意義和關係重要性的深刻洞察和轉念。這種成長通常有助於減輕創傷引起的失落或無助感（Calhoun & Tedeschi, 2006）。研究顯示，PTG可能促成人際關係改善，提升對人生的領悟和欣賞，增強個人的正向心理力量，以及靈性能量（Grace, Kinsella, Muldoon, & Fortune, 2015; Roepke, 2015; Jayawickreme & Blackie, 2014）。研究還顯示，PTG經驗的個人具有下列特徵：

- 重新確認並相信自己有堅忍刻苦、突破險阻的能力。
- 改善關係，發現可以真正依靠的朋友。患難見真情，通過考驗，歷險彌堅，情感虛

實真假無所遁形。

- 對親密關係感覺更自在安心。對於身陷苦楚者,更顯憐惜有加。
- 人生哲學更趨深刻成熟、知足感恩。

除此之外,關於PTG,還有其他需要考量的要點(Fazio, Rashid, & Hayward, 2008):

- 靈性、感恩、善意、希望和勇敢,這些都是促成PTG的養分。
- PTG並非全面光明美好,其中也有痛苦的領悟,讓倖存者看清楚「哪些是真正的朋友」、「哪些只是同甘不共苦的酒肉之交」。
- 問題聚焦的因應、正向的重新詮釋、正向的宗教因應,這些都是促成PTG的要素。
- 時間本身不是影響PTG的元素,但創傷之後發生的事件和過程可能有助於成長,PTG往往會隨著時間的推移而漸趨穩定。

療程開場的身心鬆緩操

每次療程開始,首先進行簡短的身心鬆緩操。請參閱本手冊末尾【附錄A】身心鬆緩操和正念練習。在案主作業簿,也有收錄一份副本,可供案主有需要時自行查閱使用。身心鬆緩之後,和案主回顧檢視案主所寫的「感恩日誌」,以及複習前一個療程教導的核心概念。

療程中的作業:「把心底創傷寫出來」

二十多年來,詹姆斯・潘尼貝克(James Pennebaker)持續探索、寫作,創傷或沮喪經歷如何影響人們的健康和福祉。潘尼貝克的策略被稱為「**寫作療法**」(**Writing Therapy**,Pennebaker & Evans, 2014),已經有200多項研究探索,其中包括提供保密承諾的寫作(Smyth & Pennebaker, 2008)。他要求學生寫下最痛苦的個人經歷或創傷。學生依照指示,描述細節,徹底探索個人反應和刻骨銘心的感受。每次寫作15至30分鐘,連續寫三到五天。

潘尼貝克,還有其他學者的研究,也已經發現,把「**心底創傷寫出來**」(**Expressive Writing**)的作業,可帶來許多有益的結果(Park & Blumberg, 2002; Pennebaker, 1997)。花三天時間,書寫日誌,探索關於苦難或創傷的深層感受和想法。經過如此寫作之後的幾個月內,研究結果顯示如後的正向效益,包括:求醫次數減少;免疫功能提升;較少自陳報告憂鬱和情緒不適等狀況;課業成績進步;失業後比較快找到新工作。書寫關於個人、有意義的經驗,可以對心理健康產生正向影響(Cooper & Frattaroli, 2006)。把心底的話寫出來,可以幫助人們釐清煩惱心事,更妥善調節情緒,改善與外界的聯繫,從而對健康和美好存有福祉產生正向效益(Neimeyer, Burke, Mackay, & van Dyke Stringer, 2010)。諸如此類的效益,已得到跨文

化研究實證支持。

　　這當中的關鍵機轉，似乎是關係到寫作過程的本質，此等過程有助於當事者綜觀理解創傷經歷，因應療傷止痛，並且釐清、領悟箇中蘊含的多重意義。通過寫作領悟創傷的意義，似乎也減少了侵入型意念（intrusive thoughts）的頻率和強度。

臨床腳本

　　建議臨床治療師，可以參酌採用以下的臨床腳本，向你的案主介紹「把心底創傷寫出來」（**Expressive Writing**）：

　　書寫你最深刻的創傷經歷，你的書寫表達有可能會受到抑制，因為你或許會擔心萬一寫下來會不會被別人看到。為了減輕你的擔憂，請將你的寫作存放在安全的地方，確保其他人無法接觸、讀取。如果你與伴侶同住，你可能需要向對方解釋此寫作之本質和目的，並要求保留隱私。

　　請你依照【作業單10.1】的指示說明，詳細寫下你的創傷遭遇，每天至少寫15到20分鐘，連續寫四天。

　　這項作業可能不容易，但是我們在先前的療程，已經處理過若干困難的主題，譬如：反思和書寫具有挑戰難度的情況，還有重新審視開放和負向的記憶。希望這些療程作業已有增強你的信心，相信自己有能力在安全的治療範圍內，有效處理難題。本次療程作業的目標是要幫助你，從這些寫作中獲得新的洞察觀點，從而促使你邁向個人成長。

　　寫作的時候，如果心情和思考太沉重，讓你難以喘息，請稍作休息（最多兩到五分鐘）。讓自己心情恢復平靜，然後儘快回來繼續寫。儘量不要半途而廢，或是只完成某部分，例如：只寫一兩天就不寫了。

　　請注意，此作業單，如同本手冊各療程的所有其他作業單一樣，都有提供複印本收錄在案主作業簿，如果有需要補充額外份數或張數的作業單，也可另行複印提供使用。

【作業單10.1】把心底創傷寫出來

「把心底創傷寫出來」作業單

　　請使用記事本或日記簿，詳細描述你的創傷經驗。每天至少寫5至20分鐘，連續寫四天。確保將你的寫作存放在安全的地方，只有你自己可以讀取。

在你的寫作中，儘可能放膽去探索你對創傷經驗的最深刻想法和感受。你可以將此等創傷經驗與生活的其他領域聯繫起來，或專注於與某特定領域的關聯[例如：家庭、工作、學業、社交、宗教、公民參與、休閒等等]。你可以連續四天都撰寫相同的經驗，也可以撰寫不同的經驗。

到第四天，完成創傷經驗寫作之後，請在結尾處寫下，此等創傷寫作在下列方面，是否對你有所幫助：

- 幫助你從該等創傷經歷，領悟出什麼道理？
- 幫助你理解，你有哪些能力，得以因應未來的類似狀況？
- 幫助你，對於你的諸多人際關係，發展出哪些不同的領悟和洞察？

反思與討論

完成此項作業之後，請案主反思並討論：

- 寫作之中，最困難的部分是什麼？你是否同意，即使很難，但仍然值得投入心力去寫？
- 對於創傷、逆境或失落的反應，有些可能非常強烈，以至於我們極力想要避開相連結的感受。寫作過程，是否讓你看到自己有這樣的逃避傾向？
- 寫作是否幫助你看到自己的成長，特別是在看待人生的觀點？
- 寫作之餘，你是否體驗到療癒或成長，儘管重複掀開創傷或失落，也可能讓你蒙受糾扯難受的苦楚？
- 請寫下你已經採取或計畫將要採取的具體行動或做法，以顯示你確實有發生PTG。
- 寫作過程的結構，是否有幫助你，對創傷經歷的因果關係有不同過往的新看法？如果是這樣，你發現了哪些不同的因果關係？
- 在你的PTG中，你是否看到了自己的哪些性格正能量？

專欄小故事 **康恩**

康恩，20歲，男性案主，最初接受個人PPT，後來也參與團體PPT。康恩復原成效頗為顯著。最後一次療程結束，六個月之後，他描述自己的復原情況和成長：

復原和成長，尋得清晰、適應的自我感覺，那過程就像陰天撥雲見日。太陽是真實的自我，當人們無法看清楚自己，自然而然的反應就是感到痛苦，但也不是完全摸黑毫無頭緒，陰霾背後總有蛛絲馬跡，可以讓我們循著線索，逐步接近找到太陽。這些蛛絲馬跡，正是我們必須花心思去關注的。只不過尋尋覓覓的曲折過程，難免心猿意馬，信念動搖，自我懷疑的漩渦每每讓人失去方向。打擊最大的就是，全部心力投

注某個方向，苦心尋覓，到頭來卻發現，太陽竟然清清楚楚飄向完全不同的方位。我想，這應該就是心理治療初期時好時壞的大部分原因，但這些起伏不定的波折也是復原必經之路。

所以，出錯既然難免，重點就是不要重蹈覆轍。這並不是說，我們不應該去追求自己的直覺；而毋寧是說，我們不應該不假思索就逕自認定直覺都是正確的。在追求重要目標的時候，譬如說，追求統整的自我意識，就很有可能伴隨出現這種自欺欺人的直覺妄念。正是因為附著於重要目標的強烈情感，使得直覺信念的驅動力道如此巨大。直覺不一定全都有害，但是，盲目相信直覺目標，往往就是戕害復原的錯誤信念。

最後，在大多數人的生活當中，最大而且最具侵入殺傷力的烏雲，可能就是無法原諒、接受自己。終於看清楚自我是一回事，但能否坦然看待認清的自我，又是另一回事。就此而言，我要說的是，每個人的真實自我都有本身內在的價值，也都值得接受。無論你多麼深信不疑，沒有人天生本質就是不值得活下來。原諒自己，就是放自己自由。人生最沉重的枷鎖，就是我們對自己的嫌惡判斷。只要我們不斷重複無濟於事的舉止和想法，我們就會一直自縛手腳，除非我們學會接受自己，釋放被你囚禁的自己吧，你真的值得那片陽光燦爛的海闊天空。

專欄小故事 英姐

英姐，23歲，南亞女性，大學主修藝術和創意寫作，最近大學畢業。大一的時候，她參與團體PPT，但總是沒辦法順利完成「把心底創傷寫出來」的療程作業。過了三年左右，就在畢業前，英姐接受幾次個人療程，終於寫下她的創傷，並在過程中產生了洞察力。（「觀點」是英姐的一項標誌性格力量，在沒有任何提示的情況下，她將觀點自然而然融入敘事。）

我們每個人，都擁有一個世界，圍繞著構建的「自我」為中心，這個「自我」見證周遭流轉的世界，並賦予敘事意義。人生洪流暗潮洶湧，我咬牙挺身，載浮載沉。從小就給自己立下承諾，堅持不懈，鍥而不捨。那時候，老覺得，我打娘胎就吞下了滿腹重擔。還記得，在學校一整天，沒完沒了的語言、肢體霸凌，好不容易挨到放學，回到家裡，又是一波接著一波撕心裂肺的爭吵吼罵，我只能默默躲進房間。夜幕低垂，盯看著窗外灰濛濛的昏黃街燈。每天夜裡，瑟縮著瘦小身軀，不敢吭聲，噙著淚水，害怕羞愧，渾身打哆嗦，不斷祈求老天，帶我遠走高飛，搖身一變，褪去難堪的醜小鴨樣貌。十多年過去，我長大了，脫胎換骨，不再像過去，只能暗自祈求上蒼憐憫。

我逐漸領悟，堅持努力奮發向上，是為自己開創出路不可或缺的。想當年，小女孩怯生生邁開腳步，如今回首來時路，我已不再為她哀嘆，而是輕輕握著她的手。內省因此也是回歸的過程。視角與願景緊密相連——屬於眼睛，屬於「我」的眼睛。敏感的心，天生的好奇，我用心去感受，協調內在的律動。我以寫作為工具，描繪反思和自我感知的諸多維度與起伏波動。每年夏天結束，我寫滿兩本筆記，連篇難以數計的自白和經歷。

通過寫作，我讓自己粉墨登臺，偌大舞臺，只有一個見證人：我自己。躺在我與筆鋒之間，只有空白的書頁，等待鏤心刻骨的筆端，揮向內心世界挖掘剖析，容許我心無旁騖，專注聚焦騷動不安的企盼、迷惘和期望。然而，這麼多年下來，我已然教會自己**穿越之間，讓感覺自在現前**。視角是同時內移與外移於自身的自如能力。通常就是在日常平凡時刻，我們對自身的成長有了驚鴻一瞥的邂逅。讓我們的精神堅持常在，這是我們的責任。正如德國詩人里爾克所說：

發生在你身上的一切

美好與怖慄

且讓行無止步

無有感覺終結無可改

專欄小故事 **亨利**

以下的故事，是我們的一位年輕案主亨利寫的，他在極具挑戰艱困的情況下完成了學位，最終獲得全職工作。亨利先是參與團體PPT，後來也接受個人PPT。

懵懂少年時

遙遠的故國，信條和階級一日戰爭，傾巢而出

橫掃他的夢鄉

他見到屍骨橫野

靈魂留下難以磨滅的傷疤

家破碎了

家人流離三大洲，數不清的難民營

將近十年，他等待著，在寒冷的角落

守著一絲希望的餘溫

終於夢想成真，抵達寒冷但安全的加拿大土地

一隻腳踩在雪地，另一隻踏進超市

站在那裡，一週挨過一週，每週六十個鐘頭

週末也沒休息，同齡的孩子出去玩樂、跑趴

只有他必須上工努力掙錢，好讓家人溫飽

全家共住一間小小的出租公寓

每當他下班，拖著筋疲力竭的身軀

雙腳踏進家門，迎頭就是劈哩啪啦的抱怨

還有傷透腦筋的家庭紛爭

他常想，就註定這樣了嗎……？

他的一位同事也這麼認為，就離開人世了

拋下他苟延殘喘，找不到活下去的意義、出路

「就註定這樣了嗎？」……轉不停的念頭，搞得他被送進

冰冷的精神病房，沒有窗戶

好幾次

好幾個星期……他住在醫院裡

雞尾酒藥物，讓他腦海的聲音沉靜下來

破碎的靈魂，數不清的精神病診斷

憂鬱症、PTSD、社交焦慮……

他開始參與團體PPT，心中滿滿的懷疑

他開始自述生命故事，結語說的是「**我從不放棄**」

他認為自己只有壓力，一無是處

但當其他人發現他擁有恆毅力和抗壓韌性

這讓他感到驚訝難以置信

他開始反思這些心理正能量，仍然懷疑那是真的嗎？

他重新講述故事，這一次，壓力還是在，但心理正能量開始發光發亮

當他講述這故事，生活道路上，仍然有許多壓力和困頓

但每次他都告訴自己：「**我從不放棄**」。

適應和靈活變通

　　最近，安·瑪麗·勒普克（Anne Marie Roepke, 2015），回顧檢視PTG相關文獻，在結論建議指出，臨床治療師應密切關注成長主題，因為稍涉敏感的無心評論、表情或姿態，都有可能壓垮成長的幼苗；反之，善解人意，貼心而不帶壓迫的評論、表情或姿勢，則可能鼓勵案主討論而促進成長。

　　促進成長的練習活動，特別是處理創傷的活動，可能讓案主感覺有所期待，必須在完成練習之後呈現成長。要避免如此的風險，可以藉由聚焦過程而不要太強調結

果,由此來減少此等期望成長的壓力。

雖然,由先前的研究結果,可以大致勾劃創傷表達的某些主題;但是,創傷表達的性質和時間進程,卻可能因人而異,尤其在當代城市、多樣化社會,更是存在極大的個別差異性。因此,PPT臨床治療師應該特別注意,在執行此項療程作業時,重點不是一體適用的標準化實施程序,而是要斟酌個別案主的特定情況和需求,適作調整以達到最佳臨床效益。如果你感覺,創傷寫作可能對自然癒合或恢復過程造成傷害或干擾,請務必三思而行。再者,同樣重要的是,臨床師應注意,有不少案主可能會逃避處理創傷,而「把心底創傷寫出來」的作業可以讓他們有機會,經由結構化的過程,漸進面對、處理創傷。與案主討論,創傷寫作有可能提供清晰視角,幫助案主將痛苦經歷畫上完結點,並使他們承認可能從面對處理創傷而得到正向收穫。

有時候,我們刻意不想挖掘過往,尤其是如果涉及創傷的記憶,因為面對創傷和相關情緒不僅難受,而且讓人感到脆弱。如果你的案主有這樣的情況,請讓他們選擇實施寫作的場合,讓他們感覺安心,有可信賴的社會支持。或是選擇某個時間或季節,他們感覺比較有活力(例如:早上、春季或夏季),或是比較不會覺得外部壓力難以招架(例如:工作壓力大的上班日、特殊節慶假期、家庭成員遭遇事故,或面臨醫療狀況等)(Jelinek et al., 2010)。如果有需要,可以試著安排在治療室進行第一次寫作,讓案主感覺比較安心;再者,臨床治療師可以視情況,短暫離開再回來。

請注意,創傷經歷最不堪的部分,通常包含錯亂混雜的思緒或未完結的心事,案主因此可能無法清楚或準確表達出來。這並不意味著不應該進行創傷寫作,而是要在實施寫作的過程(之前、期間或之後),鼓勵案主評估其回憶的完整性和準確度。

此外,還要注意當前的外部因素(例如:世界各地或當地的時事新聞、醜聞等),可能會影響創傷寫作過程。比方說,有案主最近分享,名人和公眾人物挺身自述遭受性侵的事件,勾起自己的記憶。雖然還無法清楚回憶,但她依稀記得自己年幼時可能遭受性侵創傷。臨床治療師應該謹慎進行,確保案主自述記憶的創傷經驗,沒有低估、也沒高估創傷的衝擊。重大外部壓力可能壓垮我們大多數人,如果發生這種情況,創傷寫作可能無從發揮最佳療癒效益。

臨床筆記

抱著希望,PTG導向的療法能帶來一勞永逸的改變,或促成全面徹底的翻轉,這其實是不合情理的虛妄期待。

1. 可能很難確認,哪兒是創傷後成長的具體而分明的起點和終點。

2. 請記得,有些案主可能礙於某些無法控制的原因,而難以長期維持成長。使用有信度、效度的測量工具,定期評估,可以為你提供衡量標準,有效監控案主

的成長變化。

3. 持續與案主討論療癒變化，而不要直接詢問成長。這可以幫助你了解，案主深沉牽涉的脈絡背景。

4. 此外，持續與案主討論療癒變化相關聯的主題，可以幫助你確定，何時需要額外的資源或支持，來維持和擴大PTG。

　　在過去的十年中，我們在個人治療和團體治療中，與數百名案主合作。以下是有明顯產生PTG的案主素描：

　　艾麗，20多歲的女性，多年以來，身心飽受丈夫施暴虐待。小孩診斷患有發育障礙之後，夫妻關係急轉直下。丈夫無法接受痛苦的現實，為母則強的艾麗，咬緊牙關、一肩扛下，為孩子尋求最好的支持。此期間，儘管夫妻關係持續惡化，她卻挺身而出，致力推動倡議組織活動，持續為發展障礙孩童與家庭權益發聲。

文化因素考量

　　聆聽案主的語言反應和心理反應之際，務必要仔細納入考量文化背景脈絡。有些文化背景的案主，光是同理傾聽是不夠的，他們還會向你詢問明確的建議，因應策略或文化適當的資源。以滿足其需求的方式做出回應，或是轉介給能夠了解創傷脈絡背景的治療師，包括案主的直接文化、宗教、社會和經濟情境因素。

　　在進行創傷寫作時，要注意文化敏感的情緒表達，尤其是與創傷相連結的情緒表達。不同文化之間，對於哪些特定情緒有其清楚的區分，可能存在頗大差異。比方說，在相互依存的集體主義文化，更頻繁闡明人際之間的情緒；在個人主義的文化，更明確區分個人內在的情緒（Cordaro et al., 2018）。在進行PTG導向的療程作業時，密切關注不同文化背景的案主如何表達情感，如何放大情緒相關的生理狀態，以及如何解釋與創傷、成長相關聯的情緒。

　　此外，細心同理聆聽，不要戴著任何特定的文化透鏡來判斷案主的經驗。對於臨床治療師來說，這是難得的好機會，能讓你練習自己的開放心態、好奇心和社會智能。

維持

　　與你的案主討論以下訣竅，以便他們能夠維持進度：

• 撰寫創傷事件可能極具挑戰難度。然而，把創傷深埋心底，不以適應方式表達出來，可能對自己帶來極大傷害。因此，重要的是，在表達創傷的寫作之前和之後，

你要提醒自己，用意是要打破心理枷鎖，停止剪不斷、理還亂的創傷反芻思緒循環，更重要的是，探索創傷是否也給你帶來任何契機和正向改變。

- 創傷寫作既涉及個人的投入，也有賴於人際的互動。到目前為止，在臨床治療師的幫助下，完成至關重要的療癒奠基工作，使你準備好能夠展開邁向PTG的任務。你很可能會需要運用勇氣、社會智能和自我調節之類的心理力量，來開展此等任務。再者，取得並維持綜觀周延的視角，特別是在詮釋創傷的意義和潛在成長時，你將從持續的療癒支持關係獲益甚大。安心自在的人際關係，能夠提供最理想的情境，讓案主與臨床治療師傾訴心聲，用語言表達心底的感受想法，汲取潛在成長的洞視。我們建議，為了維持創傷寫作的益處，你後續還需要投入治療一段時間。

- 同樣重要的是，不要強迫自己尋找創傷後成長，或是期待創傷後倖存會讓你的人生產生重大的正向變化。創傷後成長的現象，雖然發生頻率比一般想像或承認的更頻繁，但還是需要相當的時間和過程，才有可能顯現出來。與其尋找外在具體分明的成長現象，不如多關注可能發生在你內在的有機變化。例如，在創傷事件之後，大多數倖存者自陳報告，經歷了如後的三件事（Roepke, 2015）：

1. 重新確認並相信自己有能力，可以堅忍刻苦、突破險阻。

2. 改善關係，發現誰才是真正可靠的朋友。領悟友情比金錢物質更重要。

3. 在親密關係當中，感覺比較安心自在。對於身陷苦楚者，更顯憐惜有加。

定期反思，檢視你內在是否發生諸如前述三類的變化。

療程結束的身心鬆緩操

我們建議，每次療程最後都以相同於開場的簡短身心鬆緩操，畫上有始有終的圓滿句點。

參考資源：創傷後成長

延伸閱讀

- Bonanno, G. A., & Mancini, A. D. (2012). Beyond resilience and PTSD: Mapping the heterogeneity of responses to potential trauma. *Psychological Trauma, 4*, 74-83.
- Fazio, R., Rashid, T., & Hayward, H. (2008). Growth from trauma, loss, and adversity. In S. J. Lopez (Ed.), *Positive Psychology: Exploring the Best in People*. Westport, CT: Greenwood.
- Jin, Y., Xu, J., & Liu, D. (2014). The relationship between post traumatic stress disorder and post traumatic growth: Gender differences in PTG and PTSD subgroups. *Social Psychiatry and Psychiatric Epidemiology, 49*(12), 1903-1910.
- Pennebaker, J. W. (2004). *Writing to Heal: A Guided Journal for Recovering from Trauma and Emotional Upheaval*. Oakland, CA: New Harbinger.
- Roepke, A. M. (2015). Psychosocial interventions and posttraumatic growth: A meta-analysis. *Journal of Consulting and Clinical Psychology, 83*(1), 129-142. http://dx.doi.org/10.1037/a0036872.
- Tedeschi, R. G. & McNally, R. J. (2011). Can we facilitate posttraumatic growth in combat veterans? *American Psychologist, 66*, 19-24.

影片

- 已故蘭迪・鮑許博士（Dr. Randy Pausch），美國卡內基梅隆大學教授，與癌症病魔抗爭，分享人生、學術旅程的感人演講：「人生最後一堂課」（The Last Lecture），網址：https://www.youtube.com/watch?v=p1CEhH5gnvg。
- 「霍特父子檔：最美的奉獻」（Team Hoyt: I Can Only Imagine），鐵人競賽父子檔迪克・霍特和瑞克・霍特，感動全世界的生命鬥士故事，網址：https://www.youtube.com/watch?v=cxqe77-Am3w。
- TED講堂，安德魯・索羅門（Andrew Solomon）主講「生命中的難關如何造就我們」，網址：http://www.ted.com/talks/andrew_solomon_how_the_worst_moments_in_our_lives_make_us_who_we_are; Retrieved November 24, 2015。

網路資源

- 詹姆斯・潘尼貝克（James Pennebaker），美國德州大學奧斯汀分校，心理學講座教授，首開先河倡導通過書寫來因應心理創傷，網址：https://liberalarts.utexas.edu/psychology/faculty/pennebak。

- 加拿大「曼尼托巴省心理創傷資訊教育中心」（Manitoba Trauma Information & Education Centre），網址：http://trauma-recovery.ca/resiliency/post-traumatic-growth/。
- 「拍斷手骨，顛倒勇[越挫越勇]」（What doesn't kill us），史蒂芬・約瑟夫（Stephen Joseph）談創傷後成長，網址：http://www.huffingtonpost.com/stephen-joseph/what-doesnt-kill-us-post_b_2862726.html。
- 心理創傷相關服務的手機app應用程式，加拿大「退伍軍人事務部」（Veterans Affairs Canada）提供，網址：www.veterans.gc.ca/eng/stay-connected/mobile-app/ptsd-coach-canada。

第十七章
療程十一：慢活與賞味

療程十一大綱

核心概念一：慢活

開場的身心鬆緩操

療程中的作業：「慢活」

　　【作業單11.1】慢活的策略

反思與討論

核心概念二：欣賞品味

療程中的作業：「欣賞品味」

　　【作業單11.2】賞味經驗和技術

反思與討論

療程作業：「安排的欣賞品味活動」

反思與討論

回家作業：「賞味之約」

反思與討論

專欄小故事

　　蘇菲亞的賞味晚餐

　　艾伊莎學習欣賞品味，因應憂鬱症狀

適應和靈活變通

文化因素考量

維持

收場的身心鬆緩操

參考資源

　　「療程十一」，案主了解如何慢活，並培養欣賞品味的意識。經由慢活和欣賞品味，他們學會正念直觀正向事物。本次療程涵蓋的正向心理治療核心作業是「**慢活**」（**Slow**）和「**欣賞品味**」（**Savor**）。

核心概念一：慢活

　　在工作繁複一心多用的時代，速度已然成為終極願望，加拿大記者卡爾・奧諾雷（Carl Honore, 2005）認為，我們生活在工作繁雜的時代，速度就像毒品讓人沉迷上癮。我們拼命追趕速度，把越來越多事物擠進生活的分分秒秒，例如：

- 速成節食、速成約會；
- 即時通訊、簡訊、推特；
- 速食店得來速點餐服務；
- 微波爐晚餐；

- 掌握技能的速成課程；
- 速效瑜伽和速效冥想。

　　我們過著渦輪火力狂飆的生活，每一刻感覺都像是全天無休的飆速競逐賽。不耐煩的態度，像傳染病毒，傳遍所有角落，人人都迫切需要解藥。這種生活形態，在人類諸多領域都敲響了喪鐘：健康、飲食、工作，乃至於社區、人際關係和環境。證據顯示，認知負荷繁重忙碌的人更有可能做出自私的行動，使用性別歧視的語言，並在社交場合做出錯誤判斷（Kahneman, 2011）。

　　許多案主自陳報告說，儘管每天做很多事情，大部分都是快速完成，但仍然感到壓力沉重，缺乏成就感，累得像狗一樣。「待辦事項清單」沒完沒了，總覺得被時間追著跑，而不是好好生活。至少有半世紀之久，在西方文化（目前更擴及世界大部分地區）盲目崇拜認為速度是好事，而慘遭套牢誤導。在某些情況，快速可能是好事，但近年來，我們已經邁入「收益遞減」的階段。儘管所有事情都幾乎在加快步調，包括人類的成熟，但人們並沒有因此更快樂，或更健康。這就是為什麼「慢活運動」（Slow Movement）襲捲全球，吸引世人目光。

　　不論走到世界任何角落，都可以發現人們已然覺醒，快速道路般的衝刺生活，根本就是愚不可及的蠢蛋行徑。大家也發現，放慢腳步才是真聰明，那樣事情會做得更好，生活也更有品質。新近的神經科學研究顯示，當人們處於舒緩放鬆、甘醇如飴的生活狀態，大腦會滑向比較深刻、豐富、細膩的思維模式（Kahneman, 2011）。心理學家稱之為「慢思維」（Slow Thinking）。藝術家早就明白，創作不能急就章；企業界也越來越能領受這層道理，員工需要有時間放鬆，拔掉電源，保持沉靜，才能發揮創意，提高生產力。不要離題太遠，且讓我們在這裡稍微澄清一下，慢活並不是反速度。高速網路是好的，冰上曲棍球如果慢吞吞（雖然可能比較有禮貌），我們大概也沒興趣看。而且，任何計畫總有完工期限，推動我們需要加快步伐。

　　多重任務（multitasking）的作業模式，在我們的社會無處不在。不過，對於大多數的高階活動而言，人腦並非設計來處理多重任務；相反地，大腦實際上的作業方式乃是逐步完成序列化的活動，並且越來越嫻熟老練（Carrier et al., 2015）。研究顯示，一心多用，在多重活動之間跳來跳去，生產效率不會太高；事實上，以這種方式執行任務，還可能多花費一倍以上的完工時間（Minear et al., 2013）。這就是為什麼，當我們在執行計畫或處理任務時，如果不斷有即時訊息、臉書通知、突發新聞插播，完工時間往往比預期要拖得更久。

療程開場的身心鬆緩操

　　每次療程開始，首先進行簡短的身心鬆緩操。請參閱本手冊末尾【附錄A】身心鬆緩操和正念練習。在案主作業簿，也有收錄一份副本，可供案主有需要時自行查閱

使用。身心鬆緩之後，和案主回顧檢視案主所寫的「感恩日誌」，以及複習前一個療程教導的核心概念。

療程中的作業：「慢活」

【作業單11.1】提供六項慢活的策略，可幫助放慢腳步。與案主討論這六項策略。這種教育心理的取徑，再加上具體的建議，可以幫助案主掌握慢活的概念。與案主討論時，詢問他們對於每種策略的感覺。請注意，此作業單，如同本手冊各療程的所有其他作業單一樣，都有提供複印本收錄在案主的作業簿，如果有需要補充額外份數或張數的作業單，也可另行複印提供使用。

【作業單11.1】慢活的策略

「慢活的策略」作業單

你如何可能換檔，讓步調稍微慢下來？以下是一些建議，請選擇你認為可以輕鬆實施的。在作業單末尾的空格處，寫下你選擇哪一項慢活策略，然後說明你選擇的理由。

- **先小幅減速，然後逐漸擴大減速幅度**：逐步、漸進的減慢步調，而不要一下子就徹底停止。
- **從少數幾個方面開始**：挑選你通常步調匆促的一個或兩個方面，把步調慢下來。比方說，一星期至少三餐慢慢吃；一星期至少有一次慢步走；一星期有一個晚上，不要接觸媒體／科技。
- **投入體驗**：刻意聚焦心靈沉靜的體驗，例如：眼睛隨著浮雲緩緩移動、觀看日落、感受微風、聆聽欣賞風鈴聲。你可能會發現大自然的節奏緩慢，充滿平靜安詳的韻味。
- **教育**：與家人和朋友討論速度的不良後果（例如：意外、受傷、壓力和焦慮）。
- **小工具淨空區**：設定免於接觸使用小工具的時間或區域（例如：下午六點之後，不使用手機，或是臥室不開收音機、電視）。
- **學會說不**：學會說不，避免工作時間表排得滿滿的。

你選擇的是哪項慢活策略：＿＿＿＿＿＿＿＿＿＿＿＿＿＿＿
你為什麼挑選這項慢活策略？

行動：

你會採取什麼具體行動？

頻率有多高？

你認為需要什麼樣的社會支持，來幫你實施此策略？

如果這項策略有效，三個月後會帶來什麼樣的改變？

反思與討論

完成此項作業之後，請案主反思並討論：

- 如果，你發現自己時常忙得焦頭爛額，請舉實例說明，在日常生活中，你有哪些「很忙」的現象？時間老是不夠用？一心多用，疲於奔命？
- 你是否感覺資訊超載、時間緊縮、刺激超限、日理萬機、馬不停蹄……諸如此類忙碌不得閒、快車道疾馳的跡象？你有過其中哪些類似的經驗？
- 你覺得，你的忙碌可能是什麼因素導致？是由於內在因素或外在因素，或兩者兼而有之？比方說，內在因素可能有焦慮人格傾向，或焦慮症狀。
- 你在【作業單11.1】選擇的慢活策略，如何可能有效因應你的特定忙碌跡象？
- 此處提到的所有慢活策略，都需要積極投入。你將採取哪些具體行動？有哪些人支持或阻止你積極投入？
- 你可以使用哪些心理力量（請參考你的「標誌性格力量剖面圖」，或其他來源），來確保你選擇的慢活策略成功？

核心概念二：欣賞品味

弗瑞德・布萊恩（Fred Bryant, 2003），研究欣賞品味的先驅，將**欣賞品味**（savoring）定義為，關注和欣賞生活正向經驗的正念過程。布萊恩描述欣賞品味具有如後的關鍵特徵：

- 有四種類型的欣賞品味：陶醉（basking）、感恩（thanksgiving）、盡情享受（luxuriating）、驚嘆（marveling）。欣賞品味促進正向情緒，增加幸福感。
- 與朋友和家人欣賞品味事物或經驗，可以深化我們與生命當中有意義人士的情感連結。
- 欣賞品味需要用心去抵擋壓力，不屈服於一心多用、疲於奔命的追趕衝刺步調。
- 習慣成自然，欣賞品味的越多，就越自然。

療程中的作業：「欣賞品味」

有許多種類的欣賞品味經驗，案主可以投入、欣賞，並且必須增強正向的體驗。【作業單11.2】概述了其中一些，還包括特定種類的欣賞品味技術。與案主討論不同類型的欣賞品味經驗和技巧，然後看看各種類的賞味經驗是否比較關聯到其中哪幾項賞味技術。

【作業單11.2】欣賞品味的經驗和技術

「欣賞品味的經驗和技術」作業單

欣賞品味是透過正念，將正向的感覺、情緒、知覺、思維和信念結合起來，以賞識經驗的內蘊風味。這份作業單列出了不同種類的欣賞品味經驗，然後是你可以用來品嚐的技巧。在這份作業單末尾的空白處，選擇你想要嘗試的欣賞品味技巧。然後，寫下你在日常生活使用這種技術的時機、地點和頻率。

欣賞品味經驗的種類

陶醉Basking：陶醉在個人的成就、好運和恩典之中，獲得極大的喜樂或滿足。

感恩Thanksgiving：致謝，表達感激之情。

盡情享受Luxuriating：在享受身體舒適和感受方面非常愉快（並且不受約束）。

驚嘆Marveling：充滿驚奇或驚嘆。美常常引起驚呼奇蹟的讚嘆。美德事蹟也可能激發讚嘆。例如，人們可能會驚嘆某人面對和克服逆境的超凡能耐。

正念Mindfulness：對自己、周圍環境和他人的清明覺察、周全關注和觀察入微的狀態。

欣賞品味的技術

與他人分享：你可以找其他人分享經驗，並告訴他們，你對這當下的珍重程度。這是歡愉快感的唯一最強預測因子。

建立回憶：留下照相般的印象，甚至是事件的實物紀念品，並在日後與他人共同回憶。

自我讚美：不要害怕自豪。與他人分享你的成就。這樣做是忠於真實本性，真誠慶祝你堅持不懈，保持專注，勇於實現對你有意義的事情。

銳化感知：這涉及聚焦某些元素，並且擋下其他元素。比方說，大多數人投入更多心思去糾正已經出錯（或可能出錯）的事情，而不是陶然醉心於美好的事物或成就。

　　選擇其中一種欣賞品味的技術。你在什麼時機、地點，以及多頻繁使用該等欣賞品味技巧，來增進日常生活的正向情緒？

反思與討論

　　完成此項作業之後，請案主反思並討論：

- 在四種欣賞品味的經驗（陶醉、感恩、盡情享受和驚嘆）中，你最常使用哪種？在什麼情況使用？
- 你是否有使用此處未列出的其他類型的欣賞品味？
- 是否有任何因素，阻礙你使用【作業單11.2】列出的任何類型的欣賞品味？
- 欣賞品味需要實踐。你可以採取哪些具體行動，來鞏固你的欣賞品味實踐？

療程中的作業：「安排的欣賞品味活動」

　　在本療程開始之前，蒐集一系列的物件（例如：紀念品、石頭、產生旋律聲音的物件、羽毛、花朵、食物、或是自然美景和奇蹟的圖片、明信片）。如果你是進行團體PPT，請提前檢查，是否有案主對其中某些物件有過敏症。確認沒有問題之後，將蒐集的物件放在桌上，提供案主使用。

- 配合使用【作業單11.2】，討論各種欣賞品味的經驗和技術。
- 請案主選擇至少一個物件，並使用一種或多種欣賞品味的技術。
- 請案主在心中記錄，欣賞品味時注意到的內容。
- 讓案主儘可能多使用多樣感官（不同種類的感官，以及技術）。
- 允許案主三到五分鐘來欣賞品味所選的物件。

　　下一個步驟，是與某人分享。在團體PPT，案主可以與身旁的成員分享。在個人

PPT，案主可以與臨床治療師分享。請案主討論分享經驗的種類，以及他們用於此作業的技術。然後，請案主使用以下問題，進行反思和討論。

反思與討論

- 當你欣賞品味自己所選的物件時，你有多少種感官投入其中？
- 你是否聚焦物件的某些感官特性，在此同時，遮蔽其他的感官特性？
- 欣賞品味時，你是否覺得有股衝動，急著想要做完目前的物件，趕緊去欣賞品味下個物件？
- 你能否讓自己舒適、放鬆？你做了什麼來放鬆？你經常這樣做嗎？
- 欣賞品味時，你是否認為某些物件可以更好？是什麼促使你有這種想法？
- 你的經驗感覺良好嗎？是什麼因素讓你的經驗感覺良好？

回家作業：「賞味之約」

為了擴大欣賞品味的練習，請案主在家中進行以下活動，然後反思問題。

規劃並執行「賞味之約」（savoring date）。你可以與伴侶、朋友或家庭成員，一起進行此活動。比方說，邀請朋友來家裡吃冰淇淋（一起試吃若干種不同口味的冰淇淋）、一起看喜歡的電影或聽喜歡的音樂（儘可能密切投入注意力，儘可能多種的感官，完全融入欣賞電影或樂曲）、坐在戶外，欣賞大自然，如果可能的話，升起營火、挪出時間，和對方閒話家常（在分享美好時光的過程，投入好奇心、細心和欣賞）。通過此回家作業發揮創意，規劃至少一個小時的共享活動。然後結束時，使用反思和討論問題，寫下體驗的敘述。

反思與討論

- 「賞味之約」讓你有多享受、快活？如果沒有，是什麼阻止你的享受？
- 刻意的規劃，是否影響了你的享受？你認為，「賞味之約」如果是自發的，是否會產生不同結果？
- 在你的日常生活當中，這類的「賞味之約」有多頻繁？很罕見，或是很常見？
- 你是否好整以暇，細細品味「賞味之約」的所有感官屬性（視覺、聽覺、味覺等等）？
- 在「賞味之約」期間，你是否仍然掛念著心事，例如：有待你解決的問題、擔憂或日常瑣事？

專欄小故事 **蘇菲亞的賞味晚餐**

蘇菲亞，23歲，患有邊緣型人格障礙，參加團體PPT。她自陳報告經常煩躁不安。蘇菲亞完成大多數PPT作業，覺得有些幫助，其中「欣賞品味」的療癒效益尤其突出。她和男友經常為了瑣碎問題而爭吵，例如：銀器要放到洗碗機的哪個特定位置，要看哪個電視節目等等。儘管兩人關係大致穩定，但是諸如此類的日常瑣事爭執，卻傷害了他們在一起的時光。蘇菲亞喜歡烹飪。她瞞著男朋友薩米，煮了他最愛的印度菜，讓他喜出望外。她描述這經驗如下：

「在學習了各種形式的欣賞品味之後，我決定選擇一些我和薩米都會喜歡的。上週末，他整天都在工作。這讓我可以自己一個人先去逛印度超市，選購食材。我特別喜歡辛香料的氣味，從濃嗆的小茴香籽，到溫潤的薑黃，所有這些辛香料都讓我味覺更加敏銳。我儘可能買了很多樣印度原產的辛香料。回到公寓，我決定一次只做一道菜，充分享受香氣和過程。屋子裡，播放我最喜歡的印度音樂，我用食物調理器製作馬薩拉醬，整個廚房瞬間充滿了獨特的香氣。我不趕時間，氣定神閒，慢慢清理蔬菜、切碎、備料，一步一步慢慢來。薩米驚喜萬分。我們悠閒自在，盡情享用，每一口都齒頰留香。這是一次非常美好的經驗，薩米和我決定每個月輪流做一頓飯。

「反思：我知道，一頓晚餐不會改變我的生活，也不會改變薩米的生活。但是我領悟到一個道理，這樣的一頓晚餐，可以幫助我好好管理自己的心情。我一直很喜歡烹飪，嘗試新食譜。前陣子，烹飪的時候，不知怎的有些煩悶，心情給搞壞了，當下就決定以後乾脆不再做菜了。但是，這個週末的經驗幫助我理解了兩件微妙的事情。首先，我可以自得其樂，不需要別人，也不需要很多花俏的東西讓自己感覺快活。就是尋常手邊做的一些事情，需要投入一定的心力，我就能感覺愉快。其次，我意識到，我們的周末晚餐，效果非常棒，隔天，以往傷腦筋的爭執小麻煩都可以迎刃而解。或許，我需要更用心安排類似的美好時光，這樣我們的雙人生活應該會過得更愜意。」

專欄小故事 **艾伊莎學習欣賞品味，因應憂鬱症狀**

艾伊莎，二十四歲，印度裔女性案主，完美主義傾向，重度憂鬱症復發，尋求個人治療。艾伊莎起初有些遲疑、不情願，後來才同意開始寫「感恩日記」。以下是她的一些日誌內容，列出艾伊莎的欣賞品味經驗。

| 星期日 | ・欣賞品味，母親到我最喜歡的商店買了最漂亮的圍巾。
・兄弟介紹我墨西哥辣椒醬和切達乾酪醬，絕妙美味，吃了會上癮。 |

星期一	• 雨水：好愛，整個城市的塵土好像都被沖洗得乾乾淨淨。 • 所有公共汽車、火車和輕軌電車，全都準時到站，哇哇哇！
星期二	• 繼續享受雨水。 • 買了新品牌的高價希臘酸奶，加入格蘭諾拉麥片一起吃，美味無法擋。
星期三	• 欣賞，母親讚賞我現在已是成年女人，不再是小女生。 • 欣賞品味，我可以選擇自己要過的生活方式，而不用感到愧疚。
星期四	• 準時上課。 • 在班上，對我最喜歡的主題進行了很好的討論；我很驚訝，聽到有些同學的成熟程度，我以為他們完全沒有注意到這些問題。
星期五	• 感謝上帝，星期五了，我不用上學，可以睡得很晚。
星期六	• 享受無事一身輕的放空時光。
星期日	• 睡得很晚，然後和媽媽、姊姊一起去逛商場。

適應和靈活變通

　　儘管欣賞品味可能頗為吸引某些案主，但是憂鬱困擾的案主，如果自認無法控制負向歸因傾向，那他們或許會心生畏怯，不太敢投入這項作業（比方說，如果在需要正念的時候，案主發現自己專注力時而跑掉，那可能會感到氣餒）。評估有哪些因素可能阻礙案主投入欣賞品味，如果他們自己也不確定，可以和他們討論，試著找出可能的阻礙因素。

　　在欣賞品味過程，一個比較重要面向，就是去享受體驗，而不是去感知控制在握。幫助案主去關注並欣賞回家作業產生的正向感覺。

　　由於習慣於快速節奏而難以欣賞品味的案主，可以通過具體定義要達到多慢（例如：每分鐘咀嚼兩次），來教導有意識的放慢速度。除了按時間拆解之外，還可以將經驗分解為更小單元。可以在體驗之前，和案主逐一檢視賞味經驗可能包含的感官元素，建立可資參考的清單。

　　就本質而言，某些經驗原本就是稍縱即逝（例如：觀看流星，或是瞥見林間疾馳而過的珍稀鳥類）。因此，心裡要記住各種經驗的自然節奏。也就是說，案主可能會對體驗的某些面向給予不同的重視，例如：品嚐葡萄酒相對於品嚐奶酪。同樣，個人的性格傾向也可能中介影響欣賞品味的經驗。某些人可能覺得，攀登峰頂、遠眺壯闊景色，是終極品味體驗；另外有些人，則可能是衝浪潛水，或品茗插花；還有些人，則是熬煮心愛湯品的過程，包括：清洗食材、刀功切剁、研磨醬料、煨燉收汁和調味。欣賞品味體驗可能複雜，也可能簡單。有些案主可能聚焦於體驗的一個或兩個面向；有些案主可能會整合體驗諸多面向的所有元素（例如，大自然的壯麗宏偉景緻、藝術名家的表演、百老匯音樂劇）。

　　有些憂鬱症的案主，由於注意力方面的障礙，可能很難悠哉享受愉悅的體驗。注

意力是有限的資源。密切關注案主如何調度注意力資源在欣賞品味上。教導案主消除或忽視干擾，可能有助於他們全神貫注，聚焦體驗的某些面向。這可能降低他們的焦慮，將錯誤預期降到最低程度，不用戰戰兢兢，唯恐沒有注意到所有的面向。提醒案主，欣賞品味就其定義而言，乃是一種步調緩慢的體驗。

文化因素考量

案主生活的環境，如果充斥快節奏技術驅動的文化，可能很難理解放慢步調的價值，因為工作成功的定義似乎是取決於個人的快速行動能力。對於這樣的案主，很重要的是應該理解，有些時候，生產力是必要的，那當然可以去追求快節奏；另一方面，也別忘了，還需要保留一些時間，放慢速度，悠閒投入活動和體驗，好好享受人生。

並非所有文化都像北美一樣，強調限縮時間和緊湊步調。來自不同文化背景的案主，可能習慣成自然，對於悠哉緩慢的步調習以為常。根據個別案主的文化期望差異，適度評估和修改作業實踐的指示說明。

來自不同文化背景、心理困擾的案主，可能會有不同偏好的欣賞品味類型。比方說，有別於東亞族裔，北美人強烈讚許，能夠擴大或延長正向體驗的認知和行為品味反應（例如：自我祝賀、行為激活；Nisbett, 2008）。比方說，節慶活動的準備和預期（例如：情人節、萬聖節、感恩節和聖誕節），在假期前幾週，提前開始，延長慶祝的時間。來自東亞和南亞、拉美、中東和東歐文化背景的案主，可以舉辦自己所屬文化的節慶活動，譬如：印度迪瓦里排燈節（Deewalli）、穆斯林開齋節（Eid Al-Fitr）、非裔美國人的寬紮文化節（Kwanzaa）和猶太教哈努卡光明節（Hanukkah），案主對於這些節慶活動，也會有同樣的期待。

維持

與你的案主討論以下訣竅，以便他們能夠維持進度：

- 欣賞品味需要實踐練習。反思並編寫可以維持和強化欣賞品味的個人行動清單。
- 關於欣賞品味，我們有些人可能會感到頗為掙扎，那是因為我們在經驗過程想太多了，這會影響我們注意和關照感官的能力，例如：觸覺、嗅覺或聽覺。
- 秉持正念，全心投入欣賞品味體驗的各個面向，包括：認知、情感和行為。不過，用力過多去調度感情或想法，卻有可能適得其反，可能會干擾，甚至削弱欣賞品味的體驗。
- 「慢活」和「欣賞品味」的重點是正向。如果你感到苦悶不安，看看你能否暫時擱置負向想法和感覺，以便你從這些作業實踐獲益更多。你可以使用注意力轉移策略（療程五：開放和封閉的記憶），從你的欣賞品味體驗中獲得最高效益。

- 維持欣賞品味的一種方法就是使其多樣化。找你最喜愛的家人或朋友作伴，共度美好時光。挑擇你們共同喜歡的活動。可以很單純，像是在清幽無擾的環境，談心聊天，一起去看電影或踏青散步。試著與對方活在當下，不用去擔心過去或未來。

- 給自己一段獨享時光，半小時或一整天。你可以選擇聽心愛的歌曲、探索公園、光顧新餐館，或者只是閱讀你想看的書。在你投入這些活動時，請密切留意你的感官。你在周遭看到、聞到和聽到什麼？

- 速度本身並不總是壞事，也不總是好事。有時候，快速工作是有好處；但是，在大多數情況，在輕鬆狀態下，大腦執行複雜任務會比較能發揮創意，生產力也會比較高。

- 為了維持和強化欣賞品味，你還可以與朋友、家人一起複製療程作業，特別是在特殊場合和節慶活動。

以下，是值得欣賞品味的建議清單。清單中的物件旨在喚起每種感官的賞味，並擴大欣賞品味的概念，包括食物以外的物件：黑巧克力、光滑的岩石和海貝殼、各種研磨咖啡包或茶包、萬花筒、不同類型音樂的CD（例如：歌劇、爵士、嘻哈）、各種堅果、風鈴、花卉、松果、忍冬蜂蜜、棉花、砂紙、紗羅、詩詞。

療程結束的身心鬆緩操

以簡短的正念身心鬆緩操，結束本療程，然後播放TED演講：路易・史瓦茨伯格（Louie Schwartzberg）主講：「自然・美・感恩」（Nature. Beauty. Gratitude），嘆為觀止的縮時攝影。

參考資源：慢活與賞味

延伸閱讀

- Bryant, F. B., & Veroff, J. (2007). *Savoring: A New Model of Positive Experience*. Mahwah, NJ: Lawrence Erlbaum Associates.

- Honoré, C. (2005). *In Praise of Slowness: How a Worldwide Movement Is Challenging the Cult of Speed*. San Francisco: Harper. 《慢活》[放慢生活腳步：全球化的減速運動如何挑戰對速度的崇拜]，卡爾‧歐諾黑原著；顏湘如譯（2005年，臺北市：大塊文化）。

- Howell, A. J., Passmore, H. A., & Buro, K. (2013). Meaning in nature: Meaning in life as a mediator of the relationship between nature connectedness and well-being. *Journal of Happiness Studies, 14*(6), 1681-1696. doi:10.1007/s10902-012-9403-x.

- Hurley, D. B., & Kwon, P. (2012). Results of a study to increase savoring the moment: Differential impact on positive and negative outcomes. *Journal of Happiness Studies, 13*(4), 579-588. doi:10.1007/s10902-011-9280-8.

影片

- TED講堂，路易‧史瓦茨伯格（Louie Schwartzberg）主講：「自然‧美‧感恩」（Nature. Beauty. Gratitude），嘆為觀止的縮時攝影，網址：http://www.ted.com/talks/louie_schwartzberg_nature_beauty_gratitude。
- TED講堂，《國家地理雜誌》攝影總監，大衛‧葛里芬（David Griffin）主講：「攝影如何讓我們與世界相連」，網址：http://www.ted.com/playlists/30/natural_wonder。
- TED講堂，聲音專家，朱利安‧崔玖（Julian Treasure），提出恢復人與聲音和諧關係的八步驟計畫，網址：http://www.ted.com/talks/julian_treasure_shh_sound_health_in_8_steps。

網路資源

- 《國家地理雜誌》官方網站：http://www.nationalgeographic.com。

第十八章
療程十二：正向關係

　　「療程十二」，我們將引導案主學習，如何透過「正向關係樹」（**Tree of Positive Relationships**）的繪製、反思與討論，從而辨識所愛之人心理力量的重要性。本次療程，涵蓋的正向心理治療，核心作業就是「**正向關係樹**」。

> **臨床筆記**
>
> 　　在接下來幾頁，我們會廣泛使用到「家庭」的概念。請注意，此處所指的「家庭」，並不侷限於生物血緣的家庭，而是指任何「正向、互重和互愛關係的集合體」。

回顧PPT已完成的旅程

　　在此之前，我們的PPT旅程始終聚焦在，開展案主自身的內在心理資源。我們希望，經過諸多努力和作業實踐，已經有幫助你的案主，開始認識並使用他們的正向心

理資源，進一步增強復原力[反彈復甦力]。你和案主，攜手走過情緒和經驗的高峰與低谷：從發掘肯定當下的美好（「感恩日誌」），到造訪過去，重新找回曾經感動的正向經驗；從徘徊茫然，不知所終的破碎思緒，冷靜下來，到邁向豐富、細膩和整全的自我概念（「標誌性格力量剖面圖」）；從勇敢面對開放和負向記憶的痛苦，到蛻變敞開感謝之心，欣然表達感恩（「感恩信」和「感恩之旅」）。所有這些正向的情緒和經驗，在在都拓寬、強化了案主自身的心理建設。從本療程開始，PPT的主要目標將由自我轉向關注人際、社會和社群的正向心理資源。首先，讓我們就從「正向關係」開始出發。

核心概念：正向關係

人類基本上是群居的生物，我們大多數人將大部分時間，花在與其他人的主動或被動陪伴（Bureau of Labor Statistics, 2016）。與他人的共度時光，**品質**也很重要，而且證據清楚顯示，與他人正向互動可以緩解許多心理問題，尤其有助於對抗憂鬱（Fisher & Robinson, 2009）。因此，人們一致認同，當我們的社交驅力遭受挫折時，憂鬱連同其他心理狀況也會尾隨而至。當人們的正向互動得到表達，個人生活機能就會顯得蓬勃盎然。新興研究證據顯示，安定的關係與健康指標有著密切的相關。彙整148項研究的後設分析結果顯示，無論年齡、性別、初始健康狀況和死亡原因，社交關係較強的成年人存活率，至少都高出50%（Holt-Lunstad, Smith, & Layton, 2010）。

正向關係的表現有許多種形式，讓我們先從家庭開始。不論有無血緣關係，所有家庭成員都擁有各自的心理力量和資源。但是，礙於人類普遍的負向歸因和偏頗傾向，正向心理力量可能不那麼突顯而容易發現。PPT幫助案主，不僅探索自己的心理力量，還探索親人的心理力量。因此，在這個階段，PPT就要來努力克服這些挑戰。蘇珊・雪萊登（Susan Sheridan）及其同僚（Sheridan et al., 2004），將「正向家庭」（positive family）定義為擁有如後特徵的人員組成單位，能夠讓成員取用和調度彼此的心理力量和資源，習得和鞏固技巧和能力，通過特定行為表現，從而滿足成員的需求和克服挑戰。

根據研究正向情緒的傑出學者，芭芭拉・芙蕾卓克森（Fredrickson, 2014）的論點，迎接挑戰的關鍵力量就是愛。芙蕾卓克森主張，愛使我們能以全人的觀點，同理的態度，來關懷、照護和看待彼此。在愛的關係之內，時時刻刻，我們真誠投入，關照所愛之人的福祉，而且純粹只是為了對方好。在真正的愛中，這種感覺是相互的。證據顯示，這種相互關愛是親密關係的標誌。

許多方法可以有系統的培養真正的關愛。從PPT的角度來看，學習了解彼此的心

理力量就是其中一種重要的方式，因為這可以促進同理心，並且有助於賞識和珍惜彼此的付出和心意。比方說，當母親發現兒子的主要心理力量是誠實、公正和勇敢，她便能深刻理解，為什麼兒子會大老遠，開車穿過城鎮，回去雜貨店，退還店家不小心多找給他的一美元，即便往返車程的汽油花費遠超過那區區一美元。母親可以體會，兒子只是秉持自身性格力量行事，而不是只看到其行為的不合情理。同樣地，明白家裡妹妹的標誌性格力量是誠實和表裡如一，可以提供其他家人切入觀點，適切理解她的評論、說辭或回應，而不至於如同外人那樣，逕自認為她說話魯莽無禮、沒大沒小。凝聚力（coherence）是正向家庭的標誌，包括家庭成員之間的連結感（connectedness）或情感連結（emotional bonding）。霍特柏格（B. J. Houltberg）及其同僚（Houltberg et al., 2011）研究顯示，家庭的連結感可以防止情緒低落（Tabassum, Mohan, & Smith, 2016; Vazsonyi & Belliston, 2006）。

療程開場的身心鬆緩操

每次療程開始，首先進行簡短的身心鬆緩操。請參閱本手冊末尾【附錄A】身心鬆緩操和正念練習。在案主作業簿，也有收錄一份副本，可供案主有需要時自行查閱使用。身心鬆緩之後，和案主回顧檢視案主所寫的「感恩日誌」，以及複習前一個療程教導的核心概念。

療程中的作業：「正向關係樹」

和案主討論下列的問題：

- 在你的直系親屬或延伸大家庭中，誰似乎總是最有希望和樂觀？
- 誰的個性最幽默、最喜歡玩笑？
- 誰最有創造力？
- 誰總是大家的開心果、熱情洋溢、笑臉迎人？
- 誰最有好奇心？
- 誰總是公正無私對待他人？
- 在你的家人或朋友當中，誰最有愛心？
- 你所愛的人當中，誰最愛創造新事物？
- 你所愛的人當中，誰是好的領導者？
- 在你家人或朋友當中，誰最寬容？
- 你所愛的人當中，誰顯得最懂得平衡的自我調節？

回家作業

在療程期間，討論完這些問題，請案主回家之後，閱讀並完成【作業單12.1】正

向關係樹。請注意，此作業單，如同本手冊各療程的所有其他作業單一樣，都有提供複印本收錄在案主作業簿，如果有需要補充額外份數或張數的作業單，也可另行複印提供使用。

【作業單12.1】正向關係樹

「正向關係樹」回家作業單

培養正向關係的一種途徑就是，認識和肯定親友的主要心理力量，以及了解你如何融入此等延伸大家庭和朋友的網絡。當你能夠辨識親友的心理力量，你就更有可能欣賞他們，並建立更強大的情感連結。此外，了解彼此的心理力量也有助於你獲得新的洞視，釐清過往對於親友言行的誤解。比方說，當麗玲發現丈夫克誠的最大優點包括：誠實、公平和勇敢，她就能夠更妥善理解，為什麼他會大老遠開車去城外的一家雜貨店，把店家多找的50元還回去。儘管往返車程的汽油錢遠超過50元。麗玲並沒有抱怨克誠的行為不合情理，而是能夠體會他就是按照自己的性格力量行事。同樣地，了解孩子的標誌性格力量是對世界的好奇心和興趣，父母就更懂得容忍甚至欣賞，孩子提出五花八門的問題，去探索宇宙萬象和運行奧祕。

「正向關係樹」是專門設計來幫助你和親友，更深入了解彼此的心理力量。要完成這項作業，請你的親友上網完成「標誌性格力量問卷」（**Signature Strengths Questionnaire**，簡稱SSQ-72），網址為：www.tayyabrashid.com，或是「行動價值方案」的問卷，網址為：http：//www.viacharacter.org/（譯者按：這兒提供的線上測驗是英文版的，對於華文世界的案主，治療師可能需要另外提供華文版本的相對應測驗。）

當你的親友完成辨識自己的心理力量，並且與你分享結果，請將結果填寫到下列「正向關係樹」的對應空白處。在此，我們提供一份樣本，酌供參考。

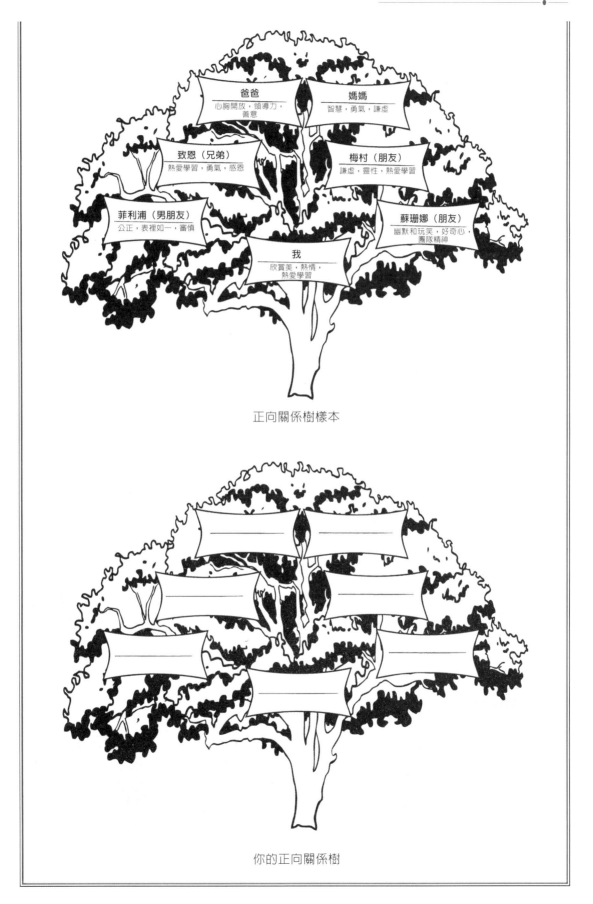

爸爸
心胸開放，領導力，
善意

媽媽
智慧，勇氣，謙虛

致恩（兄弟）
熱愛學習，勇氣，感恩

梅村（朋友）
謙虛，靈性，熱愛學習

菲利浦（男朋友）
公正，表裡如一，審慎

蘇珊娜（朋友）
幽默和玩笑，好奇心，
團隊精神

我
欣賞美，熱情，
熱愛學習

正向關係樹樣本

你的正向關係樹

反思與討論

完成「正向關係樹」作業之後，【作業單12.2】的問題：反思「你的正向關係樹」，可以幫助案主進行家庭內部的討論。請他們填寫此作業單，並在下一次療程期間與你分享。

【作業單12.2】反思「你的正向關係樹」

反思「你的正向關係樹」作業單

完成繪製「你的正向關係樹」之後，請填寫此作業單，並將結果帶到下一次的療程：

1. 哪些具體事件，體現了你所愛的人的心理正能量？
    - **例子1**：我父親的心理正能量是**善意**，他總是對我很好，而我甚至沒有開口要求他那麼做。
    - **例子2**：我最好朋友的心理正能量是**勇敢**，遇到有人口出惡言，她總會挺身而出。

    例子：
    _____

    _____

    例子：
    _____

    _____

    例子：
    _____

    _____

2. 你能否從「你的正向關係樹」，確認幫助你發展心理正能量的是哪些人？
    _____

3. 你是否擁有你所愛的人排名前五的心理正能量？
    _____

4. 你的親密關係中，親友的心理正能量是否存在任何特定的模式？
    _____

    _____

5. 你有哪些心理正能量，是「你的正向關係樹」中其他人都沒有的？

_____

_____

6. 你們如何可能共同運用彼此的心理正能量，進一步強化雙方的關係？

_____

_____

_____

專欄小故事 **怡婷和她的「正向關係樹」**

　　怡婷，47歲，兩個孩子的母親，參與個人PPT，完成「正向關係樹」作業。她尋求心理治療的初衷，是因為全職工作，辛苦一整天，下班之後還回學校進修，但是卻得不到兒子和丈夫的任何支持。做完這項作業後，怡婷與臨床治療師討論她的感想：

治療師：你是怎麼發現「正向關係樹」的療程作業？

怡　婷：你知道的，我很內向，不太找人吐露內心話。對我來說，構建「我的正向關係」，這似乎滿有意思的。

治療師：有意思的點在哪？

怡　婷：就聽起來很讚啊，當然也有些傻氣。你知道的，我和老公、兒子，相處問題不少。而且，我童年過得也不是很好。父親頑固又內向，母親，嗯……我覺得，她可能有躁鬱症，只是從沒找醫生正式診斷過……所以啊，我不確定，我是否有所謂的「正向關係樹」……我懷疑，八成沒有吧。但還是很想知道，那就來試看看吧……

治療師：結果，發現了什麼？

怡　婷：嗯，出師不利哩，第一次，我讓老公和兒子做線上心理測驗，他們都嘲笑我。他們知道我在接受心理治療。我老公說，一定是我的治療師想看看「我們有多瘋狂」……總之，他們拒絕了。

治療師：那後來呢，有完成嗎？

怡　婷：有的，兩個禮拜前，我有一份作業期限快到了，那幾天，工作又超級忙。我就請老公代勞，準備那三天的晚餐，兒子幫忙做菜。

治療師：結果呢？

怡　婷：嗯，第一天，我和小組成員討論作業，回到家，發現他們父子倆若無其事，窩在客廳看體育節目，晚餐連個影子也沒有，反而是把家裡所有零食全都吃光了。

治療師：你有什麼反應？

怡　婷：我臉色一垮，悶聲不吭，手忙腳亂把晚餐弄好。晚飯吃完，我怨氣難消，忍不住就把失望的感覺跟他們說了。他們聽了，都有點不好意思。老公同意，我要工作、念書、回家還要做飯，的確不公平。他們表示，接下來幾天，會按時把晚餐做好，彌補我。我想了一想，就說，如果想要彌補，那就幫我完成「正向關係樹」的回家作業，做飯的事就不勉強了。先前的療程作業，已經讓我看到了生活的正向變化，我希望他們誠實，完成線上心理測驗。

治療師：那很棒啊，你這就是很好運用了你的心理正能量「公平」，來分配家庭責任[公平被認為是怡婷的一項標誌心理正能量]。

怡　婷：是啊，但我也這麼覺得，他們多少是出於罪惡感，才答應去做線上心理測驗。不管了，上週末，我就煮了他們最喜歡的晚餐。飯後，父子兩人依照約定上網，完成「標誌心理力量問卷」。我們一邊吃餐後甜點，一邊分享有關我們心理正能量的反饋。然後，我把一張活動白板擺在桌子中央，然後畫了一棵大樹。我先起頭，把我的標誌心理正能量填進樹上的空白處。接著，老公和兒子也有樣學樣，10分鐘不到，這樹上每個人的標誌心理正能量都給填滿了。

治療師：我很好奇，接下來，發生了什麼？

怡　婷：令我們驚訝的是，我們這家子三個人至少分享了一種共同的心理正能量：毅力。我老公在團隊精神、審慎和觀點方面，得分很高；我兒子，則是幽默和開朗、熱情、創造力和熱愛學習。兩人都認為，這些測驗結果還滿準的。

治療師：你們家人有沒有一起討論，這些心理正能量如何可能支持你們，成為運作良好的家庭？

怡　婷：有的，我很高興，前陣子，我們有討論到「實踐智慧」。一開始，我們先是分享如何使用「毅力」。我們三人使用的方式都不同，使用時機也不一樣。像是我的兒子，他的毅力是表現在體育方面非常執著；而我老公，是在工作非常執著，有時候，可能還執著過度了。我就說，如果他們倆的執著毅力，能在幫忙家務方面多表現一點，那就太好了。我接著還說，如果我能把毅力放在工作和上學，堅持做好工作和課業，他們在家裡可以多點毅力，把家務堅持做好。兩人都覺得，我說的很有道理。我先生很快指出：「**老婆，你有毅力和公正，說真的，你一向都很堅持公正，毅力不搖。**」我們都笑開了。我老公能用周延的觀點，看待事情的各種面向。而且，打從我們認識以來，頭一遭，他不再和我爭吵，抱怨我不該老是堅持要公平分配工作，而是大家挽起袖子分擔家事。是啊，他已經能夠接受和欣賞我對公正的堅持。

治療師：你兒子呢，他怎麼樣？

怡　婷：明白我家翔翔的心理正能量，也許是最大的驚喜。他今年21歲。從小一直就

是個活潑好動的孩子。精力充沛、喜歡冒險、戶外運動。他小時候，動作不是很協調，現在還是有些狀況。我們夫妻一直懷疑翔翔有過動症。他的小學老師也覺得有可能，安排他接受了測驗，結果發現是有一些徵狀，但還不到ADHD的程度。如果有什麼東西可以抓住翔翔的注意力，他是可以專心，把事情好好完成，這是沒有問題的。但是這些年來，我還是擔心他有ADHD，只是測驗還不夠詳細，所以沒能精確檢查出來……[怡婷看起來相當沮喪]。

治療師：這確實讓人很傷心，因為你希望兒子一切都順利、平安……我問你一件事，你一直擔心翔翔可能有「未確診的」過動症，這樣是不是有可能影響到你們母子關係？

怡　婷：肯定是有的。我總覺得，他少了點什麼……很多時候，我很自責，怪我自己和老公，翔翔小的時候，沒有花足夠時間陪他，讓他耐心把事情完成，如果當初有那麼做，應該可以幫到他，可能就不會有注意力難以集中的問題[淚水湧入她的眼睛，對話停頓]。

治療師：我只能想像……這麼些年來，這樣的情緒始終盤旋在你心頭。

[停頓]

怡　婷：在完成「正向關係樹」作業之後，這是我第一次，真正意識到，一直以來，我都是用什麼樣的眼光看待我兒子，也許還有我先生。我總是看到他們缺乏、不足的地方。這麼多年來，我對我自己，也是同樣的負面看待，直到我接受測驗，評估自己的心理正能量，開始相信我真的擁有那些個人優點。我想，我也需要為我愛的家人開始這樣做。

治療師：的確如此。看到你逐步整合生活的各個面向，真的讓人很為你欣慰。現在，你怎麼看翔翔？這有改變你與他的關係嗎？

怡　婷：我現在不再懷疑他有未確診的過動症。我不再老是疑神疑鬼，以為看到過動症的跡象，而是看到翔翔有很多的熱情、活力、能量。如果我回頭看，大多數情況下，他也都有發揮熱情，完成很有建設性的成果。他雖然沒有很用功，但總能取得不錯的成績。我現在也看到他的熱情活力，吸引了很多朋友。朋友聚會，只要有他在，絕對不會冷場。

治療師：對於翔翔這種新的領悟，給妳們的家庭互動帶來什麼樣的影響？

怡　婷：明白翔翔的長處之後，我老公說，翔翔和我公公很相像。但以前那個年代，ADHD的說法並不流行。當時，大家都公認，我公公就是天性開朗的大好人，一心總想做大事。他也的確辦到了，成為很出色的航海家。

治療師：我希望，這只是好的開始，你的親人將會發現彼此的心理正能量，而且不會覺得這樣的療程回家作業有些犯傻。

[怡婷微笑]

適應和靈活變通

除了發現親人的心理正能量之外，還有一種方式，就是聽聽他們的**復原力故事**，探索親人過去如何克服挑戰，有助於我們更深入了解他們的心理正能量。

有些案主要完成這項任務，可能會頗感掙扎，因為其情感關係或家庭功能可能有些狀況。有些人可能家庭財務困難或管理不善、家庭關係不和、藥癮或酗酒問題，或是工作與家庭兩頭燒，難以兼顧。如果你的案主有諸如此類的狀況，鼓勵他們試著先從功能運作較好的二元體（dyad，兩人組成的團體），譬如：母親和青少年子女、父親和青少年子女、祖孫，或兄弟姐妹，這樣較小的群體，可能比較單純，比較容易發現成員彼此的心理正能量。

務必提醒案主，在「正向關係樹」當中，他們可以納入自己視為「家庭成員」的任何人物。家庭破碎、家人離異、亡故或家庭功能失調，諸如此類的案主，可能會覺得情感上，很難做到這項活動。如果有這樣的情況，治療師可以鼓勵他們，轉而考量納入個人生活當中任何親近的人物。

由於生物、文化或經濟等方面的障礙，有些案主可能無法做出正向的改變。對於如此的案主，與其聚焦於糾正心理負能量或弱點，不如把重心放在發展促進成長的行為，也就是發展心理正能量、資產和技能，這樣可能比較能夠收到療癒成效。這種正向的聚焦，進而可以促進更強大的情感連結，以及發展和維持情感連結的能力和信心。

文化因素考量

在過去，家庭通常依循「傳統」模式（亦即核心家庭、異性戀夫婦、兩名受撫養子女）。當代家庭則趨向多樣化，除了傳統家庭之外，還包括：單親家庭、混合家庭、同性伴侶家庭、多種族家庭、跨國族裔家庭、受移民法規限制而分隔兩地的家庭（例如：非法移民家長無法與子女同留在美國）等等。基於如此多樣化的家庭組成，健康家庭功能的特徵可能就有各自不同的樣貌。

某些文化背景的家庭，比較可能分享表現集體心理正能量的敘事，例如：照顧家長、幫助弟妹，以及偏好追尋相互依存之目標。因此，重要的是，如果你面對的是不同文化背景的案主，那就需要意識到人際關係的心理正能量，例如：團隊精神、社會智能或善意，如何在特定文化脈絡表現出來，因為這些屬性很容易被某些文化視為弱點。例如，追尋家庭目標，而不是追尋個人目標，可能會促使某些臨床治療師建議，案主應該更專注於表達個人主體性（individual agency）。另外，某些臨床治療師可能會要求案主，考量自我同情（self-compassion）。同樣地，兄姊照顧弟妹或幫助弟妹完成回家作業，這些善意表現可能被某些治療師視為，家長對該等兄姊的剝削。並

且可能或隱或顯讓案主感覺，他們受到不公平的對待。

在接觸第一代移民案主時，了解內疚或罪惡感是有幫助的。西方國家的第一代移民年輕人，有些可能會持有內疚感的心理現象，他們免於承受父母在祖國經歷的苦難和貧窮，因而覺得自己不應該明顯表現熱情、活力或幽默玩笑之類的正向情緒，甚至有意無意加以壓抑，很難真情流露（Carrier et al., 2015）。

文化的差異，也可能顯現在追求目標的差別。比方說，在中國文化，維持和諧家庭關係的目標，優先於追求個人目標。同樣地，家庭的福祉和家庭整體的運行，優先於個人的福祉。因此，在進行「正向關係」作業時，你有必要視情況需要而與案主討論，個人心理正能量如何促進集體目標。

最後，正向關係的創造、發展和維持，乃是發生在特定的文化規範、傳統和慣例之內。所以，也需要在特定的文化規範和脈絡之下，來看待心理正能量的表達。

維持

與你的案主討論以下訣竅，以便他們能夠維持進展：

- 建立正向關係的一種途徑就是，通過發現、命名和讚許親人的心理力量。當你辨識出你所愛的人的心理力量，當下就會產生正向的共鳴，進而可以加強彼此的情感連結。

- 把注意焦點放在家庭成員之間發展情感連結的活動；建立例行做法、傳統和溝通模式；持續而規律的實踐這類活動。使其成為家庭的核心休閒活動。

- 從發現、承認和讚許心理力量，進而創建自發和結構化的活動，這非常重要。自發活動是指最低程度的預先規劃、非正式，並且包含大多數家庭成員的活動。自發活動的例子包括：到公園家庭野餐；一起購買食材，嘗試新的烹調做法；玩桌遊或數位電子遊戲；或者隨性結伴運動，比如在自家車道打籃球，在後院打羽毛球，或是在地下室打乒乓球。結構化家庭活動的例子包括：家庭度假；戶外探險，比如野餐、露營、參加體育或文化活動；造訪其他城市、州或國家的遠親和朋友（Morganson, Litano, & O'Neill, 2014）。對於某些家庭，結構化的活動還可能包括：造訪有宗教、靈修、藝術、政治或文化重要意涵的特殊地點或場合。與親人結伴投入自發和有組織的活動，有助於鞏固正向關係，其效果是其他途徑很難達成的。請考量凱利（Kelly，1997）的如後說法：

> 生活不是由主題樂園和遊輪組成的。生活的組成包括：餐桌談話、家庭度假、合力整理住家和院子、開玩笑、互相照顧、消磨時光、做夢，以及平淡無奇的時光。這是對我們所有人都很重要的，真實狀態的真實人生。（頁3）

- 嘗試每週至少一次，與每一位家人促膝長談，不受干擾中斷。定期反問自己：「我是否專心傾聽家人說話，就如同我希望對方專心聽我說話一樣？」
- 了解彼此的心理力量，也可以幫助案主，獲得新的洞視，釐清之前對於家庭成員行為的誤解。這些知識將使家庭成員能夠了解、承認和讚許彼此的心理力量，並促進家庭成員能夠圍繞這些心理力量，而有更親密的互動。比方說，如果你發現伴侶擁有欣賞美和卓越的心理力量，那麼度假的理想去處就可以考慮安排創意中心或表演藝術中心。如果家庭成員有人喜歡球類賽事，家庭出遊安排以球類賽事為中心，就可以有機會讓家人展現多種心理力量，包括：幽默玩笑（一起玩樂）、團隊精神（活動的協調安排），以及對學習的熱愛（關於球類賽事的知識）。
- 積極投入心力，包括：時間、技能和努力，在個人的原生家庭、無血緣的選擇式家庭（chosen family），與／或重要他人的生活圈，培養正向關係，此等積極投入可以帶來更大的快樂。
- 在重要他人之間培養正向關係時，重點的是要辨識、肯定他們的心理力量，並且投入各方能夠發揮其心理力量的共同活動。
- 投入時間，記住所愛之人的心理力量和其他正向特質，這對於維持正向關係，非常重要。隨著時間的推移，我們可能對於該等正向特質習以為常，而變得不像以往那樣注意。

療程結束的身心鬆緩操

我們建議，每次療程最後，都以相同於開場的簡短身心鬆緩操，畫上有始有終的圓滿句點。

參考資源：正向關係

延伸閱讀

- Davis, M., & Suveg, C. (2014). Focusing on the positive: A review of the role of child positive affect in developmental psychopathology. *Clinical Child and Family Psychology Review, 17*(2), 97-124.

- Ho, H. C. Y., Mui, M., Wan, A., Ng, Y., Stewart, S. M., Yew, C., et al. (2016). Happy family kitchen II: A cluster randomized controlled trial of a community-based positive psychology family intervention for subjective happiness and health-related quality of life in Hong Kong. *Trials, 17*(1), 367.

- Sheridan, S. M., Warnes, E. D., Cowan, R. J., Schemm, A. V., & Clarke, B. L. (2004). Family-centered positive psychology: Focusing on strengths to build student success. *Psychology in the Schools, 41*(1), 7-17. doi:10.1002/pits.10134.

影片

- YouTube影片，「爸吃飯」（Let's Eat Rice Daddy），馬來西亞國家稻米公司（BERNAS），2012年農曆新年感人催淚的電視廣告，網址：https://www.youtube.com/watch?v=LzP8E8KSgPc。

- YouTube影片，「正向教養」（Positive Parenting）：莉亞・華德斯（Lea Waters）講述心理力量本位教養（Strength Based Parenting），網址：https://www.youtube.com/watch?v=RMhVopiQYzM。

- TED講堂，安德魯・索羅門（Andrew Solomon）主講「家庭有什麼意義？」（What Does Family Mean?），網址：https://www.ted.com/talks/andrew_solomon_love_no_matter_what?referrer=playlist-what_does_family_mean。

- YouTube影片，「老父親、兒子與一隻麻雀的感人故事」（Father, Son and a Sparrow），網址：https://www.youtube.com/watch?v=fOYpFhxEptE。

網路資源

- 「家庭研究院」（Institute of Family Studies），網址：https://ifstudies.org/。

- 「最好在一起」（Better Together）倡議組織，哈佛大學政治學教授，勞勃・普特南（Robert Putnam）發起，倡導重新恢復美國社會公共參與精神，重整美國社群生活形態，並於2000年發布「最好在一起」研究報告，網址：http://robertdputnam.com/better-together。

- 英國牛津大學，「家庭研究中心」（Centre for Family Studies），網址：https://www.cfr.cam.ac.uk/。

療程十三：正向溝通

　　「療程十三」，案主了解四種回應好消息的方式。在這四種回應風格中，只有本療程涵蓋的核心實踐，「**積極建設回應**」（**Active Constructive Responding**，簡稱**ACR**），可以有效預測關係滿意度。

核心概念

　　在瑞典，有句諺語說：

　　　分享讓喜悅加倍；
　　　分擔讓哀傷減半。

　　月有陰晴圓缺，人有悲歡離合。對於負向事件，我們有些人會試圖重新架構，轉換觀點給予正向的詮釋。也有些人可能很難擺脫，負向思緒始終糾纏不清。研究顯

示，一般而言，人們經歷的正向情緒比負向情緒多出2.5倍；再者，很多時候，我們也同時體驗到正向情緒和負向情緒（Trampe, Quoidbach, & Taquet, 2015）。然而，負向事件的效力，尤其是反覆翻攪的反芻思緒（ruminative thinking）或「沾黏」（stickiness），往往使人愁緒如麻、難以自拔。有些人甚至猶豫躊躇，不敢透露自己有正向事件的經驗。

當我們遇到逆境、挑戰、麻煩和創傷，大多數情況（如果不是全部），通常會尋求配偶、伴侶、朋友、家人和社區支持。研究顯示，**社會支持**在因應此等困境方面，對情緒和身體都是有益的。這對於身為臨床治療師的你來說，應該不是什麼新鮮的發現。但是，你有考慮過事情的另一面嗎？好事也會發生，而且對我們大多數人來說，好事比壞事來得更頻繁。弔詭的是，心理治療師卻不太可能問他們的案主：「*事情順遂的時候，你都是做了哪些事？*」，特別是伴侶關係順遂的時候。正向事件的自我披露（self-disclosure），對於平穩的情感連結和親密關係的發展至關重要。在本次療程，我們將介紹討論一種特殊的自我披露。這種自我披露的進行方式具有**建設性**（constructive）和**積極正向**（positive）的特徵。

雪莉‧蓋博（Shelly Gable）和同僚（Gable et al., 2004; Maisel & Gable, 2009）研究探討，自我披露以及好事發生之後找人分享，諸如此類的行為對於個人本身內在（intrapersonal）和人際之間（interpersonal）兩方面的影響。朗斯頓（Langston, 1994）研究發現，當人們經歷正向事件並與他人分享該等好消息，會產生更大的正向迴響，而且遠超過正向事件本身價值的效應。朗斯頓將這稱為「資本化」（capitalization），雪莉‧蓋博借用這個術語來指稱，「*彼此分享正向好消息，從而獲得額外效益的過程*」。資本化涉及被看見、感知、重視和擴展的過程。由於共享者和回應者的此等反應，提供了旁觀者的佐證，從而讓正向事件的經驗、感知、價值等等，獲得相加相乘的擴大效應。資本化提供技巧，讓我們得以調節自我的反應。

雪莉‧蓋博和同僚（Gable et al., 2004）針對回應方式，區分出四種不同的風格，請參閱【方欄19.1】，在這四種回應風格中，積極建設回應（active constructive responding，簡稱ACR），與日常正向情感和幸福感的提升有所關聯，而且其增益效應超出了正向事件本身和其他日常事件的影響。

【方欄19.1】親愛之人分享美好事件的四種回應方式

	建設性	破壞性
積極	**定義**：熱情支持，闡明經驗；讓當事人感受到經驗獲得對方證實和理解；事件得到重溫、擴大；提問有關事件展開的具體和相關問題，以及發生	**定義**：潑冷水，使談話陷入停頓；讓當事人感到羞愧、尷尬、內疚或生氣。 **例子**：「慘了，你要是升遷，那以後從星期一到星期五，還有週末上半天，

	建設性	破壞性
	的原因；進一步探問與之相關的其他正向事件。 **例子**：「太棒了！我真是為你很高興。你在新職位一定可以表現很出色。」 **表現**：保持目光接觸，微笑，表現出正向情緒。	就等著綁在公司，累得像隻狗。」 **表現**：酸言酸語指出壞處；表現負向情緒，例如：皺眉、撇嘴等表情，以及非語言的暗示。
消極	**定義**：安靜、低調的支持；話題默默淡出；讓當事人覺得不重要、誤解、尷尬和內疚。 **例子**：「還不錯啦，公司有想到可能給你升遷。」 **表現**：開心，但缺乏熱情，表情低調；輕描淡寫；幾乎沒有正向情緒表達。	**定義**：忽略事件；話題從沒開始；讓當事人感到困惑、內疚或失望。 **例子**：「升遷哦？了不起喔，快去把工作服換下來，弄飯來吃，我們肚子都快餓扁了。」 **表現**：很少或沒有目光接觸，缺乏興趣，轉身離開房間。

　　雪莉・蓋博和同僚發現，在分享個人正向事件經驗時，若是感知有獲得對方積極、建設性的回應（而不是消極或破壞性的回應），那資本化的益處就能得到更進一步的提升。再者，在親密關係當中，伴侶若能經常熱情回應資本化的正向經驗分享，也會與更高的關係幸福感（例如：親密感、日常婚姻滿意度），有正向相關。有越來越多研究顯示，對於正向事件的積極建設回應（ACR），可能增強情侶的親密感，提升日常的快樂，以及減少衝突。自我披露和伴侶正向回應都有助於互動的親密經驗。具體來說，**資本化涉及以下的層面**（Lemay, Clark, & Feeney, 2007）：

- 伴侶彼此分享好消息，會感到自己的價值獲得佐證。資本化給予伴侶正向訊息，肯定自我的重要性。
- 與人分享正向事件的好消息，會體驗到更多的正向情緒、更高的生活滿意度，這是無法分享或選擇不告訴別人正向事件，比較難以感受的體驗。
- 分享的效益超出了人們在事件本身所經歷的正向情緒和生活滿足感。
- 正向事件的分享，包含討論該等事件的相關問題、重要面向以及影響等，這些方面的分享都有助於鞏固關係。

　　在PPT中，我們建議一種建立正向關係的方法，其中主要涉及了解並肯定家庭成員的主要心理力量，以及該等心理力量如何融入更大的家庭網絡。當我們肯定承認家庭成員的心理力量，就更有可能相互欣賞，並建立更穩固的情感連結。了解彼此心理力量也可以幫助獲得新洞視，釐清之前對於家人某些行為的誤解。這將使家人能夠深入了解、承認和慶賀彼此的心理力量，促進心理力量本位的家人互動和家庭活動。比方說，如果案主得知兄弟對歷史非常熱愛，那麼在家人度假時，歷史博物館將是值得參觀的好去處。了解彼此心理力量使我們互相有更深的認識，有助於消除誤解，促進彼此的同理感受，以及對彼此行為和心意的真情欣賞。

　　自我披露對於鞏固情感連結，以及親密關係的發展，至關重要。在PPT中，我們特別鼓勵一種特殊的自我披露。這種自我披露，是以建設性和積極的方式進行。正向事件具有滋養、拓寬、建設心理力量的潛力（Fredrickson, 2001），並且很少是不可逆轉的。反之，負向事件會造成持久的傷害，需要更快的反應，並且可能有致命的風險，因此需要通過調節管制來扭轉逆境（Pratto & John, 1991）。

療程開場的身心鬆緩操

　　每次療程開始，首先進行簡短的身心鬆緩操。請參閱本手冊末尾【附錄A】身心鬆緩操和正念練習。在案主作業簿，也有收錄一份副本，可供案主有需要時自行查閱使用。身心鬆緩之後，和案主回顧檢視案主所寫的「感恩日誌」，以及複習前一個療程教導的核心概念。

療程中的作業：「積極建設回應」

　　【作業單13.1】，可以看到四種回應風格的示例，以及案主的勾選欄。請注意，此作業單，如同本手冊各療程的所有其他作業單一樣，都有提供複印本收錄在案主的作業簿，如果有需要補充額外份數或張數的作業單，也可另行複印提供使用。【作業單13.1】的示例陳述，擷取自臨床和非臨床案例。讓案主閱讀此作業單的四種回應風格與示例，從其中選出最能代表自己的回應風格（亦即你大多數時間的回應方式，可多選），在答案欄位打勾「√」。

【作業單13.1】四種回應風格的示例

> **「四種回應風格的示例」作業單**
>
> 請閱讀以下四大類的回應風格，並勾選符合你大多數時間回應例子的欄位。

積極建設	答案勾選欄位
伴侶通常熱情回應我的好運氣。	
有時候，我覺得伴侶比我更開心、興奮。	
對於我談到的好事，伴侶經常提出很多問題，真的很感興趣。	
消極建設	
伴侶為我感到高興，但是又顯得那也沒什麼大不了。	
對於我所發生的美好事物，伴侶通常默默支持。	
伴侶很少說，但我知道他／她為我感到開心。	

積極建設	答案勾選欄位
積極破壞	
伴侶經常挑出其中可能有問題。	
伴侶提醒我，好事多半也會有不好的一面。	
她／他指出好事的潛在缺點。	
消極破壞	
有時候，我覺得他／她並不在乎。	
伴侶對我不太關心。	
伴侶似乎經常興趣缺缺。	

- 現在，輪到你試著使用積極建設回應了。和伴侶輪流使用積極建設回應（如果你正在接受個人治療，請與你的臨床治療師輪流使用）。
- 輪到你扮演**分享者**的時候，想想發生在你身上，或你在上週注意到的，正向或有意義的事情。與你的伴侶分享。
- 輪到你扮演**回應者**的時候，想想你的心理力量，並探索如何在你提供的積極建設回應中，利用該等心理力量（例如：好奇心、樂觀、社交智能，來引導你的回應）。
- 然後，切換分享者和回應者的角色。完成此項作業之後，你的臨床治療師會向你詢問一些反思問題。

反思與討論

　　完成此項作業之後，請案主與其伴侶反思並討論：

- 做這項作業，很舒服自在嗎？
- 有哪些不舒服、不自在的地方？
- 是否存在某些主觀或客觀的障礙（例如：你的性格特質、偏好、家庭族裔、文化、信仰或人際關係動態等等），可能妨礙你投入ARC積極建設回應？
- 如果，你已經有做過某些ARC積極建設回應，你還可以進一步做些什麼，將該等回應提升到更高的水準？
- 如果你發現，ARC積極建設回應做起來感覺不是很自在，你可以採取哪些細部調適，好讓你的回應比較能符合你的個性？
- 請舉出展現這四種回應風格的人物或情境。根據你的觀察，每種風格對於分享者和回應者有什麼樣的影響？

• 透過辨識你的回應風格，你對自己的哪些方面有了更新的了解？

回家作業：「辨識伴侶的心理力量」

要擴大ARC積極建設回應，請讓你的案主在家完成【作業單13.2】，然後反思以下問題。

【作業單13.2】伴侶的心理力量

「伴侶的心理力量」作業單

在先前的療程，你已完成若干作業，幫助辨識標誌性格力量。現在，你應該已經相當熟悉這些心理力量。要完成這份回家作業，請安排至少30分鐘，複印兩份作業單，你和伴侶各自填寫一份。請你安排能夠放鬆、自在的環境，請你伴侶勾選最能代表你的五項描述，不用排先後順序。當你伴侶完成作業單，請你和伴侶進行下列的反思與討論。

描　　述	標誌性格力量
25. 擅長想出新點子，以更好的方式來處理事情。	
26. 愛好探索事物，提出問題，對不同的經驗和活動，抱持開放態度。	
27. 靈活有彈性，思想開通；徹底檢視、綜合各方觀點，才做出決定。	
28. 在學校或私底下，喜愛學習新的想法、概念和事實。	
29. 朋友有要事，都會請教他或她提供意見；公認超齡的明智。	
30. 面對困難或挑戰，即使害怕，也不放棄。	
31. 大部分工作，都會使命必達；遇到干擾分心狀況，總能把專注力重新找回來，把任務完成。	
32. 待人處事真心、誠實，大家都知道她或他靠得住；言行表裡如一，符合其價值觀。	
33. 精力充沛，快樂，充滿生機。	
34. 很自然就能愛和被愛，重視和人的親密關係。	
35. 對人友善，往往不用別人要求，就會主動這樣做。	
36. 社交場合，進退應對游刃有餘，眾所周知擁有很好的人際互動技巧。	
37. 在社區或團體相當活躍，貢獻有目共睹。	
38. 見義勇為，看到有人遭受不平待遇、霸凌或嘲笑，就會挺身而出。	
39. 經常被推舉為領導者，眾所周知領導表現卓越出色。	
40. 寬以待人，盡釋前嫌，不會挾怨記仇。	

描　述	標誌性格力量
41.凡事不居功，不喜歡成為眾人注目焦點，寧可榮耀光芒落在其他人身上。	
42.小心翼翼，提防警覺，能預先覺察自身行動可能帶來的風險和問題，並提前做好因應準備。	
43.面對充滿挑戰的情況，能管理好自己的感覺和行為；通常遵循規則和慣例。	
44.對於大自然、藝術（例如：繪畫、音樂、戲劇）與／或許多領域的卓越成就，有很深刻的感動。	
45.以言語和行動表達對美好事物的感激之情。	
46.滿懷希望，相信好事比壞事更常發生。	
47.個性開朗活潑、風趣，喜歡用幽默與人互動。	
48.相信存在不可知的崇高力量，歡喜參與投入宗教或靈性的活動（例如：禱告、靈修）。	

反思與討論

完成此項作業之後，請案主與其伴侶反思並討論：

• 標示和確認肯定彼此心理力量的過程如何？在此之前，你和伴侶曾做過類似的事嗎？

• 你的伴侶表現出哪些行為、活動或習慣，讓你推斷他或她可能擁有你所確認的心理力量？

• 你們彼此有共通的心理力量嗎？討論你們共通的心理力量，以及你們不相同的心理力量。

• 你們的心理力量在哪些方面彼此互補？

• 除了排行前面[強烈擁有]的心理力量之外，你們是否也檢視彼此排行墊底[相對欠缺]的心理力量？如果有，分別是哪些？從這些當中，你可能學到什麼？

專欄小故事 **莎賓娜嘗試積極建設回應**

莎賓娜，33歲，已婚，中南美裔女性，她尋求心理治療，是因為飽受丈夫荷西批評，總是付出卻不受感激。莎賓娜和荷西是在實習時相遇，約會兩年多，才結婚。莎賓娜回憶說，婚前，荷西欣賞她的聰明，對細節關注，工作認真，做人正直誠信。莎賓娜表示，她工作和荷西一樣努力，收入比他多；但是最近，她經常感到生活空虛，沒有價值，老是遭受無情傷害，讓她身心俱疲。莎賓娜分享了一段經歷，她說，就在上個禮拜，她投入很多心力爭取的一家大型企業客戶，終於完成簽約了，辦公室每個

人都紛紛向她致賀，老闆頒發了一大筆獎金，還給了兩天假。莎賓娜一整天心情都很高興，回到家興沖沖，迫不急待就和荷西分享好消息。荷西眼睛卻始終緊盯著電視的棒球賽轉播，不冷不熱的語氣祝賀她，目光完全沒有接觸，最後還澆冷水說這個客戶應該會超級難搞。然後，很快就把話題轉向該弄晚餐來吃了。

莎賓娜的好心情就這樣給澆了滿頭冷水，只好埋頭準備晚餐，轉移糟透了的心情，荷西仍然自顧自在看電視。接下來幾天，莎賓娜心裡悶悶不樂，想破頭也想不出如何來表達自己的感受，她認為荷西根本不在乎她的成就和感受，真的讓人很懷疑他是否還愛著她。

由於莎賓娜難以表達自己，她就問荷西是否願意陪她參加幾次心理治療。起初，荷西有些猶豫推拖，後來才勉強同意參加幾次療程，但還是一直堅持夫妻兩人沒什麼大不了的問題。一開始的療程，重心擺在創造關懷空間，而不是去責備或羞辱荷西，關懷空間可以讓他們安心分享，彼此感到受重視或不受重視，受欣賞或不受欣賞的情況。正如預期的那樣，莎賓娜分享的比荷西來得多。

莎賓娜傾吐的心底話，聽得荷西目瞪口呆。他原本以為夫妻倆一切都很好啊。在公正專業人士面前，聽莎賓娜訴說夫妻相處的問題，荷西這才領悟到兩件事：(1)他時時刻刻其實都有和莎賓娜溝通，不論有無開口說話，微笑還是撲克臉，眼神接觸或迴避，伸手去撫摸或是閃開不給碰觸，這當中都有溝通在進行，而且莎賓娜都給連結上了某些特定的意義；(2)荷西也意識到，他的溝通風格給莎賓娜帶來很大壓力。臨床治療師沒有糾正這種溝通方式，而是讓荷西試著運用ACR積極建設回應。為了將這項回應技巧付諸實行，治療師請莎賓娜分享過去兩週發生在她身上的重要、正向事情。反過來，荷西則是運用一種他感覺真誠的方式熱情回應，並且確保莎賓娜有感到獲得理解和支持。荷西的前幾個回應，有部分顯得熱情，另外有些顯得真誠，但不是兩者兼而有之。顯然，荷西還需要接受進一步的指導，以便他能夠熟悉讓妻子感覺受到理解和支持的回應方式。

荷西有點沮喪。他表示，他改不了，並說：「我就是這樣啊。」儘管如此，治療師還是設法讓他安心，剛開始可能會有點尷尬，因為他很習慣過去的回應方式，但是只要用心投入，假以時日，終究會習慣成自然，使用ACR回應就會越來越得心應手。此外，他也不必對每個人、每種情況，都要使用ACR回應。這種做法目的是，要和親愛的人真情溝通，而不是對每個人都需要如此回應。

我們人類的大腦，天生設計就特別擅長偵測負向的臉部表情、語氣、手勢和姿態，效率高於對正向元素的偵測，而且我們通常不會意識到這種傾向。事實上，這種負性偏向可以銳化我們的批判思維。但是，如果過度使用在親密關係，可能會造成傷害。幸運的是，我們能夠透過心理的精進優化，來克服這種先天的負性偏向，並努力提供積極建設性的回應，使我們的親密關係更充實、美滿。莎賓娜和荷西已經開始朝

往這方面努力邁進。

專欄小故事　雪莉用幽默來反制羞辱

　　雪莉，38歲，女性案主，最近參加一場PPT工作坊，參與者閉上眼睛，靜坐冥想，在心中想像他們遇到某種挑戰，並設法採用正向的方式來克服。以下是雪莉對於這項作業的反思：

　　我閉上眼睛，試著想像生活遭遇的一項挑戰，這還蠻為難的，因為實在有太多難熬的困境。我相信，其他人應該也差不多。眼睛閉著，思緒畫面來來去去，後來，就停駐在關於我母親的愉快回憶。我們母女關係一直有些扞格不和。人生來到這個關頭，我下定決心，要解決我的「母親問題」，希望能學到和她建立比較健康、快樂的母女關係。

　　我記得，大約35歲的時候，接受諮商輔導，斷斷續續都有七個年頭了，主要是希望解決生活中的各種難題，包括我和媽媽的關係。我學習自信、個人界限，試著用比較健康的方式，表達自己的想法和感受，而不是每次火氣一冒上來，或是恐懼、羞辱攻心，就一股腦兒衝動反應。過去，只要我感到遭受威脅，很習慣就會訴諸那樣的反應模式。

　　回到當下，我和工作坊的其他20名參與者，坐在安靜的房間裡，我眼睛閉著，呼吸調到漂亮、緩慢、輕鬆的節奏，思緒又回到回憶。電話鈴響，我接起來說了：「哈囉，」是媽媽打電話來，叫我去幫她處理事情。那時候，我剛結束婚姻，獨力撫養兩個小孩，工作、家務之餘，還去大學念社工學位。不用說，我很忙，真的很忙，實在抽不出時間去幫她，而且我也不想去做她要求的任何事情。那也不是什麼要緊的事情，她自己就做得來，不然其他兄弟姐妹，他們閒閒的，幹嘛不去找他們。我單親媽媽一個人，家庭和學業兩頭燒，真的沒辦法抽身。所以我就告訴她：「**我沒辦法。**」然後，我硬起來，不順她的意之後，任憑她狂灑沒完沒了的情緒勒索。「**你好自私**」，「**只顧你自己，從不替別人著想**」，「**就像你父親一樣！**」（在她的字典裡，這絕不是一件好事。）

　　我爸媽離婚好多年了，我媽對我爸還是滿滿的憤怒和怨恨。每一次，她罵我自私、不為別人著想，還有我如何像我爸，我就會發現自己的反應充滿憤怒、恐懼，還有羞恥。可是這次不同了。這是我有記憶以來第一次，我對她所說的話沒有以往的那種情緒反應。她對我的看法或指控，我不再買單了，我對此感到非常驚訝！相反的，除了平靜之外，我什麼也感覺不到。非常有意思！我看著這一切，恍然大悟，這不正是我母親一輩子慣用的模式。這種溝通動態一直都是她操縱我們的方式，目的是讓我

們去做她想要我們做的事。這種豁然開朗就像雲開霧散，天堂開放的天籟神韻和天使合唱哈利路亞！哈哈，當然不是真的如此，但這就是我的想像。我剛剛克服了這種意識，也明白這如何影響我過往的人生！我笑了，不是笑她，我只是笑這一切的奇蹟，我怎麼也不敢相信，居然沒有早點看透這一點。

　　而我媽就那樣陷入完全的緘默。然後，她用非常刺耳的聲音問：「你是在笑什麼意思？」我還是咯咯笑個不停：「天哪，媽！我終於第一次看清楚！你一直拿這些來操縱我們。你知道，你就是在操縱我，讓我生氣，說我有多自私，不為別人著想。你存心就是要讓我感到內疚，好讓我去做你要我做的事！」媽媽再次靜了下來，我想：「哦，完囉，她又要對我發脾氣了。」我完全沒料到，她竟然開始大笑！我簡直無法相信自己的耳朵！！！！我等了又等……她終於又開口說了：「嗯啊，經過這麼多年，你總算想通了！」

　　我認為，這次談話是我和母親邁向成人關係的起點。她不再把我當小女孩看待，她似乎重新尊重我是成年女性。她開始和我有心靈情感的連結，你知道，我開始變得比較親切、有耐心，對她也比較和氣。我能夠看到我母親是成年人，也是單親，在非常艱難的環境下，不得不去面對解決她的人生難題。

　　治療期間，我分享了這個故事。有人告訴我，我能夠運用幽默和玩笑的心理力量，來解決我面臨的這個具有挑戰性的母女問題。

適應和靈活變通

　　有些案主可能會像我們的一位案主那樣說：「可是，我個性不是非常熱情，高興的事擱在心裡就好，不太習慣和別人慶祝」，或是「我不是很外向，可是ACR回應方式，聽起來好像需要非常外向。」ACR不是關於案主回應的**數量**多寡；相反地，ACR是關於回應的**深度**，以及對分享的事物真心感到興趣。重點也不是關於言語表達的精準，而是在於真情流露。案主內向並不礙事，在其性情和舉止自在舒適的前提下，她可以提出更深入的問題，讓對方知道她對正向事物、好消息真正感到興趣，並且真心為對方高興。

　　由於對好、壞消息的所有形式的回應，都是高度主觀的，我們如何能夠確定什麼是真正的ACR？此外，對於某些人，淡淡微笑可能就足以讓人感到滿意。但是，對於另外有些人，即便毫無保留的熱情洋溢，也可能難以滿意。雪莉・蓋博和同僚（Gable et al., 2004）發現，外部觀察者對ACR的客觀評斷，與回應者在討論後的主觀感受，兩者呈現正相關；具體而言，當外部觀察者評斷回應是積極和建設性的時候，分享者也會對伴侶感到更滿意，並且覺得伴侶關係比較親密。因此，回應是積極／消極或建設性／破壞性的客觀狀態，似乎有影響效應，而不僅只是出於主觀的感覺而已。

關於回應的眞實與否，施與受雙方通常會有相當不錯的直覺感應。

有些案主可能會說，即便只是分享小小的成功，也會感覺假假的，太過炫耀或張揚浮誇。實際上，並不是每一件好事都必須採用ACR回應。ACR使用頻繁或過度，會削弱其眞實性。因此，ACR回應是該運用在有意義而重要的事件。此外，分享正向事件、好消息時，某些情境因素可能不適合使用ACR回應。如果，情境因素不允許回應者做出眞情流露的ACR回應，例如：提供患者醫療照護，同伴之中，沒有人可能理解你的回應。最後，ACR回應與特定的具體細節有關，前後問題環環相扣，即使分享者迴避或忽略不提正向消息，回應者也應該繼續肯定値得高興的正向事件。

ACR回應是正向關係的一個環節。伴侶也需要留出時間給個人熱愛的事物、嗜好和自我反思，而這些可能需要獨處的時光。因此，案主在追求ACR回應時，也務必記得，不要犧牲這些重要的環節。

當代社會，各種技術使得溝通越來越容易，但是人際關係有時反而越感疏離，人們花在面對面互動的時間越來越少。良好關係的核心品質關係到人情互動和連結，最好通過面對面互動來促進（有關此主題的更多資訊，請參閱第二十章〈療程十四〉的核心概念）。幫助案主理解，發簡訊給朋友和親自面對面交談之間的區別。

文化因素考量

某些文化背景的案主可能會覺得ACR回應有些浮誇，因爲在他們的文化，通常不會特別爲了美好的事件和經歷而慶祝。戴夫，42歲，來自澳大利亞的心理衛生從業人員。參加PPT培訓研討會一天的課程之後，戴夫說，他一開始覺得ACR回應就像澳大利亞的一句俗諺說的：「沒必要的虛張聲勢」。然而，經過一整天密集討論，戴夫見識到如何通過建設性的方式，積極傾聽和提問來表達眞心的興趣，也克服了原本不以爲然的遲疑態度。

身爲臨床治療師，我們必須意識到，情緒的自我揭露，存在文化差異。比方說：有話直說vs.點到爲止；儘可能避免目光接觸vs.保持目光接觸；回應的同時，伴隨很多或少手勢、肢體動作；回應時，要求對方應該專注聆聽；分享正向經驗的語氣激昂vs.語氣平淡（Gobel, Chen, & Richardson, 2017; Kleinsmith, De Silva, & Bianchi-Berthouze, 2006）。關於ACR，有一項令人鼓舞但不明顯的特徵就是，並不只是仰賴於強烈的言詞反應，還包括了適切配合的肢體動作、手勢、姿勢、多聽少問，還有問題要切中要點等等。

ACR回應旨在提供眞誠和積極、正向的回應。回應者當然可以根據文化差異而進行適度調整，亦即發揮創造力，以積極、建設性的方式，找到文化適當的回應方式。比方說，德國文化背景的臨床治療師，在研討會期間進行了ARC回應練習，有如後的感言：「我發現，用非語文表達積極、建設性的回應更容易，而不是使用言詞表述。

我過去接受的完形療法培訓，讓我了解到，幾乎一半的溝通是通過非語言，也就是肢體動作和臉部表情來傳達。」

在某些文化，強調和擴大宣揚好事可能被視爲沽名釣譽。還有些文化的慣例或常規，遇到有好事，可能是儘量保持低調，而不是大肆宣揚。不過，請記住，文化是動態的。以文化敏感的方式做出ACR回應，可能創造全新的正向先例。這個領域的先驅，克里斯·彼德森（Chris Peterson, 2006）就曾說：正向心理學幫助他從「尖酸刻薄的好笑」，轉而發展成「溫良和善的好笑」。同樣地，我們可以基於強化關係的良善出發點，而做出ACR回應，這也是橫跨各種文化，普遍重視的目標。

某些文化背景的案主，可能希望以文化適應的方式，來表達對正向事件的讚許欣賞。只要能完整保持ACR回應的精神和本質，亦即眞誠分享和慶賀正向經驗，就可以使用文化適應方式。

維持

與你的案主討論以下訣竅，以便他們能夠維持進展：

- 在ACR回應中，重要的是，詢問是出於眞心誠意，而不是詢問的數量多寡。是眞實所看到、感受、重視和擴展的東西。這些需要在多樣化的情況反覆實作練習。
- ACR回應與特定的具體細節有關，前後問題環環相扣，即使分享者迴避或忽略不提正向消息，回應者也應該繼續肯定值得高興的正向事件。
- ACR回應是關於契合、深入和眞實地相互了解，雙方都感受獲得理解、證實和關心。
- ACR回應不僅適用於伴侶，當朋友或其他家庭成員分享美好的活動時，也可以使用。
- 如果你能暫時擱置負向情緒、感覺和懷疑，並與所愛的人共同慶祝和分享正向時光，那麼ACR回應的影響最有可能增加。你可以等到稍後適合時機，再提出討論抱怨、疑慮、負向元素或不利影響。
- ACR回應提供具體方法，可以增強辨識、理解和回應親人的正向情緒、感受和經驗的能力。詢問你的伴侶，此等過程如何可能幫助你們兩人，更妥善了解其他問題、情況、事件或體驗，這些也是從ACR回應可能的獲益。

療程結束的身心鬆緩操

我們建議，每次療程最後，都以相同於開場的簡短身心鬆緩操，畫上有始有終的圓滿句點。

參考資源：正向溝通

延伸閱讀

- Gable, S. L., Reis, H. T., Impett, E. A., & Asher, E. R. (2004). What do you do when things go right? The intrapersonal and interpersonal benefits of sharing positive events. *Journal of Personality and Social Psychology, 87*, 228-245.
- Gable, S.L., & Reis, H.T. (2010). Good news! Capitalizing on positive events in an interpersonal context. In M. P. Zanna (Ed.), *Advances in Experimental Social Psychology* (Vol. 42, 195-257). San Diego, CA: Elsevier Academic Press.
- Lambert, N. M., Clark, M. S., Durtschi, J., Fincham, F. D., & Graham, S. M. (2010). Benefits of expressing gratitude to a partner changes one's view of the relationship. *Psychological Science, 21*(4), 574-580.
- Stanton, S. C. E., Campbell, L., & Loving, T. J. (2014). Energized by love: Thinking about romantic relationships increases positive affect and blood glucose levels. *Psychophysiology, 51*(10), 990-995. doi:10.1111/psyp.12249.
- Woods, S., Lambert, N., Brown, P., Fincham, F., & May, R. (2015). "I'm so excited for you!" How an enthusiastic responding intervention enhances close relationships. *Journal of Social and Personal Relationships, 32*(1), 24-40.

影片

- YouTube影片，「積極建設回應」（Active Constructive Responding），網址：https://www.youtube.com/watch?v=qRORihbXMnA?list=PLLBhiMXTg8qvQ4Ge94wRFYZhk66t_wm1e。
- YouTube影片，雪莉‧蓋博（Shelley Gable）博士，美國加州大學聖塔芭芭拉分校，心理與大腦科學系教授，解釋什麼是積極建設回應（Active Constructive Response，簡稱ACR），網址：https://www.youtube.com/watch?v=OF9kfJmS_0k。
- YouTube影片，「我說的不是釘子」（It Is Not About the Nail）：跨越異性溝通鴻溝，男女心思大不同，重點是「我只是需要你用心聽」，網址：https://www.youtube.com/watch?v=-4EDhdAHrOg。

網路資源

- 「迷人有訣竅」（People will like you），美國公共廣播電視公司「情緒生活」（This Emotional Life）系列節目，網址：http://www.pbs.org/thisemotionallife/blogs/happiness-exercise-how-make-people-love-you。

- 活用正向心理學改善情感關係，《美國新聞與世界報導》（US News & World Report），健康專欄新聞報導，網址：http://health.usnews.com/health-news/family-health/brain-and-behavior/articles/2009/06/24/using-positive-psychology-in-your-relationships。
- 「情緒圖集」計畫（Atlas of Emotions），保羅‧艾克曼（Paul Ekman）主持，達賴喇嘛支持建立。宗旨是建立互動工具來闡明情緒經驗，幫助世人釐清情緒意識，了解情緒的源起，以及回應對策，網址：http://atlasofemotions.org/#introduction/disgust。

第二十章
療程十四：利他

　　「療程十四」，案主學習如何實踐利他，幫助自己和他人。本療程，涵蓋的正向心理治療核心作業是「**時間禮物**」（**Gift of Time**）。

核心概念

　　利他（altruism），是出於自己本身的意願，施惠於他人，既沒有受到外部要求，也不求任何經濟回報。在PPT，利他的意思是指，使用個人的標誌性格力量，來服務比個人自我更爲崇高的對象，並取得從屬於該等大我的歸屬感。個人想要創造有意義的人生，對世界產生重要影響，使其更臻美好完善。在心理治療方面，研究顯示，利他有以下顯著的益處：

- 多方證據不約而同顯示，志工服務與下列正向效益有所連結，包括：延年益壽、改善日常活動力、改善健康因應行爲、比較健康的生活習慣、提高生活品質、可靠的社會支持、增加與他人的正向互動、減少慢性病相關疼痛和入院次數、總體心理困擾減少（Casiday, Kinsman, & Fisher, 2008; Musick & Wilson, 2003; Nedelcu & Michod, 2006; Soosai-Nathan, Negri, & Delle Fave, 2013）。
- 也有證據發現，在控制校正若干相關的個人特徵因素之後，投入參與環境議題的志

工服務者，維持更高程度的體能活動，自評健康狀況較佳，憂鬱症狀較少（Pille-mer et al., 2010）。

- 志工服務、捐獻與快樂和福祉密切相關。人們購買、消費商品目的是爲了更快樂，但他們很少從購買行爲實現此等快樂目標（Kasser & Kanner, 2004; Lyubormirsky, 2007）。隨著時間推移，商品由於享樂適應（hedonic adaptation）而失去迷人的效力，但體驗卻是越久越顯迷人（Kasser & Kanner, 2004; Van Boven & Gilovich, 2003）。人們花金錢購買商品，希望能從中獲得明顯、不間斷的滿足感或愉悅感。另一方面，人們從事志工服務等經歷時，則是傾向投入更深層次的反思，省視其參與是否有價值。此外，商品與功利或效益（utility）相關，而經驗則與情感相連結。經驗將我們與他人（通過互動）連結起來，而產品和生活器具，尤其是當今的科技設施，卻往往拉遠了人們的距離。沒錯，通過Facebook和其他社群媒體平臺，我們確實與許多人建立聯繫。但是在此同時，對於隔壁辦公室的同事、鄰居，乃至於隔壁房間的親人，卻是形同陌路，鮮少互動。

- 幫助他人，自己的健康也可從中獲益。隨機分組研究，106名加拿大10年級學生，能說流利英語，沒有長期健康狀況，自願參加幫助小學生的活動，爲期兩個月。監測心血管風險標誌，包括：C-反應蛋白（C-reactive protein）、總膽固醇和身體質量指數（body mass index）。結果顯示，同理心和利他行爲增加最多且負向情緒減少最多者，長期觀測下來，心血管風險也顯現最大幅度的降低（Schreier, Kimberly, Schonert-Reichl, & Chen, 2013）。這項研究提供了第一手的流行病學證據，支持正向心理與降低身體疾病風險的正相關。

- 勞勃·普特南（Robert Putnum, 2000），哈佛大學政治學家，過去二十多年間，進行近50萬次訪談，從中得出經驗證據顯示，當代美國社會，建立正向關係的社會資本（social capital），已經顯著式微。與1950年代相比，大多數組織積極參與的情況減少超過50%，宗教活動場合出席人數下降25%至50%，家中招待朋友的比率下降45%，另外還包括許多令人憂心的趨勢。普特南指出如後的嚴峻事實：1950年代以來，利他主義、志工服務和慈善志業，每況愈下的趨勢已到了非改不可的時候。

　　總之，幫助他人可以讓吾人得以轉移注意力焦點，不再沉溺於顧影自憐的想法（即揮之不去的憂鬱思維），轉而將注意力從不健康的思維，調度轉用到更健康、而有意義的利他行爲或公益志業。前者緊盯著自我哀怨的病態思維，使個人脆弱、易受傷害，強化了自我受害的怨念；反之，利他或公益思維則促進自我效能感。然而，如上所述，志工服務和利他行爲呈現全面下降。PPT如何可能影響或扭轉此等不幸趨勢？前一個PPT療程，培養正向親密關係之後，本章的療程則是要通過鼓勵案主幫助他人自助，從而擴大親密關係之外的人際福祉。

療程開場的身心鬆緩操

每次療程開始，首先進行簡短的身心鬆緩操。請參閱本手冊末尾【附錄A】身心鬆緩操和正念練習。在案主作業簿，也有收錄一份副本，可供案主有需要時自行查閱使用。身心鬆緩之後，和案主回顧檢視案主所寫的「感恩日誌」，以及複習前一個療程教導的核心概念。

療程中的活動：「時間禮物」微電影

本次療程作業的重點，是觀看捕捉利他概念的微電影，並且透過實例來說明「時間禮物」的實踐。播放下列YouTube短片：《禮物》。然後，使用反思和討論問題，請案主反思和討論。

YouTube短片：新加坡感人催淚的父愛微電影：《禮物》（*Gift*，播映時間：7分30秒），網址：https://youtu.be/1DUYlHZsZfc?list=PL8m。這部微電影，描繪兒子發現父親的天大祕密，從而改變了他對父親的看法。

反思與討論

看完這部微電影之後，請案主反思並討論：
- 在這部關於利他的微電影，你印象最深刻的是什麼？
- 這部微電影的劇情，是否讓你有所觸動，回想起有關利他的經驗？
- 這部微電影，有哪些具體行動（如果有的話），促使你考量如何可能在日常生活培養利他？
- 父親為什麼不讓兒子知道，他長年默默捐獻助人的祕密？
- 這部微電影，父親儘管家境不甚寬裕，卻從不改變慷慨助人的善舉。對於總覺得自己沒有餘力助人者，這位父親的榜樣可能帶來如何的啟示？

> **臨床筆記**
>
> 有些案主投入利他付出之餘，可能損及對自我的疼惜與關照。如果案主有這樣的情況，試著和他們詳談，確保他們的利他付出不會對自我照護需求產生負面影響。詳細討論他們的痛苦和幸福程度，將可幫助決定利他行為的適切規模，並揭顯對潛在脆弱性的暴露程度。
>
> 案主若是來自資源有限的社會邊陲背景，相較於比較富足、健康的同儕，投入志工服務的情形可能會比較低。
>
> 如果案主已經承擔照顧慢性健康問題的家人，或是三不五時就必須去照料家人突發狀況，照顧年邁父母或發育障礙的家庭成員，諸如此類家累纏身的案主，

可能比較難以投入志工服務。因此，重要的是要與案主討論志工服務的話題，敏感考量他們面臨的挑戰處境。

回家作業

觀看這部微電影，並在療程期間討論問題，再請案主回家完成【作業單14.1】「時間禮物」（**The Gift of Time**）。請注意，這份作業單，如同本手冊各療程的所有其他作業單一樣，都有提供複印本收錄在案主作業簿，如果有需要補充額外份數或張數的作業單，也可另行複印提供使用。根據案主的不同情況，在請案主提供時間作為禮物之後，此項作業可以在下一個療程之前完成，也可以在整個PPT結束之後完成。

【作業單14.1】「時間禮物」

「時間禮物」作業單

本作業之目的，是要讓你提供「**時間禮物**」給你關心的人，也就是投入相當長的時間，並且需要使用到你的標誌性格力量，來為該人做一些事情。

• 如果，在投入實踐「時間禮物」時，你有使用到標誌性格力量，結果將更加令人滿意。例如：
• 如果你的標誌性格力量當中有「創造力」，可以試著為最好的朋友寫一封道賀週年紀念日的便箋。
• 如果你的標誌性格力量當中有「幽默和玩笑」，不妨試著安排烤肉聚會。
• 如果你的標誌性格力量當中有「善意」，或許可以為臥病的室友或伴侶準備一桌適合對方食用的晚餐。

完成本項回家作業之後，請寫下你給予「時間禮物」的經驗。務必確實記錄你做了什麼以及花了多久的時間：

_____

_____

_____

_____

_____

_____

_____

_____

_____

_____

_____

_____

反思與討論

完成此項回家作業之後，請案主反思並討論：

- 贈送時間禮物當下，你感覺如何？
- 贈送時間禮物之後，你感覺如何？
- 對方收到你贈送的時間禮物，有如何的反應？
- 贈送時間禮物有產生任何（正面或負面的）後果嗎？
- 你是否在其中使用了一項或多項標誌性格力量？如果有，是使用了哪些標誌性格力量？請描述你使用該等標誌性格力量的情形。
- 在過去，你是否有過類似的[給予時間禮物]活動？如果有，請描述是怎樣的情況。你有沒有發現，這次情況不一樣了？如果有不同，你注意到什麼樣的差異？
- 在過去，你是否曾被要求給予「時間禮物」，但你不卻想那麼做？
- 你是否曾接受別人給予的「時間禮物」？如果有，請描述是怎樣的情況。
- 未來，你是否願意為特定志業，定期或經常給予「時間禮物」？如果是，請描述是怎樣的志業？
- 你預期會有任何滿足感適應或感覺疲乏嗎？也就是說，過了一段時間之後，「時間禮物」可能不像第一次那樣，讓你感到那麼多的滿足感？如果是這樣，你可以採取哪些措施，來解決此等問題？

專欄小故事 姬珊娜和她的「時間禮物」

姬珊娜，47歲，三個孩子的母親，企業主管教練。她參加為期三天的PPT工作坊，姬珊娜完成了「時間禮物」回家作業。以下，是她在參加工作坊三個月後，對於該項作業的反思書寫，當時她已經實行「時間禮物」有一段時間。

打從我很小的時候，我的母親，我最大的榜樣，就灌輸我一種很深刻的信念：我們總能給予別人一些東西，我的意思是正向的。起初，我不太能明白，因為小時候我們家境並不好，根本就自顧不暇，哪有餘力去管別人。但我記得，母親總會抽出時

間去幫助別人。我們家是單親家庭，全家生計只靠母親微薄的收入勉強支撐，她的工作是銷售業務，業績是根據銷售多寡來衡量，而不是她的服務品質好壞。然而，她總是抽身找時間去幫助別人，像是走路到兩個街區外，去幫老婦人把垃圾桶推出來倒，那老人家自己做不來或經常忘記；進出商場和大廳的時候，幫忙把門打開；週末的時候，到餐館收集廚餘（我其實希望她帶我到好玩的地方），帶到食物銀行或庇護所；教導新來的難民如何應付複雜的社會系統。我從小就看著母親做這些吃力不討好的事情，她經常帶著我一起去。老實說，我打從心底不喜歡跟著去，但是很多時候，她也找不到其他人可以幫忙照顧我。青少年階段，我開始對體育運動感興趣。在母親經常志工服務的食物銀行旁邊，有一家健身房，健身房老闆看到我母親的奉獻付出，送了一張免費會員證給我。我喜歡跑步、游泳和鍛鍊肌肉。我覺得母親瘦弱無力，所以我想健身，變得強壯有力。母親的善行得到頗多好評，但那並沒能讓你有力量。更糟的是，我不時看到人們利用她樂施助人的善良個性，當他們需要她的關愛和幫助，她就全力以赴。這一切，我全看在眼底，覺得她可憐又可恨。

那幾年，日子真的很煎熬。但是，我功課不錯，運動尤其出色。優秀的成績為我贏得獎學金，我搬出去，到離家很遠很遠的大學就讀。如獲新生的自由，讓我好快樂。我念書很用功，運動訓練更是加倍努力。我也開始隨著校隊，征戰州級游泳賽事。

一個可怕的秋天傍晚，我練習結束，走回宿舍，踩到潮溼的落葉，在宿舍大廳光滑的大理石地板，腳步踉蹌……跌倒，左肩著地，頭撞到角落。後來再睜開眼睛，我人已經躺在醫院裡，肩膀打上了石膏，頭纏著繃帶。接下來幾個星期，整個人陷入絕望深淵，沒辦法參加即將舉行的州錦標賽，擔心可能失去獎學金。母親來醫院看我好幾次，但她也不能久待。

三個月後，我重回游泳池，下了水但根本沒辦法游泳，只能黯然爬出游泳池。坐在池邊板凳上，悲從中來，好想放聲大哭，卻又不想讓人看見不爭氣的淚水。但有人看到了，是一位年長的紳士。他輕輕拍了我的肩膀，問我為什麼好一陣子沒來游泳。他的臉有些眼熟，然後我想起來，前陣子，我在游泳選手水道練習時，他也在社區水道游泳。所以，我就跟他說了我發生的意外，然後他也告訴我關於他自己的故事。他曾經三次贏得全國游泳冠軍，也經歷數不清的運動傷害。他主動提議協助我復健，完全不收錢，而且復健項目遠超出校隊復健團隊所提供的範圍。這彷彿是天上掉下來的禮物，簡直讓人無法置信，只能破涕為笑，欣然接受了。

接下來三個月，他幾乎每天都陪我至少一個小時，根據我的體型和受傷情況，量身規劃復健策略。他從沒要我付過一分錢。他本身是經驗豐富的游泳好手，再加上敏銳的觀察力，有效傳達了游泳划手、踢水和姿勢的關鍵細節，比校隊教練的指導還要更到位。我很快恢復了，六個月之後，幾乎回復到受傷前的最佳狀態。我問他，為什

麼花那麼多時間幫我。他回答說：「我婚姻很失敗，離婚後，孩子也不愛理睬我。我母親倒是一直都很知足常樂。她很窮，納粹屠殺，大難不死，沒什麼身外之財可以幫人，但她心胸很寬大，總有用不完的時間去幫助別人。以前，我沒法理解，為什麼她要花那麼多時間去幫人，事實上，我對此頗有怨言。但是現在，我終於明白了，她為什麼那麼開心。和你一起度過這段時間，讓我體會到，幫助別人，我可以變得多麼幸福。」

適應和靈活變通

利他行善或公益服務，無可避免需要涉及與他人互動。但是有些案主，由於社交焦慮或生性害羞，擔心社會批評判斷，可能很難向外接觸他人。對於這樣的案主，治療師就必須幫助他們，採取小步驟，循序漸進。比方說，加入行之有年志工計畫成效卓著的組織。這將為他們提供可茲依循的結構和明確指引，有助舒緩社交焦慮。他們也可以與志工團隊合作，而避免一對一接觸的焦慮或尷尬。

以合乎情理的方式，面對他人擔憂的困境，是非常重要的。利他行善者不會強行把自以為是的善意加諸他人，也不會自己一頭熱，去幫助那些不想得到幫助的人。提醒案主，務必確定他們的利他外展行動有符合對方明確表達的需求。

當人們擁有助人必要的技術、專業知能、經驗和方法，最有可能勝任幫助周遭需要協助的人。鼓勵案主與受助者討論所需協助的具體細節，確保各方的期望切合實際。案主可以通過多種方式來達到幫助他人的目標。

證據顯示，積極投入維護自然環境的活動（例如：修剪樹木、改善基礎設施、移除入侵物種、修復步道、清除垃圾、建立新的棲息地或綠地），可以是給予「時間禮物」的另一種方式。研究發現，這種創新做法，也稱為環境志工服務（environmental volunteerism），可以發揮相當的效用，特別是對於想要重新融入社會的邊緣族群和違法犯紀者。投入環境志工服務的參與者，自陳報告表示，此等活動讓他們感受到一種地方歸屬、自我發現和共同體的感覺。這種實踐做法也有助於培養責任感，擴大參與者的社交網絡。此外，還可作為臨床治療的輔助活動。

有一點必須始終謹記在心，那就是，我們感知的問題，有可能並不是對方感知的問題。案主必須維持開放和同理心的觀點，這容許他們能夠看見對方的需求，並且以此來引導利他行為的實踐方向。

提醒案主，利他行為是施惠者可以樂在其中的禮物，而不必成為負擔。同樣地，利他行為必須放諸更大的社會公益和道德立場來考量。

文化因素考量

對於某些案主，利他善行可能是他們社會、宗教或文化遺產的重要組成部分。如果這些案主心態開放，可以試著請他們一起探索，他們認同有意義的文化或宗教內嵌利他行為。

提醒案主考量施予者和接受者之間的文化差異；案主（施予者）應該向接受者確保，所提供的利他善行（例如：「時間禮物」），其中的內容有符合接受者的文化習俗。比方說，我們有一位白人案主，花了很多心力收集，只使用過幾次、狀況良好的物品，作為送給移民家庭新生兒的禮物。然而，對方的回應卻沒有很開心，這讓案主頗感詫異，甚至有些失望。經過打聽探索之後，她才恍然大悟，依照該移民家庭的文化習俗，送給新生兒的禮物應該是全新的衣物。至於年紀較大的兄弟姐妹，就可以欣然接受狀況良好的二手物品。

此外，還要記住，利他善行與經濟、社會狀況有關。有些案主可能會想要給予「時間禮物」，但是礙於工時較長或家務重擔，他們可能挪不出時間，或缺乏專業知識或技能，難以將可挪出的寶貴時間充分發揮。

維持

與你的案主討論以下訣竅，以便他們能夠維持進展：

- 想像一個世界，在其中，個人擁有淵博知識、技能，慷慨貢獻時間、才能和財富，得以投入終身慈善事業，來實現公益目標。利他善行並不代表一定就是要施予大惠。在日常生活當中，我們也可能尋找機會，慷慨提供時間，來實現簡而美的利他善行，例如：幫助某人解決日常的簡單問題，或是讚美某人的正向行為。

- 了解更多有關利他主義名人事蹟，他們儘管存在心理健康問題，但仍能樂於與人分享正向心理力量、技能和善意。例子包括：黛安娜王妃（飲食障礙）、馬丁·路德·金恩（憂鬱症）、德蕾莎修女（憂鬱症）。你最認同哪一位？是什麼促使這些利他主義名人，為畢生志業犧牲奉獻？他們的行動如何改變世界？

- 投入當地學校社團和社區組織，尋求志工服務機會，貢獻時間或技能。

- 從小規模開始投入利他善行，持續投入一段時間，你的努力付出可能讓你看得更清楚，有助於後續投入更寬廣的利他善行目的、意義和動力。

- 向他人提供幫助，可能使你進一步完善自己的社會智能和個人智能，從而更清楚明瞭如何貼近他人的真正需求。

- 利他善行往往有助於我們建立與助人網絡或公益網絡的聯繫，從而幫助我們學習志工服務所需的技能，擴大社交圈，認識與運用社區存在的相關資源和服務，以及如何有效運用來實現助人或公益目標。

療程結束的身心鬆緩操

我們建議，每次療程最後都以相同於開場的簡短身心鬆緩操，畫上有始有終的圓滿句點。

參考資源：利他

延伸閱讀

• Chen, E., & Miller, G. E. (2012). "Shift-and-persist" strategies: Why low socioeconomic status isn't always bad for health. *Perspectives on Psychological Science, 7*(2), 135-158. doi:10.1177/1745691612436694.

• Kranke, D., Weiss, E. L., Heslin, K. C., & Dobalian, A. (2017). We are disaster response experts: A qualitative study on the mental health impact of volunteering in disaster settings among combat veterans. *Social Work in Public Health, 32*(8), 500.

• Poulin, M. J., Brown, S. L., Dillard, A. J., & Smith, D. M. (2013). Giving to others and the association between stress and mortality. *American Journal of Public Health, 103*(9), 1649-1655.

• Tabassum, F., Mohan, J., & Smith, P. (2016). Association of volunteering with mental well-being: A lifecourse analysis of a national population-based longitudinal study in the UK. *BMJ Open, 6*(8), e011327.

• Welp, L. R., & Brown, C. M. (2014). Self-compassion, empathy, and helping intentions. *Journal of Positive Psychology, 9*(1), 54-65. doi:10.1080/17439760.2013.831465.

影片

• 《終有一天》——善的循環（Kindness Boomerang—"One Day"），2010世足主題曲，主唱瑪堤斯亞胡（Matisyahu），網址：https://www.youtube.com/watch?v=nwAYpLVyeFU。

• 《禮物》（*Gift*），新加坡感人催淚的父愛微電影，網址：https://www.youtube.com/watch?v=1DUYlHZsZfc?list=PL8m。

• 「仁慈的科學」（The Science of Kindness），網址：https://www.youtube.com/watch?v=FA1qgXovaxU。

網路資源

• 「隨手行善組織」（The Random Acts of Kindness），網址：https://www.kindness.org/。

• 「仁愛憲章」（Compassion Charter），網址：https://charterforcompassion.org/。

• 「我到我們的世代組織」（Me to We），網址：https://www.metowe.com/。

• 《至善雜誌》（Greater Good magazine），隸屬於美國柏克萊大學，網址：https://greatergood.berkeley.edu/。

第二十一章　療程十五：意義和目的

　　「療程十五」，目標聚焦在，搜尋和追求實現至善目標的有意義人生。本療程的正向心理治療核心作業是「**正向遺產**」（**Positive Legacy**）。這是PPT第三階段的最後療程，也是PPT全部療程的終點站。

抵達PPT旅程終點

　　正向心理治療的最終療程，我們通過整合以下三個階段，作為總結：
• 復原力的敘事（正向介紹）；
• 培養更好版本自我的希望；
• 正向遺產的心願。

核心概念

有許多方法，可以用來實現有意義的生活：親密的人際關係（先前的療程包括：正向關係和正向溝通）、創生力（generativity，創造、再生產）、利他（請參閱前一個療程）、社會運動或社會服務，以及回應靈性召喚和崇高使命的職涯經驗。因為我們的存在與付出，所以世界能夠有所不同，這讓我們感覺人生有目的。反之，生活缺乏目的感，則會讓人覺得世界充滿威脅，引發焦慮和憂鬱（Schnell, 2009）。缺乏目的感，也是憂鬱症發生率大幅增高的部分原因（Ruckenbauer, Yazdani, & Ravaglia, 2007）。

意義（meaning），是指吾人對於世界有條理的理解，促進人們去追求得以提供目標感和充實感的長遠目標。鮑邁斯特（Baumeister, 2005）認為，追求意義可讓人們達到四大類的目標：

1. 意義幫助我們，在橫跨過去、現在和未來的時間框架內，闡明生活的目標。

2. 意義提供擁有效能或控制的感覺，使我們相信，個人不僅只是承受世界事件擺佈的棋子。

3. 意義幫助創造諸多途徑，來證明行動的合理性。

4. 與意義連結的活動，通常可以促使人們形成生命共同體的社群意識。

維克多·弗蘭克（Victor Frankl），在論述意義的開創性著作，例如：《追求意義的意志》（*The Will to Meaning* [1988]）、《活出意義來》（*Man's Search for Meaning* [1963]）、《醫生與心靈：從心理治療到意義治療》（*The Doctor and the Soul* [1973]），弗蘭克主張，人生在世總有可能尋找出意義，而且尋找意義乃是驅動人類的根本力量。無論置身何種處境，個人總能自由選擇觀點，來詮釋自身經驗。以佛洛伊德和阿德勒的作品為基礎，弗蘭克論稱，人類的核心屬性除了追求快樂和權力之外，還應該納入對於意義的追求。

意義，並不必然是攸關生命重大意義的那種宏偉概念。除此之外，當然還有一般日常情境的意義，也就是小規模事件有關的意義。比方說，贏得紙牌遊戲、電玩遊戲或體育競賽，這些也都可能給人帶來相當程度的興奮，因為諸如此類的遊戲競賽，提供了短程目的和相關價值。然而，這並不一定意味，此等遊戲競賽對於個人生活具有普遍而重大的意義。

意義往往存在於人際情境（interpersonal settings），這是因為人類是社會群聚的動物，傾向追求有助於促進群體福祉的目標（例如：「我想成為醫生，幫助我的社區」），或是群體價值衍生的目標（例如：「我想成為醫生，因為這是社會上普遍敬重的職業」）。

　　證據顯示，生活有意義，對於個人心理健康有所助益。有許多方法，可以獲得意義。其中很重要的一種途徑就是，盡心竭力去完成比自己更崇高的大事，通常的實踐途徑就是利他行善和服務社群（Steger, 2012）。

　　意義的本質是連結（connection）。意義可以把兩件事物連結起來，即便是物理上分開的兩個實體，例如：屬於同一類別（香蕉和蘋果都是水果）；兩者為同一人所擁有（傑森的吉他和籃球）；或是兩者都用於共同目標（為當地街友之家募集的毯子和食物）。不幸的是，由於「極端個人主義」（extreme individualism）興起，這種社會和社群的連結，飽受侵蝕而日趨式微。塞利格曼（Seligman, 1991）指出，極端個人主義推波助瀾之下，「憂鬱解釋風格」（depressive explanatory style）推上極致瀰漫，促使人們傾向採取永久、全面、個人本位的歸因，解釋日常發生的失敗。塞利格曼還指出，因為個人的失敗似乎是永久、全面的大災難，自顧不暇之餘，個人身外的慈善體制（神明、國家、家庭）之衰落式微，也就無暇關心了。

療程開場的身心鬆緩操

　　每次療程開始，首先進行簡短的身心鬆緩操。請參閱本手冊末尾【附錄A】身心鬆緩操和正念練習。在案主作業簿，也有收錄一份副本，可供案主有需要時自行查閱使用。身心鬆緩之後，和案主回顧檢視案主所寫的「感恩日誌」，以及複習前一個療程教導的核心概念。

療程中的作業：「親身經歷的故事」與「視覺想像未來目標」

　　先前在PPT的「療程一」，已經向案主引介了「正向介紹」。如果當時，你有引導案主寫下個人敘事，請他們將最後完成的故事定稿放進信封，在信封簽名、標示日期、密封，然後交給你保管。現在，是時候取出信封，並要求案主閱讀所寫的故事。然後，就可以開始介紹【作業單15.1】回想你的故事和視覺想像未來目標（recalling your story and envisioning a future goal）。請注意，此作業單，如同本手冊各療程的所有其他作業單一樣，都有提供複印本收錄在案主作業簿。如果有需要補充額外份數或張數的作業單，也可另行複印提供使用。如果你當時沒有收集案主寫的故事，請讓案主花幾分鐘時間，回想他們所寫的內容。

臨床筆記

　　【作業單15.1】，除了針對療程一的「正向介紹」進行反思之外，請案主考量未來想要實現的成就或目標。為了幫助案主腦力激盪，請斟酌提供以下適合的示例，與他們分享，來幫助他們思索可能追求的重大成就或目標：

- 重複使用電子產品、嘗試新用途，或是資源回收；
- 探索和倡議企業社會責任；
- 倡導創新方式，增加慈善捐贈；
- 貢獻個人才華，參與促成社會變革的志業；
- 參與政治活動，倡導重要社會議題；
- 將食物銀行的形象轉變為社區公共食堂；
- 雪中送炭，扶助急需救助者；
- 擔任導師，輔導弱勢族群。

【作業單15.1】回想你的故事和視覺想像未來目標

「回想你的故事和視覺想像未來目標」作業單

回想你在「療程一」療程作業「正向介紹」，所書寫的故事，請回答以下問題。回答問題時，你可以自由汲取，從「療程一」直到目前為止，你學到的任何事物。

1. 從你所寫復原[反彈復甦]經驗的故事[簡稱復原力故事]當中，你可能汲取到什麼意義？

_____

_____

_____

_____

_____

2. 現在，你對於性格力量有了更深入、細膩的了解之後，你認為哪些性格力量在你的故事當中最為突出？在日常生活中，你還有使用這些心理力量嗎？如果有，請描述說明你如何使用該等心理力量。

_____

_____

_____

_____

_____

3. 從你所寫的復原力故事當中，你是否體會到什麼樣的生活目的？

_____

_____

_____

_____

_____

_____

4. 總的來說，你希望在未來十年內，取得哪些創造性的成就或重大成就？

_____

_____

_____

_____

_____

_____

5. 請具體陳述，你希望未來在藝術、科學、人際關係（社交）或學業等方面，分別完成哪一項成就，讓你和他人都可能從中獲益。

_____

_____

_____

_____

_____

_____

6. 對於你而言，此等成就具有哪些元素或特徵，可以稱得上是重要的目標？為什麼你認為這樣的成就，是你的重要目標？

_____

_____

_____

_____

_____

7. 此等目標如何帶來有益他人的改變？

_____

_____

_____

_____

_____

_____

8. 未來十年內，你需要採取哪些步驟，來實現此一目標？請分別說明你每一年分別需要做什麼？

_____

_____

_____

_____

_____

_____

9. 在實現此等目標的過程當中，你可能最常使用到哪些標誌性格力量？

_____

_____

_____

_____

_____

_____

_____

反思與討論

完成【作業單15.1】之後，請案主反思並討論：

• 當你重新閱讀你所寫的復原力故事，你有什麼新的體驗？

• 如果有機會重寫你的復原力故事，你的寫法是否會與幾個月前一樣？如果不一樣，你可能會改寫哪些部分？

• 在經過最近幾次的療程之後，你對於生活目的和意義的想法，哪些方面有受到影響？

• 請你談談，當你回顧反思，然後寫下未來的目標，在這過程當中，你有何體驗或感想？

• 如果你的目標實現了，可能會發生什麼？如果沒有實現該等目標，又可能會發生什麼？

療程中的作業：「正向遺產」

臨床腳本

建議臨床治療師，可以參酌採用以下的臨床腳本（擷取自Peterson, 2006），來向你的案主介紹「正向遺產」（**Positive Legacy**）：

我們每個人都有口袋清單：我們「未來有一天」想要做到的事情；我們希望未來實現的目標；以及當我們「有時間」，希望能夠去的地方。但是，我們可能會發現，除非設法挪出時間，否則永遠不可能有時間。【作業單15.2】你的「正向遺產」，要求你投入心思，去設想你的未來，認真思考你將如何去實現你許下的願望和夢想。

【作業單15.2】你的「正向遺產」

「正向遺產」作業單

請投入心力去思索，你希望擁有什麼樣的人生，以及你希望最親近的人如何懷念你。他們會提到你有哪些成就與／或個人優點？換句話說，你希望留給後世懷念的人生遺產是什麼？在以下提供的空格，寫下你的答案。不要太謙虛，或不好意思寫，但記得要寫得合乎現實。

_____

_____

_____

_____

_____

_____

_____

_____

_____

_____

_____

一旦寫完之後，請回顧你所寫的內容，並問自己是否有擬定計畫，能夠實現既合乎現實又在自己能力所及的人生遺產。

完成寫作之後，將此作業單保存在安全的地方。一年之後，或五年之後，再拿出來看一看。問問自己，你是否有取得進展，朝向此等目標邁進？如果有出現新的目標，請放心自由修改你原先的計畫。

反思與討論

正向心理學提供寶貴的科學見解，有助釐清關於人類美好存有福祉的促成因素和標誌。比方說，在滿足基本需求之餘，擁有更多金錢、財物，並沒能帶來更高的幸福感（Lucas, 2007）；相對地，更多的積極投入參與、滿足的關係、有意義的努力行動，則有助於幸福感的提升和維持（Peterson, Park, & Seligman, 2005）。根據此等研究發現來看，我們應該留下什麼樣的遺產呢？在案主完成「正向遺產」作業單之後，請他們反思並討論下列問題：

- 請思考並說明你撰寫「正向遺產」的過程。
- 撰寫過程中，最困難的是哪些部分？「正向遺產」（positive legacy）這概念太抽象嗎？撰寫你未來值得緬懷的事蹟，是否讓你感覺不夠謙虛？你是否不太在乎，後世對你有何看法？
- 你能否想到某位在世者或過世者，他們樹立了人生典範，你希望能向他們看齊？如果你有想到這樣的人物，想想你會如何寫他們。否則，也可以選一位歷史人物，書寫他或她值得緬懷之處。
- 你可能設定哪些短期目標和長期目標，以便能夠實現你期許留給後人的「正向遺產」？
- 你希望採取哪些具體行動，來實現你設定的短期目標和長期目標？你預計在什麼時候可以完成這些行動？
- 你可能通過哪些方式來運用你的標誌性格力量，以便能夠實現你期許留給後人的「正向遺產」？

專欄小故事 **耀聰期許留下的正向遺產**

耀聰，23歲，男性案主，參與個人PPT和團體PPT，在其中一次團體療程，寫下他期許留下的「正向遺產」。這是他的原始草稿，沒有經過編輯修訂。

我希望，大家記得我為人坦率真誠，勇於追求有重大意義的事情，志氣高，富有同情心，亦師亦友，撫慰人心，表裡如一，思想開明，最重要的是，謙虛踏實的好學生。

我希望，人們記住我的成就包括：挺身協助開口求救者，以及遭遇急難而需要救助者；淨化人心，改變周遭世界。

我期許我留下的正向遺產，將留給世界和我遇上的人們一個更美好的地方。

「我有什麼計畫，來實現這樣的『正向遺產』？」如果，沒有先找到自己的平靜喜樂，我就不可能幫助別人找到平靜喜樂。通過正念修行，好好活在當下，與人真誠互動，我從善待自己出發，通過關照自我，逐步學習邁向關照他人的目標。

專欄小故事 **錦輝：希望世人會記得我是個好爸爸**

錦輝，47歲男性，企業主管，完成作業單「正向遺產」，這是他參與自我成長課程的一部分。以下摘錄，是他針對這項作業的反思，最後列出的是他擬定的努力方向。

反思：這份作業單不好寫，我一直努力想弄明白如何實現美滿人生，以及想清楚美滿人生究竟是什麼意思。我花了很多時間思考「我是誰？」、「我想成為什麼樣的人？」過去六年，我花了大部分時間和精力來拼事業，公司獲利成長相當可觀，這些成就，我頗為自豪。

但是，這份「正向遺產」作業真的不好寫，特別是關於我究竟想留下什麼「正向遺產」給我的家人，這實在好難、好難。認真想想，我發現自己在這方面真的做得太少了，而這又是如此重要。過去六年，我全心全力拼事業，但說到底，拼事業是為了讓家人能過更好的生活，可是我在他們身上花的心思卻是少得可憐。

這次「我的正向遺產」的寫作和反思，讓我意識到，我拼命工作目的還不是希望家人過得更好，但結果卻反而變得好疏遠，身心距離都好遠、好遠。在財富成就方面，我持續創造顛峰，但每一次的登峰造極，卻也讓我若有所失。感覺爬得越高，和家人的距離就變得越來越疏遠，而我又找不著回到初衷的出口。這樣痛苦的領悟，讓我好沮喪，但我發揮拼事業的心理正能量，抱持希望，絕不輕言放棄，全心竭力追求改善我和家人有益的事情。

努力方向：我想出了以下三個方面，來努力實現我期許留下的「正向遺產」。

1. 我希望人們記住，我是沒有缺席兩個兒子生活的好爸爸。我對事業全力以赴，對家庭也同樣全心全力。目前，我每天工作10至12小時。以後，我打算改為工作8小時就回家。我要更聰明工作，而不是長時間的工作。

2. 回到家，我不再只是坐在電視機前，我會關掉所有電視，和我兩個兒子好好相處，利用我的好奇心，詢問他們一天的生活，和他們討論球賽，一起幫忙做些家務事。

3. 我會確保，每年預訂兩次家庭假期，每次為期兩星期，間隔六個月。我發誓，

休假期間，絕不攜帶智慧手機。

我想，只要我持之以恆，努力做到這三方面，我一定可以實現我許下的目標，成爲大家心目中的好爸爸。

適應和靈活變通

探索有意義的志業，致力追求超乎小我的崇高至善，換言之，留下「正向遺產」，對於某些案主，可能有相當的挑戰難度。由於心理困擾與／或認知僵化，有些案主世界觀隱含的假設，可能不利這方面的探索和追求。例如，最近痛失至親或重度憂鬱症的案主，明顯帶有沉重的絕望、無助感，可能很難去探索和追求生活中的意義。重度憂鬱的案主在意義關聯的測量通常得分偏低（Peterson, Park, & Seligman, 2005）。

有些案主在探索和追求意義方面，可能走得很艱難，因爲意義需要有主動投入心力的建構過程。由於難以承受升高的心理壓力，這些案主探索和追求有意義經驗的動機可能大受限制。

最近經歷創傷或重大損失，痛失至親，或遭遇意外事故或天災而蒙受重大財物損失，諸如此類的案主，也可能很難有心力去尋求意義。他們可能無法否認或漠視精神病症的壓力（Hicks & King, 2009）。同樣地，要求急性焦慮症發作的患者去探尋意義，可能也是強人所難。

再者，證據也顯示，歸屬感遭受威脅，也可能導致當事人比較難相信生命有意義（Stillman & Baumeister, 2009）。因此，社會聯繫薄弱或孤立感較沉重的案主，在尋求意義方面可能會遇到較多困難。但是，也不要因此猶豫遲疑，不向案主詢問有關意義的問題。對於案主而言，臨床治療師詢問意義乃是非常重要的。《存在主義心理治療》（*Existential Psychotherapy*）作者歐文・亞隆（Irvin Yalom, 1980）指出：「我接觸過的患者，幾乎毫無例外，都會自動表達對自己生活缺乏意義的擔憂；就算少數時候，他們沒有自己主動提及，只要我提出這方面的詢問，他們都會不假思索做出回應。」

文化因素考量

我們對世界的理解，乃是通過文化透鏡的特定觀點而形成，因此對意義的探索和追求，無可避免，都會牽涉到相當程度的文化敏感面向。個人感知體驗的方式，不論有意義或無意義，主要都受到當事人直接文化的左右。當前快速變遷、多樣化、城市化的數位世界，如果還把文化的概念架構在個人主義—集體主義的光譜軸線上，如此簡化的做法可能過於便宜行事了。儘管如此，這當中仍然有些觀念可以適用。比方

說，個人文化背景（例如：歐洲和北美）的大多數案主，意義和目的乃是繫諸追求個人主義的目標、自我提升和獨立自主。相對地，集體主義文化背景的案主，大多則是通過集體努力行動來維持和強化家庭、社群的正向、適應和諧，實現諸如此類的集體目標，而完成意義之追尋（Kitayama & Markus, 2000; Steger et al., 2008）。

同樣地，意義和目的之來源，也存在文化差異。比方說，在中國道教文化，生命的意義可能主要立基於天人合一，亦即人類與自然的和諧相處，而不是人力與天道的鬥爭（Lin, 2001）。在佛教文化，則是提倡接受逆境和知足的態度，因為苦難乃是慾念和業力的結果，是無可避免的（Lin, 2001）。在臨床上，這些文化差異也可能外顯呈現在如後的不同傾向，東亞文化背景的案主，傾向默默承受或逆來順受；而歐洲、北美文化背景的案主，則比較傾向積極努力，爭取改善現狀。同樣地，對於大多數亞洲、非洲文化背景的案主，生命的意義，在很大程度上，取決於個人與文化規範、家庭和社群建立密切關係的能力。事實上，整合多元研究的觀點指出，各種文化的人們都能在生活中找到意義，但有關生活的意義卻很少有普世認同的共通定義。據報導，在所有文化和年齡組中，人們生活當中最重要的意義來源就是關係，特別是與家人的關係（Glaw et al., 2017）。

對於歐洲、北美文化背景的案主，有意義的生活可能取決於活出自我真實本性，為了達到真實本性，案主可能會挑戰根深蒂固的社會傳統或體制。例子包括：爭取LGBTQ同志族群性別權利、支持婚姻平權，或為環境或政治志業而奮鬥抗爭。最後，對於某些案主來說，意義是通過宗教和靈性探尋而實現。換言之，對於某些案主，成為好基督徒、穆斯林、印度教徒、猶太教徒或佛教徒，就等於是有意義的生活。

維持

與你的案主討論以下訣竅，以便他們能夠維持進度：

- 意義賦予生命連貫性，並提高自我效能，它還與健康和更好的關係有關。意義可以是普世共通的，也可能是地方特有的。要維持意義和目的感，請選擇普世的意義。普世意義指的是，你追求的目標和信念，是關於更廣大世界的正義、平等和公正等議題。處理地區性的議題，亦即追尋在你所在社區或家庭的特定目標，也可以讓你維持生活的意義。
- 通過考慮和討論，對我們產生深遠或重大影響的事件，從中找出先前未曾反思的面向，如此反思也有助於我們理解某段時間內的意義和目的。
- 請記住，意義並不是恆定而不變的，而是有可能隨著年齡、環境或重大生活事件而產生變化。
- 為了維持目的感，人們並不總是去要做某些事情。減少沒意義的活動，或學會不去

做覺得沒意義的活動，如此也可以維持生活的目的感。這可能看起來像是，揮別生活中不再讓你開心的人、事、物，或想法。比方說，看看你的家裡，是否有不再需要的衣服或書籍？或許可以考慮把它們捐出去。你心頭是否經常盤旋無益或自我貶損的想法？或許可以轉念，改想些比較有益身心的想法。你生命中是否有人傷害了你，或可能分散你的心力，阻礙你去尋求生活的意義？你是否能想出方法，限縮此等人在你生活的重要性？

療程結束的身心鬆緩操

我們建議，每次療程最後，都以相同於開場的簡短身心鬆緩操，畫上有始有終的圓滿句點。

PPT旅程結語

心理治療本非輕鬆的旅程，儘管此處介紹的正向心理治療冠有「正向」之名，但也不代表這就比較輕鬆容易。PPT不必然朝著某個外在的方向邁進，毋寧說，PPT更多的是關於往內移動，也就是擴大案主的內在空間，以便能夠更妥善理解自我情緒和經驗的陰與陽。通過結構化的療程作業與實踐，你已幫助案主學習管理壓力源，並且指導他們調度、運用個人的正向**心理力量**或**優勢**。有些時候，他們難免還會有起伏波盪，游移在壓力和心理力量之間，在希望和懷疑之間舉棋不定，乃至於在瀕臨放棄的誘惑和堅持嘗試新事物的勇氣之間煎熬拉鋸。

事實上，我們終於抵達全部療程的終點站，這說明了，你和你的案主已經攜手堅持到底，合力完成此趟旅程，你的案主始終堅持著難得可貴的**勇氣和希望**。在這趟PPT旅程之初，案主寫下了**復原力故事**，並且在你的指導下，從該等敘事整理出脈絡化的**標誌性格力量剖面圖**，細心校準，彈性調整文化差異的幽微細節。按部就班的歷次療程，你協助案主完成和反思、討論多項**療程作業**，其中有些作業儘管粗略，也有些頗為艱難，假設我們確實有透過具體行動，有效傳達我們的意圖，這最終結果應該有促使案主開創出**更好版本的自我**。

我們並無意宣稱，這樣一整套的心理療法，不論是PPT或其他行之有年的治療體系，就足以一勞永逸，徹底治癒所有的心理疑難雜症，還有培養全面的心理力量。成長是連續不斷的，你很可能是案主生命歷程當中的第一個貴人（也許是唯一的），為他們點亮希望和樂觀的光芒，那是從來沒有其他人做到的。恭喜你，發揮了值得讚許的人類獨特能力，完成了療癒人心的助人之旅。這一刻，你可以好好欣賞品味此等美好的成就，內心充滿喜悅、滿足和感恩，並為自己完善詮釋的助人角色，而感到充實而自豪。

參考資源：意義和目的

延伸閱讀

- Grundy, A. C., Bee, P., Meade, O., Callaghan, P., Beatty, S., Olleveant, N., & Lovell, K. (2016). Bringing meaning to user involvement in mental health care planning: A qualitative exploration of service user perspectives. *Journal of Psychiatric and Mental Health Nursing, 23*(1), 12-21. doi:10.1111/jpm.12275.
- Löffler, S., Knappe, R., Joraschky, P., & Pöhlmann, K. (2010). Meaning in life and mental health: Personal meaning systems of psychotherapists and psychotherapy patients. *Zeitschrift Für Psychosomatische Medizin Und Psychotherapie, 56*(4), 358.
- Wilt, J. A., Stauner, N., Lindberg, M. J., Grubbs, J. B., Exline, J. J., & Pargament, K. I. (2017). Struggle with ultimate meaning: Nuanced associations with search for meaning, presence of meaning, and mental health. *The Journal of Positive Psychology, 13*(3), 240-251.

影片

- YouTube影片：「你所擁有的時間」（The Time You Have），網址：https://www.youtube.com/watch?v=BOksW_NabEk。
- YouTube影片：「電影《雨果的冒險》──凡事都有目的」（Hugo─Purpose），網址：https://www.youtube.com/watch?v=7jzLeNYe46g。
- YouTube影片：「電影《深夜加油站遇見蘇格拉底》──凡事都有目的」（Peaceful Warrior─Everything Has a Purpose），網址：https://www.youtube.com/watch?v=w1jaPahTM4o?list=PL8m55Iz0Oco4BRLkwj9KM9yxbCsLC5mjb。

網路資源

- 「約翰坦伯頓基金會」（John Templeton Foundation），網址：https://www.templeton.org/about。
- 「德行・幸福・生活意義研究計畫」（Virtue, Happiness and Meaning of Life），隸屬於芝加哥大學，網址：https://virtue.uchicago.edu/。
- 「心靈與生命研究院」（The Mind & Life Institute），網址：https://www.mindandlife.org/。

附　錄

附錄 A　身心鬆緩和正念靜思操

核心概念

正念（mindfulness），是保持對我們思想、感受、身體五感和周圍環境的當下意識，不摻入任何評判，或盡可能減少評判。正念容許我們接受無法改變的事物，並使我們能看見哪些事物是可能改變的。

有些特定的事件、經歷和互動，會駐留在我們的腦海。每當我們想到此等事項，情緒就會湧現，讓人感到悲傷、快樂、憤怒或不安。有時候，我們隨著情緒起伏波動，莫名其妙而感情用事。通過正念的清明意識，正視整個過程，冷靜觀察我們的思想和情感的流動，而不是立即訴諸盲目的行動。

正念還有助於人們了解特定情況下的行為和反應，特別是讓人困擾的情況。我們還可了解個人行為如何影響他人，培養正念意識，不妄作判斷，可以幫助自己敞開心胸，接受不同觀點。

舉例而言，以正念靜觀個人和朋友的負向互動，可以幫助我們觀看的視角更寬廣開闊。也許，該等負向互動並不是由我們做過的事情而引起的。相反地，朋友之所以煩惱動氣，有可能根本與我們完全無關。通過正念，我們將複雜的經驗拆解為若干部分，容許我們能夠敞開心胸，擴大視野。正念可以強化我們的開放性、自我調節和社會智能。

療程中的正念靜思操

正念可以發展鍛鍊，但需要有規律的練習。以下是五種正念和放鬆練習，可以納入正向心理治療（PPT）療程或在家中自行練習。

練習一　正念靜心一分鐘

指導語

1. 以舒適的姿勢坐下來，雙手放在大腿，頭部、頸部和胸部放鬆打直。雙腳平放在地板上。

2. 把注意力放在你的呼吸上。注意呼吸氣息是如何進入你的身體，如何離開你的身體。吸氣、呼氣時，聚焦注意胸部如何擴展、收縮。

3. 輕輕地，把氣息吸入腹部深處。繼續重複這套呼吸循環。儘量讓每次吸氣和呼氣維持6至8秒。每次呼吸完畢後，重複再做一遍。

4. 不要試圖阻止任何其他想法，而是把注意力焦點集中，靜靜默數或在腦中計數。注意力會溜開，這時候，就輕輕把它拉回來，重新開始。請記住，做這種練習，不僅只是做好聚焦而已，在過程當中，你會分心、重新開始；分心、重新開始，如此反覆許多次。如果是在療程中進行此練習，一分鐘到了，你會聽到聲音提示練習結束。[1]

練習二　呼吸

指導語

1. 確保你坐姿放鬆、舒適。

2. 保持頭部、頸部和胸部的姿勢放鬆、打直（不僵硬）。

3. 放鬆肩膀，將背部筆直貼近椅背。

4. 雙手輕輕放在大腿上，或任何你感覺舒適的位置。

5. 如果你覺得閉上眼睛比較舒服，可以緩慢而輕柔地把眼睛閉上，就像劇院緩緩放下帷幕一樣。

6. 從鼻子深吸一口氣，屏氣幾秒鐘，然後把氣息從鼻子緩慢、輕柔呼出。

7. 如同前述的呼吸動作，重複再做兩次，記得每一次吸氣動作都要更為加深，把氣息從胸部吸到腹部深處。

8. 每次吸氣和呼氣時，儘量從頭到腳全身放鬆。

9. 吸氣、呼氣保持平順，過程不要亂停頓。

10. 接下來，調整你的呼吸氣息，良好的呼吸有三項特質（Sovik, 2005）：

---

[1] 如果，是在療程中進行此項練習，當預定時間結束時，臨床治療師應該使用舒緩的響聲，通知案主可以停止練習。

- 平順；
- 均勻（每次吸氣和呼氣持續時間大致相同）；
- 不要發出聲音。

11. 放鬆，讓呼吸自然而不刻意，就好像你整個身體都投入呼吸一樣。

12. 當氣息進入和離開你的鼻孔時，聚焦注意你的呼吸。

13. 做完10次平順、均勻、無聲的呼吸，張開你的眼睛。

練習三　伸展與放鬆

指導語

依照「**放鬆姿勢**」坐好，練習以下的「**伸展動作**」。

放鬆姿勢

放鬆坐好，頭部、頸部、胸部打直，腿不要交叉，雙腳平放在地板上，雙手放在大腿靠近膝蓋（改編自Cautela & Gorden, 1978）。

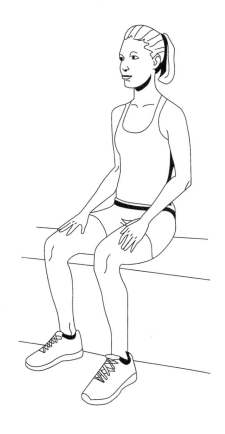

頭部動作

- 保持肩膀平穩，頭慢慢向右轉。[2]
- 頭轉到定位後，進行三次輕鬆的呼吸，每次都是先呼氣，然後吸氣。
- 然後換左邊，重複進行前述動作。

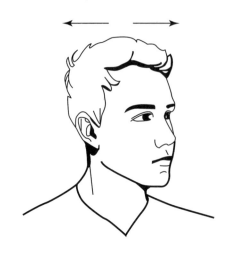

耳朵動作

- 保持肩膀平穩，將左耳靠向左肩上，注意不要移動肩膀或聳肩。
- 進行三次輕鬆的呼吸。
- 換另一側，重複相同的動作。

2　為了避免獨尊右側或左側，指導語也可以註明，從慣用側或心理正能量側開始。在後面各項動作指
　導語當中，請自行加註慣用側或心理正能量側。為求平衡起見，我們下列在陳述各項動作的指導語
　時，會交叉使用左、右兩側的先後順序。

頸部伸展動作

　　頭部、頸部和胸部打直放鬆，保持肩膀平穩。慢慢抬頭，臉朝向天花板。繼續抬頭的動作，直到感覺不舒服的極限。保持頭部穩定，伸展頸子的前面，在感覺舒服的情況下，保持頸子伸展的姿勢。呼一口氣，慢慢將臉轉回來，臉不是停在水平位置，而是繼續低頭，直到下巴貼近胸部。保持這個姿勢，感受頸部後面的伸展。然後，慢慢將臉恢復到水平位置。

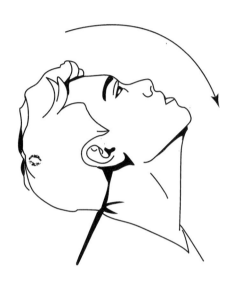

臉部按摩

　　將手掌的下半部放在左右顴骨的外側，靠近太陽穴。由上往下，用手掌畫小圓圈按摩，直到按摩到下巴位置的頜骨；然後，改為由下往上，依照前述方式按摩。接著，再按摩臉部的其他骨頭部位（改編自Bellentine, 1977）。

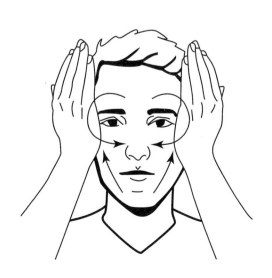

眼睛和額頭按摩

　　雙手輕輕握拳，將手掌和指關節放在眼窩底部，輕輕按壓眼眶骨。將指關節慢慢畫小圓圈，移向太陽穴。從太陽穴，稍微向上移動，按壓眉毛和額頭。多次重複此系列按摩動作。接著，再用指關節按壓你臉上的任何骨頭部位。

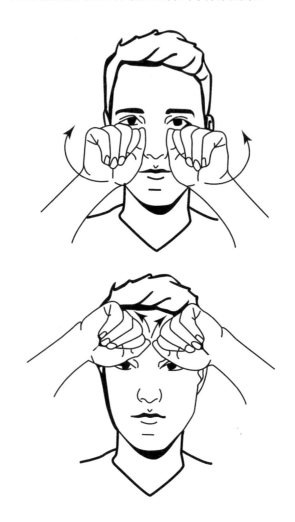

練習四 正向意象

指導語

　　如果你是在療程中進行此練習，你的臨床治療師可以念以下腳本給你聽。如果，你是在家中進行此練習，請將此腳本錄音存檔，以便在練習時可以播放。首先，讓自己以舒服的姿勢坐好。

閉上眼睛，在心中想像一個地方。室內或室外都可以，重點是不用費力就可以感到很舒適。輕鬆呼吸幾次，充分感受到你抵達這地方。看看你能否一次聚焦於一種感覺。你看到了什麼？[暫停]慢慢看看四周。[暫停]你聽到了什麼？注意聲音——近處的聲音、遠方的聲音，還有也許很遙遠的聲音。接下來，你聞到了什麼？天然的氣味，還有某些人造的氣味。[暫停]。現在，觸摸一些東西，感覺它的質地，是光滑或粗糙，硬或軟，重或輕？環顧四周，如果有任何材料、顏料、石頭或其他材料，請觸摸它們。看看你能否用它們來製造東西，不需要是完美的大小或比例對稱。或者，你不必去製造任何東西。讓自己感到完全輕鬆自在，製造東西也行，不做也沒關係。就只是放鬆，深深地呼吸幾口氣。嘗試，但不需要太用力，記住這個地方的細節，就像一幅心理圖片。這是你的地方，你可以放鬆自在的地方。輕輕地、慢慢地，就像你先前來到這地方一樣，充分去感受你離去腳步走過的周遭。

練習五　愛與善意的靜思冥想

指導語

以下靜思冥想練習是改編自莎朗・薩茲伯格（Sharon Salzberg, 1995）的書《愛與善意》（Love-Kindness）。此靜思冥想練習複誦特定的詞語，喚醒「無有界限束縛的暖心情感」（boundless warm-hearted feeling）。這種情感的正能量不侷限於家庭、宗教或社會階層的界限之內。這種靜思冥想始於帶給我們自己幸福和快樂，並且逐步將幸福和快樂的願望延伸到所有人類。

一開始，先複誦以下的句子：

祝我平安喜樂。祝我順心如意。祝我自在安詳。

在說出這些句子的同時，讓自己沉浸融入該等句子表達的意念。愛與善意的靜思冥想有助於我們，將高尚無私的愛與善意，連結到他人的福祉。讓愛、善意、開放和接受的感覺將你擁抱入懷，在複誦這些句子的同時，讓這些感覺瀰漫擴散。當你繼續冥想時，喚出自己的形象，並將這種愛和善意引向你自己。

在你將愛和善意引向你自己之後，請在注意力焦點，想像一位朋友或是你生命當中深切關愛你的某個人。然後，輕輕地，為此人複誦下列的愛與善意句子：

祝你平安喜樂。祝你順心如意。祝你自在安詳。

當你在複誦這些句子時，沉浸融入該等句子由衷表達的良善美意。如果湧現任何愛與善意的感覺，請將該等感覺與此句子連結起來，如此一來，隨著你複誦這些句子，愛與善意的感覺就會越來越強大。

當你持續此一靜思冥想，你可以擴大圈子，想像其他的朋友、家人、鄰居、熟人、陌生人、動物，乃至於你覺得難以相處的那些人。

補充資源

下列額外補充的身心鬆弛練習資源，請參酌使用。

- 羅爾夫‧索維克（Rolf Sovik），喜馬拉雅學院（Himalayan Institute）的臨床心理師，《學習深層放鬆的腹式呼吸法》（Learn Diaphragmatic Breathing for Deep Relaxation），網址：https://youtu.be/Q82YnmL0Kr8。
- 喬‧卡巴金（Jon Kabat-Zinn），最負盛名的正念減壓術倡導人物，在這支30分鐘的影片當中，卡巴金指導如何進行身體掃描冥想（body scan meditation），網址：https://youtu.be/_DTmGtznab4。
- 莎朗‧薩茲伯格（Sharon Salzberg），著名的靜思冥想推廣者，傳授愛與善意的靜思冥想術，網址：https://youtu.be/buTQP4Geabk。
- 這部動畫短片，改編自馬丁‧布羅森（Martin Boroson）的《剎那靜思冥想》（One-Moment Meditation），提供簡便有效的工具，可以迅速達到身心清明平靜的境界，你可以在家中，參照這部短片的指示說明，來投入剎那靜思冥想，網址：https://www.youtube.com/watch?v=F6eFFCi12v8。

附錄 B 「感恩日誌」書寫格式

每天晚上睡覺前，請寫三件發生在你身上的美好事物，換言之，就是你得到的三項祝福或恩典（blessings）[1]。請在每一項祝福或恩典旁邊，寫下至少一句話來說明：

- 爲什麼今天會發生這件好事？這對你意味著什麼？
- 花時間來爲這項祝福或好事命名，讓你從中學到了什麼？
- 你或其他人以何種方式促成此項祝福或好事發生？

每日三祝福：星期日

星期日	日　期：＿＿＿＿＿＿＿＿
祝福一 你的反思	
祝福二 你的反思	
祝福三 你的反思	

每日三祝福：星期一

星期一	日　期：＿＿＿＿＿＿＿＿
祝福一 你的反思	
祝福二 你的反思	
祝福三 你的反思	

---

[1] 如果需要額外的「感恩日誌」表格，請自行複印使用。

每日三祝福：星期二

星期二	日　期：_____
祝福一 你的反思	
祝福二 你的反思	
祝福三 你的反思	

每日三祝福：星期三

星期日	日　期：_____
祝福一 你的反思	
祝福二 你的反思	
祝福三 你的反思	

每日三祝福：星期四

星期四	日　期：_____
祝福一 你的反思	
祝福二 你的反思	
祝福三 你的反思	

每日三祝福：星期五

星期五	日　期：_____
祝福一 你的反思	
祝福二 你的反思	
祝福三 你的反思	

每日三祝福：星期六

星期六	日　期：＿＿＿＿＿＿＿＿＿＿
祝福一 你的反思	
祝福二 你的反思	
祝福三 你的反思	

附錄 C　正向心理治療量表

正向心理治療量表

　　《正向心理治療量表》（Positive Psychotherapy Inventory，簡稱PPTI量表），是立基於福祉理論「PERMA幸福五元素」的主要測量工具，可用來評估案主的福祉（相關討論，請參閱本手冊第二章）。PPTI量表針對正向情緒、積極投入、關係、意義、成就五個面向，來評估受測者的福祉。PPTI量表已採用於若干發表的心理治療成效研究（例如，Schrank et al., 2014; Seligman, Rashid, & Parks, 2006; Uliaszek et al., 2016），並翻譯成土耳其語（Guney, 2011）、波斯語（Khanjani et al., 2014）和德語（Wammerl et al., 2015）。在此，摘述PPTI量表的心理測量屬性如後。

C1. 正向心理治療量表樣本

作答說明：

　　請仔細閱讀每一道題目，在該題的陰影方框□，根據表單頂部的給分標準，對自己進行評分。請注意，每一題的評分結果只填寫在該題的陰影方框□。

　　有些題目涉及心理正能量。首先，心理正能量是指穩定的個人特質，經由思想、感受和行動表現出來。其次，心理正能量是有價值的品格或品德，並且對自己和他人有益。心理正能量的例子包括：樂觀、熱情、靈性或宗教、公平、謙虛、社會智能、節制、好奇心、創造力、團隊精神。

C1.《正向心理治療量表》（PPTI量表）樣本

5分：非常同意	4分：同意	3分：沒意見	2分：不同意		1分：非常不同意		
題次　性格正能量題目陳述		PERMA幸福五元素		P	E	R	M	A
1. 我感覺喜悅。				□				
2. 我知道自己的優點。					□			
3. 我覺得和經常互動的人關係不錯。						□		

5分：非常同意	4分：同意	3分：沒意見	2分：不同意	1分：非常不同意

題次　性格正能量題目陳述　　　　　　　PERMA幸福五元素	P	E	R	M	A
4. 我做的事對社會很重要。				☐	
5. 我是個企圖心很強的人。					☐
6. 人們都說我看起很快樂。	☐				
7. 我會去追尋可以發揮所長的活動。		☐			
8. 我覺得我對親朋好友很親近。			☐		
9. 我覺得我的人生活得有目的。				☐	
10. 別人的成就激勵我努力去實現個人目標。					☐
11. 我注意到生活中的美好事物，並心存感激。	☐				
12. 我運用自己的心理正能量去解決問題。		☐			
13. 遇到艱難的時候，我總能找到可以支持相挺的人。			☐		
14. 我參與宗教或靈性修持活動。				☐	
15. 我一生圓滿達成了許多事。					☐
16. 我感覺輕鬆自在。	☐				
17. 活動期間，若能發揮所長，我總能全神貫注。		☐			
18. 我擁有良好的關係，支持我成長蓬勃發展。			☐		
19. 我做的事情有助於崇高的目標。				☐	
20. 一旦設定目標，我就能夠完成。					☐
21. 我開心大笑。	☐				
22. 當我投入發揮所長的活動，總覺得時間過得好快。		☐			
23. 我生命當中，至少有那麼一個人，總會好好聽我訴說心底話，真正了解我，也能體會我的感覺。			☐		
24. 我會竭盡所長，去幫助別人。				☐	
25. 目標實現之餘，總能激勵我去追求完成新的目標。					☐
小　計					

請將上表P、E、R、M、A各列5個陰影方框 ☐ 的分數，加總小計，然後將所得分數填寫到下表相對應的「你的分數」。

分數範圍	臨床樣本	非臨床樣本	你的分數
P正向情緒（5-25）	14	21	
E積極投入（5-25）	16	21	
R關係（5-25）	14	22	
M意義（5-25）	14	19	

分數範圍	臨床樣本	非臨床樣本	你的分數
A成就（5-25）	18	21	
總 計（25-125）	76	104	

C2.計分方式說明

量　表	計分：將所標示題次得分加總	PERMA幸福五元素定義
P正向情緒	1+6+11+16+21	感到正向情緒，譬如：滿足、自豪、寧靜、希望、樂觀、信賴、信心、感恩。
E積極投入	2+7+12+17+22	深深沉浸在發揮個人心理正能量的活動，體驗最佳狀態，聚精會神，專注力敏銳異常，目標焦點強烈而清晰，內在動機追求進一步發展。
R關係	3+8+13+18+23	擁有正向、安全、信賴的情感關係。
M意義	4+9+14+19+24	覺得自己歸屬於超越個人小我的大我，自己是為了服務崇高目的而活。
A成就	5+10+15+20+25	追求成功、精益求精，並且是為了成就本身，而不是其他外在的收穫。

心理測量學的檢驗

　　心理測量學研究者已經針對PPTI量表著手展開多方面的探索。其中最大規模的驗證研究，包含多樣化文化背景的年輕成人樣本（N = 2501；年齡平均值= 22.55歲；SD = 2.96；女性占68.3%）。此等研究樣本都是來自一項心理正能量本位計畫的參與者。除PPTI量表之外，他們還完成了一系列的測驗，其中包括：

- 精神病困擾Psychiatric Distress：《成效評量問卷—45》(OQ-45)（Outcome Questionnaire，簡稱OQ-45；Lambert et al., 1996）。這項測量總共有45項題目，評估總體痛苦程度，以及三個方面（症狀困擾、人際關係、社會角色）的痛苦程度。
- 《學生學業投入量表》（Student Engagement Inventory，簡稱SEI；Rashid & Louden, 2013）。此測驗評估學生在七個方面的投入程度：課堂行為、作業、考試、學業動機、學業抗壓能力、校園參與、校園適應。
- 《標誌性格正能量問卷》（Signature Strengths Questionnaire，簡稱SSQ：72；Rashid et al., 2013）。這項測驗總共有72項題目，測量《VIA方案》的24項心理正能量。
- 恆毅力（Grit）的測量（Duckworth et al., 2007）。這項自陳報告量表，總共有八項題目，評估特質層級的恆心毅力，以及對長程目標的熱情。

　　表C1摘述，臨床樣本（OQ-45分數≥63）和非臨床樣本（OQ-45分數≤63），上述測驗，包括：PPTI量表（總分）分別與精神病困擾、總體學業投入、性格正能量、恆

毅力等測量，進行雙變項相關統計考驗，結果發現，相關趨勢清楚顯示，PPTI幸福五元素測量與正向構念傾向正相關，而與負向構念傾向負相關。

PPTI量表的結構

PPTI的五個子量表，呈現出令人滿意的內部一致性。使用上述樣本，這五個子量表的Cronbach alpha係數分別如後：P正向情緒，0.77；E積極參與，0.81；正向關係，0.84；意義，0.71；成就，0.77。已發表的研究還顯示，PPTI量表具有五因子基層結構（Khanjani et al., 2014）。此外，結構化介入的成果研究證實（例如，Rashid et al., 2017; Schrank et al., 2016; Uliaszek et al., 2016），PPTI測驗總分和五個子量表得分都可接受介入而產生變化。

【表C1】正向心理治療量表與壓力、學業投入、性格正能量等測量的雙變項相關

	臨床樣本 （$n = 710$）	適應良好樣本 （$n = 937$）
精神病困擾（總體）Psychiatric Distress (overall)	-.40**	-.38**
症狀壓力Symptomatic Stress	-.16**	-.12**
人際關係困擾Interpersonal Relationships Difficulties	-.20**	-.16**
社會角色的挑戰Challenges with Social Roles	-.23**	-.30**
學業投入（總體）Academic Engagement (overall)	.14**	.20**
課堂與作業Classroom & Assignments	.24**	.19**
考試與表現Exams & Presentation	.22**	.23**
學業動機Academic Motivation	.29**	.18**
校園參與Campus Involvement	.24**	.22**
學業抗壓能力Academic Resilience	.20**	.18**
校園適應Campus Adjustment	.15**	.11*
性格正能量（總體）Character Strengths (overall)	.20**	.09**
欣賞美Appreciation of Beauty	.07	.17**
勇敢Bravery	.09*	.19**
公民意識與團隊精神Citizenship & Teamwork	.08*	.14**
創造力Creativity	.04	.19**
好奇心Curiosity	.03	.18**
公平Fairness	.03	.18**
寬恕Forgiveness	.07	.21**
感恩Gratitude	.10**	.18**

	臨床樣本 ($n = 710$)	適應良好樣本 ($n = 937$)
恆毅力Grit	.16	.48**
誠實Honesty	.08*	.21**
希望與樂觀Hope & Optimism	.10*	.20**
幽默Humour	.12**	.16**
善意Kindness	.09*	.16**
領導力Leadership	.10**	.21**
愛Love	.16**	.20**
熱愛學習Love of Learning	.13**	.22**
謙虛禮讓Humility & Modesty	-.02	.15**
心胸開放Open-mindedness	.04	.15**
毅力Persistence	.13**	.19**
觀點Perspective	.08*	.18**
審慎Prudence	.08*	.16**
自我調節Self-regulation	.01	.16**
社會智能Social Intelligence	.05	.17**
靈性Spirituality	.06	.22**
熱情Zest	.13**	.17**

* = p < .05；** = p < .01.

使用PPTI量表的心理治療結果研究

Schrank, B., Riches, S., Coggins, T., Rashid, T., Tylee, A., Slade, M. (2014). WELLFOCUS PPT-modified positive psychotherapy to improve well-being: study protocol for pilot randomized controlled. *Trial, 15*(1), 203.

Seligman, M. E., Rashid, T., & Parks, A. C. (2006). Positive psychotherapy. *American Psychologist, 61*, 774-788. doi: 10.1037/0003-066X.61.8.774.

Rashid, T., Louden, R., Wright, L., Chu, R., Lutchmie-Maharaj A., Hakim, I., Uy, D. A. & Kidd, B. (2017). Flourish: A strengths-based approach to building student resilience. In C. Proctor (Ed.), *Positive Psychology Interventions in Practice* (pp. 29-45). Amsterdam: Springer.

Uliaszek, A. A., Rashid, T., Williams, G. E., & Gulamani, T. (2016). Group therapy for university students: A randomized control trial of dialectical behavior therapy and positive psychotherapy. *Behaviour Research and Therapy, 77*, 78-85. http://dx.doi.org/10.1016/j.brat.2015.12.003.

PPTI量表的外文翻譯版與應用研究

土耳其語

Guney, S. (2011). The Positive Psychotherapy Inventory (PPTI): Reliability and validity study in Turkish population. *Social and Behavioral Sciences, 29*, 81-86.

波斯語

Khanjani, M., Shahidi, S., FathAbadi, J., Mazaheri, M. A., & Shokri, O. (2014). The factor structure and psychometric properties of the Positive Psychotherapy Inventory (PPTI) in an Iranian sample. *Iranian Journal of Applied Psychology, 7*(5), 26-47.

德語

Wammerl, M., Jaunig, J., Maierunteregger, T., & Streit, P. (2015). The development of a German version of the Positive Psychotherapy Inventory Überschrift (PPTI) and the PERMA-Profiler. Presentation at the World Congress of International Positive Psychology Association, Orlando, FL, June.

附錄 D

建立你的心理正能量

　　壓力源和心理正能量是日常生活的一部分，儘管壓力源（例如：情感關係的挑戰、工作面臨的問題或失業、工作與生活的平衡、生病、交通堵塞或各式各樣的租稅費用等等），可能比心理正能量（例如：好奇心、正直誠信、善意、公正、審慎、感恩）更容易引人注意。本附錄著眼於日常經驗，找出若干心理正能量，確保你能夠透過適當方法，將該等心理正能量融入你的生活。此外，還提供電影、TED演講和其他網路資源的範例，以強化說明這些心理正能量。萬一你需要心理治療，請尋求專業服務，本附錄陳述的「療癒行動」，並不能取而代之；提供這些資源材料之目的是要幫助你了解，儘管日常生活有不少無可避免的麻煩、壓力和問題，但同時也提供機會，讓我們得以從中察覺本身的心理正能量，學習磨練如何利用各種心理正能量，來解決問題並提高幸福安樂。

本附錄的組織

　　本附錄的目標，是將抽象的性格正能量概念轉化爲具體的行動，並將這些心理正能量與你可以容易認同的多媒體範例連結起來。本附錄的基礎建立於《VIA實踐價值方案》的性格正能量與品德分類表（VIA Classification of Character Strengths and Virtues; Peterson & Seligman, 2004）。在此，我們特別感謝VIA實踐價值研究院，慷慨允許我們應用此一分類表，來設計心理正能量本位的療癒資源。

　　根據彼德森和塞利格曼（Peterson & Seligman, 2004）的觀點，「性格正能量」（character strengths）是無處不在的人格特質，這些特質本身就具有內在價值，並不必然連結產生具體的外在成果或效益。相對而言，心理症狀往往會影響旁人而隨之委靡消沉，但是性格正能量在大多數情況下，不但不會削弱旁人，反而會讓人精神提振，心生欽佩嚮往之情，而不是嫉妒憎怨。在臨床上，性格正能量可能有許多方式顯現出來。有些比較容易發現和承認（例如：表達感恩或創造力），不過也有些則是不那麼明顯（例如：表達謙卑或自我調節、自我節制，避免涉入某些不外顯的事物）。與性格正能量一樣，「品德」（virtues）也在所有文化普受重視，並在文化、宗教和哲學脈絡得到界定。在彼德森和塞利格曼的分類表，品德是若干心理正能量的集群；

換言之，品德可說是人類通往美好生活的康莊大道。

　　【表D1】摘列24項性格正能量，區分爲6大集群的品德。本附錄分六節介紹討論這24項的性格正能量，在陳述的組織上，包括以下項目：

- **描述**：關於各項心理正能量的簡明描述；
- **黃金中道**：討論各項心理正能量的平衡運用；
- **整合**：解釋各節介紹討論的心理正能量，如何結合其他性格正能量而發揮更好的整體效應；
- **電影**：透過電影，展現角色如何體現各節介紹的心理正能量；
- **療癒行動**：你可以採取哪些行動來增強心理正能量；
- **楷模**：TED講堂提供的代表各項心理正能量的楷模範例；
- **圖書**：幫助你更深入探究發展各項心理正能量；
- **網路資源**：補充衍伸各項心理正能量概念的網站。

【表D1】六大核心品德與對應的性格正能量

	六大核心品德					
	智慧與知識	勇氣	人道	正義	節制	超越
性格正能量	創造力 好奇心 心胸開放 熱愛學習 觀點	勇敢 毅力 正直誠信 活力和熱情	愛 善意 社會智能	公民意識和團隊精神 公正 領導力	寬恕和慈悲 謙虛禮讓 審慎睿智 自我調節	欣賞美和卓越 感恩 希望和樂觀 幽默和玩笑 靈性

　　表D2，位於本附錄末尾，總結概述我們在此介紹討論的全部性格正能量。此表提供一目了然的摘要資訊，方便讀者讀取各項心理正能量的「**過度使用**」和「**低度使用**」，簡要描述心理正能量的「**平衡使用**」（黃金中道），以及各項心理正能量如何可能與其他心理正能量「**整合**」。

　　本附錄是直接爲你（案主）編寫的，雖然臨床治療師也可以在案主完成標誌性格正能量衡鑑後使用（請參閱**療程二**）。本附錄的資源可以幫助臨床治療師，加強在個別療程學到的技巧，這是因爲本附錄採用**心理正能量本位取徑**來因應日常挑戰，同時也培養更多正向情緒、積極投入參與和正向關係，以幫助創造和維持有意義的目標。

黃金中道

　　「**黃金中道**」（golden mean），是亞里士多德的概念，主張道德行爲是處在兩個極端之間的平均（或中間）位置。在心理正能量本位的正向心理治療（PPT）脈絡，黃金中道意味著，心理正能量的平衡使用可以有效促成療癒成果。舉例而言，好

奇心的平衡使用，就是處於過度使用好奇心（窺探、偷窺、刺探隱私）和缺乏好奇心（無聊、興趣缺缺、冷漠）之間的平均程度。

整　合

　　整合（integration）是指，某些性格正能量彼此共享屬性，並且通常可以協同合作，而發揮更好的整體療癒效應。例如：

- 爲了克服憂鬱症狀，你需要明白，並非未來的所有事都是負向的（**希望**），你還需要找到合乎實際的方法，來持續努力以期實現希望（**毅力**）。

- 要處理衝動行爲，你需要找到方法來調節自己的感覺和行爲（**自我調節**）。在此同時，不要因爲過去的衝動控制失誤而對自己太過苛求，因爲你也需要自我關愛（自我**寬恕**和自我慈悲）。

- 爲了因應情感關係的挑戰，尤其是伴侶對你說「你不了解我」，試著投入更多心力去了解對方的感受和動機，並嘗試不同策略，以期更妥善掌握人際關係錯綜複雜的幽微難明之處（**社會智能**）。然而，你也可以受惠於**玩笑**、**團隊精神**和**眞實本性**等性格正能量，從而達到同樣目的，或與他人（尤其是親友愛人）形成深刻的連結。

第一類品德：智慧與知識（**Wisdon & Knowledge**）

——涉及知識獲取和知識運用等認知層面的心理正能量

心理正能量	過度使用	低度使用	黃金中道	整合 （與其他心理正能量互動）
1. 創造力	詭異、古怪、怪癖	沉悶、平庸、從眾	以適應、正向、創新方式來處事	好奇心、心胸開放、熱情
2. 好奇心	窺探、偷窺、刺探隱私	無聊、興趣缺缺、冷漠	保持心胸開放、探索，不意興闌珊，也不侵犯窺伺	毅力、心胸開放、勇氣
3. 心胸開放	憤世嫉俗、多疑善妒	教條獨斷、「缺乏反思」、僵化、過分簡化	不預設偏頗先見的批判探索，如果有需要，尋求適應的改變	觀點、好奇心、公正
4. 熱愛學習	自以為無所不知	自鳴得意、自命不凡	深化知識，追求對於自我和社會的更深入理解	好奇心、心胸開放、毅力
5. 觀點	自恃秀異、賣弄玄虛、迂腐學究	見識淺薄、孤陋寡聞	綜合各方知識，理解脈絡背景	社會智能、正直誠信、勇氣

1. 創造力

描　述

創造力（**creativity**），如果是你排行在前的心理正能量，你可以利用創造力設計新方法，解決影響你健康的問題，例如：找到創造性和正向的方式，回應持續的壓力源或處理麻煩的人物。大多數富有創意的表達，包括：藝術（繪畫、陶藝、平面設計）、寫作（詩歌、故事、散文）、表演（唱歌、戲劇、演奏樂器），都可帶來巨大的治療潛力。這些創意表達可以讓你有效使用注意力、認知和情感等方面的資源，否則可能會虛擲這些資源，陷入難以自拔的反芻式憂愁煩思或悔恨怨尤。

黃金中道

你不滿足於因襲俗套，或盲目循規蹈矩。不過，即使是最親密的朋友，也不至於會認為你的創作詭異、古怪。你也不想只是滿足；相反地，你想要突破創新。從治療的角度來看，平衡使用創造力需要嘗試新的方案來解決持續壓力的舊問題。但是，在你嘗試這些創新的解決方案之前，請記得考量對其他人的可能影響（例如：你可以利用創造力，來重新設計你的**個人**辦公室，或是你**個人**責任範圍內的專案事項。但是，創新設計，如果涉及他人，例如：共用的辦公空間，或將創造性的想法帶入團隊專案任務，這些就不是創造力的平衡運用）。與他人合作時，主持或協助腦力激盪會議，對創新想法抱持包容、開放態度，可以容許你的創造力發揮最佳的服務效能。

- 「創造力」心理正能量過度使用：詭異、古怪、怪癖。
- 「創造力」心理正能量低度使用：沉悶、平庸、從眾。

整　合

你可以配合利用**好奇心**、**毅力**、**熱情**和**勇氣**的心理正能量，來改善你的創造力運用。此外，如上所述，如果你的創意表達可能影響到其他人，請記得配合利用**社會智能**、**團隊精神**和**心胸開放**的心理正能量，設法促使他人投入共同尋找創意解決方案，來因應衝擊福祉的問題。

悲傷和痛苦常被視為激發創造力的泉源。不過在創意起源之外，可能還存在許多邁向創意表達的路徑和過程。舉例來說，讓我們來看看孩子們在玩耍的時候，他們很開心（**正向情緒**），創造想像的角色和角色扮演的遊戲，並從現有場地的環境和材料，創想搬演出新的情節。**感恩**、**欣賞美**、**幽默玩笑**諸如此類的心理正能量，以及相對更外顯的正向情緒表達，這些都可以促進創造力。創造力的表達，從概念發想到開花結果，這當中要順利推展都需要有**毅力**和**自我調節**的支持。毅力對於有始有終很重

要，需要自我調節以保持專注或重新建立焦點，以免分心，半途而廢。

電　影

- 《戰地琴師》（*Pianist*, 2002），猶太裔作曲家和鋼琴家，華迪史洛·史匹曼（Wladyslaw Szpilman，安德林·布洛迪飾演）回憶錄改編，羅曼·波蘭斯基導演。二次世界大戰期間，納粹德國侵略波蘭華沙，儘管面對納粹難以置信的暴行，但史匹曼仍然依靠藝術創造力，挺過浩劫，絕地重生，發人深省的故事。
- 《地心引力》（*Gravity*, 2013），太空災難電影，艾方索·柯朗編導，珊卓·布拉克和喬治·克隆尼主演，展現了創意解決問題的絕佳例證。在驚心動魄的太空梭災難事故發生後，兩名太空人身陷太空，孤立無援，克服死亡恐懼陰影，發揮創意、修正錯誤，終而返回地球迎向重生。
- 《美味關係》（*Julie & Julia*, 2009），故事描述年過三十的茉莉·鮑爾（Julie Powell，艾美·亞當斯飾），秘書工作平淡乏味，生活一成不變，沒有目標。閱讀美國傳奇名廚茉莉亞·柴爾德（Julia Child，梅莉·史翠普飾演）的食譜之後，毫無烹飪才情的鮑爾決定投入一年時間，逐日完成柴爾德食譜的524道法式料理，並把成果發表在部落格。電影展現兩人跨越時空的精神交流，來回交織的熱情和夢想，美味關係激盪出自我肯定的創意火花。「找到你瘋狂熱愛的事，一輩子維持同樣的熱度。人生有夢，就大膽去追。*Bon Appetit*（盡情享用）！」

療癒行動

- **針對老問題創建新的解決方案**：編纂原創、務實的解決方案或提示清單，以解決你和同僚面臨的老問題。通過社群媒體（或你認為合適的任何其他途徑），與你的朋友分享此清單，並徵詢回饋意見。
- **解決無聊的任務**：建立清單，列出你覺得無聊而又必須做的任務。尋找創造性的不同方法，來完成這些任務。設法將此等創新做法融入你的工作或家務，讓平淡乏味轉為樂在其中的開心時光。
- **提供創造性的解決方案**：對於兄弟姐妹或朋友面臨的挑戰困境，提供至少一項創造性的解決方案。分享你自己嘗試採行，類似解決方案的相關成功和挫敗經驗。練習秉持開放態度，面對他們的創意，還有你自己的創意。
- **使用剩菜，還有回收紙張、物資，製作新產品**：在丟棄物品之前，請思索可能再生利用的藝術或實際用途。
- **收集和整理組織**：收集和整理組織各種材料（例如：網站、線上視訊、速寫本、蠟筆、粉彩或活動掛圖等），使你能夠輕鬆地將新想法轉化為具體形式。

- 改善注意力品質：如果你有注意力方面的各種問題，例如：忽略重要細節，容易分心，無法同時記住多條訊息，不妨嘗試可能吸引你投入心力的創意活動，這樣通常可以幫助你改善注意力品質。

楷 模（TED演講）

上網登錄《TED講堂》（網址：https://www.ted.com/talks），搜索下列演講，聽取代表「創造力」性格正能量楷模人物的見解：

- 威廉・坎寬巴（William Kamkwamba）：「我如何駕馭風力發電」（How I harnessed the wind），十四歲的馬拉威男孩打造一座發電風車，為自家供電。
- 艾薩克・米茲拉希（Isaac Mizrahi）：「時尚與創意」（Fashion and creativity）。
- 琳達・希爾（Linda Hill）：「如何管理集體創造力」（How to manage for collective creativity）。
- 凱瑞・穆利斯（Kary Mullis）：「玩！實驗！發現！」（Play! Experiment! Discover!）。
- 理察・圖雷爾（Richard Turere）：「我的發明，創造了人獅和平相處」（My invention that made peace with lions）。

書 籍

- Carlson, S. (2010). *Your Creative Brain: Seven steps to Maximize Imagination, Productivity, and Innovation in Your Life*. San Francisco: Wiley.
- Csikszentmihalyi, M. (1996). *Creativity: Flow and the Psychology of Discovery and Invention*. New York: HarperCollins.《創造力》，米哈里・奇克森特米海伊原著；杜明城譯（1999年：時報）。
- Edwards, B. (2013). *Drawing on the Right Side of the Brain: A Course in Enhancing Creativity and Artistic Confidence*. London: Souvenir Press.《像藝術家一樣思考》，貝蒂・愛德華原著；張索娃譯（2013年：木馬文化）。
- Drapeau, P. (2014). *Sparking Student Creativity: Practical Ways to Promote Innovative Thinking and Problem Solving*. Alexandria, VA: ASCD.

網路資源

- 《鼓舞人心的創造力》（Inspiring Creativity），關於創造思考和行為的短片，擷取自《*Highsnobiety*》高端街頭時尚文化網站：http://www.highsnobiety.com/2014/05/16/watch-inspiring-creativity-a-short-film-about-creative-thinking-and-behaviors/。

- 《想像力研究院》（*The Imagination Institute*），專注於社會各行各業想像力的測驗、發展和改善：http://imagination-institute.org/。
- 雪莉・卡爾森（Shelley Carson）個人網站，提供線上測驗，可供探索個人的創意思維：http://www.shelleycarson.com/creative-brain-test；https://www.authentichappiness.sas.upenn.edu/learn/creativity。
- 25件具有創造力的人做的事情不同：http://www.powerofpositivity.com/25-things-creative-people-differently/。
- 《創作，是心靈療癒的旅程》（*The Artist's Way*），作者茱莉亞・卡麥隆（Julia Cameron）現身說法的影片，介紹提高創造力的工具：www.theartistway.com。

2. 好奇心

述

好奇心（**curiosity**），涉及主動積極辨識和追求富有挑戰性的機會，並尋求新的知識。在治療方面，你可以利用好奇心，對自己長久迴避的經驗開放，因為該等經驗讓你感到害怕或焦慮，譬如：乘坐人潮擁擠的地下鐵、到客服諮詢臺請求協助，或者與陌生人參加社交聚會。或者，也許有些物體讓你感到不舒服，例如：針頭、公共洗手間的細菌，或特定的食物。好奇心具有巨大的療癒潛力，特別是，如果你暗自認定恐懼無可改變。好奇心可以使你變得靈活變通，而不是鑽牛角尖，固著於如此的感覺。好奇心的組成元素，包括開放和擁抱不確定性、未知和新的事項，將幫助你了解你的恐懼的細微差別和細微之處，這可以促進癒合和成長。

黃金中道

對於幾乎所有正向的經驗和產品，人們都會逐漸習以為常。好奇心的平衡使用，有助於抵禦無聊、冷漠和興趣缺缺。好奇心可以幫助你尋找經驗、流程或產品的新鮮的面向，尤其是你尚未完全掌握的面向。此外，好奇心，只要不過度迫切偏執，還可以將日常例行事物的世俗平淡面向，**轉化為積極投入、興致勃勃、活力充沛**。平衡應用好奇心，積極投入尋求自我理解，對於自我成長至關重要。秉持恰如其分的好奇心，挑戰你的知識極限，探索你自己和周圍的世界，同時也不要過度分析、自我關注（self-absorbed，沉陷於自我世界），或自我嚴密保護（self-securitizing）。

- 「好奇心」心理正能量的過度使用：窺探、偷窺、刺探隱私。
- 「好奇心」心理正能量的低度使用：無聊、興趣缺缺、冷漠。

整 合

好奇心，與其他心理正能量和屬性，緊密連結，譬如：**創造力、毅力和心胸開放**。每當你發現自己陷入複雜情境，就可善用你的好奇心，整合其他心理正能量，交織譜出平衡，而且最佳的綜合效應。有些時候，好奇心需要**勇氣**配合，才得以找到能夠發揮適應效益的表達，尤其是感到矛盾（悲怒交織）又無法確定具體原因時，更是需要好奇和勇氣齊步並進。或許你的矛盾情結是，一方面，要躲避苛刻對待你的權威人士，以免難以承受鋪天蓋地的恐懼，另一方面，則是讓自己情感麻木，以忘卻不堪回首的創傷經驗。在你可以開始尋找管理這種痛苦的對策之前，發揮好奇心查清楚困境的根源，乃是關鍵的第一步。

電 影

- 《十月的天空》（*October Sky*, 1999），改編自美國太空總署科學家荷馬‧希坎姆（Homer Hickam）自傳。希坎姆（傑克‧葛倫霍飾演）少年時期，受到蘇聯史波尼克一號火箭升空啟發，好奇心激勵他和一群朋友建造、試射火箭，但是迫於現實，飽受挫折瀕臨放棄，最後在老師鼓勵下，終於完成夢想，並且進軍全國科學競賽，成功獲獎。

- 《真情不打烊》（*10 Items or Less*, 2006），息影已久的演員（摩根‧費里曼飾演），為了尋求演出新角色，前往工業小鎮雜貨店觀察，遇上了一位收銀員（帕茲‧薇嘉飾演），一個下午相處下來，廣泛互動之間，展現出高度的好奇心。

- 《法櫃奇兵》（*Indiana Jones and The Raiders of the Lost Ark*, 1981），史蒂芬‧史匹柏執導，考古探險片《印第安納瓊斯系列》第二集。講述寶物獵人及考古學家印第安納‧瓊斯（哈里遜‧福特飾演），勇闖祕魯叢林，在充滿機關陷阱的古神廟，尋找古文物，全片展現了許多方面的好奇心。

療癒行動

- **面對恐懼**：建立清單，列出讓你害怕、不舒服或焦慮的經驗或事物。確保列出你害怕的東西，也可以通過不做它們（例如：避免某些地方、食物或人），或通過做其他事情（例如，繞道而行、吃替代食物，或不與人交往）來列出你害怕和避免的事物）。閱讀專家意見、觀看視頻短片，或是請教可以提供有用建議的人，擴展你因應恐懼的知識與策略。

- **通過文化探索處理無聊**：如果你厭倦了日常生活的平淡、無聊，那就嘗試一些新的東西。例如：嘗試不同文化的飲食，或參與富有新奇元素的文化體驗。從熟悉該文化的人那裡，探索該等體驗的文化脈絡意涵。當面或透過社群媒體，將你的印象與朋友分享。

- **因應不確定性的焦慮**：人生在世，總會希望對於生活大小事都能有所了解、管理和預測。然而，這幾乎是不可能的，因此往往會導致焦慮。對於這樣的焦慮，不要通過不健康的途徑來應付（例如：用衝動取得的不正確資訊來「填補空虛」），不妨試著運用好奇心來擁抱不確定性，並且開放接受新資訊。如此過程將可幫助你學會容忍不確定性，以便你能更妥善因應焦慮。不要急迫尋找確定性，而是抱持好奇心，去體察感受可能通達確定性的過程。

- **透過接觸不同族群的文化，克服偏見**：人類通常物以類聚，傾向與同類的人社交往來，這種傾向有助於彼此認同，但也限縮並損害了對於不同文化的接觸。這種侷限性維繫，強化了對非我族群的文化偏見。安排與來自不同文化的人見面聊天或喝咖

啡，每月至少一個小時，試著去了解此人與其文化。保持開放，坦然分享你自己的文化，好奇求知、不帶判斷。

- **培養對大自然的好奇心**：自然擁有巨大的治療潛力。把你原本花在擔心、懷疑和強調你未解決的問題，挪出一個小時來探索自然。每周至少一小時，探索大自然，例如：樹林、公園或河邊、庭院等等。以書寫、素描或彩繪的方式，記錄你的印象和感受。

楷　模（TED演講）

上網登錄《TED講堂》（網址：https://www.ted.com/talks），搜索下列演講，聽取代表「好奇心」性格正能量楷模人物的見解：

- 卡瑞・穆里斯（Kary Mullis）：「玩！實驗！發現！」（Play! Experiment! Discover!）。
- 布萊恩・考克斯（Brian Cox）：「為什麼我們需要探索家？」（Why we need the explorers?）。
- 泰勒・威爾森（Taylor Wilson）：「沒錯，我蓋了一座核融合反應爐」（Yup, I built a nuclear fusion reactor）。泰勒十四歲時，在父母家的車庫裡蓋了一座核融合反應爐。
- 傑克・安卓卡（Jack Andraka）：胰腺癌檢測的新希望……來自一位青少年（A promising test for pancreatic cancer ... from a teenager），年僅十五歲的傑克，研發出可診斷初期胰腺癌的試紙，價格低且檢驗時間短，為胰腺癌檢測開啟嶄新的一頁。

圖　書

- Goldin, I., & Kutarna, C. (2016). *Age of Discovery: Navigating the Risks and Rewards of Our New Renaissance*. Bloomsbury, UK: St Martin's Press.《發現時代：駕馭二十一世紀的機遇與風險，實現成就非凡的第二次文藝復興》，伊恩・戈爾丁、克里斯・庫塔納合著；葉家興、葉嘉合譯（2018年：寶鼎）。
- Gruwell, E. (1999). *The Freedom Writers Diary: How a Teacher and 150 Teens Used Writing to Change Themselves and the World around Them*. New York: Doubleday.《街頭日記》，一百五十位自由寫手與艾琳・古薇爾合著；洪慧芳譯（2006年：親子天下）。
- Grazer, B., & Fishman, C. (2015). *A Curious Mind: The Secret to a Bigger Life*. Toronto: Simon & Schuster.《好奇心：生命不在於找答案，而是問問題》，布萊恩・

葛瑟、查爾斯・費希曼合著；李宜懃譯（2015年：商周）。

- Kashdan, T. (2009). Curious. *New York: William Morrow.*《好奇心的幸福正能量》，陶德・卡什丹著；譚秀敏譯（2015年：橡實文化）。
- Leslie, I. (2014). *Curious: The Desire to Know and Why Your Future Depends on It.* New York: Basic Books.《重拾好奇心：讓你不會被機器取代的關鍵》，伊恩・萊斯里著；林威利譯（2017年：新樂園）。

網路資源

- 了解培養探究精神如何幫助你過上更幸福，更健康的生活：https://experiencelife.com/article/the-power-of-curiosity/。
- 好奇心很重要以及如何開發的四個原因：http://www.lifehack.org/articles/productivity/4-reasons-why-curiosity-is-important-and-how-to-develop-it.html。
- 好奇心讓大腦更好地學習：http://www.scientificamerican.com/article/curiosity-prepares-the-brain-for-better-learning/。

3. 心胸開放

描　述

　　心胸開放（open-mindedness），是指徹底考量問題並且檢視各方意見的能力。在治療方面，心胸開放意味著，願意考量與我們信念相違背的證據。心理治療是一種涉及人際互動的治療實踐，來衡鑑案主的信念，尤其是那些維繫症狀和壓力的信念。使用心胸開放的正能量，尤其是掌握複雜的個人情況，將鼓勵你檢視尚未考量用來解決問題的不同觀點。心胸開放的態度將鼓勵你保持「現實取向」（reality orientation），亦即不偏不倚、客觀體察問題。如此一來，你將能更妥善抗衡普遍存在的「我片面的偏見」（my-side bias），這種偏見阻礙許多人考量有別於自己所持的觀點。

黃金中道

　　在大多數情況下，心胸開放需要進行批判探究，仔細篩選訊息的品質。在解決日常問題或處理重大挑戰時，心胸缺乏開放會阻礙反思，傾向把問題看成非黑即白。你很可能被認為思考僵化，立場頑固，從而可能加劇症狀的困擾。如果你有憂鬱和焦慮的症狀，而且還面臨逆境、挫折或失敗，你很有可能歸咎都是你自己的缺點造成的。你可能會認為問題會永遠持續下去，並且會對你生活產生全面的的負向影響。

　　同樣地，過度使用心胸開放會讓你過度分析，憤世嫉俗，持懷疑態度，無法信任人或過程。心胸開放的平衡使用，需要你進行批判探究，但同時也不要忽視情況的情感面向，這些面向可能無法僅靠事實來解釋（例如：在分手之後，你理性認為這對你是好事，當然你可能會不時感到悲傷和沮喪。重要的是，感情告吹難免會傷心難過，但也不要哀痛欲絕，彷彿世界末日降臨。）

- 「心胸開放」心理正能量的過度使用：憤世嫉俗、多疑善妒。
- 「心胸開放」心理正能量的低度使用：教條獨斷、「缺乏反思」、僵化、過分簡化。

整　合

　　心胸開放，與許多心理正能量相輔相成，發揮綜效的效益。例如：思想開放，靈活投入**批判思維**，容許你可以敞開心胸，接受另類或替代解釋和創新解決方案，這也正是**創造力**和**好奇心**的標誌特徵。心胸開放還需要配合靈活汲取**智慧**，海納多元**觀點**。此外，與心胸開放密切相關的批判評價，則有助於強化公正和正直誠信。

電 影

- 《姊妹》（*The Help*, 2011），心胸開放的白人女作家，無懼階級分明、種族歧視的社會壓力，勇敢講述黑人女僕的故事和觀點。

- 《駭客任務》（*The Matrix*, 1999），主角尼歐（Neo），展現心胸開放的態度，大膽質疑現實的意義。

- 《社群網戰》（*The Social Network*，2010），講述馬克‧祖伯格（Mark Zucker-berg）創立Facebook的故事。劇中有一場戲，勾畫大學深奧課程第一堂課的場景，教授流露心胸封閉的態度，隨著電影開展，呈現出主角祖伯格，缺乏社會歷練和社會智能的同時，卻也充分發揮靈活變通和批判思維的心理正能量。

- 《現代啓示錄》（*Apocalypse Now*，1979），根據波蘭裔英國作家，約瑟夫‧康拉德（Joseph Conrad）中篇小說《黑暗之心》（*Heart of Darkness*）改編，背景設在越戰時期的越南。法蘭西斯‧柯波拉（Francis Ford Coppola）執導，批判挖掘當代越戰毛骨悚然的荒謬顛慄，直指古往今來深埋人性最原始的恐懼與瘋狂。

- 《禍水》（*Water*，2005），印度裔加拿大導演蒂帕‧梅塔（Deepa Mehta），《生命三部曲》的最後一部，劇情展示三位寡婦的生活，她們表現出非凡的判斷力，即便面對傳統社會習俗不公不義的壓迫，始終保持坦然開放的心胸。

療癒行動

- **反思並重寫你遭遇的挑戰**：監控並記錄至少三項讓你感到悲傷、焦慮或矛盾的不健康想法和信念（例如：「我的妻子經常弄得各處亂七八糟，這眞讓我煩惱！我從不說什麼，但我覺得她不尊重我。爲什麼這總是發生在我身上？」）反思並寫下向自己解釋這些問題的另一種方式，包括一些開放思想的屬性。

- **反思並撰寫有關適得其反的決定**：反思並撰寫最近的三項決定，這些決定適得其反或未產生預期和適應效益的結果。與值得信賴和明智的朋友分享你的想法。請你的朋友嚴格評價你的判斷。承諾自己，你會傾聽評價而不會動怒或心生防衛。

- **扮演魔鬼代言人**：反思並選擇你有強烈意見的一個問題。盡力通過對立方的論點來思考，冷靜檢視支持你持有這種反對意見的可靠消息來源。此練習可以讓你開始思考以前沒考量過的新視角。

- **擔任導師，指導來自不同種族或宗教背景的人**：反思你擁有哪些技能或專業知識，可以傳授給弱勢或邊緣化群體或個人。迎接這項任務，抱持如後的期望，你希望能和指導的對象教學相長，從彼此身上盡可能多學到東西。

- **重新評估失敗的原因**：找出最近三次失敗、挫折、表現不盡理想或失望的原因。回顧檢視心胸開放的特質，然後再次評估前述情況。查找模式，如果有的話，例如：

爲什麼與這人交談總感覺很糟糕、焦慮或無能爲力；是否存在你認爲可能導致失敗的特定原因（例如：「在會議之前，我總是錯過重要的事情。」）

楷 模（TED演講）

上網登錄《TED講堂》（網址：https://www.ted.com/talks），搜索下列演講，聽取代表「**心胸開放**」性格正能量楷模人物的見解：

- 艾麗雅・克拉穆（Alia Crum）：「改變心態，扭轉局勢」（Change Your mindset, Change the game），TED講堂與特拉弗斯城合辦（TEDxTraverseCity）。
- 亞當・薩維奇（Adam Savage）：「簡單想法如何通往重大科學發現」（How simple ideas lead to scientific discoveries）。
- 亞當・格蘭特（Adam Grant）：「原創思想家異乎尋常的習慣」（The surprising habits of original thinkers）。
- 凡爾娜・梅耶斯（Vernā Myers）：「如何克服偏見？大膽面對」（How to overcome our biases? Walk boldly toward them）。
- 達莉雅・墨訶（Dalia Mogahed）：「當你看著我的時候，你會想到什麼？」（What do you think when you look at me?）。

圖 書

- Costa, A. (1985). *Developing Minds: A Resource Book for Teaching Thinking*. Alexandria, VA: Association for Supervision and Curriculum Development.
- Hare, W. (1985). *In Defence of Open-Mindedness*. Kingston, UK: McGill-Queen's University Press.
- Markova, D. (1996). *The Open Mind: Exploring the 6 Patterns of Natural Intelligence*. Berkeley, CA: Conari Press.

網路資源

- YouTube：「批判思維的一些原則」（Critical Thinking: A look at some of the principles of the critical thinking）：https://youtu.be/6OLPL5p0fMg。
- YouTube：「大開眼界的五大優質電影」（Top 5 Mind Opening and Quality Movies）：https://youtu.be/gsjEX91vAgY。
- 開放心胸的意義、益處，在「矯正品德」（corrective virtue）的角色與練習，擷取自美國賓州大學《眞實快樂》網站（Authentic Happiness）：https://www.authentichappiness.sas.upenn.edu/newsletters/authentichappinesscoaching/open-mindedness。

4. 熱愛學習

　　熱愛學習（love of learning），涉及熱情學習新技能、主題和知識體系。如果，這是你排行在前的心理正能量，那麼你最有可能樂在學習，並且隨著時間推移，構建特定主題和領域的知識。你不是基於外部動力而去「學習」，而是來自內在動機，自己樂於去增強和積累廣泛領域的資料和訊息，不斷增進特定主題的知識基礎，從電腦到烹飪，從電影到博物館，或者從邏輯到文學。你創設組織各種學習平臺或受到吸引前往參加，包括：學校、讀書會、討論團體、講座、研討會、課程等等。障礙、挑戰和挫折並不會削弱你熱愛學習的意向。

　　對於學習、新知、理解的抗拒，最有可能阻礙個人成長精進，而且往往是潛在的憂鬱跡象。相對地，潛心好學最有可能帶來許多好處。然而，知識是一種具體的資源，對統計、事實、數據、歷史事件、科學發現和具體證據的了解，也可能灌輸一種過度膨脹的自信，在某些情況，也會產生知識傲慢，這很容易造成有知識（萬事通）與無知或知識不多之間的分隔。因此，很重要的是，在資料、資訊和知識爆炸的當前世界，你不可創造或攀登知識、學問高峰之餘，然後高傲自負，瞧不起知識不如你的人。更重要的是，不要貶抑情緒在知識、學問的角色。用心傾聽你的擔憂、恐懼和疑慮，至關重要，因為此等情緒為理性和知識提供了脈絡背景，幫助周延理解情境的整體性，得以找出最佳解決問題。

- 「**熱愛學習**」心理正能量的過度使用：自以為無所不知[萬事通]。
- 「**熱愛學習**」心理正能量的低度使用：自鳴得意、自命不凡。

　　熱愛學習，與第一類品德：**智慧與知識集群**的其他心理正能量，攜手並進。比方說，熱愛學習必然伴隨著**好奇心**和**毅力**。沒有堅持到底的毅力，很難對任何主題有更深刻的理解。同樣地，熱愛學習可以和**批判思維**，相輔相成，強化綜合效應，以及拓寬**觀點**。

- 《**愛的萬物論**》（*Theory of Everything*，2014），英國浪漫劇情傳記片，二十世紀傳奇天才學者，著名天體物理學家史蒂芬‧霍金（Stephen Hawking）與第一任妻

子的戀愛和生活往事。儘管人生艱苦充滿挑戰，仍然表現出對學習的熱愛。

• 《拼出新世界》（*Akeelah and the Bee*，2006），美國溫馨勵志劇情片，住在洛杉磯的非裔小女孩艾姬拉（Akeelah），擁有記單字的驚人天賦，她原本不敢妄想參加全國拼字比賽，在大學英文教授指導下，克服主客觀疑懼限制，發揮學習的熱情與毅力，最終贏得比賽冠軍。

• 《美麗境界》（*A Beautiful Mind*，2001），經濟學諾貝爾獎得主約翰・奈許（John Nash）的故事，儘管面臨嚴重的心理健康問題，奈許仍然展現對知識的熱情，並且證明了他不只擁有絕頂聰明的腦袋，同時還擁有美麗的心靈。「每個人難免會被過去糾纏，只是我已經習慣不去理會了。」

<u>療癒行動</u>

• **重新分配時間，學習有適應效益的因應做法**：我們經常花費大量時間，翻來覆去思考和煩惱我們的問題，卻反而投入很少時間，好好去設想如何找出有適應效益的因應做法。監督自己，評估你花費多少時間在煩惱問題。重新分配時間，設法去徵詢其他人如何成功因應類似的問題。

• **分享你的學習**：找出你可以與同儕分享的主題。以謙虛對話的方式，分享你對於該主題的學習心得。完成之後，反思你的分享經驗。一般而言，你應該會感到充實滿意，並且很有可能增進你的自我效能。

• **追蹤當地或世界時事的發展**：追蹤你個人覺得有共鳴的當地或世界時事的發展狀況。建立清單，列出你不了解的部分，找到可靠的參考來源，強化你的學習。

• **從休閒當中學習**：前往新的地方旅遊，將教育與休閒融為一體。到達之後，你可以參加導覽觀光、烹飪課程，或參觀博物館，了解當地文化和歷史。

• **共學**：找志同道合、興趣相投的朋友，結伴共學（co-learning）。討論分配你們各自負責學習的知識領域。約在咖啡館或茶館，分享你們的學習成果。你還可以找親人共學，例如：伴侶、父母、孩子或其他家族成員。這將可增進你們的關係，共學的過程，你們通常可感受到正向滿意的收穫，而不是潛在負向的時光。

<u>楷　模</u>（TED演講）

　　上網登錄《TED講堂》（網址：https://www.ted.com/talks），搜索下列演講，聽取代表「**熱愛學習**」性格正能量楷模人物的見解：

• 薩爾曼・可汗（Salman Khan）：「影片能改變教育」（Let us Use Video to Reinvent Education）。

• 邦克・羅伊（Bunker Roy）：「從一次赤腳運動中學到的」（Learning from a

barefoot movement）。
- 瑞塞‧穆薩拉姆（Ramsey Musallam）：「激發學習興趣的三條原則」（3 rules to spark learning）。

圖　書

- Yousafzai, M., & Lamb, C. (2013). *I Am Malala: The Girl Who Stood Up for Education and Was Shot by the Taliban.* London: Hachette.《我是馬拉拉》，馬拉拉‧優薩福扎伊、克莉絲汀娜‧拉姆原著；翁雅如、朱浩一合譯（2013年：愛米粒）。
- Watson, J. C., & Watson, J. C. (2011). *Critical Thinking: An Introduction to Reasoning Well.* London: Continuum。
- Markova, D. (1996). *The Open Mind: Exploring the 6 Patterns of Natural Intelligence.* Berkeley, CA: Conari Press。

網路資源

- Coursera提供許多免費網路線上課程：https://www.coursera.org/。
- 麻省理工學院的免費課程：http://ocw.mit.edu/index.htm。
- 耶魯大學的免費網路線上課程：http://oyc.yale.edu/。

5. 觀點

　　觀點（perspective），很常被稱為智慧（或wisdom），與智識（intelligence）不同，涉及更高層級的知識和判斷。這種心理正能量使你能夠為他人提供明智的建議。人們的若干心理問題，其特徵就在於抱持某些預設的念頭。比方說，我們認為自己可以做很多事情，特別是涉及需要與他人互動的事情。當其他人達不到我們的期望，沒有（或無法）做到我們期望的事情，我們會感到失望，在某些情況，甚至會感到沮喪（例如：「我一直希望，家人能理解我為什麼要做出這個艱難的決定……。」）從治療的角度來看，觀點可以幫助你評估，哪些是你可能或不可能做到的，哪些是務實或不務實的期待。

　　當我們無法分辨相互矛盾的訊息，或無法平衡相互競斥的正向事項，就會產生模稜兩可、難以適從的困惑感（例如：「我應該賺更多錢，以便將來有錢可以去度假；或是我應該用這段時間，和親人一起玩桌遊，這樣我們就可以把握當下，共度美好時光？」）觀點的正能量可以幫助你權衡選擇，以達到對自我或他人的較高利益。觀點還可以讓你解決，有關道德和生活意義的重大難解問題。擁有高瞻遠矚觀點者能夠清楚看出，個人生活當中的廣泛意義模式，自己的優缺點，以及為社會貢獻的必要性。

　　根據定義，觀點乃是權衡折衷的黃金中道（golden mean）。也就是說，如果觀點是你排行在前的心理正能量，你就會知道如何在工作、生活之間取得適應平衡。你擅長設定務實的期望，能夠將正向、負向因素區分清楚，權衡折衷，面面俱到。有了這種正能量，你可以權衡個人因素（例如：「我總是讓自己出糗」）與情境因素（例如：「昨天，我表現不太好，因為同事沒有提供我需要的關鍵資料」）。要達到平衡使用觀點，需要能夠兼顧見樹又見林。觀點也讓你得以容忍某些短程痛苦（例如：面對焦慮的情況），以獲得長遠收益（例如：擺脫你的焦慮）。但是，請注意，並非所有生活方面都需要廣納觀點，如果每一件日常瑣事，都要廣納觀點來詳加評價和處理，那可能讓你的決定變得引經據典、迂腐學究。

- 「觀點」心理正能量的過度使用：自恃秀異、賣弄玄虛、迂腐學究。
- 「觀點」心理正能量的低度使用：見識淺薄、孤陋寡聞。

　　從某些方面來看，觀點可說是包含了前面討論過的若干心理正能量。也就是說，

觀點涉及**熱愛學習、好奇心、創造力**，以及了解你的哪些心理正能量（例如：恰如其分使用**善意和公正**），最適宜整合來促進你的滿意度和美好存有福祉。

電 影

- 《雨果的冒險》（*Hugo*，2011），美國奇幻兒童小說改編的3D電影，馬丁‧史柯西斯執導。講述1931年的法國巴黎，孤兒雨果（Hugo），十二歲的男孩，以蒙帕納斯火車站為家，循著父親遺留的神秘筆記本和古舊機器人，展開一場蘊藏神奇魅力的冒險之旅。全片提供多元觀點，讓人反思生活真正重要的經驗，也精彩刻劃了**復原力和社會智能**。「最感人的魔法，是修復人心的那股力量。」
- 《深夜加油站遇見蘇格拉底》（*Peaceful Warrior*，2006），蘇格拉底（尼克‧諾特飾演），通過行動和應用場景，循循善誘，引導空虛徬徨的丹‧米爾曼（Dan Millman）反求諸己，發掘觀點、謙遜和專注的心理正能量。
- 《美國心玫瑰情》（*American Beauty*，1999），典型美國城郊中產家庭，上班族萊斯特‧伯恩漢姆（Lester Burnham，凱文‧史貝西飾演），面臨中年危機，經歷一連串荒誕、諷刺的風波轉折，終而領悟生命真正重要的價值。「發生這麼多鳥事，我應該會氣炸了，但世間有這麼多美好，不該一直生氣。」

療癒行動

- **設定目標因應你的沮喪**：設定五項小目標，解決日常壓力源（例如：對於伴侶飯後沒幫忙收拾碗筷感到煩躁、忘記重要網站的密碼感到沮喪）。將目標拆解為實際可執行的步驟，按部就班完成，並逐週監控進度。
- **選擇善於解決問題的榜樣**：選擇充分體現毅力的榜樣，並確定如何追隨其腳步。選擇的榜樣，最好是和你面臨類似的挑戰，並且是你可以認同的人士。如果此人仍然在世，而且你也認識，請前往拜訪，請教對於觀點心理正能量的看法或建議。
- **開闊你對於人生前景的看法，並監控短暫壓力源**：每週練習，用一兩句話解釋你對於人生前景的看法。監控短暫壓力源是否對此有所影響。如果你確實看到有影響，通過腦力激盪，找出儘可能多的方法，幫助穩定你對於人生前景的看法，不至於因為來來去去的喜怒哀樂，而產生重大起伏變動。
- **把自怨自艾的時間，挪去投入志工服務**：投入對世界有重大影響的志業。重新分配你的時間和調度資源，來實現此一目標。這會使你從自怨自艾的煩惱脫身，有機會轉換新觀點來看待自我煩惱的老問題。如果你無法立即解決某些問題，暫時把聚焦其上的注意力轉移到其他事物，可以讓你從新的觀點重新考量。
- **將信念與情緒反應連結起來**：閱讀書籍或觀看電影，其中有探討到對你個人問題有

重要的啟示，將你的信念與情緒反應連結起來。通過旁觀者的故事情節，重新檢視該等個人問題，回想你對該等問題的情緒反應為何如此激動。

楷　模（TED演講）

　　上網登錄《TED講堂》（網址：https://www.ted.com/talks），搜索下列演講，聽取代表「**觀點**」性格正能量楷模人物的見解：

• 貝瑞・史瓦茲（Barry Schwartz）：「運用我們的實踐智慧」（Using our practical wisdom）。
• 約書亞・普拉格（Joshua Prager）：「偉大作家筆下的歲月智慧」（Wisdom from great writers on every year of life）。
• 羅里・蘇特蘭（Rory Sutherland）：「觀點決定一切」（Perspective is every-thing）。

圖　書

• Frankl, V. (2006). *Man's Search for Meaning.* Boston: Beacon Press.《活出意義來》，維克多・弗蘭克原著；趙可式、沈錦惠合譯（2010年：光啟）。
• Hall, S. (2010). *Wisdom: From Philosophy to Neuroscience.* New York: Random House.
• Sternberg, R. J., ed. (1990). *Wisdom: Its Nature, Origins, and Development.* Cambridge: Cambridge University Press.
• Vaillant, G. E. (2003). *Aging Well: Surprising Guideposts to a Happier Life from the Landmark Study of Adult Development.* New York: Little Brown.

網路資源

• 湯瑪斯・吉洛維奇（Thomas D. Gilovich），美國康乃爾大學心理系教授，關於信仰、判斷和決策的研究。探討此等因素如何與情緒、行為和知覺產生相互影響：http://www.psych.cornell.edu/people/Faculty/tdg1.html。
• 貝瑞・史瓦茲（Barry Schwartz），研究實踐智慧和選擇的悖論。探討無限度的選擇可能有哪些缺點，包括可能耗盡社會和人類的心理能量：https://www.ted.com/speakers/barry_schwartz。

第二類品德：勇氣（Courage）

—— 面臨外部或內部反對，能夠發揮意志力，堅持實現目標

心理正能量	過度使用	低度使用	黃金中道	整合（與其他心理正能量互動）
6. 勇敢	冒險、魯莽愚勇	畏懼而軟弱、怯懦膽小	面對和回應威脅與恐懼，而不危及安全和福祉	自我調節、正直誠信、毅力
7. 毅力	執著、頑固、追求無法實現的目標	懶散、漠然	有始有終，使命必達	勇氣、觀點、熱情
8. 正直誠信	耿介不群	淺薄、虛偽、矯情	真誠實在，不受外在壓力或獎賞影響	公正、勇氣、觀點
9. 活力和熱情	過動	被動、壓抑	適度熱忱，不偏執也不過度壓抑	自我調節、希望、勇氣

6. 勇敢

| 描　述 |

　　勇敢（**bravery**），或勇氣（**courage**），是指即便存在重大風險或危險，但仍有能力採取行動幫助他人。當你心理困頓不安，又面臨挑戰、威脅或逆境（不論是真實的，或感覺的），都可能變成「雙重打擊」，因此影響也可能雙倍嚴重。有時，我們遭遇或感覺的挑戰、威脅和逆境，鋪天蓋地難以招架，其本身就足以導致心理問題。如果，勇敢是你排行在前的心理正能量，這可以幫助你採取行動，以有助適應的方式面對挑戰。勇敢不會讓你躲閃、逃避挑戰，你通常是在明白可能涉及的風險之下，充分發揮這種心理正能量。如果，勇敢是你的標誌心理正能量，你會把它放在非常高的位階。換言之，當你感到壓力、悲傷、恐懼、憤怒或不堪負荷時，勇敢的心理正能量很可能會激勵你，毅然決然採取行動。勇敢的人對於做好事可能涉及的威脅、挑戰或痛苦，不會畏縮退卻。勇敢的行為是出乎意志的選擇，充分了解行為可能招致的困境，無論後果如何，勇敢的人都把高尚的目標和道德擺在更高的位階。

| 黃金中道 |

　　要真的秉持勇敢，處理你的問題，重點是你應該不是覺得受到脅迫，或是完全來自外在動機的驅策。勇敢的行為，不論是身體的勇敢，或情感的勇敢，都應該發諸於你自己的價值，比方說，如果你出面反抗家人對另一家人的身心虐待，或是如果你挺身支援弱勢或受壓迫者，而且發諸內心深信的價值觀引導，那麼這種行為就是你**真實本性**的勇敢行為。平衡的使用勇氣，需要存在真正的威脅或風險，你的勇敢行動可望扭轉該等威脅或風險。平衡的使用勇敢，還需要你意識到付諸行動或不作為的後果（例如：你會希望能夠確保，使用勇敢不會引來不必要的風險，危及你自己和其他人的安全）。請注意，不使用勇氣往往會導致無助感。總之，過度使用勇敢（例如：揭露、譴責、集體報復），或是低度使用勇敢（例如：絕望、被動、意志消沉），都有可能給自己和他人帶來問題。

- 「**勇敢**」心理正能量的過度使用：冒險、魯莽愚勇。
- 「**勇敢**」心理正能量的低度使用：畏懼而軟弱、怯懦膽小。

| 整　合 |

　　勇敢，可與若干心理正能量交互作用。例如：勇敢可能需要使用（亦即承諾）諸如公正、**真實本性**或觀點之類的心理正能量，或是不使用（亦即忽略）諸如**觀點**、**謹慎**、**自我調節**或**寬恕**之類的心理正能量。勇敢也可與若干心理正能量相輔相成，譬

如：**熱情、社會智能和個人智能、毅力和自我調節**。舉例而言，儘管可能引來不安的情緒和記憶，但你還是堅決勇於面對恐懼，敞開心胸給予讚賞（**判斷力**），採取行動遏止負向循環或抗拒衝動（**自我調節**），承諾堅持目標（**毅力**）。

電 影

- 《自由大道》（*Milk*，2008），真人真事改編的傳記電影，描繪哈維·米爾克（Harvey Milk，西恩潘飾演）的勇氣，他是美國同性戀民權鬥士，也是美國首位公開以同性戀身份競選獲勝的從政人員。

- 《追風箏的孩子》（*The Kite Runner*，2007），1970年代中後期，前蘇聯入侵喀布爾期間，阿米爾（Amir）和哈桑（Hassan）兩人之間友情、家庭、人性、勇氣與救贖的故事。為了贖罪，阿米爾鼓起勇氣，冒險回到戰爭蹂躪、塔利班統治的阿富汗，解救哈桑的兒子。

- 《辛德勒的名單》（*Schindler's List*，1993），二戰時期，納粹大屠殺波蘭猶太人，德國商人奧斯卡·辛德勒（Oskar Schindler，連恩·尼遜飾演），勇敢拯救一千多名猶太人。

- 《姊妹》（*The Help*，2011），講述1960年代美國黑人遭受歧視的社會現象。心胸開放的白人女作家，無懼階級分明、種族歧視的社會壓力，勇敢講述黑人女僕的故事和觀點。

療癒行動

- **「一對一」勇敢解決人際困擾處境**：寫下你長久困惱不已的三種人際處境，例如：恐懼或壓抑，尤其是面對需要經常往來的權威人物。反思平衡使用勇敢如何可能減少你的痛苦（例如：「我想在課後單獨與教授交談，勇敢表達自己的看法。」）

- **勇敢接受黑暗、負面的經驗**：列出你避之唯恐不及的情緒。改寫成下列陳述：「我會糗斃了」、「我很害怕被拒絕或孤獨」、「我做什麼都阻止不了他這樣子，所以只好逆來順受了」；然後，評估不面對該等情緒可能得付出的代價。再來，使用勇敢，視覺想像擁抱你的所有情緒，比方說，如果你坦然面對，採取行動，最壞和最好的結果可能會是怎樣。勇敢可以幫助你接受各種情緒，尤其是痛苦的處境，勇敢可以支持你挺過難關。

- **說出真相可以讓你自由**：用勇敢的態度，與你最親密的人，分享有關你自己的真相。這是你生命當中很重要的一環，但是礙於遭到拒絕，你一直不敢說出口，這對你們的人際關係造成長遠的不良影響（例如：「我真的好怕告訴爸媽我是女同志。這對我很重要，但他們如何可能接受呢？如果我不告訴他們，那在家人面前我就永

遠是個假面人。」）

- **發問難以啟齒的問題，或質疑現狀**：在團體的情境，譬如：工作場合，或是親友之間，勇敢提出難以啟齒的問題，或是質疑現狀。例子包括：質疑爲什麼某些政策或儀式會將特定的人士或群體排擠到邊陲地帶，不允許他們擔任領導角色，提出大膽而務實的解決方案。
- **見義勇爲，挺身而出**：挺身而出，替無法爲自己出面的人發聲，比方說，年幼的弟妹、受虐婦女、弱勢移民或不知道自己權利的勞工。你可以加入相關權益倡議組織，挺身捍衛最需要支持的弱勢族群。

| 楷　模 |（TED演講）

上網登錄《TED講堂》（網址：https://www.ted.com/talks），搜索下列演講，聽取代表「勇敢」性格正能量楷模人物的見解：
- 艾許・貝克漢（Ash Beckham）：「人人都有不可告人的秘密，讓我們找到勇氣，敞開心胸」（We're all hiding something. Let's find the courage to open up）。
- 克林特・史密斯（Clint Smith）：「沉默的危險」（The danger of silence）。
- 艾曼・莫哈馬德（Eman Mohammed）：「勇敢說出難以啟齒的故事」（The courage to tell a hidden story）。

| 圖　書 |

- Biswas-Diener, R. (2012). *The Courage Quotient: How Science Can Make You Braver.* San Francisco: Jossey-Bass. [簡體中文譯本]《勇氣》，羅伯特・比斯瓦斯─迪納原著；蕭瀟譯（2013年：中信出版社）。
- Pury, C. (2010). *The Psychology of Courage: Modern Research on an Ancient Virtue.* Washington, DC: American Psychological Association。
- Pausch, R., & Zaslow, J. (2008). *The Last Lecture.* New York: Hyperion.《最後的演講》，蘭迪・鮑許、傑弗利・札斯洛原著；陳信宏譯（2008年：方智）。

| 網路資源 |

- 「勇氣」（Courage | Being Brave），介紹勇敢的技巧、好處，以及恐懼和過度自信之間的平衡，擷取自《你需要的技巧》（*Skills You Need*）時事通訊網站：http://www.skillsyouneed.com/ps/courage.html。
- 「九名青少年難以置信的英勇行爲」（9 heroic teens and their incredible acts of bravery），擷取自《周刊報導》（*The Week*）雜誌網站：http://theweek.com/articles/468498/9-heroic-teens-incredible-acts-bravery-updated。

7. 毅力

　　毅力（persistence），是一種心理正能量，在面對障礙和挫敗時，可以讓人堅持努力，直到完成目標。從治療的角度來看，若干心理問題會干擾注意力，使人難以集中心力。毅力是堅持不懈（perseverance）的心理正能量，可以幫助你因應注意力問題，讓你在遇到挑戰時堅持目標，尤其是那些讓人分心的挑戰，能夠有始有終堅持到底。有了毅力這種正能量，即使注意力跑掉了，也能讓你及時收心，堅持到底，把任務完成。你竭盡所能，找到克服麻煩和險阻的方法，有始有終完成任務。如果，你變得意興闌珊或無精打采（這些都是許多心理問題的另一種共通特徵），試著找到你可以堅持完成的任務，那會是一種有機的療癒方式。當你完成任務，將可重新感到精力振作、滿足，還能重新找回自我效能。

黃金中道

　　平衡使用毅力的關鍵之道，就是要明白何時、何地應該堅持毅力，以及何時應該放手，設下停損點。要決定是否應該堅持不懈，不妨問問如果沒完成任務可能會發生什麼結果。同樣重要的是，你應該要有能力去適應不斷變遷的情勢。例如：在追求心儀的職業生涯道路上，你需要適應就業市場、技術和廣大社會經濟脈絡無可避免的變化。最後，要將毅力的正能量發揮到理想極致，你還需要持續釐清自己的目標（比方說，要取得社群媒體相關產業的證照，你需要持續評估自己各階段的目標，並且「把注意力集中在完成該等目標」，排除萬難，堅持完成需要選修的夜間和周末進修課程。）

- 「毅力」心理正能量的過度使用：執著、頑固、追求無法實現的目標。
- 「毅力」心理正能量的低度使用：懶散、漠然。

整　合

　　要評估毅力是否具有適應取向，以及何時可能流入執迷、強迫的死結末路，你需要配合運用其他心理正能量，例如：**觀點、社會智能、判斷力（心胸開放）和審慎**。要堅持不懈，特別是如果遇到挫折、挑戰或障礙，你還另外需要充分的**希望和樂觀**。沒有整合希望和樂觀，堅持不懈的動力將會磨損削弱。話說回來，希望和樂觀也應該保持在務實的範圍之內。

電　影

- 《少年Pi的奇幻漂流》（*Life of Pi*，2010），李安執導的3D電影，演出一位印度年輕人Pi海上遇難，盪氣迴腸的史詩漂流旅程。他在危機四伏的海上，靠著宗教和平信仰，堅持不懈的意志，與兇猛的孟加拉虎理查・派克，建立起不可思議的奇幻關係。「如果生命中的每一次轉變都讓我們走得更遠，那麼我們就真正體驗到了生命的奉獻。」

- 《127小時》（*127 Hours*，2010），美國勵志的冒險驚悚片，講述美國登山客亞倫・洛斯頓（Aron Ralston，詹姆斯・法蘭柯飾演）攀登猶他州大峽谷時發生意外，右手前臂被巨石壓住而動彈不得，經過127個小時的努力不懈，斷臂求生，終而脫困重獲新生。展現斷臂求生的無比毅力和勇氣。「這塊石頭，從我出生起就一直在等我，窮其一生，從它還是塊隕石起，幾百萬幾十億年前就開始了……我的整個生命都在向它靠攏。我的降生，每一口氣，每個動作，都將我領向這條大地的裂口。」

- 《王者之聲：宣戰時刻》（*The King's Speech*，2010），英格蘭國王喬治六世（George VI，柯林・佛斯飾演），憑藉著過人的毅力與永不放棄的決心，克服了靦腆壓抑的個性，以及自身的口吃問題，透過他最畏懼的廣播，向全英國軍民發表了宣戰文告。「但我是王者之聲，整個國家都相信，我一開口，就代表全體國民，可是我卻說不來。」

療癒行動

- **化解難以招架的任務**：建立清單，列出你必須做的五件任務，但往往讓你感覺壓迫難以招架，例如：報稅、回覆沒完沒了的電子郵件，或是為你伴侶的大家族準備節日大餐。試著將這些任務拆解為若干較小的步驟，並在完成每個步驟時，給自己來個小型的祝賀或慶祝。按部就班，逐步監控你的進度。

- **找到無懼挑戰堅持不懈的榜樣**：挑選能夠體現毅力的榜樣，並辨識你如何可能跟隨該榜樣的腳步。試著找到類似你心理健康問題的人。與這個人會面，或通過其他方式聯繫，請教他或她如何堅持不懈，克服心理問題的挑戰。

- **學習新技能堅持不懈**：你的毅力可能會受阻而中斷，因為你還不具備下個層級的技能，難以順利往前邁進（比方說，在設計產品之後，請不要猶豫，尋求協助，學習新技能或是請某人與你合作，以便你可以完成該項產品的製作生產。）

- **融入「心理暢流」的元素**：如果你在堅持方面感到吃力難以為繼，請試著探索「心理暢流」（flow），這是一種深深融入經驗的內在高亢動機狀態。探索可能引發心理暢流的活動，堅持下去，在這過程中，你將會有所成長。

- **與志同道合的人共事**：毅力有一項潛在的療癒用途，就是能夠與其他志同道合的人合作，發揮相互提攜成長的綜效。志同道合的夥伴可以提高你的技能和堅持的動力。

楷　模 （TED演講）

上網登錄《TED講堂》（網址：https://www.ted.com/talks），搜索下列演講，聽取代表「毅力」性格正能量楷模人物的見解：

- 安琪拉・李・達克沃思（Angela Lee Duckworth）：「恆毅力：激情和堅持不懈的力量」（Grit: The power of passion and perseverance）。
- 伊麗莎白・吉爾伯特（Elizabeth Gilbert）：「成功、失敗，以及持續創造的動力」（Success, failure and the drive to keep creating）。
- 理查・聖約翰（Richard St. John）：「談成功8個的秘訣」（8 secrets of success）。

圖　書

- Duckworth, A. (2016). *Grit: The Power of Passion and Perseverance. New York: Simon & Schuster.*《恆毅力：人生成功的究極能力》，安琪拉・達克沃斯原著；洪慧芳譯（2016年：天下雜誌）。
- Luthans, F., Youssef, C., & Avolio, B. (2007). *Psychological Capital: Developing the Human Competitive Edge.* New York: Oxford University Press.
- Tough, P. (2012). *How Children Succeed: Grit, Curiosity, and the Hidden Power of Character.* New York: Houghton Mifflin Harcourt.《孩子如何成功：讓孩子受益一生的新教養方式》，保羅・塔夫原著；王若瓊、李穎琦譯（2013年：遠流）。

網路資源

- 自我決定理論（self-determination theory），探討內在動機、價值，以及它們如何影響美好存有的福祉和目標，擷取自《CSDT自我決定理論》（*CSDT Self-determination Theory*）非營利組織：http://www.selfdeterminationtheory.org/。
- 愛德華・德西（Edward L. Deci），美國羅徹斯特大學心理學教授，人類動機學程主任，研究動機和自我決定，以及它們對於生活諸多面向的影響，例如：心理健康、教育和工作：http://www.psych.rochester.edu/people/deci_edward/index.html。

8. 正直誠信

　　正直誠信（**integrity**），或眞實本性（**authenticity**），是一種心理正能量，其具體表現就是光明磊落，說出眞相，把自我本色眞誠表達出來。從治療的角度來看，許多心理狀況可能帶來矛盾、壓抑、恐懼、尷尬和拒絕，導致我們無法眞心分享個人的情緒、想法，更別說是內心的需求。正直誠信幫助你對自己的想法和情感開誠佈公。如果，正直誠信和眞實本性是你排行在前的心理正能量，你可以輕鬆做主，按照自己的價值行事。換言之，幾乎沒有不和諧或異化，這進而又改善了你的現實檢驗（reality testing）和社交推理（social reasoning）。強烈正直誠信的個人，不太可能經歷認知扭曲（cognitve distortion）和社交恐懼，而是比較能妥善理解和處理心理疾病常常出現的兩難困境。

　　正直誠信的人開誠佈公，對於自己的想法、感覺和責任，不會遮掩躲閃；並且審愼提防不因自己言行不愼或疏忽，而導致他人產生誤解。正直誠信使你感受到自己對內心狀態是握有主控權的，無論該等眞實本性是否受歡迎，抑或可能招來社交上的窘迫不安，你都坦然接受，眞誠公諸於世，並且感受到表裡如一的完整感。

　　在人際複雜的現實世界中，由於文化、宗教、政治、經濟、生態乃至技術（尤其是社群媒體）的影響，要光明磊落，秉持自己的價值觀，忠於自己的情感和想法，絕非易事。因此，正直誠信的平衡運用，還需要納入考量脈絡的諸多因素（例如：並非所有情況都適合眞性情的坦率表白，比方說：「我比不上其他人」、「我經常感到一無是處」、「我不好意思尋求幫助，否則別人會認爲我很弱。」此外，在社群媒體，例如：Facebook或Twitter，毫無保留分享你內心的想法，可能不是表達眞實本性的最理想方式。要活出眞實本性和光明磊落的人生，確實需要有承受外部壓力的勇氣。眞實本性的光明磊落生活也需要可靠、實在、講眞心話。請注意，眞實本性和公正的運用並不是絕對的，在展現自我眞實本性方面，存在很大的文化差異。因此，在配合考量文化脈絡因素下，可以比較妥善評估眞實本性、誠實和正直誠信是否有取得平衡運用。然而，無論文化架構如何，低度使用眞實本性可能導致壓抑自己內心的情感、興趣和需求；進而限制你的自我效能，換言之，如果你不承認自己的需求，又怎麼可能去滿足它們？此外，正直誠信心理正能量的低度使用，也可能迫使你見風轉舵而換上不同的面貌，這將造成人格的支離破碎，眞正主宰你表現的不是你的眞實本性，而是更多受制於外部力量的控制或影響。

- 「正直誠信」心理正能量的過度使用：耿介不群。
- 「正直誠信」心理正能量的低度使用：淺薄、虛僞、矯情。

[整 合]

　　考量正直誠信的發揮，如果也能同時協調滿足自我的**需求和動機**，那就比較可能發揮到最佳狀態。**熱情和活力**，是正直誠信的最佳互補；而**觀點**和**社會智能**，則是幫助理解適用脈絡的兩大關鍵要素。此外，**情緒智商**（社會智能的子領域），提供線索讓你去感覺、擁有和表達你的內心狀態，讓你直指本心，體察眞實本性。**善意和愛**，是與正直誠信相輔相成的另外兩項屬性。眞心的愛，以關懷和分享爲顯著標誌，可以鼓勵發揮眞實本性；另一方面，眞實本性的發揮，也可以鼓勵建立眞心的愛。

[電 影]

- 《分居風暴》（*Separation*，2011），這部伊朗電影環繞一場婚姻崩解的情節，拉出人性考驗的多重議題，帶領觀眾見證，在橫遭不白之冤的指控之下，外籍看護如何令人動容的展現出不卑不亢的正直誠信。
- 《永不妥協》（*Erin Brockovich*，2000），女主角艾琳‧布洛克維奇（Erin Brockovich，茱莉亞‧羅勃茲領銜主演），永不妥協的正直誠信感，對抗大企業財團隱匿環境汙染的惡行，窮追不捨挖掘眞相，最終促成美國史上最大的集體訴訟。
- 《重返榮耀》（*The Legend of Bagger Vance*，2000），雷納夫‧約拿（Rannulph Junnah，麥特‧戴蒙飾演），曾是美國喬治亞州薩凡納出色的高爾夫球星，落難英雄克服了酒癮，通過眞實本性和正直誠信的心理正能量，重拾昔日榮耀的高爾夫球，也找回人生的光明道路。
- 《春風化雨》（*Dead Poet Society*，1989），講述學風保守的寄宿學校，英語教師約翰‧基亭（John Keating，羅賓‧威廉斯飾演），一反傳統的教導學生體驗詩歌的喜悅，但他們學得不只是書本裡的知識，更是一場春風化雨的人格成長與蛻變，深刻領悟並勇敢展現正直誠信的心理正能量。

[療癒行動]

- **評估壓抑、批判和拒絕──缺乏眞實本性**：反思和寫下你經歷的五種壓力情境。評估每種情況，是否部分起因於壓抑、害怕受人批判或拒絕，尤其是社會規範和期望引起的壓力。與親密的朋友或家人一起，討論如何找出方法來表現自己的眞實本性。
- **尋求有助於促進眞實本性的情境**：反思並寫下讓你可以坦率眞誠、忠於自我本性的

情境。密切注意有助於忠於自我本性的內在因素和外在因素。與親友知己討論如何可能創造更多這樣的情境。

- **培養坦率眞誠的互動**：人們的心理壓力源，有許多是來自於無法以眞實面貌與他人建立坦率眞誠的連結關係。回顧檢視有哪些溝通反饋模式，能夠忠於自我本性，又有建設性，有助於建立眞心交流的關係，而不是齟齬不合、頻生困擾。

- **尋求自然率眞的角色**：尋找結構清晰的角色，容許你發揮自然率眞的眞實本性，尤其是，如果你在職場感到壓抑，難以表露眞性情。在組織，尋求促進誠實、坦率溝通的職位。

- **澄清道德信念**：辨識你最強烈的道德信念（例如：以最佳狀態把工作做到盡善盡美）。你如何可能將此等信念帶入你備感掙扎的其他領域？（例如：遵守交通規則、總是選擇環保的生活形態、挺身支援受虐者）。設定可衡量的小目標，逐步改善行爲，讓自己成爲正直誠信的人。

楷　模（TED演講）

上網登錄《TED講堂》（網址：https://www.ted.com/talks），搜索下列演講，聽取代表「正直誠信」性格正能量楷模人物的見解：

- 布芮尼・布朗（Brené Brown）：「脆弱的力量」（The power of vulnerability）。
- 邁爾坎・麥拉倫（Malcolm McLaren）：「自我本色的創造力與卡拉OK文化」（Authentic creativity vs. karaoke culture）。
- 希瑟・布魯克（Heather Brooke）：「我揭發政府腐敗的戰役」（My battle to expose government corruption）。

圖　書

- Brown, B. (2010). *The Gifts of Imperfection: Let Go of Who You Think You're Supposed to Be and Embrace Who You Are.* Center City, MN: Hazelden.《不完美的禮物：放下「應該」的你，擁抱眞實的自己》，布芮尼・布朗原著；田育慈譯（2013年：心靈工坊）。

- Cloud, H. (2006). *Integrity: The Courage to Meet the Demands of Reality.* New York: Harper.《職場軟實力》，亨利・克勞德原著；毛樂祈、江智惠合譯（2012年：校園書房）。

- Simons, T. (2008). *The Integrity Dividend Leading by the Power of Your Word.* San Francisco: Jossey-Bass.

網路資源

- 「國際透明組織」（Transparency International），描繪貪污腐敗的聲音、受害者和見證人，致力建立沒有貪污腐敗的世界：https://www.transparency.org。
- 「國際學術誠信中心」（International Center for Academic Integrity），致力於辨識、促進和肯定學生、教職人員和行政管理人員的學術誠信價值：http://www.academicintegrity.org/icai/home.php。

9. 活力和熱情

描　述

　　活力（**vitality**），是面對生活探取的一種正向態度或取徑，顯著表現爲對於生命力、生動活潑、興奮和**熱情**（**zest**）的欣賞或重視。從心理學的角度來看，缺乏活力是滋生若干心理障礙的溫床，包括：憂鬱、消沉和無聊。活力包括諸多正向情緒，譬如：喜悅、熱情洋溢、興致盎然，還有知足惜福和滿意感。如果，活力和熱情是你排行在前的心理正能量，你對於生活通常會全心全意投入。追求日常活動時，你熱情洋溢，精力充沛。你經常感到振奮鼓舞，意志高昂，並將這種感覺轉化爲創造性的活動和計畫。你活力旺盛，全力以赴，常常感染和鼓舞其他人。充滿活力的生活，隨之而來的是壓力減少和健康增進，可以讓你感受到身心融洽的美好經驗。

黃金中道

　　均衡使用活力是至關重要的，但要把平衡使用和過度使用區別開來，並不容易。這兩種狀態都很容易被視爲**激情**（**passion**）。然而，活力過度使用時，就會變成內在化的激情，成爲個人身份的一部分。相對地，不使用活力則會讓你感到被動消沉，無精打采。爲了平衡使用，重要的是，要讓熱情和活力成爲你個性的一部分，同時還需要兼顧其他的部分。平衡使用活力意味著，熱情投入許多活動，但也不要忽視你的其他責任。

- 「活力和熱情」心理正能量的過度使用：過動。
- 「活力和熱情」心理正能量的低度使用：被動、壓抑。

整　合

　　活力和熱情，需要與其他心理正能量適切配合，從而發揮相得益彰的加乘效益，譬如：**審愼、自我調節、好奇心、幽默玩笑和對美的欣賞**，這些心理正能量也可利用來創造有益身心融洽的經驗（例如：學習樂器可能需要你建立規律的練習作息[自我調節]、欣賞創作的音樂[欣賞美麗和卓越]、享受學習過程[好奇心]、即興創作和享受樂趣[玩笑、創造力]，以及兼顧學習樂器以外的其他責任[審愼]。）

電　影

- 《尋找快樂的**15**種方法》（*Hector and the Search for Happiness*，2014），這部電影呈現一位古怪精神病醫生追求感受生命力，以及尋找生活的意義。劇情當中展現了許多性格正能量，包括：熱情、好奇心、愛、觀點、感恩和勇氣。

- 《派特的幸福劇本》（*Silver Lining Playbook*，2012），男主角派特（Pat，布萊德利·庫柏飾演），有一則拉丁文座右銘「excelsior」，意思是指「永遠向上」，體現了熱情和活力，這樣的態度讓派特從生活的陰霾挫折，反彈復甦，意志堅定，精力充沛，轉而將心力專注於生活光明向上的一面。

- 《天外奇蹟》（*Up*，2009），皮克斯動畫工作室第十部動畫電影，78歲的卡爾老先生，積極向上的勵志故事（英文片名「Up」，字面和隱喻的含意），他追求一生的夢想，和素不相識的八歲亞裔童子軍羅素（Russell）意外結伴同行，展開一場南美洲荒野的奇蹟之旅。

- 《我的左腳》（*My Left Foot*，1993），愛爾蘭作家兼畫家克里斯蒂·布朗（Christy Brown，丹尼爾·戴路易斯飾演），真人真事改編。克里斯蒂出生在一個貧窮的愛爾蘭家庭，患有天生腦麻痺，四肢癱瘓。在母親和老師盡心盡力的幫助下，學會使用唯一可控制的左腳寫作。這個角色展現了生命的活力、熱情和生命熱忱。

| 療癒行動 |

- **積極投入「必須做的」活動**：許多心理狀況可能磨耗、削弱我們的動力。選擇一項「必須做的活動」，但你感覺不太喜歡做的事情（例如：寫回家作業、運動或洗碗）。發揮你的創造力，以別出心裁、令人興奮的方式開展活動。你可以選擇一位合作夥伴，結伴投入該等活動。

- **戶外活動**：每週一小時，至少一趟戶外活動，例如：健行、騎自行車、登山、快走或慢跑。享受戶外活動和心靈洗滌的內在官能感受。大自然可以帶來莫大的療癒潛力。

- **優質的睡眠**：建立規律的睡眠時間，改善睡眠衛生品質。不要在睡前三、四個小時吃任何東西，避免在床上做任何工作，深夜飲用咖啡因飲料等等。注意你的精力水平的變化。

- **加入社團**：參加舞蹈社，聆聽音樂會，或是加入表演藝術團體，每月至少參與一次活動。如果有歌唱或跳舞，請加入一起唱或跳。另外，也可以使用智慧手機照相，拍攝你認為代表活力和熱情的活動畫面。

- **多與快樂的人交往**：花些時間，與喜歡開懷暢笑的朋友相處。留意觀察，笑可能帶來的感染力。另外，也可以觀看電視播映的情境喜劇，或是和朋友結伴去看脫口秀或喜劇演出。

| 楷　模 |（TED演講）

上網登錄《TED講堂》（網址：https://www.ted.com/talks），搜索下列演講，聽

取代表「**活力和熱情**」性格正能量楷模人物的見解：

- 丹尼爾・吉伯特（Dan Gilbert）：「奇妙的幸福科學」（The surprising science of happiness）。
- 榮恩・古特曼（Ron Gutman）：「微笑的隱藏力量」（The hidden power of smiling）。
- 梅克麗特・哈德洛（Meklit Hadero）：「日常聲音的意外之美」（The unexpected beauty of everyday sounds）。
- 麥特・卡茲（Matt Cutts）：「用30天嘗試新事物」（Try something new for 30 days）。

圖　書

- Buckingham, M. (2008). *The Truth About You: Your Secret to Success.* Nashville, TN: Thomas Nelson.《發現你的成功密碼》，馬可仕・白金漢原著；陳志民譯（2011年：天下文化）。
- Elfin, P. (2014). *Dig Deep & Fly High: Reclaim Your Zest and Vitality by Loving Yourself from Inside Out.* Mona Vale, NSW: Penelope Ward.
- Peale, V. N. (1967). *Enthusiasm Makes the Difference.* New York: Simon & Schuster.《熱心人》，諾曼・皮爾原著；彭歌譯（1970年：純文學）。

網路資源

- 勞勃・瓦萊蘭（Robert Vallerand），加拿大魁北克大學蒙特婁分校心理學教授，解釋激情的定義，以及執迷激情（obsessive passion）與和諧激情（harmonious passion）的區別：https://vimeo.com/30755287。
- 《CSDT自我決定理論》（*CSDT Self-determination Theory*）非營利組織，關注如何支持人類自然或內在傾向，以達到有效和健康的行為方式：http://www.selfdeterminationtheory.org。
- 「培養生活熱情的四個理由」（Four Reasons to Cultivate Zest in Life），擷取自柏克萊大學《至善雜誌》（*Greater Good Magazine*）：https://greatergood.berkeley.edu/article/item/four_reasons_to_cultivate_zest_in_life。

第三類品德：人道（Humanity）

—— 面臨反對或內部威脅時行使意志的情緒心理能量

心理正能量	過度使用	低度使用	黃金中道	整合（與其他心理正能量互動）
10. 愛	泛情濫愛	寡情薄義、疏離絕情	真心喜愛和關懷他人，但沒有做出極端的自我犧牲	善意、社會智能、希望
11. 善意	好管閒事	漠不關心、殘酷、自私小氣	主動行善幫助有需要協助者，沒有外來的要求，也沒有可見的報酬	社會智能、公民意識和團隊精神、觀點
12. 社會智能	心理囈語、自欺欺人	不解人情世故、無厘頭	對情緒、動機和相對應的變化有細緻入微的理解	善意、愛、自我調節

10.愛

描 述

愛（love），包括給予愛和接受愛的雙重能力。這種心理正能量的決定性特徵是重視和關心他人，特別是那些互惠分享和相互關懷的人。如果愛是你排行在前的心理正能量，那麼你很容易給予，還有接受愛。你可以向你依賴的人表達你的愛，你的愛也可以給予你在浪漫、性愛和情感等方面所愛的人。這種心理正能量，使你可以信任他人，並使他們成為你決策的重中之重。從你所愛之人的關愛奉獻，你體驗到深刻悠遠的滿足感。

黃金中道

愛，可以說是眾多心理正能量的泉源。這使得在愛和其他心理正能量之間，取得驚人的平衡，尤其在感到悲傷、焦慮、矛盾或不安時，更可以見識到愛的平衡力量。如果，你傾向於逃避屢犯者（可能是由於焦慮的緣故），而不是面對屢犯者，你可能使用愛的力量，而忽視甚至原諒該等侵犯者。同樣地，如果你害怕失去關係（可能是由於憂鬱的緣故），你可能不敢要求愛與被愛的平等互惠，而是選擇忍氣吞聲、逆來順受。再者，浪漫關係的伴侶、父母子女、兄弟姐妹或朋友，也可能發展偏斜和選擇性的愛之表達，從而傷害其所愛的人。請注意，愛的平衡使用與否，應該放在個別脈絡架構之下來檢視。在相互賴存的集體文化，是導向愛整個家族；而在個人主義文化，則是導向兼顧愛和工作的平衡。

• 「**愛**」心理正能量的過度使用：泛情濫愛。
• 「**愛**」心理正能量的低度使用：寡情薄義、疏離絕情。

整 合

愛，普世人類的基本需求，建立相互關懷的關係，就像「超級膠水」，可以整合幾乎任何的心理正能量。在本書〈療程三：實踐智慧〉，討論了許多適應整合心理正能量的策略。由於愛的無所不包和特殊性，重要的是要了解，在目前的情況或挑戰之下，哪些愛的指導原則能夠發揮最大適應功能，有效整合其他心理正能量（例如：如果你遇到關係困擾，你可以將愛與**社會智能**和**勇氣**結合起來，以減輕痛苦；相對地，有些人遭遇類似的挑戰，則可能適合將愛與**幽默玩笑**和**創造力**結合，從而化解困擾問題）。

電 影

- 《齊瓦哥醫生》（*Doctor Zhivago*，1965），英國導演大衛‧連執導的史詩電影，講述俄羅斯革命年代，齊瓦哥醫生（奧瑪‧雪瑞夫飾演），徘徊於妻子和愛人之間的拉扯，展現了人性光輝穿透動盪局勢的愛與被愛能力。
- 《英倫情人》（*The English Patient*，1996），這部淒情絕美的愛情電影講述，二次世界大戰期間，爲愛迷惘的年輕護士，照顧面目全非，失去記憶的神祕「英國病人」，倒敘造化弄人、熾熱毀滅的愛情故事，終而領悟荒誕虛無背後的愛的讚頌。
- 《麥迪遜之橋》（*The Bridges of Madison County*，1995），故事發生在1965年夏天，愛荷華州麥迪遜郡，生活平淡乏味的家庭主婦，芬琪卡‧強生（Francesca Johnson，梅莉‧史翠普飾演），遇上前來當地拍攝廊橋的攝影師勞勃（Robert，克林‧伊斯威特飾），迅速墜入愛河。這段浪漫關係只持續四天，卻在她的生命留下永生難忘的回憶。「這樣確切的愛，一生只有一回。」
- 《斷背山》（*Brokeback Mountain*，2005），美國西部同志劇情片，李安執導。講述偶然機緣墜入愛河的兩個牛仔，橫跨二十年的深厚愛情故事，故事背景發生在1960年代的保守社會環境，同志愛情仍是飽受歧視、不被接受的禁忌。「我希望，我能知道如何戒掉你。」

療癒行動

- **愛是可學習的技能**：如果愛使你感到痛苦，那就要評估痛苦的來源和後果。愛是一種需要學而時習之的後天技能。探索證據本位的特定技能，譬如：查看你所愛之人的心理正能量（請參閱**療程十二**：正向關係的療程作業「正向關係樹」；以及**療程十三**：正向溝通的療程作業「積極建設回應」）。
- **與伴侶／愛人保持聯繫**：與你的愛人保持聯繫。在每天工作日，撥出五分鐘，發送簡訊或打電話向他們問好，特別是在重要日子。定期問候你的愛人當前的壓力、擔憂、方案、希望、夢想、朋友和對手。
- **避免「關係疲乏」**（relationship fatigue）：大多關係的調性一開始都是正向的。然而，隨著時間拉長，伴侶開始暗自假設彼此都很了解對方，然後負性偏向傾向逐漸使得彼此無視於正向因素，反而強化負向因素的疙瘩扦格。這種偏見壓縮了關係的成長，而怨恨、憤怒反倒日益累積。運用愛，配合創造力和好奇心，探索伴侶新的面向，一起做你們以前沒嘗試過的事情。
- **分享深刻的意義**：伴侶雙方和家族一起遊玩和大笑，以及分享深刻的意義，關係就可能福樂興盛。有許多種方式可以用來分享此等意義，譬如：擁有共通的價值觀（比方說，自主、家庭和諧、事業成功），以及了解可以通過哪些行爲來表達此等

價值。

- 共度時光：安排定期的家庭休閒活動，譬如：散步、健行、騎自行車或露營；家庭瑜伽或舞蹈課；全家一起去觀看體育賽事、前往靈修中心靜修、聆聽音樂會，或文化藝術節。這些活動將可構築歡愉的回憶，而不是毒害關係的回憶。

楷　模（TED演講）

上網登錄《TED講堂》（網址：https://www.ted.com/talks），搜索下列演講，聽取代表「愛」性格正能量楷模人物的見解：

- 勞勃・沃丁格（Robert Waldinger）：「什麼造就美好人生？史上為期最長幸福研究的發現」（What makes a good life? Lessons from the longest study on happiness）。
- 海倫・費雪（Helen Fisher）：「人們為何愛？為何背叛？」（Why we love, why we cheat）。
- 楊恩・達拉格李奧（Yann Dall'Aglio）：「關於愛情，你們全錯了！」（Love—you're doing it wrong）。
- 蔓蒂・倫恩・卡朗（Mandy Len Catron）：「愛情難的不是墜入愛河，而是……」（Falling in love is the easy part）。

圖　書

- Fredrickson, B. L. (2013). *Love 2.0: How Our Supreme Emotion Affects Everything We Feel, Think, Do, and Become.* New York: Plume.《愛是正能量，不練習，會消失！：愛到底是什麼？為何產生？怎樣練習？如何持續？》，芭芭拉・佛列德里克森原著；蕭瀟譯（2015年，臺北市：橡實文化）。
- Gottman, J. M., & Silver. N. (1999). *The Seven Principles for Making Marriage Work: A Practical Guide from the Country's Foremost Relationship Expert.* New York: Three Rivers Press.《恩愛過一生：幸福婚姻7守則》，約翰・高特曼、南・西爾弗合著；諶悠文譯（2000年，臺北市：天下文化）。
- Pileggi Pawelski, S., & Pawelski, J. (2018). *Happy Together: Using the Science of Positive Psychology to Build Love That Lasts.* New York: TarcherPerigee.
- Vaillant, G. E. (2012). *Triumphs of Experience: The Men of the Harvard Grant Study.* Cambridge, MA: Belknap Press of Harvard University Press.《幸福老年的祕密：哈佛大學格蘭特終生研究》，喬治・韋蘭特原著；王敏雯譯（2018年，新北市：張老師文化）。

網路資源

- 「高特曼研究院」（*Gottman Institute*），提供研究本位的衡鑑技術和介入策略，以及伴侶治療的培訓資訊：https://www.gottman.com/。
- 美國加州大學戴維斯分校心理學系，「關係依附實驗室」（*Attachment Lab*），關係依附研究，聚焦於理解依附行為系統的有意識和無意識動力：http://psychology.ucdavis.edu/research/research-labs/adult-attachment-lab。
- 劍橋大學「家庭研究中心」（*The Centre for Family Research*），享譽全球的創新研究，增進對兒童、家長和家庭關係的理解，https://www.cfr.cam.ac.uk。

11.善意

描　述

　　善意（kindness），包括若干屬性，譬如：體貼、禮貌和關懷。如果，善意是你排行在前的心理正能量，那麼你可能將這些屬性，轉化爲關照他人而付出的心力、嘉言、善行，沒有人要求你那麼做，而你也不求獲得什麼物質回報。善意不僅僅是關於你想做什麼事情，並且你也了解自己的動機、技巧以及可能產生的影響。雖然，善意的行爲是在不求個人利益之下完成的；不過，從心理治療的角度來看，施與受雙方，仍會感受到正向的情緒。因此，善意可以發揮緩衝的功能，幫助心理苦惱者，以適應的方式將注意力從自身轉向他人，從而紓解對自身苦惱的持續關注。如果，善意是你的心理正能量，你會從幫助他人當中找到快樂。不論你是否認識對方，都沒關係，你都會無條件樂善好施。

黃金中道

　　實際上，舉手之勞，自發和隨機的善意行爲，在解決眼前需求方面，的確有其價值和重要性。例如：幫忙解決某人遭遇的技術方面的麻煩；爲意外受傷者提供急救；用心傾聽某人傾吐苦水，分擔其痛苦；爲生病的朋友做飯。然而，如果善意行爲涉及可能需要投入大量心力和時間，那就需要妥善斟酌考量（例如：課業輔導；協助修築住宅房舍；提供會計、法律或醫療之類的專業協助）。對於這些情況，就需要解釋潛在的風險和結果。還要考慮，你提供的協助是否確實是對方所需要的；你提供的協助是否被接受；協助的實施是否尊重對方；是否務實；是否不取決於任何直接、間接或附帶的利益。確保你向受助者徵詢有關協助的實施過程和涉及的人力物力等資訊，因爲箇中諸多因素可能並不明顯。再者，也需要確保你的善意不會讓對方感覺好像受到施捨，或是演變爲依賴成性而不求自立。請記得，你的善意務必要能與更深層次的價值連結起來。還有一點也很重要，那就是要明白，善意也包括善待自己。缺乏自我慈悲的善良，可能是避免或壓抑內心自我苛刻批評的藉口。善意的平衡使用意味，你不會過分苛責自己。
- 「善意」心理正能量的過度使用：好管閒事。
- 「善意」心理正能量的低度使用：漠不關心、殘酷、自私小氣。

整　合

　　善意，與若干心理正能量，互相整合，相得益彰，例如，調度**情緒智商**，可以幫助你評估情況的細微差別，比方說，這情況適合使用**善意**，抑或是其他正能量可以

帶來更好的結果？再比方說：如果任務需要特定組合的技能，而你自己只能勝任其中一部分，那你可以請別人幫助（**團隊精神**），或說明你能夠勝任的範圍，好讓當事人知道什麼你有能力完成哪些部分，還有哪些部分無法完成（**真實本性**），然後另請他人完成剩下的任務。如果，你渴望幫助某人，而且你具備該有的技能，但你害怕犯錯誤，那就可以試著和對方協商合作，並利用其他心理正能量，例如：**審慎**、**判斷力**和**心胸開放**，來讓你的善意可以達到最理想的表達。

電　影

- 《攻其不備》（*Blind Side*，2009），真人真事改編的溫馨勵志電影，全片以善意和同理心為基調，非裔男孩麥可・奧赫（Michael Oher，昆東・亞倫飾演），從小流浪在不同寄養家庭之間，悲慘童年飽受創傷，後來被莉莉安・陶西（珊卓・布拉克飾演）夫婦收養，莉莉安對麥可視如己出、無條件接納，激發出跨越血緣、階級、膚色的親情，扭轉麥可的人生，最終勇闖國家美式足球聯盟。「忠於自我，努力成為你想成為的人，如果你為了某件重要的事情視死如歸，那你就同時有了榮譽跟勇氣。」

- 《天堂的孩子》（*Children of Heaven*，1997），這部伊朗名導演馬基・麥吉迪（Majid Majidi）執導的電影，講述貧困人家的一對兄妹，單純、善良、懂事，分享一雙鞋子的善意和慈悲，而不是手足之間的爭執對立。李安導演曾說：「這是史上最偉大的兒童電影，但值得每個成年人去看。」

- 《蜂蜜罐上的聖瑪利》（*The Secret Life of Bees*，2008），講述跨越血緣、種族、宗教、階級的女性情誼故事。美國南方少女14歲的莉莉・歐文斯（達珂塔・芬妮飾演）身心傷痕累累，帶著黑人保姆，逃離原生家庭的殘酷世界，她們循著母親遺物蜂蜜罐上的聖瑪利圖像，來到養蜂人柏萊特姊妹家中，在魔法般的養蜂世界，重新找回關懷和愛，昔日傷口逐漸癒合。「養蜂場就像一座大型蜂箱；外人難以一窺奧妙，但蜂蜜卻如魔法從蜂箱產出。」

- 《心塵往事》（*The Cider House Rules*，1999），根據約翰・厄文小說改編，荷馬（托比・馬奎爾飾演），從小在緬因州孤兒院長大，憧憬外面廣大世界，對於老院長拉奇醫生（米高・肯恩飾演），傳承的醫療和諄諄教誨不屑一顧。年少輕狂的荷馬毅然離家出走，墜入情網，歷經現實與夢想拉扯洗禮，回首心塵往事，終而領悟老院長醫療和善意的價值，而不是盲目順從法則。

療癒行動

- **建立自我效能**：承諾至少做一件助人善行。真心助人，乃是不求任何回報或好處。

不過，你有可能因此獲得心理上的好處，因為幫助他人，可以建立自我效能（self-efficacy），從而減少精神疾病方面的苦楚。

- **善待自己**：心理受苦的人，尤其是憂鬱纏身，往往自我批評嚴苛，認為自己是造成一切痛苦的源頭。如果你是這樣的話，請試著開始使用自我慈悲（self-compassion），也就是說，善待自己（be kind to yourself）。不要把注意力全聚焦在自己的缺陷或不足，而是如實關照肯定自己的心理正能量。

- **使用善意的表達來進行溝通**：在使用電子郵件、寫信、電話交談在社群媒體互動時，請試著採用比較溫和、良善的詞語。建立清單，摘列在社群媒體溝通時，表達善意的訣竅和策略。張貼此等清單，並徵求朋友和家人回應和建議。

- **擴大你的善意和文化連結**：選擇一種獨特的文化。蒐集不同來源，包括該文化內的若干來源，設計清單羅列該文化常遭外人誤解的特殊表達，將這份清單與你的社交圈分享。

- **隨手之勞的善舉**：開車時，讓道給其他行車，禮讓行人和自行車騎士。進出建築物大門時，幫其他人扶一下門。幫助修理輪胎漏氣或爆胎、將你的手機借給車輛拋錨的陌生人。車上攜帶跨接電纜和應急啟動電源，以便不時之需，可以幫忙臨時車輛沒電的車主。

- **分享用具和技能**：與他人分享你的用具（例如：割草機、除雪機或跨接電纜）。如果對方不知道如何操作，請提供協助。

楷　模（TED演講）

上網登錄《TED講堂》（網址：https://www.ted.com/talks），搜索下列演講，聽取代表「善意」性格正能量楷模人物的見解：

- 凱倫・阿姆斯壯（Karen Armstrong）：「獲獎心願：仁愛憲章的誕生」（Charter for Compassion）。
- 馬修・里卡德（Matthieu Ricard）：「讓利他助人成為你的人生指南」（How to let altruism be your guide）。
- 勞勃・瑟曼（Robert Thurman）：「把慈悲愛心傳出去」（Expanding our circle of compassion）。
- 漢娜・布蘭契（Hannah Brencher）：「給陌生人的情書」（Love letters to strangers）。
- 艾比蓋爾・馬許（Abigail Marsh）：「為什麼有些人特別博愛？」（Why some people are more altruistic than others）。

圖　書

- Keltner, D., & Marsh, J., & Smith, J. A. (Eds.). (2010). *The Compassionate Instinct: The Science of Human Goodness.* New York: W. W. Norton.

- Rifkin, J. (2009). *The Empathic Civilization: The Race to Global Consciousness in a World in Crisis.* New York: Penguin. [簡體中譯本]《同理心文明：在危機四伏的世界中建立全球意識》，傑瑞米・里夫金原著；蔣宗強譯（2015年，北京：中信）。

- Ferrucci, P. (2007). *The Power of Kindness: The Unexpected Benefits of Leading a Compassionate Life.* Paperback edition. New York: Penguin.《仁慈的吸引力》，皮耶洛・費魯奇原著；譯者：席玉蘋譯（2005年，臺北市：大塊文化）。

網路資源

- 「35項小小的善舉清單」（35 Little Acts of Kindness），擷取自《歐普拉》網站（*OPRAH.COM*）：http://www.oprah.com/spirit/35-Little-Acts-of-Kindness。

- 「隨機善意行為組織」（*Random Acts of Kindness*），國際公認的非營利組織，提供鼓勵善舉的資源和工具：https://www.randomactsofkindness.org。

- 「同理心和慈悲的根源」（*The Roots of Empathy and Compassion*）：保羅・艾克曼（Paul Ekman），加州大學舊金山分校心理學榮譽教授，描述同理心和慈悲的若干必要組成元素：https://youtu.be/3AgvKJK-nrk。

- 證據本位的論文，展示富有慈悲心的好處：http://www.psychologicalscience.org/index.php/publications/observer/2013/may-june-13/the-compassionate-mind.html。

- 「如何增進你的慈悲頻寬」（How to Increase Your Compassion Bandwidth），擷取自柏克萊大學《至善雜誌》（*Greater Good Magazine*）：http://greatergood.berkeley.edu/article/item/how_to_increase_your_compassion_bandwidth。

12.社會智能

描　述

社會智能（**social intelligence**，包括：情緒智能和個人智能），具有此種正向心理能量的人，對於自己和他人的情緒、意圖都有相當程度的了解。如果，這是你排行在前的心理正能量，你很清楚自己的情緒、動機和反應（個人智能）；再者，也能敏銳意識到他人的情緒、動機和反應（社會智能）。你有一種難以言喻的能力，可以注意到他人情緒的微妙變化，並且能夠啟動必要的調整，以確保人際互動平順無窒礙。與他人共事的時候，你確保大家都更自在舒坦，感覺被接納和重視，尤其是涉及團體的活動。從治療的角度來看，社會智能可以讓你可以觸及自己以及他人的內心感受，進而可以滋育、維繫和深化健康的關係。

黃金中道

平衡使用社會智能，讓你能夠注意到他人之間的微妙差異，特別是他們的情緒或動機變化。這種心理正能量使你能因勢制宜，做出適當回應。你幾乎毫不費力就能與人融洽互動。你的反應適中得宜，在需要的時候，你表達同情、同理心，或是設身處地體貼入心（例如：如果某事引發朋友悲傷，社會智能會讓你注意到，從而透過言語或行動，讓她或他不至於感到孤立無助）。你有能力了解、關照整個人，就好像愛和善良一樣，社會智能是健康生活的關鍵正能量。

這種心理正能量的欠缺和過剩，與心理問題有密切關聯。缺乏社會智能會導致你難以與他人建立更深層次的情感連結。因此，你無法建立心理治療所需的支持關係，尤其是當你感受壓力、悲傷與／或焦慮時，這些狀態基本上是孤獨的，而社會智能的缺乏會讓你更不容易向他人敞開心房。你可能還會覺得，向他人傾訴自己的心理困擾頗為尷尬，因為他們可能無法理解，反而給他們平添沒必要的擔憂。反之，如果你有恰到好處的社會智能，從而建立深厚安穩的關係，那你通常可以相對輕鬆的敞開心房，尋求他人支持。就此而言，社會智能可以為你提供緩衝，特別是在困難時期。

有些人可能嚴重缺乏社會智能，顯著的例子包括：自閉症、亞斯伯格綜合症和思覺失調型人格障礙。這些心理障礙，雖然有著強烈的生物根源，需要持續的專科治療，但也得以透過可發展的社會智能，而取得症狀改善的效果。

社會智能過多，也可能衍生問題。例如，在複雜的社會環境當中，認識和理解他人需要耗費相當的時間和心力。如果，過度投入這些資源，你可能就沒有時間留給自己。再者，你對所有人可能總是體貼入微，有求必應，但很可能因此讓人對你產生不切實際的期望，認為只要有苦衷向你傾訴，所有問題一定可以獲得解決。對於許多

人來說，你可能成為來者不拒的療癒大師，這很有可能讓你在情感方面心力交瘁。你的社會智能可能超限支用，逐漸顯露疲乏，容易焦躁不耐煩，以往似乎取之不竭的同理心也明顯流失，類似的故事時有所聞，到頭來，你甚至可能感到動輒得咎、適應不良。因此，平衡使用社會智能，需要你注意照護自己的福祉。

- 「社會智能」心理正能量的過度使用：心理囈語、自欺欺人。
- 「社會智能」心理正能量的低度使用：不解人情世故、無厘頭。

整合

　　為了實現社會智能的平衡使用，你需要配合使用其他心理正能量，例如：**觀點**，這是至關重要的。調度派用社會智能和個人智能時，需要盱衡大局（意義和目的）置於綜觀考量的前沿和核心。當你妥善運用**判斷力和心胸開放**，廣納**觀點**綜觀審視全局，挖出任何潛在偏見，如此情況之下，**社會智能**當能發揮良好功能。**活力和熱情**可以強化社會智能，尤其是事件或情況需要動力和希望的時候，更是如此。如果，你能發現更輕鬆、**幽默好玩**的面向，打破僵局或緩解緊張情緒，社會智能也有益於化解許多緊繃的狀況。

電影

- 《再見了，拉札老師》（*Monsieur Lazhar*，2011），環繞生命教育主題的加拿大電影。魁北克一所小學，教師在校內上吊自殺，校方安排阿爾及利亞移民巴希爾‧拉扎（Bahir Lazhar），擔任代課教師，運用他的社會智能，陪伴創傷陰影籠罩的班級學生，交織出溫馨感人的療癒之旅。「大家覺得我們心理受到創傷，其實受創的是大人自己。」
- 《悲憐上帝的女兒》（*Children of a Lesser God*，1986），細膩刻劃社會智能和個人智能，莎拉（聾啞女星瑪麗‧瑪特琳飾演）自幼失聰，自卑倔強，自我封閉，躲在聾啞學校，擔任清潔工。後來遇到新來的語言治療老師詹姆士（威廉‧赫特飾演），兩人相戀相愛，無奈自卑情結作祟，衝突分手，最後終於迎向相互理解、善意和肯定真實自我的真愛新天地。
- 《K星異客》（*K-Pax*，2001），精神病院的神秘患者普羅特（Prot，凱文‧史貝西飾演），自稱來自遙遠的K-Pax星球，發揮社會智能，激發主治醫生重新思考傳統診療信念，帶給其他病患療癒人心的神奇力量。
- 《他不笨，他是我爸爸》（*I am Sam*，2002），男主角山姆（西恩‧潘飾演），三十歲卻只有七歲智商的父親，獨自扶養女兒露西（達科塔‧芬妮飾演）。但女兒七歲的時候，一場意外導致他即將失去女兒扶養權。山姆只能走上法庭，最後成功

辯護，養育兒女無關腦袋的智力，最重要的是愛和親子關係。「爸爸，上帝是故意讓你變成這樣的嗎？」

療癒行動

- **通過情緒智能解決不安的情況**：思考如何解決常帶給你焦慮、憂鬱情緒的社交場合（例子可能包括：在工作會議，就你不以為然的議題分享你的想法；討論你與家人關係當中長久困擾未解的問題；向朋友溝通有關你不認同而且情緒反應激烈的事情）。使用你的社會智能和個人智能，輪流澄清先前未澄清的癥結點。分享你的動機和基本價值觀，請其他人也同樣做。最起碼，此等過程可以幫助你和其他人辨識彼此的價值觀。
- **不間斷傾聽**：傾聽你所愛的人，尤其是與你互動頻繁、可以坦然溝通者。讓他們知道你想從頭到尾傾聽，你不會從中打斷，也不會質疑反駁。在心裡記下有待釐清之處，等對方全部說完了，再來解決該等問題。然後，分享你的想法，並聽取對方的回饋。
- **釋懷冒犯**：如果有人冒犯到你，想辦法在對方的動機當中找到至少一項正向因素。使用與社會智能相關的概念，想一想，為什麼其冒犯行為可能是一時的情境因素造成，而不是來自性格或特質。
- **詢問回饋想法**：對於你親近的人，在感情方面，理解出狀況時，試著直接問對方究竟是有什麼想法；另外還可以問，希望將來怎樣才能在情感方面有比較好的理解。想一想，下次與此人互動時，可以採取哪些務實的小步驟，來增進彼此的理解。
- **直白而不拐彎抹角的溝通**：在親密關係中，直白而不拐彎抹角，談論你內心的需求和願望。允許對方做同樣的事，不加判斷評論，也不質疑反駁。

楷　模（TED演講）

上網登錄《TED講堂》（網址：https://www.ted.com/talks），搜索下列演講，聽取代表「社會智能」性格正能量楷模人物的見解：

- 丹尼爾‧高曼（Daniel Goleman）：「為什麼我們不更富有同情心？」（Why aren't we more compassionate?）。
- 瓊安‧荷里法克斯（Joan Halifax）：「慈悲和同理心的真諦」（Compassion and the true meaning of empathy）。
- 大衛‧布魯克斯（David Brooks）：「社交動物」（The social animal）。

圖　書

- Cassady, J. C., & Eissa, M. A. (Eds.) (2008). *Emotional Intelligence: Perspectives on Educational and Positive Psychology*. New York: P. Lang.
- Goleman, D. (2006). *Social Intelligence: The New Science of Human Relationships*. New York: Bantam Books.《SQ-I-You 共融的社會智能》，丹尼爾・高曼原著；閻紀宇譯（2007年，臺北市：時報出版）。
- Livermore, D. A. (2009). *Cultural Intelligence: Improving Your CQ to Engage Our Multicultural World*. Grand Rapids, MI: Baker Academic.

網路資源

- 美國耶魯大學「情緒智能中心」（Center for Emotional Intelligence）：http://ei.yale.edu。
- 「情緒智能聯盟」（Emotional Intelligence Consortium）：http://www.eiconsortium.org。
- 馬爾克・布拉基特（Marc Brackett），美國耶魯大學「情緒智能中心」（Yale Center for Emotional Intelligence）：https://youtu.be/62F9z1OgpRk。

第四類品德：正義（**Justice**）

—— 健康社群生活基礎所繫的性格正能量

心理正能量	過度使用	低度使用	黃金中道	整合 （與其他心理 正能量互動）
13.公民意識和 團隊精神	未經思索的盲目服從	自私、自戀	包容和諧，合力追求共善目標	社會智能、領導力、希望
14.公正	超然無私不偏向特定觀點、沒有同理心、疏離絕情	偏頗成見、黨派偏見	做對的事，不受個人或社會偏見的影響	正直誠信、勇氣、心胸開放
15.領導力	專制、霸道	順從、默許	激勵、帶領他人追求正向的共同目標	熱情、團隊精神、社會智能

13. 公民意識和團隊精神

描 述

公民意識（**citizenship**）的性格正能量，也稱為**團隊精神**（**teamwork**），箇中涉及團體成員為公益而盡心效力。如果，這是你排行在前的心理正能量，你願意為所屬團體（例如：社區、宗教社群、學校社群、專業網絡和文化圈），犧牲奉獻追求公益。你以適應良好的方式，關心鄰里愛鄉愛國，而不會仇外。這些團體和單位構成你身分認同的來源。如果，公民身分和團隊合作是你排行在前的心理正能量，那麼你會通過履行與／或超越公民責任來體現它們。

投入公民意識和團隊精神的活動，通常會讓參與者具有良好的心理健康，因為這類活動能讓你與志同道合的人聯繫在一起，從而建立社會信任感。擁有社會信任感可以確保你周遭世界安全無虞。此外，參與社區活動還可提高自我效能。

黃金中道

公民意識和團隊精神的平衡使用，需要你與族群或團隊建立連結，並找到有效的方法，來利用你的心理正能量、專業素養、知識和資源，從而實現團隊福利。但是，公民意識並不意味，你得盲目遵循當權者的治理和規定。平衡和適應良好的公民意識運用，意味幾乎所有成員都有歸屬於該團體的感覺，並且有內在動機為團隊成功而努力。儘管成員之間存在無可避免的個別差異，但在優先考量團隊目標之下，公民意識和團隊合作就能發揮最佳效益。實際上，每個團隊成員都仍維持自己的身分認同，但集體身分認同創造了團隊凝聚力和休戚與共的團結意識。你可能聽過「兄弟同心」（band of brothers）和「姐妹情誼」（sisterhood）這樣的詞語，這些都象徵代表了親如手足的團體。

平衡使用公民意識也意味著，你不會袖手旁觀。如果，少數人占有位高權重的角色，削弱或剝奪你的參與度，你就有需要運用勇氣、公正之類的心理正能量，確保不會損害到團隊的和諧。缺乏團隊精神和公民意識可能會使你落單孤立，社會和社區支持遭到剝奪，這可能會產生重大影響，特別是當你遭遇心理困擾時。

• 「公民意識和團隊精神」心理正能量的過度使用：未經思索的盲目服從。
• 「公民意識和團隊精神」心理正能量的低度使用：自私、自戀。

整 合

為了最佳利用公民意識和團隊精神，你將需要整合許多其他心理正能量，例如：了解自己和他人（**情緒智能和社會智能**）。當與背景不同的一群人（例如，種族、教

育背景、處置或偏好）共事時，**心胸開放**、公正將能讓你受益，並且能夠敏感覺察和尊重個別差異。

　　所有團隊或群體幾乎都曾經歷過緊張和衝突。因此，你可以激發團隊成員的創造力，腦力激盪，集思廣益，追求共同利益和最佳團隊績效。善意的**幽默玩笑**，可以緩解群體緊張，而且如果團隊成員擁有共同目標（**觀點**）增加團結，任務就會變得比較容易。此外，當團隊成員的心理正能量獲得發掘、承認和支持，團隊合作精神將大大受益。

電　影

- 《夢幻成真》（*Field of Dreams*，1989），精彩描述公民身分和團隊合作的勵志喜劇。愛荷華州農場主人雷（凱文‧科斯納飾演），聽見自家玉米田傳來神奇的聲音：「你蓋好[棒球場]，他就會來。」這天外飛來的神祕天啟，激勵雷追求夢想的動力，將玉米田闢成棒球場，卻引來鄉民議論紛紛。雷堅持夢想的不撓意志，喚醒鄉民重拾現實磨滅殆盡的熱情和夢想。
- 《打不倒的勇者》（*Invictus*，2009），鼓舞人心的南非運動電影，克林‧伊斯威特執導，講述1995年南非主辦世界盃橄欖球賽期間，納爾遜‧曼德拉總統（摩根‧費里曼飾演），與國家橄欖球隊隊長法蘭索瓦‧皮納爾（麥特‧戴蒙飾演），同心協力凝聚國人向心力，贏得冠軍，並讓剛擺脫種族隔離不久，面臨分裂的南非團結一致。
- 《盧安達飯店》（*Hotel Ruwanda*，2004），真人真事改編，1994年，盧安達種族仇視大屠殺期間，胡圖人對圖西人展開大屠殺，短短三個月，屠殺人數將近百萬人。盧安達飯店胡圖族經理保羅‧魯塞薩巴納（Paul Rusesabagina，唐‧奇鐸飾演），妻子為圖西族。保羅不顧個人生死安危，冒險搶救一千多名圖西族難民，展現了非凡的公民意識與社會責任。
- 《攻其不備》（*Blind Side*，2009），非裔男孩麥可‧奧赫（Michael Oher，昆東‧亞倫飾演），從小流浪在不同寄養家庭之間，悲慘童年飽受心靈創傷，後來被莉莉安‧陶西（珊卓‧布拉克飾演）夫婦收養，莉莉安和其家人發揮跨越血緣、階級、膚色的公民意識，扭轉麥可的人生，最終勇闖國家美式足球聯盟。

療癒行動

- 避免公民異化：我們許多人對於公民參與冷感而不熱衷，認為無論我們做什麼，世界都不會因此而有所改變。這種絕望、悲觀的心態，正是憂鬱症的兩項標誌。積極投入社區工作，帶你的朋友一同加入。事實上，你的工作將使組織受益，更重要的

是，公民參與使你能夠與崇高志業和高尚人士連結，這兩者都是精神健康的有力預測因素。

- **建立線上社群**：建立崇高宗旨的網絡社群，例如：拯救瀕危物種；籌募難民資金；公民行動對抗伊斯蘭恐懼症、同性戀恐懼症或仇外心理等歧視。分享此網路交流中心，建立實體社群。

- **參與社區花園**：開辦或加入社區花園，這可為你提供支持、安全和平靜的環境。你可以找正在努力解決心理健康問題的其他人進行互動，共享空間和任務（園藝）可幫助你成為社區的一員。

- **加入社區心理健康支持團體**：開辦或加入社區心理健康組織。使用多媒體資源，你可以展示其他人如何成功因應心理健康挑戰，探索最有效治療特定心理健康問題的方法。

- **用「生活經驗」藝術裝飾公共場所**：運用社區閒置空間，邀請有心理健康問題的病友，辦理「生活經驗」展覽。鼓勵這些人嘗試任何藝術手法，來分享他們的經歷，也可以透過網路線上提交創作。

楷　模（TED演講）

上網登錄《TED講堂》（網址：https://www.ted.com/talks），搜索下列演講，聽取代表「公民意識和團隊精神」性格正能量楷模人物的見解：

- 傑瑞米・里夫金（Jeremy Rifkin）：「同理心的文明」（The empathic civilization）。

- 道格拉斯・貝爾（Douglas Beal）：「衡量成長的標準除了GDP，還應納入幸福指標」（An alternative to GDP that encompasses our wellbeing）。

- 休・伊文斯（Hugh Evans）：「世界公民的意涵」（What does it mean to be a citizen of the world?）。

- 比爾・史崔克蘭（Bill Strickland）：「重建一個擁有美麗、尊嚴和希望的社區」（Rebuilding a neighborhood with beauty, dignity, hope）。

圖　書

- Putnum, R. (2001). *Bowling Alone: The Collapse and Revival of American Community.* New York: Simon & Schuster. [簡體中文譯本]《獨自打保齡——美國社區的衰落與復興》，羅伯特・帕特南原著；劉波、祝乃娟、張孜異合譯（2011年，北京：北京大學出版社）。

- Kielburger, C., & Keilburger, M. (2008). *Me to We: Finding Meaning in a Material World.* New York: Simon & Schuster. 《我到我們的世代：新一代的快樂人生

哲學》，克雷格・基爾伯格、馬克・柯柏格合著；吳怡靜、林雨蒨、黃敦晴合譯（2008年，臺北市：天下雜誌）。

- Ricard, M. (2015). *Altruism: The Power of Compassion to Change Yourself and the World.* New York: Little Brown.

網路資源

- 「我到我們的世代組織」（*Me to We*），非營利組織，倡導與他人聯繫，建立信任，並參與社區建設活動：http://www.metowe.com。
- 哈佛大學社會學家勞勃・普特南（Robert Putnum），關於社區衰落和崛起的網站資源：http://bowlingalone.com；http://robertdputnam.com/better-together/。

14.公正

| 描　述 |

公正（**fairness**），是指秉持普世的公平正義理想對待每個人。如果，公正是你排行在前的心理正能量，你通常不會讓個人情感因素而有所偏袒，影響你對他人的道德或倫理決定，而是取決於廣泛的道德價值觀。你的公正感包含對道德準則的尊重，也包含採取慈悲關懷他人的取徑。你可以運用這種心理正能量，在生活的諸多領域，包括個人、專業、休閒和社區等等，公平處理社會正義議題的日常互動。

| 黃金中道 |

公正的平衡使用意味著，即使你不了解他人，你通常也會遵守將他人的福祉考慮在內的原則。你可能面臨的挑戰是關於「福祉」（welfare）的定義。你可能很難決定什麼行為是公正，什麼行為是正義，因為文化脈絡可能造成這兩者之間的衝突；你也可能很難決定，公正、正義行為如何代表潛在的核心價值。比方說，女性服裝（行為表達）和謙虛（潛在價值），在不同文化之間，甚至在同一文化之內，就可能有很大的差別。在保守的穆斯林國家，女人穿著比基尼，可能被認為不合禮節，然而在西方國家，比基尼卻是完全可以接受的穿著。同樣地，在穆斯林國家，穆斯林婦女戴頭巾是可以預料，也令人讚賞的行為；然而，在某些西方國家，面紗或頭巾可能被視為強迫選擇或宗教文化的義務。因此，為了達到在可能相互衝突的權利、儀式和價值之間，取得公正的平衡運用，就有必要納入考量個別脈絡因素，來詮釋公正原則的運用。在應用公正原則之前，請先徵詢並理解社會文化脈絡的相關線索。尋求明智的參考意見，作出適切平衡的詮釋。公正，或許比任何其他心理正能量，不必然總是遵循「非黑即白」的絕對準則，因而你應該準備好面對灰色地帶的個案審酌判斷。

在應用公正之前，務必要探索終極目標是什麼。例如，仔細審視終極目標是要追求「公平」，抑或是「平等」。「公平」（equity），是針對個人差別狀況，給予適合需求的對待，不使其受到傷害，並且支持維護其成功；相對地，「平等」（equality），則是齊頭式對待每個人，即便並非每個人都需要相同種類或程度的支持。依此而言，如果是齊頭式平等對待每個人，就應該知道，除非建立烏托邦社會，否則不是每個人都會受到公平對待。因此，公正的應用不應該是絕對的，而應該在個別脈絡中取得平衡運用。

- 「公正」心理正能量的過度使用：超然無私不偏向特定觀點、沒有同理心、疏離絕情。
- 「公正」心理正能量的低度使用：偏頗成見、黨派偏見。

整　合

　　爲了平衡使用公正，你需要整合若干心理正能量，譬如：**領導力、公民意識和團隊精神**，這些將幫助你得心應手妥善運用公正。同樣地，**誠實**和**眞實本性**也會增強公正感。在應用公正時，也應該納入考量**善意**。舉例而言，如果有學生因潛在注意力缺陷過動症，而表現出過度活躍行爲，教師卻一直對此施加懲罰，可能會適得其反，導致懲罰失去矯正效應，反而讓學生煩躁的狀況變本加厲，甚至心生怨恨。但是，如果教師能夠融入善意，提供學生適當可行的修正方向，行爲改善的可能性應該會比較高。

電　影

- 《天之驕子》（*The Emperor's Club*，2002），威廉・漢德特（Wiliam Hundert，凱文・克萊飾演），高尚情操與教育熱忱的經典學老師，與菁英中學的學生發生衝突，因爲他試圖教導公平道德，結果好壞參半。
- 《費城》（*Philadelphia*，1993），探討愛滋病人權的電影。安德魯・貝克特（Andrew Beckett，湯姆・漢克斯飾演），因同性戀和愛滋病而被律師事務所解僱，聘請恐同律師喬・米勒（Joe Miller，丹佐・華盛頓飾演）。法律訴訟期間，米勒逐漸體會出，貝克特並非刻板印象的那種愛滋死鬼，而是值得尊重和公平對待的平常人。
- 《關鍵指令》（*The Green Zone*，2010），對公正和社會正義的令人不寒而慄的描述。伊拉克戰爭期間，中情局高級官員羅伊・米勒（Roy Miller，麥特・戴蒙飾演），發現大規模殺傷武器的證據，並意識到衝突雙方的諜報人員，試圖操弄情報轉向有利己方的情勢。
- 《女權之聲：無懼年代》（*Suffragettes*，2015），講述英國婦女爭取選舉權、抗爭不懈的歷史故事。對於公正的心理正能量有很出色的描述呈現。講述二十世紀上半葉英國社會的人妻、母親和女兒遭受的性別不平等故事，主要包括：工作場所性騷擾、家庭暴力和父母權利侵犯、工資遠低於男性同事。

療癒行動

- **了解偏見和成見**：爲了促進公正，要了解你親眼目睹或經歷的歧視。歧視（discrimination），可能在許多方面表現出來，包括：年齡、能力、性別、性取向、口音、語言流暢、宗教和仇外心理等。運用你的公正心理正能量，付諸實際行動，阻止諸如此類的偏見（biases）和成見（preconceptions）。
- **提高日常生活的公正**：建立清單，列出可以使用公正的日常任務、互動和活動，如

果這些事項沒有變得更加公平，會增加你的壓力（例如：與伴侶討論分擔烹飪和家務等日常事項）。找出文化和脈絡適切的公正做法，以達到減輕壓力的目標。

- **找出你感覺忿忿不平的社會議題**：建立清單，列出最讓你感到困擾的社會議題，重點聚焦在可以通過公正解決的議題。例如：男女同工不同酬，女性酬勞長久以來明顯低於男性；原住民必須持續抗爭，以取得基本生活所需；儘管有明確的證據，超市繼續銷售有害的合成食品，諸如此類情況是否讓你感覺忿忿不平？

- **監督你的判斷**：自我監督，你的判斷是否受到個人好惡的影響？是否基於正義和公正原則？未來做出判斷時，儘量減少個人好惡的偏頗影響。

- 挺身為其他團體發聲：挺身發聲，以尊重其他團體人士的方式，捍衛他人的權利。

楷　模（TED演講）

上網登錄《TED講堂》（網址：https://www.ted.com/talks），搜索下列演講，聽取代表「公正」性格正能量楷模人物的見解：

- 丹尼爾・萊塞爾（Daniel Reisel）：「修復式司法[或譯修復式正義]的神經科學」（The neuroscience of restorative justice）。

- 保羅・札克（Paul Zak）：「信賴、道德，和催產素？」（Trust, morality—and oxytocin?）。

- 喬納森・海德（Jonathan Haidt）：「論自由派和保守派的道德根源」（The moral roots of liberals and conservatives）。

- 波諾（Bono）：「我的願望：幫助非洲的三項行動」（My wish: Three actions for Africa）。

圖　書

- Sun, L. [孫立新](2009). *The Fairness Instinct: The Robin Hood Mentality and Our Biological Nature.* New York: Prometheus Books.

- Harkins, D. (2013). *Beyond the Campus: Building a Sustainable University Community Partnership.* Charlotte, NC: Information Age.

- Last, J. (2014). *Seven Deadly Virtues: 18 Conservative Writers on Why the Virtuous Life Is Funny as Hell.* West Conshohocken, PA: Templeton Press.

網路資源

- 「齊頭式平等是不夠的」（Equality Is Not Enough: What the Classroom Has Taught Me About Justice），討論說明「平等」（equality）和「公平」（equity）的區

別，擷取自《日常女性主義》（*Everyday Feminism*）社會文化組織的網路雜誌：
http://everydayfeminism.com/2014/09/equality-is-not-enough/。

- 《國際透明組織》（Transparency International），全球擁有100多個國家分會，
與政府、企業和民間社會的夥伴合作，採取有效措施對抗貪污腐敗：https://www.
transparency.org。

- 羅密歐‧安東尼厄斯‧達萊爾（Roméo Antonius Dallaire）：1993年，「聯合國盧
安達援助團」（United Nations Assistance Mission for Rwanda）。退休以來，大力
倡導人權，防制種族滅絕，心理健康和遭受戰爭威脅兒童權益等跨國議題：http://
www.romeodallaire.com。

15.領導力

　　領導力（**leadership**），是指激勵、指導和協調團隊成員以實現共同目標的過程。如果，這是你排行在前的心理正能量，那麼你在社群互動中會扮演主導的角色，不過，有效的領導也需要聽取其他團員的意見和感受，因爲箇中涉及積極互動的指導。身爲領導者，你展現高效、可親的領導風範，凝聚團隊，組織協調活動，激發團隊發揮分工合作實力，促成實現目標。

　　儘管團員之間存在差異，但是當領導者能找出共通基礎，就可看到領導力的平衡使用。團體成員以同中有異的方式，針對共通基礎展開有效溝通，從而保持動力和士氣。有些領導者擁有卓越的領導長才，特別擅長鼓舞追隨者的希望和提振士氣，點亮明燈指引團員穩步迎向明確、具體和務實的願景、任務和結果。因此，平衡使用領導力，除了鼓舞意志和動機之外，還需要指點邁向成功所需的具體步驟。

　　此外，平衡使用領導力，需要兼顧領導和追隨。換言之，沒有謙遜和傾聽的能力，領導者可能輕易變成專制跋扈的獨裁者。此外，平衡使用領導力，還需要與領導對象建立眞誠、信賴的關係。通過信賴，你最有可能激發團隊發揮出最佳水準。建立在恐懼之上，或濫用權力、威權，只會引起畏懼退縮。屈於不信賴的關係和恐懼淫威之下，如此團體很難有最佳水準的表現。

- 「領導力」心理正能量的過度使用：專制、霸道。
- 「領導力」心理正能量的低度使用：順從、默許。

　　領導力，能夠整合若干心理正能量，有效培養美好存有的福祉和復原力[反彈復甦韌性]。例如：**社會智能**、**團隊精神**和**善意**，可以在團隊中建立強健的連結；而**謙虛**和**感恩**，可以讓你的領導比較富有人情味，平易近人。這些心理正能量可以共同創造協同效應，使你能夠與團隊維持協調和諧的關係。

- 《甘地傳》（*Gandhi*，1982），英國、印度合製的傳記電影，講述聖雄甘地非暴力、社會正義和謙遜的領導風範，激發後起的民權運動領袖，包括：馬丁‧路德‧金恩（Martin Luther King Jr.）。

- 《鐵娘子：堅固柔情》（*Iron Lady*，2011），講述鐵娘子瑪格麗特‧柴契爾夫人的傳記電影。柴契爾是20世紀英國第一位女性首相（也是任期最長的首相）。
- 《曼德拉：漫漫自由路》（*Mandela: Long Walk to Freedom*，2013），這部史詩電影，記錄納爾遜‧曼德拉（Nelson Mandela）領導之旅，從早年生平，到成年，教育經歷，入監服刑27年，最後成為種族隔離後的南非總統。
- 《林肯》（*Lincoln*，2012），美國總統亞伯拉罕‧林肯（Abraham Lincoln，丹尼爾‧戴路易斯飾演）傳記片。史蒂芬‧史匹柏執導，講述林肯非凡的心理正能量，特別是領導能力和勇氣，儘管戰雲密布，內部紛爭不斷，仍然獨排眾議，堅定解放奴隸。

療癒行動

- **支持某人或某議題**：仗義執言，挺身支持遭受不公平對待的人。鼓勵其他領導者強化團體運作的公正性。或者，支持你認為有意義的議題或主張，例如：童工、邊緣族群的就業困境、學校霸凌（包括網路霸凌），或危害環境的化學用品。
- **領袖人物對抗心理疾病的勵志故事**：閱讀領袖人物傳記文學，或觀看電影，看他們如何運用心理正能量，對抗心理疾病（例如：維多利亞女王、林肯、邱吉爾）。你可以從中領悟到什麼啟示，進而增強你的領導力？
- **當孩子的導師**：在街坊鄰里或生活圈，擔任孩子導師（大哥哥、大姊姊），讓他們從中受益（例如：課業、技術、運動）。在每次指導之前和之後，評估你的心情，以及你的付出給孩子們帶來的影響。
- **調解朋友紛爭**：朋友有糾紛或爭執時，出面調解。邀請他們一起與你聚會，製定基本規則，確保落實執行，讓他們分享個別觀點，強調通過討論解決問題。
- **帶動家庭活動**：組織和帶動老少同行的家庭活動。發揮你的領導技巧，邀請家庭成員參與此活動，尤其是可能冷戰、交惡、互不往來的家人。促成所有人都參與對話，而不是任由不同年齡組各自隔離而無交流，引導家人注意到跨代的相似性。

楷　模（TED演講）

　　上網登錄《TED講堂》（網址：https://www.ted.com/talks），搜索下列演講，聽取代表「**領導力**」性格正能量楷模人物的見解：

- 羅斯林德‧托瑞斯（Roselinde Torres）：「偉大領導者的關鍵」（What it takes to be a great leader）。
- 賽門‧西奈克（Simon Sinek）：「偉大領導者如何激勵行動」（How great leaders inspire action）。

- 賽門・西奈克：「爲什麼優秀領導者會讓你感到安全」（Why good leaders make you feel safe）。

圖　書

- Avolio, B. & Luthans, F. (2006). *The High-Impact Leader.* New York: McGraw-Hill. 《眞誠領導－發展與實踐》，布魯斯・艾沃立歐，佛瑞德・盧森斯合著；袁世珮譯（2006年，臺北市：美商麥格羅・希爾）。
- Csikszentmihalyi, M. (2004). *Good Business: Leadership, Flow, and the Making of Meaning.* New York: Penguin.
- Rath, T. & Conchie, B. (2009). *Strengths-Based Leadership.* New York: Gallup Press. [簡體中文譯本]《現在，發現你的領導力心理正能量》，湯姆・拉思、巴里・康奇合著；薛妍譯（2011年，北京市：中國青年出版社）。

網路資源

- 「優秀領袖十大特質」（Top 10 Qualities That Make A Great Leader），擷取自《富比世》雜誌網站：http://www.forbes.com/sites/tanyaprive/2012/12/19/top-10-qualities-that-make-a-great-leader/。
- 「成爲當今領導者的二十種方式」（20 Ways to Become a Better Leader Right Now），擷取自《Inc.》雜誌網站：http://www.inc.com/john-brandon/20-ways-to-become-a-better-leader-right-now.html。
- 鄔瑪・喬古魯（Uma Jogulu），關於領導力的論著及其文化影響：http://www.buseco.monash.edu.my/about/school/academic/management/uma-jogulu-dr。
- 基姆・卡麥隆（Kim Cameron），關於組織結構和正向領導的論著：http://michiganross.umich.edu/faculty-research/faculty/kim-cameron。
- 吉拉德・Chen（Gilad Chen），研究團隊效能、領導效能以及工作動機：http://www.rhsmith.umd.edu/directory/gilad-chen。
- 隆納德・林德斯壯（Ronald R. Lindstrom）博士，「健康領導與研究中心」（Centre for Health Leadership and Research）：http://sls.royalroads.ca/centre-health-leadership-and-research。

第五類品德：節制（Temperance）

—— 抵禦浮濫或防止使用過度的品格心理正能量

心理正能量	過度使用	低度使用	黃金中道	整合 （與其他心理 正能量互動）
16.寬恕和慈悲	姑息縱容	無情、記仇	自願停止報復循環	善意、社會智能、正直誠信
17.謙虛禮讓	自我貶抑	愚蠢的自尊心、自大傲慢	沒有犧牲自我關懷，即便值得也不尋求鎂光燈焦點	感恩、正直誠信、靈性
18.審慎	拘束而不自然、閉塞不通人情	魯莽無禮、縱情感官刺激	小心謹慎，但不偏執，也沒有毫不關心潛在可能的實際風險	毅力、自我調節、好奇心
19.自我調節	壓抑、沉默寡言不喜交際	自我放縱、衝動	調節情緒和行動，而沒有綁手綁腳或受阻的感覺	觀點、毅力、希望

16. 寬恕和慈悲

描 述

寬恕（forgiveness），是漸進改變的過程，而不是一蹴可幾的單一決定或事件。在寬恕過程，你願意放棄個人權利和報復慾望；事實上，你願意停止復仇的循環，放下之餘，也更有可能找到健康的自我成長之路。這種心理正能量涉及寬恕冤枉或冒犯你的人。通過寬恕，你接受別人的過錯，給犯錯者第二次機會，並努力避開誘惑，不讓自己陷入怨懟、仇恨和報復的無窮怨念。此外，寬恕使你能夠處理自我毀滅的負向情緒，任由此等情緒像憤怒野火狂燒，會導致你的其他心理正能量難有發揮餘地。要實現寬恕的具體行動，你需要慈悲（mercy），讓自己有動力進入寬恕的過程。你必須發揮慈悲心，接受他人的缺失，敞開認知與情感的空間，諒解犯錯者。在啓動和維持寬恕的過程當中，慈悲扮演極為重要的角色。

黃金中道

為了平衡使用寬恕，徹底了解寬恕「不是」什麼，以及什麼構成慈悲，也是很重要的。在使用寬恕的正能量時，並不是要求你消除、避免、忽略或無視於對方過錯的衝擊效應；也不是要你把平反正義的需求縮減到最低限度，把負向情緒抹去換成正向情緒，訴諸命運、妥協，選擇自己單方面釋懷解決，或是希望達到以德報怨的崇高境界。寬恕不是結果，而是一種正向社會改變（prosocial change）的過程。這過程通常是漸進、複雜而困難，受侵犯者需要投入相當心力，才有可能停止復仇的循環，放下過錯的傷痕往前看，雖然過錯沒有從記憶抹除，但也不再苦苦糾纏。

要做到寬恕是極其困難的，然而平衡的寬恕卻也值得追求，因為缺乏寬恕（「無情」）可能會讓你變得怨念纏身，對過往記憶深痛欲絕。當你能汲取慈悲和善意的心理正能量，寬恕會變得容易許多。缺乏寬恕和慈悲可能會衝擊你的人際關係，因為你和人交往始終蒙著猜疑的陰影。更有甚者，每當觸景傷情，就會讓你陷入負向記憶的漩渦，心痛卻步，不敢再次投入感情。另一方面，太多的寬恕和慈悲，則可能導致缺乏自信、脆弱，任人踩在腳底下。如果你試圖原諒不應該寬恕的情況，比如虐待、嚴重和反覆侵犯他人權利，或傷害你的罪行，但實際受害者可能是另有其人，如此情況下，寬恕的過程可能就無法發揮實效。

寬恕要達到最佳效應，你很可能需要配合若干心理正能量，無論該等事項是否為你排行在前的心理正能量。舉例而言，你需要勇氣，來克服內心的恐懼，放下憤怒和報復的意念。判斷和開放的心胸，可以容許你從各方面徹底檢視情況。善意可以讓你做出寬恕的舉動，這是一種利他的禮物。

- 「寬恕和慈悲」心理正能量的過度使用：姑息縱容。
- 「寬恕和慈悲」心理正能量的低度使用：無情、記仇。

整　合

　　常抱感恩之念，讓你的心思滿懷**真誠**、務實的正向事件，可以幫助抵消痛苦的回憶。一旦你下定決心寬恕，你還需要**毅力**和**社會支持**來幫助維持。

電　影

- 《烈火焚身》（*Incendies*，2010），法國、加拿大電影，透過一系列的倒敘，講述雙胞胎姐弟循著母親遺囑，前往中東尋找素未謀面的生父與兄長，卻意外揭開母親不為人知的殘酷過往，這給他們帶來難以言喻的震撼，但寬恕的正能量幫助他們各自以不同的方式與過去取得和解。「世界上最美好的事就是在一起。」
- 《讓愛傳出去》（*Pay it Forward*，2000），七年級學生崔佛爾・麥金尼（童星海利・喬・奧斯蒙特飾演），在社會科老師尤金先生（凱文・史貝西飾演）饒富意味的作業「改變世界」，帶動一群人把愛傳出去，完成了一連串的慈悲和寬恕行為。
- 《越過死亡線》（*Dead Man Walking*，1995），這部電影講述死囚犯（西恩・潘飾演）寫信給一位修女（蘇珊・莎朗登飾演），請她探監會面，兩人跨越人性道德生死界線，在多次對話過程，兩人也在彼此身上見證了，即使在最糟糕的情況也有寬恕和慈悲的存在。
- 《親密關係》（*Terms of Endearment*，1983），描寫母女愛怨糾纏的複雜關係，孀居多年的寡婦奧蘿拉（莎莉・麥克琳飾演）和不受管束的叛逆女兒艾瑪（黛博拉・溫姬飾演），母女關係衝突不斷。片中以詼諧與哀愁交織的角度，呈現母親和女兒如何發揮寬容和慈悲，面對人生無常的喜怒哀樂，放下過去怨恨和過失，找回母女親密關係的和解與喜悅。

療癒行動

- **評估「不寬恕」對你的影響**：探索不寬恕和積怨記恨如何可能在情感上折磨你。其中有否產生破壞性的情緒，譬如：憤怒、仇恨、恐懼、憂慮、悲傷、焦慮或嫉妒？反思並寫下此等破壞性情緒如何影響你的行為，評估其集體影響，尤其是對於你心理健康的集體影響。
- **通過寬恕釋放負向情緒**：回顧檢視【療程六：寬恕】，其中強調，寬恕的過程促使你得以用正向情緒取代負向情緒。發揮你的**觀點**心理正能量，反思通過寬恕「釋放」負向情緒的好處。

- **尋找寬恕的動機**：你需要感受到發諸內心願意寬恕的動力。用心去感受，糾結在侵犯者引發之負向情緒，會給你帶來什麼樣的感覺；相對地，寬恕之後又會有什麼樣的感覺。

- **回想你得到寬恕的情況**：回想並寫下你冒犯某人而獲得寬恕的情況，回想場面細節越逼真詳實越好。如果原諒者是你所愛的人，請問是什麼幫助他或她採取有助修復關係的寬恕行動，反思你需要怎樣才能採取類似的修復作為。

- **預先擬好計畫，在下次有人冒犯你時依照計畫回應**：預先擬好計畫，並在可能的情況下進行排練，時不時向自己肯定：「無論對方如何冒犯我，我都會按照計畫作出回應」。

- **從憂思轉向同理心**：反芻思緒（ruminating）或憂思（brooding），會阻礙你邁向原諒的道路嗎？當你陷入反芻憂思時，憤怒、悲傷和矛盾會盤踞你的思緒。用心檢視你是否可以將反芻憂思轉換成對於侵犯者的同理心。嘗試從侵犯者的角度，設身處地來理解對方為什麼侵犯你。然後，評估你的反應是否比該等侵犯言行對你造成更大的傷害，特別是當你陷入反芻憂思時。

| 楷　模 |（TED演講）

上網登錄《TED講堂》（網址：https://www.ted.com/talks），搜索下列演講，聽取代表「寬恕和慈悲」性格正能量楷模人物的見解：

- 艾莎・瓦非（Aicha el-Wafi）和菲莉絲・羅德里格斯（Phyllis Rodriguez）：「911罹難者母親和加害者母親，在彼此身上尋得寬恕和友誼」（911: The mothers who found forgiveness, friendship）。

- 約書亞・普拉格（Joshua Prager）：「尋找摔斷我脖子的男人」（In search of the man who broke my neck）。

- 夏卡・桑格爾（Shaka Senghor）：「過錯不能定義你的人生」（Why your worst deeds don't define you）。

| 圖　書 |

- Enright, R. D. (2001). *Forgiveness Is a Choice: A Step-by-Step Process for Resolving Anger and Restoring Hope.* Washington, DC: APA Books.《寬恕—選擇幸福的人生》，羅伯・恩萊特合著；黃世琤譯（2008年，臺北市：道聲）。

- Nussbaum, M. C. (2016). *Anger and Forgiveness: Resentment, Generosity, Justice.* New York: Oxford University Press.《憤怒與寬恕：重思正義與法律背後的情感價值》，瑪莎・納思邦原著；高忠義譯（2017年，臺北市：商周）。

- Tutu, D. & Tutu, M. (2015). *The Book of Forgiving: The Fourfold Path for Healing Ourselves and Our World.* New York: HarperOne.《寬恕：爲自己及世界療傷止痛的四段歷程》，戴斯蒙・圖圖大主教、默福・圖圖合著；祁怡瑋譯（2014年，臺北市：啓示）。
- McCullough, M. (2008). Beyond Revenge: The Evolution of the Forgiveness Instinct. New York: Wiley.[簡體中文譯本]《超越復仇：寬恕本能的進化》，邁可・麥卡洛原著：陳燕、阮航合譯（2013年，北京市：中國人民大學出版社）。

網路資源

- 艾佛列特・沃辛頓（Everett Worthington），美國維吉尼亞聯邦大學臨床心理學家，寬恕研究的領導者：http://www.evworthington-forgiveness.com/。
- 「十大寬恕的非凡例子」（Ten Extraordinary Examples of Forgiveness），擷取自《ListVerse》網站：http://listverse.com/2013/10/31/10-extraordinary-examples-of-forgiveness/。
- 「十大鼓舞人心的不平凡寬恕故事」（Ten Inspiring Stories of Extreme Forgiveness），擷取自約翰坦普頓基金會《日常品格雜誌》（*inCharacter: A Journal of Everyday Virtues*）網站檔案庫：http://incharacter.org/archives/forgiveness/ten-great-moments-in-forgiveness-history/。
- 「歷史上的十大寬恕時刻」（Ten Great Moments in Forgiveness History），擷取自約翰坦普頓基金會《日常品格雜誌》（*inCharacter: A Journal of Everyday Virtues*）網站檔案庫：http://incharacter.org/archives/forgiveness/ten-great-moments-in-forgiveness-history/。

17.謙虛禮讓

謙虛禮讓（humility & modesty），是指讓你的成就和榮譽爲自己說話。你心底明白自己的成就和榮譽，但不覺得有必要敲鑼打鼓，唯恐大家不知道你有多優秀。你也了解自己的侷限。如果，這是你排行在前的心理正能量，你並不認爲自己比其他人更強，不過你的自尊心也不會因此而有所折損。在當代推波助瀾之下，人們往往盲目追求社群媒體對個人成就和幸福的關注，你會避免尋求如此的鎂光燈。身爲謙虛的人，你坦誠面對自己，不諱言自己也會犯錯，並且承認有些事情沒辦法獨自承擔，而能保持開放，坦然尋求協助。

黃金中道

謙虛的均衡使用需要先前提到的特性，但也要注意不宜過度使用謙虛禮讓，否則可能會讓旁人很難正視你。爲了區分謙虛禮讓是否平衡使用與過度使用，你需要評估各別情況，以決定你謙虛禮讓的程度是否眞的感覺良好，又或者你的心理健康問題導致你過度謙卑緘默，任由其他人占盡便宜。（比方說，儘管你資歷夠格也有足夠功勞，值得職位晉升或擔任領導角色，但是可能只因爲爲人謙卑不與人爭，所以每每被略過了，或是因爲你覺得自己要謙虛禮讓，不應該去追求你應得的更高職位。）爲了達到平衡，你需要弄清楚，你對現狀是否感到滿意，如果不滿意，你就有需要調整你過度謙遜的態度，不卑不亢去爭取維護你應得的權利。如果你不確定該怎麼做，請試著找公正而明智的人士，請教適合的應對做法。

另一方面，如果你缺乏謙虛禮讓（或是有人告訴你有這種情況），請試著找值得信賴的朋友，給你提供誠實的反饋意見。選擇請教的對象，儘可能是可以坦然提供反饋意見，而且你也能安心聽取其意見。徹底斟酌此等朋友提出的意見，並選擇其中某些方面，著手進行改變。（比方說，不要覺得，自己有必要向親朋好友以外的旁人證明、肯定你的爲人或成就。）有些時候，你可能也會很渴望得到肯定，但這或許不完全是由於缺乏謙遜。更確切地說，你可能曾經受到某些人有失公允的貶損，尤其是來自兄姐或父母的貶損；或是反覆告訴你，與其他兄弟姐妹相比，你乏善可陳，甚或一無可取。再者，你的熱情和幽默玩笑，也可能被視爲缺乏謙虛禮讓。總之，如果沒有周延了解脈絡的細微差別，就無有可能適切評價和賞識謙虛禮讓的黃金中道。

- 「謙虛禮讓」心理正能量的過度使用：自我貶抑。
- 「謙虛禮讓」心理正能量的低度使用：愚蠢的自尊心、自大傲慢。

整　合

　　謙虛，基本上，與**善意**、**社會智能**、**自我調節**和**審慎**，本質相近，往往同步並行。再者，也務必記得，類似的心理正能量往往發揮協同綜效，而持續維繫現狀不變。（比方說，如果在工作崗位上，你被認爲個性謙卑退讓，再加上排行在前的其他心理正能量善意、審慎，相加相乘之下，很可能強化缺乏自信、不與人爭和忠厚老實的傾向，這對於你的職涯發展可能不見得是好事。如果能夠妥善配合**熱情**和**好奇心**等心理正能量，讓謙虛達到理想的平衡，那對於你的職涯發展可能會比較好。）總之，恰到好處的謙虛禮讓，應該對他人的**觀點**保持開放態度，所以別忘了尋求可信賴朋友對你的看法，他們能夠適時彰顯肯定你的成就。欣然接受讚美，當然也別忘了保持適度的謙虛。

電　影

- 《阿甘正傳》（*Forest Gump*，1994），講述阿拉巴馬州鄉下，純眞傻氣，心地善良，有著驚人運動天賦的阿甘（Forest Gump，湯姆・漢克斯飾演），在謙虛的態度之下，仰首闊步完成一項又一的人生成就，包括：獲得總統召見、贏得全國美式足球運動員獎、獲頒國會榮譽勳章、登上雜誌封面。
- 《深夜加油站遇見蘇格拉底》（*Peaceful Warrior*，2006），德國與美國合拍，充滿人生哲理的劇情片。大學體操明星，家境優渥、品學兼優、外貌帥氣的丹・米爾曼，然而天之驕子的光鮮外表之下，內心卻有著難以填補的空虛徬徨，直到意外遇到了心靈導師「蘇格拉底」，教導他謙虛和智慧的人生哲理。「戰士不會放棄夢想，他在行動中找到眞愛。戰士不必然完美、常勝、刀槍不入，而是可以很脆弱，那才是眞正的勇氣。」
- 《受難記：最後的激情》（*The Passion of the Christ*，2004），梅爾・吉勃遜編導，講述耶穌基督生命中最後十二小時的故事，展現了無數令人動容的謙卑例子。

療癒行動

- **通過其他心理正能量培養謙虛**：你可以調度運用其他心理正能量來培養謙虛。比方說，敏感覺察（社會智能和情緒智商），你無心的「炫耀」可能讓別人產生什麼樣的感受。把有關你成就的消息與親友分享之後，找個知己打聽，該等親友有如何的反應，是否覺得你像是在吹牛或炫耀？是否覺得把當場的某人硬生生比了下去，讓對方心裡頗不是滋味？
- **多聽，少說**：如果你知道（或是有人告知），你在群體當中總是說得比別人多，那就儘可能傾聽別人發言，而不是一有機會就開口說話。

- **承認自己的錯誤**：承認自己的錯誤，特別是對於你自己和所愛的人之間造成分歧衝突的錯誤，甚至向晚輩道歉。請注意自己的言行，以身作則，給下一代樹立好榜樣。
- **讓其他人發現你的技能、才華和成就**：不要老是想著搶風頭，炫耀張揚自我成就、才華和技能。學著光芒內斂，讓其他人自己注意到你的成就、才華和技能。
- **真心讚美**：如果你發現，某人在某些方面真的比你更優秀，請真心給予讚美。對於別人給的讚美，則是謙虛接受。

楷　模（TED演講）

上網登錄《TED講堂》（網址：https://www.ted.com/talks），搜索下列演講，聽取代表「謙虛禮讓」性格正能量楷模人物的見解：

- 伊瑪目費薩勒・阿布杜・魯爾夫（Feisal Abdul Rauf）：「拋開自我，追尋善心」（Lose your ego, find your compassion）。
- 勞勃・萊特（Robert Wright）：「進步不是零和遊戲」（Progress is not a zero-sum game）。
- 葛蘭姆・希爾（Graham Hill）：「物欲少一點，快樂多一點」（Less stuff, more happiness）。
- 山姆・李察茲（Sam Richards）：「同理心的激進實驗」（A radical experiment in empathy）。

圖　書

- Hess, E. D., & Ludwig, K. (2017). *Humility Is the New Smart: Rethinking Human Excellence in the Smart Machine Age*. Oakland, CA: Berrett-Koehler.
- Nielsen, R., Marrone, J. A., & Ferraro, H. S. (2014). *Leading with Humility*. New York: Routledge.
- Worthington, E. L. (2007). *Humility: The Quiet Virtue*. West Conshohocken, PA: Templeton Press.

網路資源

- 「我們如何培養和保持謙遜？」（How Do We Develop and Maintain Humility?），擷取自約翰坦普頓基金會《線上大哉問》（*Big Questions Online*）：https://www.bigquestionsonline.com/content/how-do-we-develop-and-maintain-humility。
- 「最佳領導者是謙遜的領導者」（Best Leaders are Humble Leaders），擷取自《哈佛商業評論》（*Harvard Business Review*）：https://hbr.org/2014/05/the-best-leaders-are-humble-leaders。

18.審慎

描 述

　　審慎（**prudence**），是以務實的態度，面對未來的目標。如果，這是你排行在前的心理正能量，你在做選擇時通常會審時度勢，謹慎以對。你不會魯莽冒進，讓自己陷入沒必要的風險，而且在做短期決策時，也會顧慮到長期目標。因此，你明白，凡事都需要從長計議，做好萬全計畫，以防意料之外的後果。你通常會提前或準時赴約。如果，情況無法控制而延誤遲到，你一定會找到方法通知對方。你開車小心，遵守交通規則。做決定或計畫時，你會排除不必要的干擾。你花時間理清思路，有條不紊。你提醒、控制自己，不輕舉妄動，並預測行為的後果。你克制不倉促判斷，也不會輕易或隨便就接受提議和想法。

黃金中道

　　審慎的平衡使用，需要嚴謹、慎重看待重要任務並做出決定。然而，過度使用審慎可能流為對細節和分析的太過關注，近乎痴迷。事實上，有些任務需要無微不至的講究細節，例如：進行腦部手術、手機鍵盤上輸入信用卡號碼、遞交報紙社論之前檢查有無錯別字。但是，有些任務並不需要如此的講究細節，例如：完美裝載洗碗機、花很多時間把桌面整理得一絲不苟，而實際花在工作上的時間卻少得多，並且更多關注的是形式規格，而不是關鍵報告的實質內容。諸如此類的情況，就是審慎使用過了頭。平衡使用審慎可以幫助你做好妥善計畫，提早或準時赴約，激勵你有動力去遵守法則或規例，並發揮緩衝效應，緩解在意外情況下驚慌失措的感覺。

　　這種審慎的心理正能量不是吝嗇或怯懦的同義詞，而是以睿智和有效能的觀點來實現生活的重大目標。但是，過度使用審慎，可能導致模稜兩可和猶豫不決。你可能會遭遇「決策癱瘓」（decision paralysis）。另一方面，缺乏審慎可能會導致倉促決定，忽視風險，對法則或規例漫不經心。有些特殊情況，缺乏審慎或許情有可原，但總是會讓人無法充分評估情況，而做出倉促失當的決定。（比方說，假如有人要求你延長獎助金或工作職缺的申請截止日期，你在沒有充分探索應否破例允許的理由就做出決定，那就是缺乏審慎，因為這樣對於按時申請的人可能有失公允。）

- 「**審慎**」心理正能量的過度使用：拘束而不自然、閉塞不通人情。
- 「**審慎**」心理正能量的低度使用：魯莽無禮、縱情感官刺激。

整 合

　　要達到審慎的平衡使用，你可以整合若干心理正能量。**社會智能**可以幫助你辨

識他人的動機。**好奇心**可以幫助你深入探索，做出審慎的決定。**毅力和自我調節**可以幫助你堅持到底，落實審慎的決定。**開放的心胸**和**善意**可以幫助你徹底分析成本和效益，並探索決策涉及的諸多人性面向。

電　影

- 《刺激1995》（*Shawshank Redemption*，1995），無辜的銀行家安迪‧杜佛蘭（Andy Dufresne，提姆‧羅賓斯飾演），被誣陷雙重謀殺案冤枉入獄，在緬因州鯊堡（Shawshank）監獄服刑。劇情闡述希望、自由、體制黑幕等概念。杜佛蘭利用他的審慎、社會智能和適應能力，領導改善監獄條件，贏回囚犯的人性尊嚴。
- 《溫馨接送情》（*Driving Miss Daisy*，1989），富有的72歲猶太裔寡婦黛西‧韋桑（Daisy Werthan，潔西卡‧譚迪飾演），與非裔老司機霍克‧柯爾本（Huff Colburn，摩根‧費里曼飾演），個性同樣倔強的兩人，將近三十年的主僕關係，從彼此互看不順眼，透過兩人審慎的心理正能量，跨越性格衝突種族歧視和宗教鴻溝，逐漸發展出信任和友誼。
- 《黛妃與女皇》（*The Queen*，2006），海倫‧米蘭（Helen Mirren）飾演英國女王伊麗莎白二世，出色捕捉女王臨危不亂的性格正能量，特別是審慎、責任感和堅忍克己。

療癒行動

- **身心放鬆，才做出重要決定**：等到身心放鬆時，才做出重要決策，這樣可以讓你周延考量所有可能性，而不是急就章做出倉促決定，事後懊悔莫及。如果，你需要在壓力下做出決定（例如：焦慮或憂鬱時），請花幾秒鐘深呼吸，清醒你的思緒。
- **排除分心的干擾因素**：在你做出最近的三項重大決定之前，試著先排除所有不相干的干擾。花點時間保持頭腦清楚，以便專心思考做出決定。
- **預測長遠後果**：針對你的決策，視覺想像一年、五年和十年之後的影響後果。在做短期選擇時，審慎納入考量這些長遠的後果。
- **謹思慎言**：話說出口之前，要再三反思。每週至少練習十次，並注意其效果。
- **謹慎駕駛，或遵守交通規則**：小心駕駛，務必記住，時間緊迫的情況其實遠比你想像的要少。把高速公路行車安全列為優先注意事項，特別是在車況繁忙時段，例如：上下班尖峰時段和假日或週末。

楷　模（TED演講）

　　上網登錄《TED講堂》（網址：https://www.ted.com/talks），搜索下列演講，聽

取代表「**審慎**」性格正能量楷模人物的見解：

- 娜歐米・克萊（Naomi Klein）：「冒險成癮」（Addicted to risk）。
- 保羅・卡迪尼（Paolo Cardini）：「別再一心多用，試試專心一致吧」（Forget multitasking, try monotasking）。
- 蓋瑞・勞德（Gary Lauder），提出新設計的交通標誌：「輪流通行」（Take Turns）。

<u>圖　書</u>

- Hariman, R. (2003). *Prudence: Classical Virtue, Postmodern Practice.* University Park: Pennsylvania State University Press.
- McKeown, G. (2014). *Essentialism: The Disciplined Pursuit of Less.* New York: Crown.《少，但是更好》，葛瑞格・麥基昂原著；詹采妮譯（2014年，臺北市：天下文化）。
- Gracian, J., & Robbins, J. (2011). *The Pocket Oracle and Art of Prudence.* London: Penguin.

<u>網路資源</u>

- 「審慎」（Prudence），擷取自《品德優先基金會》（*Virtue First Foundation*）：https://virtuefirst.info/virtues/prudence/。
- 凱瑟琳・布里頓（Kathryn Britton），「讚美審慎」（In Praise of Prudence），擷取自《正向心理學新聞》（*Positive Psychology News*）：http://positivepsychology-news.com/news/kathryn-britton/2013031225590。

19.自我調節

　　自我調節（**self-regulation**），是指為實現目標或達到標準，而對自我施加控制的能力。如果，這是你排行在前的心理正能量，有很高的可能性，你應該能夠控制攻擊、衝動之類的本能反應，而且根據深思熟慮的行為標準來做出反應。就心理困擾而言，自我調節可以讓你調節自己的感受、想法和行為。當不安情緒排山倒海而來，這種自我調節的心理正能量可以幫助你以健康、適應的方式反轉情緒。即使其他人反應激烈，你也可以維持平穩、鎮定。你的情緒不會輕易受到煽動，並且知道如何保持冷靜。

黃金中道

　　自我調節的平衡使用，需要妥善考量所在脈絡。你不會低估嚴重情況的衝擊，逕自認為橋到船頭自然直；你也不會高估情況的嚴重性，而張皇失措。自我調節的平衡使用，還需要你了解自己正在調節的內容。從治療的角度來看，考量以下三種情況：(a)設定減肥的具體目標；(b)避免陷入負向情緒漩渦；(c)避免陷入不健康的關係。目標要減肥，你需要平衡應用自我調節，吃健康食物和運動。然而，這並不意味著過度關注食物品牌，或是前往他人家中作客，發現對方有不同的飲食習慣，而感到悵然若失。目標要對抗負向情緒漩渦，而不反芻憂思無從控制的經驗和事件，你可以將想法重新導向到可控制範圍的事件和經歷，或者轉向正向經驗和事件，以便提供緩衝幫助防止負向情緒。目標要建立健康的關係，你要尋找並重視品格，而不是以貌取人或是被其他膚淺的特徵所吸引。

　　自我調節的平衡使用，還需要你有具體的目標，可以確保你的自我調節是適應性的目標，而不會傷害你的身體或認知。健康減肥是一回事，但不知節制的過度運動和極端控制的飲食，可能會讓你生病。情緒控制過度，連帶而來就是濃濃的孤獨感。另一方面，缺乏自我調節，則是連帶會有衝動行為模式，包括：吸煙、吸毒和性濫交。從心理層面來看，缺乏自我調節可能會讓人耽溺沉淪，做出遺憾終生的糟糕選擇，最後往往留下甩也甩不掉的負向情緒，反芻憂思和衝動（說話或做事不假思索），可能會得罪冒犯他人，並損害彼此的關係。

- 「**自我調節**」心理正能量的過度使用：壓抑、沉默寡言不喜交際。
- 「**自我調節**」心理正能量的低度使用：自我放縱、衝動。

整　合

　　許多心理正能量與自我調節相關，可產生理想的行為和結果。也許最重要的是**毅力**，沒有毅力，自我調節幾乎是不可能的。同樣地，**審慎**、**公正**、**眞實本性**、**觀點**和**勇氣**，可以幫助你有效自我調節。僅只了解目標的理想行為，並不足以實現目標，知行合一，將知識付諸具體行動很重要。為了克服實現目標的障礙，你需要健康的**樂觀**、**創造力**和**勇氣**，以及自我調節。

電　影

- 《自由之心》（*Twelve Years a Slave*，2013），索羅門（Solomon，奇維托・艾吉佛飾演），來自紐約州北部的自由黑人，遭到綁架並被賣為奴隸。他表現出非凡的自我調節和沉著克己的心理正能量，忍受長達十二年的虐待折磨，始終維持自我尊嚴，最終重獲自由之身。
- 《黑天鵝》（*Black Swan*，2010），心理**驚悚**電影，講述年輕芭蕾女伶妮娜（娜塔莉・波曼飾演），驚悚駭人的心路歷程，她表現出超乎尋常的自我調節和紀律，追求近乎完美的表現。
- 《王者之聲：宣戰時刻》（*The King's Speech*，2010），英格蘭的阿爾伯特親王登基成為喬治六世（柯林・佛斯飾演），必須克服嚴重的言語障礙。劇情講述國王投入勇氣和自我調節的心理正能量，學習自信說話的過程。

療癒行動

- **戒除誘惑的事物**：節食時，身邊不要放垃圾食物；當你想和某人共度時光，請關掉電視；戒酒時，克制自己不要去光顧酒吧或露天酒吧的場所；戒菸時，用口香糖或其他咀嚼物代替香菸；要減少購物時，請將信用卡或現金留在家中。但是，每月一次，讓自己有機會享用美味甜點，隨身攜帶信用卡，諸如此類等等。否則，你早晚可能會碰上倦怠瓶頸，難以為繼。請與你互動的其他人，尊重你戒除引誘的事物，並鼓勵你積極改變生活方式。
- **建立清單列出觸發因子**：建立清單，列出觸發強烈情緒，讓你「失心瘋」的情境。寫下至少一種策略來中和此等強烈情緒。保持這些策略隨時備用狀態，下次感受到激烈情緒時，就可及時派上用場。
- **試著控制自己的感覺**：下次感到心煩意亂時，試著控制自己的情緒，並聚焦專注於情境的正向屬性。想辦法弄明白，你對自己的感覺和反應可以控制到哪種程度。
- **建立例行作息**：細心建立可以有系統遵循的例行作息，這些例行作息應該對治療有幫助，例如：固定時間規律上床、每週運動三次，諸如此類等等。視需要微幅調

整，但保持核心元素不變。

- **心煩意亂時，進行漸進式放鬆：**當你感到心煩意亂時，試著做漸進式的放鬆。暫時遮斷你心煩意亂的想法，這樣就不會失控，變成失心瘋。
- **忍受心煩意亂之苦惱：**建立清單，列出經常讓你心煩意亂的事情。設定目標，逐漸忍受心煩意亂之苦惱，如果可能，將其徹底消除。比方說，某同事的行為讓你感到苦惱、地鐵延遲然後又非常擁擠、在公共場合說話，諸如此類的情況，想辦法減少這種苦惱。設定具體、可衡量的降低苦惱之目標。（這裡舉兩個例子：迴避你不喜歡的同事，可能會對你的工作產生負面影響。所以，與其躲著不面對，不如設定目標，別專注於該同事的某些個人特性，而是共同完成你們可以一起做的小任務。或者，不要總是被你青春期的兒子搞得煩惱不已，對他現在喜歡的食物、音樂和服裝，樣樣看不順眼，試著把心思專注於你對他的愛，而不是你不喜歡他的事情。）
- **辨識你最警醒的時間：**密切注意你的生理時鐘，並在最警醒的時間，完成最重要的任務。

楷　模（TED演講）

　　上網登錄《TED講堂》（網址：https://www.ted.com/talks），搜索下列演講，聽取代表「自我調節」性格正能量楷模人物的見解：

- 賈德森・布魯爾（Judson Brewer）：「輕鬆戒除惡習」（A simple way to break a bad habit）。
- 卡蘿・德威克（Carol Dweck）：「相信你有力量可以改進」（The power of believing that you can improve）。
- 邁可・莫茲尼奇（Michael Merzenich）：「越來越多證據支持大腦可塑性」（Growing evidence of brain plasticity）。
- 雅麗安娜・哈芬頓（Arianna Huffington）：「想成功嗎？記得先睡飽！」（How to succeed? Get more sleep）。

圖　書

- Berger, A. (2011). *Self-Regulation: Brain, Cognition, and Development.* Washington, DC: American Psychological Association.
- Shanker, S. (2012). *Calm, Alert and Learning: Classroom Strategies for Self-Regulation.* Toronto: Pearson.
- Vohs, K. D., & Baumeister, R. F. (Eds.). (2016). *Handbook of Self-Regulation: Research, Theory, and Applications* (3rd ed.). New York: Guilford Press.

網路資源

- 「加拿大自我調節倡議運動」（Canadian Self-Regulation Initiative）：http://www.self-regulation.ca/about-us/canadian-self-regulation-initiative-csri/。

- 「自我調節：為了感覺更好，請專注於最重要的事情」，擷取自《今日心理學》（*Psychology Today*）部落格文章：https://www.psychologytoday.com/blog/anger-in-the-age-entitlement/201110/self-regulation。

- 威廉・霍夫曼（Wilhelm Hofmann），德國波鴻魯爾大學，社會心理學系主任／教授，研究不同背景的自我調節，檢視人們在某些情況下衝動行為的原因：http://hofmann.socialpsychology.org/publications。

- 加拿大「美利德中心」（The MEHRIT Centre），提供書籍、影片、資訊表和其他資源，焦點包括中心創辦人沈克爾博士（Dr. Shanker），加拿大約克大學，心理學與哲學傑出研究教授，自我調節論著：www.self-reg.ca/。

第六類品德：超越（Transcendence）

——可以讓人超乎自我，建立與更宇宙崇高存有的聯繫，並提供意義。

心理正能量	過度使用	低度使用	黃金中道	整合 （與其他心理正能量互動）
20. 欣賞美和卓越	附庸風雅、佯裝高尚	不識美醜善惡、沒有審美意識	欣賞內在本質的美和卓越，而非刻意諂媚奉承	感恩、熱情、創造力
21. 感恩	恭維奉承	理所當然、特權	真心誠意的感謝，而沒有被迫感謝的感覺	善意、愛、社會智能
22. 希望和樂觀	無可救藥的樂觀	悲觀、絕望	在符合實際範圍內的樂觀	心胸開放、勇氣、熱情
23. 幽默和玩笑	滑稽耍寶、搞怪小丑	不苟言笑、陰沉嚴峻	抱持良善用意，表達關於狀況的輕鬆好玩面向	熱情、社會智能、正直誠信
24. 靈性	狂熱、激進	失範、孤絕離群	通過有意義的行動，尋求適應的途徑	感恩、謙虛、善意

20.欣賞美和卓越

<u>描　述</u>

　　欣賞美和卓越（**appreciation of beauty and excellence**），是指個人擁有審美意識，對於周遭情景和樣態會產生景仰、愛慕之感。如果，欣賞美麗和卓越是你排行在前的心理正能量，你會欣然觀察自然萬物之美，欣賞他人的技巧和才華，樂在其中，並欣賞品格和道德內蘊的自性之美。你可以在生活的所有領域發現美，從自然到藝術，從數學到科學，乃至於日常經驗。觀察和欣賞自然萬物之美，體驗崇高讚嘆的美好感覺，會讓人產生正向情緒。從治療的角度來看，可以抵消負向情緒。當我們觀察某人表現勇氣或自我犧牲的行為，或是臨危不亂，展現善意和同情心，我們孺慕渴望之餘，往往也會燃起見賢思齊之心。因此，見證卓越可以激勵我們起而仿效。這正是美好事物激勵人心，進而積極發願，採取正向行動，而不是消極怨尤、一籌莫展，沉陷在心理障礙連結的負向情緒洪流。

<u>黃金中道</u>

　　對美和道德卓越欣賞的平衡使用，要求我們感性覺察，開放心胸去注意、承認、欣賞和評價正向經驗。這種感性覺察因人而異，也可能受到文化背景的框限（例如：在聽莫扎特的歌劇《費加洛婚禮》，或貝多芬的《第九號交響曲》，有人可能會油然產生激昂驚嘆之情；其他人可能會在聆聽印度古典音樂，或葛利果聖歌（Gregorian chants），崇敬讚嘆，神魂顛倒；有些人則是觀看阿根廷探戈，或愛爾蘭踢踏舞，如癡如醉。改變生活的重大事件，例如：出生和死亡、神奇和意想不到的復原，或是令人嘆為觀止的重大成就，也都具有文化潛含蘊意。要充分理解此類事件相關聯的激昂讚嘆感，你需要有相關的文化背景知識，包括：宏觀層面（廣泛的文化規範，例如：愛爾蘭的普遍葬禮慣例），以及微觀層面（特定愛爾蘭家族的葬禮傳統）。如果，你在社交場合看到某人感動莫名，超乎你所能理解，你不妨禮貌的請對方釋疑，這或許可以幫你明白其讚嘆激動所為何來。道德勇氣的救人行動，義無反顧冒險犯難在所不惜，即便語言互不相通，箇中義舉之美善卻也是普世通曉的真理，並且能夠激起道德上的激昂感佩之情。藝術的表現（例如：音樂、舞蹈、戲劇、繪畫），見證刻骨銘心的展現，也可以陶冶崇高的審美情懷。聆聽音樂會，或前往博物館目睹偉大藝術，前述情況也可能發生。此外，觀看或收聽流行媒體節目，例如：《美國達人秀》或《英國達人秀》、《美國偶像》或《與名星共舞》等等，這些都可能讓人們感到驚嘆連連，讚不絕口。

　　對美和卓越欣賞的平衡使用，也意味著其實施、表達或分享，不是附庸風雅、佯

裝高尚，其出發點也不是意圖贏得外在認可和獎賞。缺乏對美和卓越的欣賞可能會使你的日常生活庸碌枯燥乏味，缺乏動力。不過，請注意，這種審美的缺乏也可能是由於身體、文化或經濟障礙等多重因素而造成的。

- 「**欣賞美和卓越**」心理正能量的過度使用：附庸風雅、佯裝高尚。
- 「**欣賞美和卓越**」心理正能量的低度使用：不識美醜善惡、沒有審美意識。

整　合

　　對美的欣賞，自然融合了諸多心理正能量，譬如：**創造力和感恩**。你有能力欣賞繪畫、雕塑、藝術表演等的創作本質。欣賞行動是感恩的標誌。欣賞幾乎總是將我們與他人連結起來（包括現實的連結，或虛擬的連結），從而強化我們的社會信任，振奮人心，乃至於提振道德士氣。看到有人奮不顧身，冒險救人解危，或是目睹素人展現非比尋常的藝術絕技，前述情況就可能發生。這種激昂振奮之情，為我們注入了**動機、熱情和毅力**，進而促使我們心嚮往之，並在更深層次模仿所經歷感動的人事物。

電　影

- 《阿凡達》（*Avatar*，2009），美國科幻史詩電影，詹姆斯・卡麥隆編導。人類和納美人混合的人造生物，稱為阿凡達（Avatar），可與人類心靈相連，因為地球環境對人類有毒，去探索潘多拉星球的美麗。
- 《遠離非洲》（*Out of Africa*，1985），丹麥女作家凱倫・布利克森（Karen Blixen，梅莉・史翠普飾演），前往非洲，開設農場，種植咖啡。歷經婚姻失敗，她開始欣賞周遭的非洲之美。
- 《天堂的顏色》（*The Color of Paradise*，1999），伊朗國際大導演馬基・麥吉迪執導，主角是視障男孩墨曼，透過殘餘的感官，探索自然萬物之美，用光明愉快的心情面對生活，結局帶有戲劇性和強烈的情感。

療癒行動

- **全面探索你的各種情緒**：了解你的各種負向情緒，感知它們何時浮現，如何持續縈繞心頭，又如何影響你的行為。在此同時，請每天留意關注至少一項自然萬物之美（例如：日出、日落、雲彩、陽光、降雪、彩虹、樹木、枝葉搖曳、鳥啼啁啾、花果蔬菜等等）。一天結束之際，批判評價負向情緒和正向情緒，並寫下增加正向情緒的方法，特別是在你痛苦不安的時候。
- **啟動緩衝負向情緒的計畫**：思考然後選擇三項計畫，使用創造力、毅力和欣賞美感等心理正能量。花時間在這些計畫，而不要老是擔心、焦慮或感到壓力。確保每項

計畫都有眞正吸引你積極投入，特別是投入該等計畫的時候，能以某種緩衝方式，保護你免於陷入負向情緒。

- **注意他人在欣賞美與卓越時的表達方式**：注意他人在欣賞美和卓越時，使用哪些特定的字詞、表述、手勢和行動。看看你可否注意到，這些人欣賞你通常不會意識到的某些生活面向，將該等表達用語融入你的用語庫。
- **編目正向行為**：每週留意他人的善意如何影響你的生活。欣賞正向的人類行為之美，對其進行編目。每週進行一次回顧檢查，並激勵自己去做類似的事情。
- **反思和寫作**：反思和書寫記錄自然美的三個面向，以及人類創造力或藝術表達的三個實例，以及你看到有人從事你認同並預期自己也會做的三件美好事情。
- **對親密愛人表達欣賞其美好與感激之情**：應用這種欣賞可能會取代負向情緒。特別是，如果你對他或她有略微偏頗的觀感或抱怨，專注於正向事情並眞心仰慕對方，有可能減少負向觀感，轉而以信任和親密感取而代之。

楷　模（TED演講）

上網登錄《TED講堂》（網址：https://www.ted.com/talks），搜索下列演講，聽取代表「**欣賞美和卓越**」性格正能量楷模人物的見解：

- 路易・史瓦茨伯格（Louie Schwartzberg）：「自然・美・感恩」（Nature. Beauty. Gratitude）。
- 伯尼・克勞斯（Bernie Krause）：「自然界的聲音」（The voice of the natural world）。

圖　書

- Cold, B. (2001). *Aesthetics, Well-Being, and Health: Essays within Architecture and Environmental Aesthetics.* Aldershot, UK: Ashgate.
- Murray, C. A. (2003). *Human Accomplishment: The Pursuit of Excellence in the Arts and Sciences, 800 B.C. to 1950.* New York: HarperCollins. [簡體中文譯本]《文明的解析——人類的藝術與科學成就（公元前800-1950年）》，查爾斯・默里原著；胡利平譯（2016年，上海市：上海人民出版社）。
- Wariboko, N. (2009). *The Principle of Excellence: A Framework for Social Ethics.* Lanham, MD: Lexington Books.

網路資源

- 「欣賞美和卓越的附帶好處」（Fringe Benefits of Appreciation of Beauty and Excellence），擷取自《正向心理新聞網》（Positive Psychology News）：http://positivepsychologynews.com/news/sherri-fisher/2014091529973。

- 「如何欣賞凡俗塵間的各種美好」（How To Appreciate Beauty – Even When It Doesn't Smack You In The Face），描述如何欣賞凡俗塵間的各種美好，並享受其益處，擷取自《感覺快樂網》（Feel Happiness）：http://feelhappiness.com/how-to-appreciate-beauty/。

21.感恩

描　述

感恩（gratitude），是指覺察感知個人生命中的美好乃是來自外在恩惠，並且對恩惠來源表達感謝之情。如果，感恩是你排行在前的心理正能量，你會投入時間來表達謝意，並且深刻省思你在生活中所得到的一切。當你回顧自己的生活時，你不會因負面記憶而癱瘓或沉陷；相反地，你可能會重新評估你的負面記憶，從中汲取正向意義。你不會永遠把事情視爲理所當然，而是懂得表達對特定人物、神祇，或自然上蒼的感激之情。因此，一般而言，你對世界萬物的觀感通常會更趨向正面，而不是負面，這種信任幫助你將感激之情擴及其他人。事實上，感恩通常是「他者取向」。也就是說，你表達的感激之情通常是連結到某人，包括：**對某人**（to someone）**感恩**，**與某人共同**（with someone）**感恩**，或是**爲了某人**（for someone）**而感恩**，而如此過程也在人己之間建立起正向的關係。當你抱持感恩之心與他人連結時，你更有可能專注於彼此關係的正向層面。

黃金中道

要達到感恩的平衡使用，你既不能覺得自己擁有特權，應該獲得正向結果，也不能把任何正向事物或結果視爲理所當然。感恩的平衡和適應運用，通常與負向情緒不相容；換言之，當你眞心感恩，就不會同時感到負向情緒，譬如：憤怒、苦惱、嫉妒、貪婪、窮困，或矮人一截／高人一等。事實上，適得其情的使用感恩，可以遏阻諸如此類的負向感覺。不過，難免還是會有些狀況，譬如：多年來千辛萬苦求子終於如願以償懷了孕，卻得知孩子生下來可能會有發育遲緩或重大缺陷的嚴重問題；結束飽受怨偶凌辱的淒慘關係，好不容易鬆了一口氣，但是不堪回首的悲哀往事仍然不時襲上心頭；重大事故奇蹟倖存，卻從此失去行動能力。諸如此類的情況，當事人難免就會產生正負情緒摻雜的複雜處境。

另外，也需要注意，如果你對每件小事都熱情表達感激之意，可能就會導致你致謝的對象習以爲常，認爲那是理所當然的，也可能不會覺得受到你的感恩有什麼值得珍惜的。另外，還有些人對於接受公開的盛情感謝，可能感到不自在。因此，在表達感激之前，理解對方的性情和情境動力（situational dynamics），乃是很重要的，以免表錯情或會錯意。另一方面，當你應該感恩卻毫無表達，可能會讓人覺得你認爲受惠乃是自己應得的權利，或是你太自我中心，只關心自己而沒能注意周遭的正向事物。

順乎情理使用感恩，可以促進平衡的自我形象（比較不會流於自我膨脹，或自

我貶抑）。你對自己擁有的東西感到欣然滿足，並避免人己之間較量拼搏的社會比較
（social comparison）。不過，這並不意味著，你只是安於現狀，不再努力追求自我
改善，而是你不會爭強好勝，老是想要和他人一較高下，或是對於他人的成就進展，
感到眼紅不悅，並想要迎頭超前。對於你自己能力的衡量，自有一套不假外求的內在
標準。

- 「感恩」心理正能量的過度使用：恭維奉承。
- 「感恩」心理正能量的低度使用：理所當然、特權。

整 合

　　感恩，與善意、愛、社會智能和情緒智商等多種心理正能量，相得益彰，可幫助
你善體人意，敏感體察感知他人的需求，並通過行動表達你的關懷之情。感恩也可陶
情養性，增進對正向經驗的欣賞品味。你能夠發揮正念，仔細觀察正向事件或經驗，
並與他人分享。運用你對美麗和卓越欣賞的心理正能量，你能夠注意到他人的正向事
件和特質，並且真心分享你對他們的賞識，而這也有助於強化正向社會關係。如同大
多數的正向情緒一樣，感恩也會開啓你的認知和注意力通道，讓你在解決問題和進行
創意活動當中，融入多樣化的清新觀點。感恩的平衡使用也可遏制社會比較。

　　面對壓力和創傷，感恩可幫助我們因應，促進正向的重新詮釋或轉念（refram-
ing）。歷經壓力和創傷的初期震驚之餘，感恩可幫助我們重新評估生活當中最重要
的事情。面臨個人逆境、失落或創傷，表達感恩可能有其難度，而且當下可能不太合
乎人之常情。但是，感恩的表達可能是你可以做的最重要的事情，因為這樣可以幫助
你化險為夷，重新振作調整、應對和逆勢成長。平衡應用感恩的另一個標誌是正向社
會行為（prosocial behavior），也就是說，感恩可以促進品德行為，你對於他人的需
求會變得敏感體察，用心關照感知，並與他們分享你的資源。

電 影

- 《生命中的美好缺憾》（*The Fault in Our Stars*，2014），美國青春浪漫劇情電
  影，講述兩位患有癌症的青少年墜入愛河。觀影之餘，讓人更懂得珍惜感恩，人生
  無常，「痛苦是必然的，但也是可以承受的」，幸福來自於接受、欣賞生命當中的
  美好缺憾，簡單平凡但宛如奇蹟的愛與美，美好時光化為人生成長的養分。
- 《艾蜜莉的異想世界》（*Amélie*，2001年，法國），風格獨特的法國浪漫喜劇電
  影。奧黛莉・朵杜飾演古靈精怪的艾蜜莉（Amélie），天性好奇愛幻想，抱持愛與
  善意，窺探周遭荒誕又瑰麗的異想世界。她像個慧黠俏皮、散播歡樂的小天使，與
  孤僻獨居的鄰居成為莫逆之交，將丟失的物品歸還給原主，幫助平凡人們，解決生

命中的小缺憾，重新找到驚喜、幸福與真愛。

- 《陽光情人》（*Sunshine*，1999），這部跨國合作的史詩劇情片，橫跨奧匈帝國、納粹占領時期以及共產黨執政時期，記錄匈牙利猶太家族三代的故事，索爾斯（Sors，原本德語姓氏索納沙因（Sonnenschein），都是指「陽光」的意思）家族，雷夫・范恩斯一人分飾三角（祖父、父親、兒子），歷盡各種迫害，力圖維繫家族傳承與繁榮。電影結尾破雲見日，陽光燦爛，兒孫也領悟到家族之恩，以及對於祖傳價值的緬懷之情。

療癒行動

- **培養感恩心**：感恩和負向情緒互不相容，兩者不可能同時表達。換言之，如果你心懷感恩之情，也就極不可能同時還感到憤怒、矛盾、壓力或悲傷等負向情緒。運用下列的策略（例如：**表達感謝之情、斷開自憐怨念**），每天培養感恩心，正向情緒的經驗次數越多，就會越少感受到負向情緒，沉陷負向情緒的時間也會減少。
- **表達感謝之情**：對於你的成功有貢獻的所有人，向他們表達感謝之情，即便只是微小的貢獻，也別忘了感恩致謝。請用心體察感知，除了自己努力之外，你的成功有相當程度也有賴於他人的協助。表達謝意，不要光說「謝謝」，而要更具體的陳述（例如：「謝謝你思慮周密的建議」），仔細觀察學習其他人如何表達感謝。
- **斷開自憐怨念**：感恩可以幫助你欣賞自己擁有的，已完成的成就，以及你享有的資源和支持，進而讓你更有自信和效能，並且幫助你斷開（unlearn）自憐怨念的習慣，以及受害者的怨尤情結。
- **療傷止創**：感恩也可以幫助應對壓力和創傷，使你能夠從正向角度重新詮釋或轉念，卸下過往傷痛事件糾纏困擾的沉重包袱。
- **每日實踐感恩**：每天至少挪出十分鐘，欣賞品味賞心悅目的美好體驗。在這十分鐘期間，避免做任何需要費神思索的決定。

楷　模（TED演講）

　　上網登錄《TED講堂》（網址：https://www.ted.com/talks），搜索下列演講，聽取代表「**感恩**」性格正能量楷模人物的見解：

- 天主教本篤會修士大衛・斯坦德拉（David Steindl-Rast）：「想要快樂嗎？心懷感激」（Want to be happy? Be grateful）。
- 蘿拉・特萊斯（Laura Trice）：「記得說聲謝謝你」（Remember to say thank you）。
- 奇普・康利（Chip Conley）：「衡量人生的價值」（Measuring what makes life worthwhile）。

圖 書

- Emmons, R.A. (2007). *THANKS! How the New Science of Gratitude Can Make You Happier.* Boston: Houghton-Mifflin.《愈感恩，愈富足》，勞勃・艾曼斯原著；張美惠譯（2008：張老師文化）。
- Sacks, O. (2015). *Gratitude* (1st ed.). Toronto: Alfred A. Knopf.
- Watkins, P. C. (2013). *Gratitude and the Good Life: Toward a Psychology of Appreciation.* Dordrecht: Springer.

網路資源

- 培養感恩心的實用指南：http://www.unstuck.com/gratitude.html。
- 勞勃・艾曼斯（Robert Emmons），加州大學戴維斯分校心理學教授，「感恩實驗室」（Lab on Gratitude）：http://emmons.faculty.ucdavis.edu。
- 艾力克斯・伍德（Alex Wood），研究他人與自我值得感恩的美好事項：http://www.alexwoodpsychology.com/。
- 亞當・格蘭特（Adam Grant），研究職場互動施與受的益處，以及成功的職場互動施與受：https://adam-grant.socialpsychology.org/publications。

22.希望和樂觀

描　述

希望和樂觀（hope & optimism），是指期待未來會有最好的結果，並且相信只要努力，美好的未來就有可能實現。雖然「希望」和「樂觀」有時可交替使用，但研究發現，兩者之間仍存在微妙差異。從治療的角度來看，人們以悲觀的角度詮釋失敗的原因，憂鬱就會尾隨而至；反之，樂觀者則以不同方式看待失敗。舉例而言，憂鬱症患者可能認為單一失敗，(a)可能毀了一生；(b)影響生活的所有面向；(c)一輩子永遠存在。另一方面，樂觀者則傾向採取不同的理解，(a)單一失敗並不代表未來每一次也都會失敗；(b)失敗發生，但不會永遠持續；(c)失敗不會毀掉生活中的一切。同樣的道理，如果你經歷憂鬱症狀，希望將可幫助你提振意志力，找出特定的策略，有效運用意志力或動機，採取有效因應行動。希望和樂觀可以引導你，積極正向探索並期待自己達到最佳狀態。

黃金中道

希望和樂觀的平衡使用，要求你不要設定不切實際的期望或目標，特別是如果你處於憂鬱沮喪的心理障礙狀況。一開始，先著手擬定可實現的務實目標，尤其是你能夠獲得支持的目標。

PPT的指導原則之一，就是從根本相信你自己的心理正能量，你尋求幫助的行動（亦即投入接受PPT），就是充滿希望和樂觀的行為。有勇氣承認自己需要幫助，這樣就已經算是很好的開始。從許多方面來看，PPT乃是致力於設定個人化的目標。運用你的心理正能量，你和臨床治療師共同設定對你有意義的目標，並且隨著治療進行，雙方共同監控該等目標的進展。目標越切合現實，復原和邁向美好存有之旅就可能越快實現。完成每項目標或其中一部分時，記得慶祝，這有助於維持繼續努力向前的動機。

為了平衡使用希望和樂觀，重點是在治療初期的關鍵期，你就需要建立目標，因為在這前五週或前五個療程期間，你的症狀獲得改善的機率要高得多。如果，在這關鍵期間，你沒有建立目標，或者在選擇目標時過於隨便，你有可能就會失去持續努力改變的動力，並且隨著時間的推移，你的症狀還可能會惡化。寫一篇關於你自己未來的正向版本（參見療程四：「較佳版本的自我」），也可能有助於你設定和修正務實的目標。最後一點，還請記得，應該把希望和樂觀擺在文化脈絡之內來看待。

• 「**希望和樂觀**」心理正能量的過度使用：無可救藥的樂觀。

• 「**希望和樂觀**」心理正能量的低度使用：悲觀、絕望。

整　合

　　若干心理正能量可以融合希望和樂觀，從而提供最佳治療效益。例如：將希望和樂觀轉化為務實可行的目標是很重要的，而在這當中，你就需要**勇氣和毅力**等心理正能量，來配合實現目標。尤其是樂觀，更是需要大量的**勇氣和熱情**，因為有時候我們確實想要做點什麼，但是來自內心的自我批評，或是他人的抨擊，都有可能讓我們的進展之路顛簸難行。我們有可能不相信自己的心理正能量，反而花更多心思去注意自己的缺陷。

電　影

- 《**潛水鐘與蝴蝶**》（*The Diving Bell and the Butterfly*，2007），法國電影，改編自尚多明尼克・鮑比（Jean-Dominique Bauby）的同名回憶錄。中風全身癱瘓的鮑比，只剩左眼勉強可以活動。即便如此，他仍抱持**希望和樂觀**，並在語言治療師協助之下，學會藉由眨眼的動作傳達所要表達的意思，並且以此克難方式，寫下一生的回憶錄。「*現實就是一座潛水鐘，願我的靈魂能如一隻衝破潛水鐘的蝴蝶，振翅自由飛翔。*」
- 《**最後一擊**》（*Cinderella Man*，2005），朗・霍華執導，羅素・克洛主演，真人真事改編，講述1930年代美國大蕭條時期，前途看好的輕重量級拳擊手吉姆・布拉多克（Jim Braddock），卻時運不濟，連吃敗仗而被迫退休。後來，吉姆不忍家人飽受飢寒交迫之苦，以無比的**希望和樂觀**，排除萬難力爭上游，擊敗拳擊賽場的強勁對手，完成驚心動魄的最後一擊。
- 《**亂世佳人**》（*Gone with the Wind*，1939），女主角郝思嘉（Scarlett O'Hara，費雯麗飾演），生活在美國內戰動盪的年代，衝突蹂躪的南方社會，還有單戀之苦，以及情感、婚姻、家族的波折打擊，儘管如此，郝思嘉仍保持**希望**、**樂觀**，克服重重挑戰，努力為自己創造更美好的未來。「*不管怎樣，明天又是全新的一天。*」
- 《**心靈捕手**》（*Good Will Hunting*，1997），故事圍繞在威爾・杭汀（Will Hunting），麻省理工學院擔任清潔工的年輕人，卻在高等數學方面有著過人天賦的叛逆天才。在相信他而且富有同情心的良師益友幫助下，威爾最終揮別不堪回首的過往，打開心靈，弭除人際隔閡，重拾希望和樂觀，找回自我和愛情。「*如果你不踏出第一步，你絕對不會有那種關係，因為你只看到負面的事情。*」

療癒行動

- **運用樂觀和希望**：列舉耗盡你希望和樂觀的三項事情。使用前述討論的理念和心理正能量，運用希望和樂觀來紓解你的心理苦楚與不安。

- **環繞樂觀的同伴**：讓自己身邊多些樂觀迎向未來的朋友，尤其是當你面臨挫折時，更需要如此的朋友。接受他們的鼓勵和幫助，讓對方知道當他們遇到障礙時，你也會挺身相伴。
- **突圍成功**：回想你自己或親密知己戰勝困局的正向事蹟。如果你未來面臨類似困境，請記住此等成功先例。
- **視覺想像你的生活**：省思一年、五年和十年之後，你希望達到什麼目標？成為怎樣的人？草擬可以指引你邁向該等目標的路徑，包括可管理的步驟，以及記錄進度的模式。
- **克服逆境**：面對逆境時，請聚焦你在過去如何克服類似的情況。讓你過去克服逆境的正向經驗，作為你再次突圍成功的參考先例。

楷　模（TED演講）

　　上網登錄《TED講堂》（網址：https://www.ted.com/talks），搜索下列演講，聽取代表「**希望和樂觀**」性格正能量楷模人物的見解：
- 塔莉・沙羅特（Tali Sharot）：「樂觀的偏見」（The optimism bias）。
- 馬丁・塞利格曼：「正向心理學的新時代」（The new era of positive psychology）。
- 道格拉斯・貝爾（Douglas Beal）：「衡量成長的標準，除了GDP，還應納入幸福指標」（An alternative to GDP that encompasses our wellbeing）。
- 蘿拉・卡絲鄧森（Laura Carstensen）：「越老越快活」（Older people are happier）。
- 卡洛斯・莫拉萊斯（Carlos Morales）：「悲劇過後，獨力撫養四胞胎，重新發現希望」（Finds Hope After Tragedy While Raising Quadruplets on His Own）。

圖　書

- Gillham, J. (Ed.) (2000). *The Science of Optimism and Hope.* West Conshohocken, PA, Templeton Press.
- Seligman, M. (2006). *Learned Optimism: How to Change Your Mind and Your Life.* New York: Vintage Books.《學習樂觀・樂觀學習》，馬汀・塞利格曼原著；洪蘭譯（2009：遠流）。
- Tali Sharot, T. (2011). *The Optimism Bias: A Tour of the Irrationally Positive Brain.* Toronto: Knopf.《樂觀的偏見——激發理性樂觀的潛在力量》，塔莉・沙羅特原著；孫成昊譯（2013：中信出版社）。

- Snyder, C. R. (1994). *The Psychology of Hope: You Can Get There from Here*. New York: Free Press.
- Seligman, M. (2018). *The Hope Circuit: A Psychologist's Journey from Helplessness to Optimism*. New York: Hachette Book Group.

網路資源

- 希望研究的綜覽概述，擷取自《正向心理人物誌》（Positive Psychology People）：http://www.thepositivepsychologypeople.com/hope-research/。
- 夏恩・羅培茲（Shane J. Lopez）博士，「希望散播使者」（HopeMonger）網站：http://www.hopemonger.com/。

23.幽默和玩笑

описание

描 述

　　幽默和玩笑（**humor & playfulness**），喜愛歡樂，友好的開玩笑，帶給他人歡樂。幽默是社交嬉樂不可或缺的一部分，為人們提供不同的觀點視角，笑看人生百態。如果，幽默和玩笑是你排行在前的心理正能量，那麼你通常知道如何擺脫壓力，同時保持團隊凝聚力。從治療的角度來看，幽默提供一種可行的方法，有助於釋放人生難免的負向情緒。憑藉此等心理正能量，你可以在許多情況看到較輕鬆的一面，從平淡或苦悶之中找出愉悅，而不是任由逆境讓自己消沉吞噬於沮喪深淵。幽默不僅僅是開玩笑、講笑話；相反地，幽默是笑看人生和富有想像力的生活方式。

黃金中道

　　太多的幽默，可能讓你看起來像傻瓜；相對地，嚴重缺乏這種心理正量，則可能太過於嚴肅呆板、索然無趣。幽默和趣味的平衡使用，雖然誠非易事，但如能巧妙發揮，倒是相當有價值。在不犧牲同理心和文化敏感度的情況下，妥善傳達的玩笑話，急智反駁、觀察或評論，可以提供清新觀點，並且擴展思維，提高自我意識。再者，運用幽默和玩笑時，脈絡也是至關重要的考量因素。比方說，略施幽默稍為化解緊張態勢，很快就返回嚴肅審議的正題，這樣或許有所助益；但是，如果過度使用幽默，則可能給人輕挑不莊重的印象，因而讓人覺得不可靠。另一方面，一板正經的嚴峻語調，不苟言笑的陰沉表情，完全讓人不敢拋出急智玩笑或詼諧評論，則可能導致你與他人隔閡疏離，並使他們難以暢所欲言，盡情與你分享他們的想法和感受。

* 「**幽默和玩笑**」心理正能量的過度使用：滑稽耍寶、搞怪小丑。
* 「**幽默和玩笑**」心理正能量的低度使用：不苟言笑、陰沉嚴峻。

整 合

　　若干心理正能量可以幫助發揮幽默和玩笑的效用，例如：**社會智能、活力和熱情、好奇心、團隊精神、善意、真實本性和公正**。如果，用心仔細分享幽默玩笑的評論、笑話或軼事，可以在不冒犯他人和提供新觀點的情況下，緩解壓力情境。請注意，要平衡和適應的使用幽默和玩笑，所說的笑話或詼諧故事也應該要適可而止，能夠吸引人，而且順應文化敏感性。

電 影

* 《**心靈點滴**》（*Patch Adams*，1999），感人肺腑的暖心電影，改編自真人真事的

自傳。派奇‧亞當斯（Patch Adams，羅賓‧威廉斯飾演）患有憂鬱症，住進療養院接受治療，有感醫護人員對患者冷冰冰的態度，發誓要促成改變，於是努力考進醫學院。他將幽默、玩笑融入傳統的醫療，此等創新做法雖然給他帶來讚美，但也招致保守勢力反撲、譴責和打壓。

- 《美麗人生》（*Life is Beautiful*，1998），羅貝托‧貝尼尼自導自演的義大利影片。男主角基度（Guido），個性幽默玩笑的猶太人，即便和年僅五歲的小兒子被送進納粹集中營，但他從沒失去機智、希望和幽默。基度利用豐富的想像力編織故事，假裝一切都是換取獎品的好玩遊戲，藉此保護小兒子免受大屠殺的驚悚恐怖。
- 《阿瑪迪斯》（*Amadeus*，1984），描繪年輕時期的莫札特，獨樹一格的幽默和爽朗笑聲，創造力和堅持不懈的毅力之外，也展現了這位音樂神童遊戲人生的輕鬆面貌。

療癒行動

- **運用幽默，分散憂心思緒**：如果你感到壓力、憂鬱或憤怒，請試著建立有助提振心情的YouTube影片或其他視頻的播放片單。確保該等影片的內容足夠吸引你，能夠轉移注意力，而不至於陷溺在負向情緒漩渦，難以自拔。請記得持續更新片單。
- **幫助朋友舒展鬱悶心情**：深入了解朋友的喜愛和厭惡，設法幫助他們走出鬱悶消沉的低潮，這也有助於你處理自己的苦悶不安。
- **結交風趣開朗的知己**：與幽默風趣的人成為知心好友，觀察他們如何利用開朗風趣的心理正能量，來因應困頓處境和壞消息。
- **試著找出嚴重情況的輕鬆一面**：面對嚴重事故時，儘量找到有趣、輕鬆的一面，在嚴肅和輕鬆之間取得恰到好處的平衡。
- **投入享受戶外樂趣**：每月至少一次，找朋友結伴出外跑步、健行、越野滑雪、騎自行車等等。注意觀察當你們一起開心暢笑時，團體動力（group dynamic）如何隨之改善。

楷 模（TED演講）

　　上網登錄《TED講堂》（網址：https://www.ted.com/talks），搜索下列演講，聽取代表「**幽默和玩笑**」性格正能量楷模人物的見解：
- 珍‧麥高妮格（Jane McGonigal）：「這遊戲可以讓你多活十年」（The game that can give you 10 extra years of life）。
- 麗莎‧唐納利（Liza Donnelly）：「汲取幽默漫畫的改變力量」（Drawing on humor for change）。

- 約翰・杭特（John Hunter）：「世界和平遊戲教學」（Teaching with the World Peace Game）。
- 科思敏・米哈尤（Cosmin Mihaiu）：「物理治療很無趣，改換遊戲來替代吧」（Physical therapy is boring─play a game instead）。
- 澤・法蘭克（Ze Frank）：「搞怪喜劇」（Nerdcore comedy）。

圖　書

- Akhtar, M. C. (2011). P*lay and Playfulness: Developmental, Cultural, and Clinical Aspects.* Lanham, MD: Jason Aronson.
- McGonigal, J. (2011). *Reality Is Broken: Why Games Make Us Better and How They Can Change the World.* New York: Penguin Press.《遊戲改變世界，讓現實更美好！》，簡・麥戈尼格爾原著；閭佳譯（2016年，臺北市：橡實文化）。
- Schaefer, C. E. (2003). *Play Therapy with Adults.* Hoboken, NJ: Wiley.
- Russ, S. W., & Niec, L. N. (2011). *Play in Clinical Practice: Evidence-Based Approaches.* New York: Guilford Press.

網路資源

- 認知神經學家，史考特・溫斯（Scott Weems），談論《笑的科學》（HA! The Science of When We Laugh and Why）：http://www.scientificamerican.com/podcast/episode/humor-science-weems/。

  《笑的科學：解開人為什麼會笑、笑點為何不同，與幽默感背後的大腦謎團》，史考特・溫斯原著；劉書維譯（2014年：貓頭鷹）。
- 〈科學家發掘幽默的奧祕：喜劇演員、演員、作家和精神分析師，長期以來試圖發掘事物有趣的奧祕〉，擷取自英國《每日電訊報》：http://www.telegraph.co.uk/news/science/science-news/7938976/Scientists-discover-the-secret-of-humour.html。
- 《幽默科學》（The Science of Humor）：此網站包含有關幽默研究的詳細資訊：http://moreintelligentlife.com/story/the-science-of-humour。
- 〈幽默感的六種指標〉（6 Signs You Have A Good Sense Of Humor），擷取自美國《赫芬頓郵報》：http://www.huffingtonpost.com/2014/08/29/good-sense-of-humor_n_5731418.html。

24.靈性

靈性（spirituality），是普世人類經驗的共通組成部分，其中包含關於個人，在更崇高計畫之位置的知識。靈性可以包括（但不限於）宗教信仰和實踐。借助這種靈性的心理正量，你意識到日常生活的神聖和世俗面向。這種心理正能量可以讓人們在逆境中尋得慰藉感，並且能夠超脫凡俗而達到究極之境。你的心靈得以獲得撫慰，因為某種超越的存有比個人小我更為重要，讓有限的人生在世得以有依靠的力量。擁有靈性的意識可以為你提供情意的支持，讓你可以有力量應對逆境。為了增強靈性意識，你可以採取具體行動，遵循一般靈性或宗教規範。在遵循此等行動的同時，你會覺得生活有意義。

黃金中道

平衡的**靈性**意識，顯現在外就是，你的生命洋溢著意義和目的，雖然不一定得是恢宏不凡、驚天動地的意義或目的。靈性、意義和目的的平衡運用，可以通過正向社會活動而實現，例如：前往食物銀行、殘疾兒童中心或老人之家進行志工服務。投入參與宗教機構（例如：教堂、清真寺或寺廟）、專業協會，休閒或體育俱樂部、非營利組織，環保團體或人道主義組織，都可提供機會讓人得以連結到崇高的事物。無論你採取何種方式來建立靈性和有意義的生活，都要確保目標或意義始終清晰可辨。有多種途徑可以達到靈性的生活，每條路徑都可引導你達成比個人小我更崇高的事情，也就是你的靈性目的。在出發踏上任何道路之前，先思考一下該等道路可能帶你通往的地方和結局。完全缺乏靈性、意義和目的，可能會讓你感到空虛，人生渺渺茫茫、一事無成、漫無目的，從而感到「存在焦慮」（existential anxiety）。

- 「**靈性**」心理正能量的過度使用：狂熱、激進。
- 「**靈性**」心理正能量的低度使用：脫離規範（anomie，或譯失範，亦即宗教信仰、社會價值規範等等的淪喪）、孤絕離群。

整　合

若干心理正能量與靈性之間，自然交融，渾為一體，包括：**感恩、自我調節、毅力、真實本性、欣賞美和卓越、希望**。除了諸如此類的心理正能量之外，還有若干心理正能量本位的行動，可以為你提供撫慰人心和滿足靈性的正向經驗，其中包括：擔任精神導師開釋引導、與伴侶或親朋好友前往靈修中心、禪修園區或精舍、靜思冥想或祈禱、定期回顧自己的生活，反思人生意義，以及思索如何能讓你的行為和習慣符

合該等意義。

電　影

- 《接觸未來》（*Contact*，1997），美國科幻電影，致力尋找外太空智慧的科學家，愛蓮諾‧阿洛威博士（Dr. Eleanor Arroway，茱蒂‧佛斯特飾演），發現來自遙遠恆星的訊號，這一發現引爆了理性和信仰互古長存的衝突，也讓社會陷入空前混亂。
- 《神父》（*Priest*，1994），英國電影，年輕俊秀的格雷格‧普林頓頓神父（Fr. Greg Pinkington），奉派到傳統保守的鄉村教區任職，年輕神父過著雙面人的生活，一方面是保守的天主教神父，另一方面是有著地下男性愛人的同性戀者。教眾問題很多，壓力甚大。某日，教區的一位女孩瑪莉亞來到告解室，告訴格雷格神父，自己遭受父親性侵。格雷格對天主教規的挫敗感終於沸騰，他如何才能在內心的信仰與教義信條之間取得協調？
- 《享受吧！一個人的旅行》（*Eat Pray Love*，2010），女主角麗茲（茱莉亞‧羅勃茲飾演），看似家庭平穩、事業有成，但離婚卻讓她站上人生十字路口，茫然不知所終。她冒險探索自我，前往世界各地，走出舒適區，對自己有了更深的了解。

療癒行動

- **列出你感覺疏離的經驗，以及心契相連的經驗**：製作每週或每月的經驗清單，列出讓你感到心靈支離破碎、心事重重和疏離的經驗。在每項經驗條目旁邊，寫下你在生活中可能建立強大心契連結的經驗。
- **微調你的探索追求**：如果，你發現自己陷溺在負向情緒深淵（例如：悲傷、壓力或憤怒），努力設法讓自己沉浸到大自然、藝術、音樂、詩歌或文學，讓敬畏和驚嘆的感覺油然而生。逐漸微調你的意識。這些經驗可以讓你與靈性的探索追求連結起來。
- **練習身心鬆弛操**：每天花十分鐘，深呼吸、放鬆和靜思冥想（透過聚焦呼吸吐納，來清空煩憂思緒），觀察放鬆之後你有如何的感受。
- **探索不同的宗教**：參加課程，進行網路線上研究，與不同宗教背景的人會面，或參加不同宗教的聚會。與信仰該等宗教的信徒交談，透過同為人類的角度，設身處地去了解他們的信仰。
- **探索你的目的**：如果你感覺迷惘失落、矛盾或空虛，探索你生活的根本目的，並將你的行動與該等目的連結起來。每天，問問自己，是否有做了某些事情來實現該等目的。

- **寫下你自己的悼詞**：寫下你的悼詞，或是請問親人想要如何緬懷你。他們的說法當中，是否有提到你的標誌心理正能量？

楷 模（TED演講）

上網登錄《TED講堂》（網址：https://www.ted.com/talks），搜索下列演講，聽取代表「**靈性**」性格正能量楷模人物的見解：

- 萊思麗・哈茲勒頓（Lesley Hazleton）：「談閱讀古蘭經」On reading the Koran）。
- 丹尼爾・丹奈特（Dan Dennett）：「讓我們在學校教導宗教，所有宗教」（Let's teach religion—all religion—in schools）。
- 茱莉亞・史薇妮（Julia Sweeney）：「放開神吧！」（Letting go of God）。
- 克瓦米・安東尼・阿皮亞（Kwame Anthony Appiah）：「引人深思的問題：宗教究竟是好或壞？）（Is religion good or bad? (This is a trick question)）。

圖 書

- Aslan, R. (2017). *God: A Human History*. New York: Random House.
- Newberg, A., & Waldman, M. R. (2006). *Why We Believe What We Believe: Uncovering Our Biological Need for Meaning, Spirituality, and Truth*. New York: Free Press. 《為什麼你信我不信》，安德魯・紐柏格、邁可・瓦德曼合著；饒偉立譯（2008年，臺北市：大塊文化）。
- Valliant, G. (2008). *Spiritual Evolution: How We Are Wired for Faith, Hope, and Love*. New York: Broadway.

網路資源

- 英國「幸福行動」（Action for Happiness）慈善機構，如何觸及你的靈性：http://www.actionforhappiness.org/take-action/get-in-touch-with-your-spiritual-side。
- 邁可・麥卡洛（Michael McCullough），美國邁阿密大學心理系教授，靈性研究：http://www.psy.miami.edu/faculty/mmccullough/。
- 肯尼斯・帕格蒙（Kenneth I. Pargament），美國鮑靈格林州立大學心理學榮譽教授，靈性研究：http://www.bgsu.edu/arts-and-sciences/center-for-family-demographic-research/about-cfdr/research-affiliates/kenneth-i-pargament.html。

【表D2】性格正能量的平衡使用

心理正能量	過度使用	低度使用	黃金中道	整合（與其他心理正能量互動）
第一類品德：智慧與知識 Wisdon & Knowledge —— 涉及知識獲取和運用的心理正能量能量。				
1. 創造力	詭異、古怪、怪癖	沉悶、平庸、從眾	以適應、正向、創新方式來處事	好奇心、心胸開放、熱情
2. 好奇心	窺探、偷窺、刺探隱私	無聊、興趣缺缺、冷漠	保持心胸開放、探索，不意興闌珊，也不侵犯窺伺	毅力、心胸開放、勇氣
3. 心胸開放	憤世嫉俗、多疑善妒	教條獨斷、「缺乏反思」、僵化、過分簡化	不預設偏頗先見的批判探索，如果有需要，尋求適應的改變	觀點、好奇心、公正
4. 熱愛學習	自以為無所不知	自鳴得意、自命不凡	深化知識，追求對於自我和社會的更深入理解	好奇心、心胸開放、毅力
5. 觀點	自恃秀異、賣弄玄虛、迂腐學究	見識淺薄、孤陋寡聞	綜合各方知識，理解脈絡背景	社會智能、正直誠信、勇氣
第二類品德：勇氣 Courage —— 情意正能量，面臨外部或內部反對，能夠發揮意志力，實現目標。				
6. 勇敢	冒險、魯莽愚勇	畏懼而軟弱、怯懦膽小	面對和回應威脅與恐懼，而不危及安全和福祉	自我調節、正直誠信、毅力
7. 毅力	執著、頑固、追求無法實現的目標	懶散、漠然	有始有終，使命必達	勇氣、觀點、熱情
8. 正直誠信	耿介不群	淺薄、虛偽、矯情	真誠實在，不受外在壓力或獎賞影響	公正、勇氣、觀點
9. 活力和熱情	過動	被動、壓抑	適度熱忱，不偏執也不過度壓抑	自我調節、希望、勇氣
第三類品德：人道 Humanity —— 涉及關心和友善待人的人際心理正能量能量。				
10. 愛	泛情濫愛	寡情薄義、疏離絕情	真心喜愛和關懷他人，但沒有做出極端的自我犧牲	善意、社會智能、希望
11. 善意	好管閒事	漠不關心、殘酷、自私小氣	主動行善幫助有需要協助者，沒有外來的要求，也沒有可見的報酬	社會智能、公民意識和團隊精神、觀點
12. 社會智能	心理囈語、自欺欺人	不解人情世故、無厘頭	對情緒、動機和相對應的變化有細緻入微的理解	善意、愛、自我調節

心理正能量	過度使用	低度使用	黃金中道	整合 （與其他心理 正能量互動）
第四類品德：正義 Justice ──健康社群生活基礎所繫的性格正能量。				
13.公民意識和 團隊精神	未經思索的盲目服從	自私，自戀	包容和諧，合力追求共善目標	社會智能、領導力、希望
14.公正	超然無私不偏向特定觀點、沒有同理心、疏離絕情	偏頗成見、黨派偏見	做對的事，不受個人或社會偏見的影響	正直誠信、勇氣、心胸開放
15.領導力	專制、霸道	順從、默許	激勵、帶領他人追求正向的共同目標	熱情、團隊精神、社會智能
第五類品德：節制 Temperance ──抵禦浮濫或防止過度的品格心理正能量。				
16.寬恕和慈悲	姑息縱容	無情、記仇	自願停止報復循環	善意、社會智能、正直誠信
17.謙虛禮讓	自我貶抑	愚蠢的自尊心、自大傲慢	沒有犧牲自我關懷，即便值得也不尋求鎂光燈焦點	感恩、正直誠信、靈性
18.審慎	拘束而不自然、閉塞不通人情	魯莽無禮、縱情感官刺激	小心謹慎，但不偏執也沒有毫不關心潛在可能的實際風險	毅力、自我調節、好奇心
19.自我調節	壓抑、沉默寡言不喜交際	自我放縱、衝動	調節情緒和行動，而沒有綁手綁腳或受阻的感覺	觀點、毅力、希望
第六類品德：超越 Transcendence ──可以讓人超乎自我而建立與更大宇宙聯繫並提供意義的正能量。				
20.欣賞美和卓越	附庸風雅、佯裝高尚	不識美醜善惡、沒有審美意識	欣賞內在本質的美和卓越，而非刻意諂媚奉承	感恩、熱情、創造力
21.感恩	恭維奉承	理所當然、特權	真心誠意的感謝，而沒有被迫感謝的感覺	善意、愛、社會智能
22.希望和樂觀	無可救藥的樂觀	悲觀、絕望	在符合實際範圍內的樂觀	心胸開放、勇氣、熱情
23.幽默和玩笑	滑稽耍寶、搞怪小丑	不苟言笑、陰沉嚴峻	抱持良善用意，表達關於狀況的輕鬆好玩面向	熱情、社會智能、正直誠信
24.靈性	狂熱、激進	失範、孤絕離群	通過有意義的行動，尋求適應的途徑	感恩、謙虛、善意

附錄 E
正向臨床心理學網路資源[1]

本附錄收錄正向心理治療相關網路資源，依照下列組織分類：

書籍

- 臨床聚焦正向心理學（包含注釋文獻書目）
- 整合正向心理與傳統心理療法和概念
- 正向心理介入
- 正向心理學的綜覽概述和導論
- 教育領域的正向心理學
- 整合正向情緒和負向情緒
- 快樂和幸福（美好存有福祉）
- 性格正能量
- 手冊與百科全書
- 對正向心理學的批判評述
- 其他（特殊主題）

論文和期刊

- 依照本手冊十五個療程組織的精選研究文獻
- 正向介入
- 正向心理學應用，臨床與諮商輔導（綜覽概述）
- 正向心理學應用，臨床（專類主題）
- 整合正向心理與其他心理治療取徑
- 特定心理障礙精選研究文獻（成癮、焦慮／社交焦慮、注意力不足過動症、邊緣型人格障礙、憂鬱症、自戀、人格障礙、神經心理復健、精神病、自殺意念行為）

1　本書英文版原著牛津大學出版社網路補充材料，網址：https://www.oxfordclinicalpsych.com/view/10.1093/med-psych/9780195325386.001.0001/med-9780195325386-appendix-6

- 治療同盟、過程與監督（標誌性格正能量剖面圖）
- 正向心理學應用，教練領域
- 正向心理學應用，相關主題（負性偏向、性格正能量、心理正能量本位衡鑑、性格正能量與福祉、心理正能量的低度使用與過度使用、心理彈性、觀點與實踐智慧、跨文化性格正能量、正向情緒、正向與負向、目標設定、認是自我、展望未來、心理暢流與積極投入、動機）
- 快樂、幸福[美好存有福祉]與正向心理學綜覽概述（健康、遺傳、福祉）
- 正向臨床心理學期刊（包含一般心理學相關期刊的正向心理學主題專刊或特刊）

網站、電影和視訊影片

- 正向心理治療相關網站
  - 塔亞布·拉西德Tayyab Rashid：本書作者補充材料，收錄免費線上測驗，包括性格正能量和PERMA幸福五元素，提供即時反饋，網址：www.tayyabrashid.com/
  - 正向心理治療臉書Positive Psychotherapy Facebook page：網址：https://www.facebook.com/PositivePsychotherapy/
  - 福樂興盛網站Flourish：多倫多大學士嘉堡分校《心理正能量計畫》，主持人本書作者塔亞布·拉西德，免費線上臨床正向心理學測驗，提供即時反饋，網址：http://www.utsc.utoronto.ca/projects/flourish/
  - 賓州大學正向心理學中心Positive Psychology Center：收錄豐富的正向心理學相關資源，網址：www.ppc.sas.upenn.edu/
  - 美國賓州大學真實快樂網站Authentic Happiness：數量完整的快樂與福祉相關主題免費線上測驗，提供即時反饋，網址：www.authentichappiness.sas.upenn.edu/
  - 正向心理學每日新聞Positive Psychology Daily News：報導正向心理學時事新聞，網址：http://positivepsychologynews.com/
  - 品格研究院，實踐價值方案Values in Action-Institute on Character：數量完整的性格正能量相關主題免費線上測驗，網址：www.viastrengths.org/
  - 正向比值Positivity Ratio：芭芭拉·芙蕾卓克森（Barbara Fredrickson）正向心理網站，介紹解釋正向情緒與負向情緒的相對比值，正向比值大於3，可有效預測生活機能福樂興盛，網址：http://www.positivityratio.com/
- 快樂和正向心理學題材的紀錄片
- YouTube影片（性格正能量相關主題影片；性格正能量、福祉相關主題專家演講）
- TED講堂，快樂、幸福[美好存有福祉]、復原力[反彈復甦、韌性]主題的演講

附錄 F　《案主作業簿》目次表

案主作業簿序文

療程一：正向心理介紹和感恩日誌

療程二：性格正能量和標誌性格正能量

療程三：實踐智慧

療程四：較佳版本的自我

療程五：開放記憶和封閉記憶

療程六：寬恕

療程七：極大化vs.知足

療程八：感恩

療程九：希望與樂觀

療程十：創傷後成長

療程十一：慢活與欣賞品味

療程十二：正向關係

療程十三：正向溝通

療程十四：利他

療程十五：意義和目的

結語：充實圓滿的人生

【作業單1.1】正向介紹

【作業單2.1】你的「心靈」心理正能量

【作業單2.2】你的「頭腦」心理正能量

【作業單2.3】你的性格正能量：「心靈」vs.「頭腦」

【作業單2.4】你的性格正能量：家人的觀察

【作業單2.5】你的性格正能量：朋友的觀察

【作業單2.6】編纂你的標誌性格正能量剖面圖

【作業單2.7】標誌性格正能量的指標

【作業單2.8】心理正能量的低度使用和過度使用

國家圖書館出版品預行編目資料

正向心理治療臨床手冊／塔亞布‧拉西德
(Tayyab Rashid)，馬丁‧塞利格曼(Martin
P. Seligman)著；李政賢譯. -- 二版.
-- 臺北市：五南圖書出版股份有限公司,
2023.06
  面； 公分
  譯自：Positive psychotherapy : clinician manual.
  ISBN 978-626-366-094-6 (平裝)

1.CST: 臨床心理學 2.CST: 心理治療

178.8   112007195

1BOZ

正向心理治療臨床手冊

作　　者 ― Tayyab Rashid、Martin P. Seligman

譯　　者 ― 李政賢

發 行 人 ― 楊榮川

總 經 理 ― 楊士清

總 編 輯 ― 楊秀麗

副總編輯 ― 王俐文

責任編輯 ― 金明芬

封面設計 ― 姚孝慈

出 版 者 ― 五南圖書出版股份有限公司

地　　址：106台北市大安區和平東路二段339號4樓

電　　話：(02)2705-5066　　傳　　真：(02)2706-6100

網　　址：https://www.wunan.com.tw

電子郵件：wunan@wunan.com.tw

劃撥帳號：01068953

戶　　名：五南圖書出版股份有限公司

法律顧問　林勝安律師

出版日期　2020年8月初版一刷
　　　　　2023年6月二版一刷

定　　價　新臺幣680元

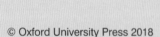

經典永恆・名著常在

五十週年的獻禮 —— 經典名著文庫

五南，五十年了，半個世紀，人生旅程的一大半，走過來了。

思索著，邁向百年的未來歷程，能為知識界、文化學術界作些什麼？

在速食文化的生態下，有什麼值得讓人雋永品味的？

歷代經典・當今名著，經過時間的洗禮，千錘百鍊，流傳至今，光芒耀人；

不僅使我們能領悟前人的智慧，同時也增深加廣我們思考的深度與視野。

我們決心投入巨資，有計畫的系統梳選，成立「經典名著文庫」，

希望收入古今中外思想性的、充滿睿智與獨見的經典、名著。

這是一項理想性的、永續性的巨大出版工程。

不在意讀者的眾寡，只考慮它的學術價值，力求完整展現先哲思想的軌跡；

為知識界開啟一片智慧之窗，營造一座百花綻放的世界文明公園，

任君遨遊、取菁吸蜜、嘉惠學子！